Consultor Tributário

ESTUDOS JURÍDICOS

ARTIGOS DE

GUSTAVO BRIGAGÃO

HELENO TAVEIRA TORRES

IGOR MAULER SANTIAGO

ROBERTO DUQUE ESTRADA

Consultor Tributário

ESTUDOS JURÍDICOS

Copyright © 2015   Gustavo Brigagão, Heleno Taveira Torres,
                    Igor Mauler Santiago e Roberto Duque Estrada

EDITOR
José Mario Pereira

EDITORA ASSISTENTE
Christine Ajuz

REVISÃO
Cristina Pereira

PRODUÇÃO
Mariângela Felix

CAPA
Adriana Moreno

DIAGRAMAÇÃO
Arte das Letras

CIP-BRASIL. CATALOGAÇÃO NA FONTE
SINDICATO NACIONAL DOS EDITORES DE LIVROS, RJ.

C765

    Consultor tributário: estudos jurídicos / Gustavo Brigagão... [et al.]. – 1ª. ed. – Rio de Janeiro: Topbooks, 2015.

    437 p.; 23 cm.

    ISBN 978-85-7475-244-0

    1. Direito tributário. I. Brigagão, Gustavo. II. Título.

15-19205   CDU: 34:351.713

TODOS OS DIREITOS RESERVADOS POR
Topbooks Editora e Distribuidora de Livros Ltda.
Rua Visconde de Inhaúma, 58 / gr. 203 – Centro
Rio de Janeiro – CEP: 20091-007
Telefax: (21) 2233-8718 e 2283-1039
topbooks@topbooks.com.br/www.topbooks.com.br
Estamos também no Facebook.

SUMÁRIO

APRESENTAÇÃO – *Márcio Chaer* 11

GUSTAVO BRIGAGÃO

➤ Inseguranças na tributação do setor do petróleo 15
➤ Fazenda tem vantagem no contencioso administrativo 21
➤ Municípios tentam tributar industrialização por encomenda 29
➤ Requisitos para responsabilizar os administradores 34
➤ Regra sobre importação para Repetro viola Constituição 40
➤ Sociedades profissionais devem pagar ISS fixo 45
➤ Poder Legislativo deve respeito ao Poder Judiciário 53
➤ Ausência de lei complementar impede ISS em *leasing* 59
➤ ISS não pode incidir sobre importação de serviços 64
➤ Livros digitais são imunes à incidência de impostos 70
➤ O valor aduaneiro define o preço de transferência 78
➤ Regras de decadência e os créditos de ICMS 84
➤ ISS não incide sobre exportação de serviços 89
➤ Telecom como atividade meio não se sujeita a ICMS 95
➤ Retroatividade benigna deve ser verificada caso a caso 102

HELENO TAVEIRA TORRES

➤ O princípio da não discriminação tributária no STF 111
➤ Administração tributária deve resgatar democracia 128
➤ Os limites da desconsideração de personalidade jurídica 137
➤ Modulação de efeitos da decisão e o ativismo judicial 151

- Neutralidade concorrencial e modulação 158
- Tributação de serviços de impressão e embalagens 160
- A segurança jurídica do sistema de tributação 170
- Sistema de ICMS é o algoz do nosso desenvolvimento 176
- É difícil decidir entre manter e mudar a legislação 183
- Limites à modificação da jurisprudência consolidada 192
- Garantismo sancionador no Direito Tributário 203
- Tributo precisa respeitar valores constitucionais 213
- Boa-fé e confiança são elementares no Direito Tributário 221
- Novas medidas de recuperação de dívidas tributárias 232
- Limitações constitucionais dos depósitos de tributos 244

IGOR MAULER SANTIAGO

- E agora, quem paga a conta da guerra fiscal? 255
- Juiz não é cobrador de impostos, deve ser imparcial 260
- Tributação não perdoa nem vítimas de crimes 264
- Discutir tributos é direito em risco de extinção 269
- O direito fundamental de economizar impostos 275
- A interminável questão do local de pagamento do ISS 280
- Fisco usa atos de polícia para aumentar taxas 285
- Os paradoxos do Direito Penal Tributário brasileiro 290
- Decisões refletem mal-estar atávico face aos juros 295
- Brasil pune contribuinte que investe em educação 302
- União e estados desacreditam a não cumulatividade 309
- Bahia atualiza milagre da multiplicação dos peixes 315
- Resolução 13 é cortina de fumaça na guerra dos portos 319
- Adicional do FGTS está extinto e dispensa revogação 325
- Cabe à OAB criar pessoa jurídica individual para advogado 330

ROBERTO DUQUE ESTRADA

- É imperiosa a revisão da lei de tributação internacional 339
- Hoje em dia tudo se resolve com instrução normativa 345
- A CSLL e os tratados contra a dupla tributação 352

- Brasil deve obedecer regras fiscais do jogo 359
- Três boas notícias chegam dos tribunais de Brasília 366
- Retorno às tradições no julgamento do Plano Verão........................372
- O papel do Carf na defesa do princípio da legalidade 380
- Não há segurança jurídica sem decisões estáveis................................386
- As batalhas tributárias no Supremo em 2013 392
- Uma chance de corrigir nossa tributação internacional 397
- Tributação de lucro no exterior segue indefinida no STF.................402
- Parecer da PGFN representa risco de "extorsão" tributária.............. 411
- Multiplicação das Cides tem consequências nefastas 418
- Solução Cosit prejudica empresas brasileiras 426
- Instrução Normativa da Receita abala segurança jurídica................432

APRESENTAÇÃO

Márcio Chaer

Há algum tempo suscitou-se o ocaso da doutrina do Direito Tributário sob o argumento de que já não há mais teses a serem defendidas, todos os dilemas estariam equacionados e porque o poder público teria decidido abandonar sua vocação para o estelionato. Ledo engano.

O debate sobre temas de Direito Tributário nunca esteve tão vivo, como se lê nesta obra extraordinária de Gustavo Brigagão, Heleno Torres, Igor Santiago e Roberto Duque Estrada.

Os autores são advogados de percepção aguda, intensa atuação na área e disposição desmedida para enfrentar o desafio permanente de conter a excessiva voracidade de um ente que, em sua necessidade, ignora princípios, normas e o bom-senso.

Os artigos publicados neste livro são versões atualizadas e contextualizadas de textos publicados na revista eletrônica *Consultor Jurídico*, que muito se orgulha de ter os autores deste livro entre seus colaboradores. Em seu conjunto, os textos aqui elencados funcionam como uma bússola a orientar não só o empresário, o advogado e o juiz, como o próprio agente fiscal, que tem aqui a oportunidade de perceber uma lógica diferente da sua.

Os textos são cartesianos e objetivos. Passeiam por paradoxos, detêm-se em retrocessos mas reconhecem avanços. Separam com lealdade as responsabilidades que cabem ora ao Legislativo, ora ao Judiciário, mas de forma preponderante ao Executivo.

Este *Consultor tributário: Estudos jurídicos* é um retrato do Direito em ação. É como um mapa feito para guiar o leitor para portos menos perigosos e ensiná-lo a evitar as armadilhas de um país confuso em suas normas, na teoria e na prática.

É traço marcante a honestidade intelectual deste trabalho. Os autores não fazem discursos. Expõem com clareza os vazios existentes na jurisprudência, os abusos em relação aos conflitos já equacionados e as precauções necessárias para manter-se afastado de problemas maiores do que os inevitáveis.

GUSTAVO BRIGAGÃO

INSEGURANÇAS NA TRIBUTAÇÃO DO SETOR DO PETRÓLEO[1]

De acordo com o Instituto Brasileiro do Petróleo (IBP), o setor petrolífero é responsável por 12% do PIB nacional e o seu crescimento é proporcionalmente superior ao da média nacional. Enquanto o setor cresceu, em média, 5% ao ano, de 2000 a 2008, o PIB, também em média, sofreu um incremento de apenas 3,7%, no mesmo período.

No período de 2011 a 2015, devem ser investidos no setor US$ 258 bilhões. Com a descoberta do pré-sal, as expectativas são de que, até 2020, o petróleo dele extraído corresponda a 40% da produção da Petrobras, que, por sua vez, terá um aumento de 2,7 milhões para 3,9 milhões de barris diários, no mesmo período.

Trata-se, portanto, de setor de absoluta relevância para a economia nacional, cujas regras de tributação, além de eficazes, no sentido de desonerar os que nele resolvem investir, devem ser precisas e claras, de forma a que todos os envolvidos se acomodem em um ambiente de absoluta segurança jurídica, cujos riscos possam ser facilmente mensurados e não sejam relacionados com a difícil compreensão do que esteja disposto nas regras tributárias de regência.

Mas, não é o que ocorre, e esse artigo abordará um de vários exemplos nesse sentido.

Nos termos da Lei Geral do Petróleo, as atividades do setor são exercidas em duas fases: a de exploração e a de produção. Na fase de exploração, há a descoberta do petróleo; na fase de produção, a sua extração. Nessa última fase (a de produção), que se considera iniciada

---
[1] Artigo publicado em 25 de janeiro de 2012.

com a aprovação do Plano de Desenvolvimento do Campo pela ANP, há, ainda, a denominada etapa de desenvolvimento, em que se verifica a viabilidade da extração do petróleo.

Cronologicamente, esses três momentos ocorrem na seguinte sequência: o momento da exploração, em que se constata a existência do petróleo em determinada área; o momento do desenvolvimento, em que se verifica a viabilidade da extração do petróleo descoberto; e, finalmente, o momento da produção, em que efetivamente o petróleo é extraído do solo.

Para as atividades exercidas nesses três momentos, as empresas que atuam nesse setor costumam importar, por meio de contrato de afretamento, embarcações que ingressam no país sob o Regime Especial Aduaneiro de Admissão Temporária vinculado ao Repetro, ao amparo dos benefícios fiscais federais e estaduais previstos na legislação aplicável (IN RFB 844/08, no âmbito federal, e Convênio ICMS 130/07, no âmbito estadual).

No âmbito estadual, os benefícios fiscais concedidos são os seguintes:

— isenção do ICMS aos bens importados para a **fase de exploração** (art. 2º);
— isenção do imposto aos bens importados para **uso interligado às fases de exploração e produção**, desde que permaneçam no país por prazo inferior a 24 meses (art. 5º, inciso III);
— tributação pelo imposto, à alíquota de 3% ou 7,5%, dos bens importados para a **fase de produção** de petróleo (art. 1º, § 5º).

Ocorre que as importações dessas embarcações afretadas do exterior, quando destinadas, ainda que por prazo inferior a 24 meses, à etapa de desenvolvimento (em que, como visto, verifica-se a viabilidade da extração do petróleo descoberto), vêm sendo objeto de numerosas autuações.

Os contribuintes se defendem sob a alegação de que é na etapa de desenvolvimento que se dá o "uso interligado às fases de exploração e produção" e que, portanto, as importações de bens e equipamentos a ela destinados, desde que por um prazo inferior a 24 meses, estão isentas do ICMS.

As autoridades fiscais, por sua vez, alegam que esse entendimento é improcedente basicamente porque, segundo a Lei Geral do Petróleo, a etapa de desenvolvimento estaria inserida na fase de produção que é tributada na forma acima demonstrada; e que o "uso interligado às fases de exploração e produção" só se configura nas situações em que há o efetivo uso do equipamento importado na fase de exploração e, posteriormente, na fase de produção.

Portanto, o cerne da questão, pelo menos enquanto ainda mantivermos a discussão em um plano infraconstitucional, está em definir-se o conceito de "uso interligado às fases de exploração e produção".

Como é notório, o artigo 111 do Código Tributário Nacional determina que as isenções devem ser interpretadas literalmente. Esse artigo, contudo, não nos socorre em definitivo na solução da questão em exame, tendo em vista que o termo utilizado ("uso interligado às fases de exploração e produção"), além de atécnico, é absolutamente vago e impreciso, exatamente o oposto do que se espera de uma legislação que regulamente a tributação de setor de tal relevância.

Mas, mesmo que utilizada essa forma de interpretação (pouco apreciada na doutrina, inclusive por Gilberto de Ulhôa Canto, um dos membros da comissão elaboradora do projeto de que resultou o CTN), ainda assim, tem-se que não há momento melhor entre aqueles em que se decompõem as atividades realizadas no setor do petróleo do que a etapa de desenvolvimento para configurar o chamado "uso interligado". De fato, é nessa etapa que se verifica a possibilidade de transição (ou interligação) entre a fase de exploração (em que há a descoberta do petróleo) e a fase de produção (em que há a extração do óleo).

Se, em um segundo passo, abandonarmos a interpretação literal e utilizarmos a interpretação teleológica, muito aceita na jurisprudência dos nossos tribunais superiores, inclusive para casos de isenção (entre outros, REsp 411.704/SC, ministro João Otávio de Noronha, 2ª Turma, 18.03.2003, DJ de 07.04.2003; e REsp 734.541 / SP, ministro Luiz Fux, 1ª Turma, 02.02.2006, DJ 20/02/2006 p. 227), chegaremos também à mesma conclusão.

De fato, o raciocínio por trás dessas regras parece muito claro:

— não deve ser tributado quem, sob total risco, atua à procura da existência ou não da riqueza (petróleo) na área prospectada (fase de exploração);
— também não deve ser tributado quem, já certo da existência de petróleo em uma determinada área, predispõe-se a verificar a viabilidade da respectiva extração, desde que limitado a um prazo máximo de 24 meses; e
— tributa-se, mas com alíquota reduzida (tendo em vista a relevância do setor do petróleo para a economia nacional e local), aquele que age na certeza da existência da riqueza a ser extraída e da absoluta viabilidade da sua extração (fase de produção).

E, em que momento, se dá a verificação da viabilidade da extração acima referida? É exatamente na etapa de desenvolvimento, caracterizada na referida legislação como "uso interligado às fases de exploração e produção".

Baseados nas premissas acima, não nos parecem procedentes, com a devida vênia, qualquer dos dois argumentos que costumam fundamentar as autuações de que trata este artigo.

Quanto ao primeiro argumento (o de que a etapa de desenvolvimento estaria inserida na fase de produção que, nos termos acima demonstrados, é tributada), não seria mesmo de se esperar que o referido "uso interligado" estivesse contido na fase de exploração, que já é isenta, nos termos da legislação aplicável. De fato, não haveria sentido em se criar uma isenção para atividade realizada em um ambiente (ou, uma fase) já isento. O lógico é vislumbrar-se esse "uso interligado", porque isento, ocorrendo em um ambiente tributado, como é o da outra única fase existente: a de produção.

Quanto ao segundo argumento (o de que o "uso interligado às fases de exploração e produção" só se configura nas situações em que há o efetivo uso do equipamento importado na fase de exploração e, posterior e cumulativamente, na fase de produção), ele não prospera, na medida em que, no momento da importação, quando o benefício fiscal é concedido, não é possível prever se o equipamento preliminarmente destinado à fase de exploração será efetivamente também utilizado na fase de produção. Tal afirmação somente poderá ser feita se e quando finalizada a fase de exploração, e desde que dela se conclua pela existência de alguma jazida!

Em suma, o **"uso interligado às fases de exploração e produção"** se dá exatamente na **etapa de desenvolvimento**, que é aquela que avalia e desenvolve o campo de petróleo encontrado na fase exploratória com vistas a verificar a viabilidade econômica da sua produção. É nessa etapa (desenvolvimento) que se interligam as fases de exploração (ou descoberta) e produção (ou extração). Logo, os bens importados para utilização nessa etapa em prazo inferior a dois anos estão isentos do imposto.

Note-se que a apreciação acima foi feita exclusivamente sob enfoque da legislação infraconstitucional. Se a mesma análise for feita à luz da lei maior, verificaremos que nem mesmo os pressupostos de incidência do imposto estão presentes nas importações de embarcações afretadas de empresas localizadas no exterior.

De fato, apesar de o tema em algumas hipóteses estar sendo revisitado, o entendimento de que a incidência do ICMS pressupõe a transferência da propriedade é reconhecido pela jurisprudência do Supremo Tribunal Federal (STF) e do Superior Tribunal de Justiça (STJ) consolidada por ocasião dos debates acerca da incidência do imposto na transferência de mercadorias entre estabelecimentos do mesmo titular, bem como nas importações efetuadas sob o amparo de contratos de arrendamento mercantil internacional.

Ora, nas importações em exame, não há transferência da propriedade dos bens importados ao importador. Eles permanecem na propriedade da empresa afretadora, localizada no exterior, e, portanto, não podem estar sujeitos ao ICMS quando importados.

Como demonstrado no início deste artigo, o setor do petróleo é de absoluta relevância para a economia nacional. A criação de ambiente em que haja segurança jurídica e, principalmente, lógica e bom-senso na edição e aplicação das regras que regulamentam a forma como o setor deve ser tributário é mandatória para que a Nação possa usufruir os resultados econômicos dessas atividades da melhor forma possível.

ATUALIZAÇÃO

A IN nº 844/08 foi revogada e substituída pela IN nº 1.415/13.
Em 14.05.2013, o Estado do Rio de Janeiro editou a Resolução nº 631, que converteu em reduções de base de cálculo do ICMS as isenções de

que tratam o *caput* do art. 2º e os incisos I e III do *caput* e o § 1º do art. 5º do Decreto nº 41.142/2008, na importação de bens ou mercadorias listados no Anexo único do Decreto nº 41.142/2008, sob o amparo do Regime Aduaneiro Especial de Admissão Temporária, para aplicação nas instalações de exploração de petróleo e gás natural, de forma que a carga tributária seja equivalente a 1,5% (um inteiro e cinco décimos por cento), sem apropriação do crédito correspondente.

FAZENDA TEM VANTAGEM NO CONTENCIOSO ADMINISTRATIVO[2]

Em regra, o título executivo extrajudicial é constituído por meio da expressa concordância do devedor com a respectiva dívida. É o caso, por exemplo, dos títulos de crédito (como cheques, notas promissórias etc.), que pressupõem a manifestação de vontade prévia por parte de quem assume a dívida.

Tal concordância é necessária em razão da própria natureza do título executivo que, por determinação do Código de Processo Civil, corresponde a uma obrigação certa, líquida e exigível (artigo 586). Daí o prévio encontro de vontades entre credor e devedor, expresso em um título, para que seja conferida certeza quanto à existência da dívida.

No caso do título executivo fiscal, contudo, as regras são diversas: mesmo sem haver prévio pronunciamento do Poder Judiciário (título judicial decorrente do processo de conhecimento), ou prévio consentimento do devedor (título extrajudicial), a administração pública é capaz de conferir certeza à dívida do contribuinte, por meio da criação do título executivo (a Certidão da Dívida Ativa — CDA) e iniciar imediatamente o respectivo processo de execução.

Costuma-se justificar esse tratamento especial dado à Fazenda com o argumento de que é de "interesse público" que as cobranças fiscais sejam feitas com a celeridade necessária a garantir que o Estado esteja munido dos fundos necessários ao cumprimento das suas metas.

Nada a opor, mas há que se ter em mente que o "interesse público" a ser protegido não é o de simplesmente aumentar a arrecadação a

---

[2] Artigo publicado em 22 de fevereiro de 2012.

todo custo, mas sim o interesse da sociedade como um todo de que o Estado cumpra suas funções com observância dos direitos e prerrogativas dos cidadãos.

Disso necessariamente decorre que o Estado, ao exercer as atividades e procedimentos relacionados ao lançamento do crédito tributário e à constituição do título a ser inscrito na Dívida Ativa, deva observar os limites delineados na própria Constituição Federal, corporificados nos princípios da legalidade, contraditório, ampla defesa, segurança jurídica, impessoalidade, moralidade administrativa e, de especial importância para a matéria examinada neste artigo, do devido processo legal (artigo 5º, inciso LIV, da CF).

A observância do devido processo legal tem, assim, a fundamental função de legitimar o título executivo unilateralmente constituído pelo ente político tributante, por meio da disponibilização ao contribuinte ou responsável de todos os instrumentos legais com os quais ele possa demonstrar a improcedência da cobrança que lhe é feita. Tal legitimação, por óbvio, pressupõe a existência de regras processuais administrativas que sejam fundamentadas no atendimento àqueles princípios constitucionais acima referidos.

É por meio do processo administrativo, portanto, que é realizada a efetiva revisão do lançamento de forma que, diante de todos os esclarecimentos prestados pelo contribuinte, os órgãos julgadores para esse fim constituídos tenham condição de verificar se ele é ou não procedente.

Embora a maior parte dos regulamentos relativos a processos administrativos fiscais (sejam eles federais, estaduais ou municipais) mencione a necessidade de cumprimento dos referidos princípios (devido processo legal, ampla defesa, contraditório etc.), a realidade é que, em numerosas situações, os contribuintes veem tais garantias serem indevidamente restringidas (ou simplesmente desconsideradas) pelos tribunais administrativos.

Exemplo disso é a insistência dos referidos tribunais em não analisar argumentos de natureza constitucional (restringindo a análise da procedência do lançamento às leis e aos atos infralegais), o que representa clara violação ao princípio da ampla defesa, além de levar ao esvaziamento do processo administrativo fiscal, que fica restrito à verificação de fatos, contas e à aplicação literal de normas jurídicas infraconstitucionais, sem levar em consideração o que dispõe a lei maior, que não pode, como é notório, ser contrariada por qualquer outra que integre a legislação tributária.

Outro exemplo é a adoção de regras na estrutura dos Conselhos de Contribuintes que levam à quebra do princípio da imparcialidade, como ocorre nas situações de empate nos julgamentos nas sessões plenárias dos Conselhos de Contribuintes, em que o Fisco é necessariamente sempre vitorioso. Isso se dá porque os presidentes desses conselhos na esfera federal e na maior parte dos estados e municípios são ininterruptamente indicados pela Fazenda, e possuem voto de desempate naqueles julgamentos.

Se o que se busca garantir é a imparcialidade do julgamento pela criação de um órgão paritário (com representantes da Fazenda e dos contribuintes), nada mais natural do que se estabelecer um rodízio na sua presidência.

Também viola o mesmo princípio uma série de prerrogativas dadas aos representantes da Fazenda que são negadas aos contribuintes e seus representantes no âmbito dos conselhos de contribuintes. Exemplo disso é a possibilidade de manifestação do representante da Fazenda em qualquer momento durante o julgamento, enquanto o contribuinte só pode se manifestar em poucos momentos predeterminados pelo regimento interno de cada Conselho.

Mas, a maior violação se dá contra o princípio do devido processo legal, com a possibilidade da interposição de recurso hierárquico *para rever questões de mérito dos julgados administrativos*.

De fato, pretender substituir o provimento do Conselho de Contribuintes (que, mesmo com as falhas existentes, é órgão colegiado, de cunho técnico, cujos julgamentos são realizados por julgadores com representação paritária) por decisão de um julgador singular, parcial, que exerce cargo de cunho político, e cuja função precípua é aumentar a arrecadação, é absoluto retrocesso e algo incompatível com o Estado de Direito.

Com essa prática, sobrecarregam-se desnecessariamente tanto o Poder Judiciário quanto os órgãos da respectiva procuradoria, que terão que se empenhar na defesa de casos perdidos.

Em âmbito federal, o Decreto 70.235, de 6 de março de 1972, permitia, em sua redação original, a interposição de recurso ao ministro da Fazenda contra decisões do antigo Conselho de Contribuintes (atual Conselho Administrativo de Recursos Fiscais — Carf) que fossem contrárias à lei ou à evidência da prova.

Apesar de esse recurso hierárquico ter sido extinto pelo Decreto 83.304, de 28 de março de 1979, que também criou a Câmara Superior de Recursos Fiscais (CSRF), a possibilidade da sua interposição veio a ser sustentada pela Procuradoria-Geral da Fazenda Nacional (PGFN) com base no poder geral de revisão do ministro da Fazenda, previsto nos artigos 84, inciso II, e 87, parágrafo único, inciso I, da CF e 19 e 20 do Decreto Lei 200, de 25 de fevereiro de 1967.

Embora tenha havido inicialmente controvérsia sobre o tema, o entendimento acima veio a ser rechaçado pela 1ª Seção do Superior Tribunal de Justiça, em acórdão proferido no Mandado de Segurança 8.810-DF, por unanimidade de votos, sob o argumento de que aquele poder de revisão somente seria aplicável aos casos em que houvesse excesso ou descontrole, não sendo aplicável às hipóteses em que o órgão controlado tivesse agido no âmbito da sua competência e do devido processo legal. O controle do ministro sobre os acórdãos do Conselho de Contribuintes (atual Carf) e da CSRF teria como escopo único o reparo de nulidades, não sendo válida a reforma de tais decisões por suposto erro na interpretação da lei tributária.

A Fazenda Nacional recorreu da decisão acima ao Supremo Tribunal Federal sob o argumento de que os poderes de controle e supervisão do ministro da Fazenda, conforme previsto no inciso I do artigo 87 da CF (transcrito acima) também permitiriam reformar (mediante recurso hierárquico) decisões de mérito proferidas pelo Conselho de Contribuintes e CSRF (RE 535.077-DF).

O ministro Ayres Brito, por decisão monocrática, negou seguimento ao referido recurso, por entender que "a controvérsia sob exame não transborda os limites do âmbito infraconstitucional. Logo, afronta o Magno Texto, se existente, ocorreria de forma reflexa ou indireta."

Diversamente do processo administrativo federal, relatado acima, há expressa previsão na legislação de algumas poucas Unidades da Federação sobre a possibilidade de interposição de recurso hierárquico (no caso, ao secretário de Estado), o que levou ambas as Turmas do STJ a *inicialmente* entender que ele seria válido, sob o principal fundamento de que o recurso ao secretário seria relevante para o restabelecimento do equilíbrio entre as partes no processo administrativo, já que somente o contribuinte teria o direito de ingressar em juízo para rediscutir a matéria julgada em âmbito administrativo.

Já se demonstrou que a razão precípua de existência do processo administrativo fiscal é justamente assegurar o direito de defesa ao contribuinte em decorrência do fato de que as autoridades fiscais possuem a prerrogativa de constituir de forma unilateral o título executivo a ser contra ele utilizado.

Ainda assim, o contribuinte está em clara desvantagem no decorrer de todo o contencioso administrativo, uma vez que, conforme demonstrado: i) a maioria dos outros tribunais administrativos brasileiros é sempre presidida por um representante da Fazenda (o que tem profunda relevância nos julgamentos uma vez que o presidente possui voto de desempate); ii) argumentos constitucionais em favor do contribuinte são desconsiderados pelos julgadores administrativos, gerando grave prejuízo à defesa do contribuinte; iii) os representantes da Fazenda possuem uma série de vantagens que não são estendidas aos contribuintes.

Se, com todos esses obstáculos e dificuldades, o contribuinte consegue ver reconhecido o seu direito em âmbito administrativo, deve-se mesmo preservar o Poder Judiciário do desnecessário reexame da questão. Afinal, é a própria Administração Tributária (que esses Conselhos integram) que entende improcedente a respectiva cobrança, e não haveria que se imaginar factível uma ação judicial que fosse proposta pelo Estado contra ele próprio (no caso, a própria Administração Tributária que reconheceu a improcedência da cobrança).

Talvez por influência do já citado ROMS 8.810-DF (que, como visto acima, trata da impossibilidade de recurso ao ministro na esfera federal versar sobre o mérito das decisões e que rechaça a noção de que o recurso hierárquico serviria para atender ao interesse público), a 2ª Turma do STJ reviu o seu posicionamento anterior, proferindo, em 19 de agosto de 2004, decisão em que, embora tenha sido reconhecida a existência de previsão expressa do recurso hierárquico (no caso, na legislação estadual do Rio de Janeiro), entendeu que tal norma não poderia ser interpretada no sentido de permitir *a revisão de mérito* das decisões proferidas pelo Conselho de Contribuintes.

A ministra relatora Eliana Calmon entendeu ser sem propósito a decisão proferida no recurso hierárquico impugnado, tendo em vista que, "sem declinar razão alguma, censurou a decisão colegiada e, de forma unilateral, sem contraditório ou defesa, acabou por mudar inteiramente o juízo de legalidade técnica". Ou seja, restou claro que a pretensão de revisão geral das decisões do Conselho de Contribuintes por um julgador singular e eminentemente político fere princípios fundamentais previstos na Constituição e o próprio interesse público.

Por esse motivo, qualquer previsão de recurso hierárquico só pode ser aplicável aos casos em que haja nulidade ou vício da decisão, ou seja, quando o Conselho de Contribuintes tenha agido além da sua competência.

Qualquer interpretação diversa levaria ao absurdo entendimento de que a mera previsão em norma estadual seria suficiente para afastar os princípios constitucionais especificamente garantidos ao litigante em processo administrativo, como é o caso do devido processo legal.

Por fim, note-se que, embora a 2ª Turma do STJ tenha recentemente proferido decisão que parece caminhar no sentido de restabelecer o seu posicionamento inicial (no sentido de que o secretário pode rever o mérito das decisões proferidas pelo Conselho de Contribuintes),[3] há a possibilidade de que o STF venha a rever tal entendimento.

De fato, embora a maior parte das decisões monocráticas proferidas até a presente data tenha negado seguimento aos recursos interpostos (pelos contribuintes ou pela Fazenda) sob o fundamento de que a discussão em análise representa, no máximo, ofensa indireta à Constituição Federal, o ministro Marco Aurélio, do STF, proferiu decisão monocrática em que afirmou a constitucionalidade das decisões proferidas pelo STJ no sentido de que o recurso hierárquico previsto na legislação do Estado em exame só pode ser utilizado para corrigir

---

[3] AgRg no RMS 26.512/RJ, ministro Mauro Campbell Marques, DJe 27/04/2010.

nulidades ou vícios, e não para modificar o mérito das decisões do Conselho de Contribuintes (RE 607.463/RJ, DJe-041, de 08/03/2010).[4]

Os contribuintes torcem para que o STF reconheça o caráter eminentemente constitucional da matéria em análise, ou que o STJ retome a sua jurisprudência anterior, e que venha a prevalecer o entendimento exposto pelo ministro Marco Aurélio no sentido de que, mesmo nos casos em que o ente federativo edite norma legal que determine a possibilidade do recurso hierárquico, tal norma deva ser interpretada como aplicável somente aos casos de nulidade (ou seja, quando o Conselho de Contribuintes julgue ou pratique atos além da sua competência), e jamais como viabilizadora da revisão de mérito das decisões administrativas.

Somente assim restará assegurada a legitimação da CDA (título executivo resultante da inscrição do crédito tributário na Dívida Ativa) pelo processo administrativo tributário, e terão sido observados e respeitados todos os princípios constitucionais de que tratei neste artigo.

ATUALIZAÇÃO

No ARE nº 645.000 AgR/PR, de 22.05.2012, a Segunda Turma do STF entendeu que, quanto ao recurso hierárquico, eventual ofensa à CF seria indireta, esclarecendo o seguinte:

"O Tribunal de origem concluiu pela impossibilidade de revisão, por parte do secretário da Fazenda do estado do Paraná, do mérito da decisão proferida pelo Pleno do Conselho de Contribuintes e Recursos Fiscais, por entender que o recurso hierárquico serve apenas para análise e supervisão de atos administrativos eivados de vícios e nulidades flagrantes, não podendo adentrar o juízo de mérito da decisão colegiada. Verifica-se que a controvérsia foi decidida à luz de interpretação de legislação local (Lei Complementar Estadual 1/1972). Incide, pois, ao caso, o óbice da Súmula 280 do STF.

Além disso, esta Corte já firmou entendimento no sentido de que, em regra, as alegações de desrespeito aos postulados da legalidade, da moti-

---

[4] Há também decisões monocráticas contrárias ao contribuinte. Citamos, a título ilustrativo, recente decisão monocrática do ministro Dias Toffoli, proferida no RE 388.768, de 15/05/2010 (DJe de 31/05/2010).

vação dos atos decisórios, do contraditório, do devido processo legal, dos limites da coisa julgada e da prestação jurisdicional podem configurar, quando muito, situações caracterizadoras de ofensa meramente reflexa ao texto da Constituição, hipóteses em que também não se revelará cabível o recurso extraordinário (AI 477.645-AgR, rel. min. Celso de Mello).

Ainda que fosse possível superar esse obstáculo, observo que o ato de constituição do crédito tributário é plenamente vinculado (RTJ 216/551) e, portanto, a invocação da Súmula 473/STF pelo Chefe do Executivo somente poderia ser feita para motivar o controle do ato com critérios de validade, e [não corrigido na ementa] por critérios de conveniência ou oportunidade."

[Súmula 473, citada na decisão acima: A ADMINISTRAÇÃO PODE ANULAR SEUS PRÓPRIOS ATOS, QUANDO EIVADOS DE VÍCIOS QUE OS TORNAM ILEGAIS, PORQUE DELES NÃO SE ORIGINAM DIREITOS; OU REVOGÁ-LOS, POR MOTIVO DE CONVENIÊNCIA OU OPORTUNIDADE, RESPEITADOS OS DIREITOS ADQUIRIDOS, E RESSALVADA, EM TODOS OS CASOS, A APRECIAÇÃO JUDICIAL.]

MUNICÍPIOS TENTAM TRIBUTAR INDUSTRIALIZAÇÃO POR ENCOMENDA[5]

Na Europa, a tributação indireta se dá por meio de um único tributo, o Imposto sobre Valor Agregado (IVA), cuja cobrança é promovida pelo governo central de cada um dos Estados Membros. No Brasil, o cenário é bem diferente: a competência para a tributação indireta é dividida entre as três esferas de governo. Paralelamente à incidência das contribuições sociais, outorga-se à União competência para tributar a cadeia industrial (com o IPI), aos estados, a circulação de mercadorias (com o ICMS), e aos municípios, o setor de serviços (com o ISS).

Não obstante essa divisão de competências, há atividades que, objetivamente consideradas, apresentam características próprias tanto de industrialização como de prestação de serviços, o que lhes deixa vulneráveis à incidência de mais de um tributo (apesar da ocorrência de um só fato gerador). É o caso, por exemplo, das atividades de recondicionamento, acondicionamento, montagem e beneficiamento, exercidas em bens de terceiros ("industrialização por encomenda"), que, por má técnica legislativa, estão previstas como hipótese de incidência tanto do ISS quanto do IPI, nas respectivas legislações de regência.

Mas, como definir o divisor de águas em situações como essa?

De acordo com as regras constitucionais aplicáveis, a lei complementar é o instrumento apto a dirimir eventuais conflitos de competência que decorram da cobrança de tributos sobre o mesmo fato gerador (artigo 146). Busca-se, assim, evitar que determinado ente tributante invada a competência de outro.

---
[5] Artigo publicado em 21 de março de 2012.

Nos termos em que é definida, a competência da União para a cobrança do IPI está, em regra, circunscrita ao conjunto de etapas que compõem o ciclo de industrialização do produto. Esse conjunto de etapas se dá, obviamente, na fase anterior à aquisição do produto para consumo final. A partir dessa aquisição, as atividades que tenham aqueles bens por objeto passam a ter a natureza de serviço, sujeitando-se, consequentemente, ao ISS (desde que constem da lista dos serviços tributáveis pelo imposto municipal). Portanto, a aquisição do bem pelo consumidor final é o marco definidor da incidência de um tributo ou outro.

Sob essa lógica, o Decreto-Lei 406/1968, ao listar, com força de lei complementar, as atividades de beneficiamento, montagem, acondicionamento/reacondicionamento e renovação/recondicionamento, como sujeitas à incidência do ISS, fez expressa referência ao fato de que ele não incidiria nas hipóteses em que os bens, objeto das referidas prestações, *fossem destinados à industrialização ou à comercialização.*

Havia, assim, em consonância com o estabelecido no texto constitucional, nítida distinção dos campos de incidência do IPI e do ISS no que concerne a atividades relacionadas à "industrialização por encomenda". Tratando-se de bens ainda inseridos no ciclo industrial do produto, o imposto incidente seria o IPI; se tais atividades fossem exercidas fora desse ciclo, o imposto incidente seria o ISS.

Ocorre que, no dia 31 de julho de 2003, esses dispositivos do DL 406/68 foram revogados pela Lei Complementar 116/03, que passou a regular o ISS em âmbito nacional. A referida Lei Complementar, ao definir os serviços passíveis de serem alcançados pelo imposto municipal, listou, entre outras, as seguintes atividades:

> 14 — Serviços relativos a bens de terceiros
> 14.01 — Lubrificação, limpeza, lustração, revisão, carga e recarga, conserto, restauração, blindagem, manutenção e conservação de máquinas, veículos, aparelhos, equipamentos, motores, elevadores ou de qualquer objeto (exceto peças e partes empregadas, que ficam sujeitas ao ICMS).
> [...] 14.03 — Recondicionamento de motores (exceto peças e partes empregadas, que ficam sujeitas ao ICMS).
> 14.04 — Recauchutagem ou regeneração de pneus.

14.05 — Restauração, recondicionamento, acondicionamento, pintura, beneficiamento, lavagem, secagem, tingimento, galvanoplastia, anodização, corte, recorte, polimento, plastificação e congêneres, de objetos quaisquer.
[...] 14.08 — Encadernação, gravação e douração de livros, revistas e congêneres.
[...] 14.11 — Tapeçaria e reforma de estofamentos em geral.
14.12 — Funilaria e lanternagem.

A não referência pela LC 116/03 ao fato de que o serviço deveria se destinar ao consumidor final para que pudesse ser tributado pelo ISS (como havia feito o DL 406/68) fez com que municípios pretendessem a incidência do imposto sobre a denominada industrialização por encomenda. Afinal, diziam os municípios, tal industrialização se dá sobre bens de terceiros. Logo, por expressa determinação literal dos dispositivos de lei aplicáveis, ela deveria estar sujeita à incidência do imposto municipal.

O Superior Tribunal de Justiça entendeu que essa linha de argumentação é boa e manteve a cobrança do imposto municipal sob o fundamento de que a "industrialização por encomenda" configura obrigação de fazer e está listada como serviço tributável na LC 116/03. Com a devida vênia, tal interpretação viola o princípio da competência privativa que informa o sistema tributário nacional, pelo qual, como visto acima, reservam-se à competência federal e estadual os impostos sobre a produção e a circulação de mercadorias, respectivamente, impossibilitando, assim, a incidência do ISS sobre atividades que tenham aquela natureza.

A LC 116/03 deve, a nosso ver, ser interpretada como se a ressalva que antes constava do DL 406/68 (de não incidência do ISS quando o bem fosse destinado à industrialização ou à comercialização) esteja implícita no item 14 da lista anexa, de forma que esse imposto só possa incidir sobre atividades/serviços realizados em bens que sejam destinados ao consumo dos respectivos beneficiários. Do contrário, tendo em vista ser essa claramente uma hipótese em que não se admite a bitributação (por se tratar de competências privativas explicitamente definidas na Constituição Federal), ter-se-ia que a Lei Complementar não teria exercido uma de suas principais funções: dirimir, nessas circunstâncias, o conflito de competência que existiria entre União (IPI) e municípios (ISS).

Essa conclusão levaria à consequente impossibilidade de cobrança de tributos sobre tais operações, conforme decidiu o Supremo Tribunal Federal, ao julgar inconstitucional a cobrança do Adicional do Imposto sobre a Renda (Adir), por não haver lei complementar que indicasse as regras que solucionariam eventuais conflitos de competência decorrentes das leis estaduais que dispunham sobre o assunto. Eis a ementa da decisão proferida na Ação Direta de Inconstitucionalidade 28-SP, julgada pelo pleno do STF, que ilustra, com exatidão, o entendimento desse tribunal sobre a matéria:

> Ação Direta de Inconstitucionalidade. Lei nº 6.352, de 29 ele dezembro de 1988, do Estado de São Paulo. Tributário. Adicional de Imposto de Renda (CF, art 155, II), arts. 146 e 24, § 3 da parte permanente da CF e art. 34, §§ 3% 4º e 5% do ADCT. O adicional do Imposto de renda, de que trata o inciso II do art. 155, não pode ser instituído pelos estados e Distrito Federal, sem que, antes, a lei complementar nacional, prevista no *caput* do art. 146, disponha sobre as matérias referidas em seus incisos e alíneas, não estando sua edição dispensada pelo § 3º do art. 24 da parte permanente da Constituição Federal, nem pelos §§ 3º, 4º e 5º do art. 34 do ADCT. Ação julgada procedente, declarada a inconstitucionalidade da Lei nº 6.352, de 29 de dezembro de 1988, do estado de São Paulo. (*Revista Trimestral de Jurisprudência*, v. 151, p. 657)

Resultado semelhante na hipótese em exame ("industrialização por encomenda") só será evitado caso a LC 116/03 seja interpretada no sentido de que as atividades realizadas sobre bens de terceiros somente são alcançadas pela incidência do ISS se forem realizadas fora do respectivo ciclo de industrialização ou comercialização. Adotar-se-ia, no caso, interpretação conforme a Constituição.

O Plenário do STF parece ter seguido tal linha de entendimento quando analisou a Medida Cautelar proposta na ADI 4.389-DF. Nesse julgamento, a Egrégia Corte entendeu que não poderia haver incidência do ISS na impressão gráfica realizada em embalagens, uma vez que elas seriam destinadas à comercialização e, portanto, estariam no campo de incidência do ICMS (e do IPI).

Fazemos especial referência ao voto da ministra Ellen Gracie, que reforçou a tese já defendida com o argumento de que, caso fosse permitida a incidência do ISS, estar-se-ia inserindo um tributo cumulativo entre atividades realizadas no âmbito da produção ou comercialização, o que acarretaria o estorno dos créditos anteriormente apropriados e impediria o respectivo creditamento pelas empresas adquirentes, frustrando, assim, um dos principais objetivos do sistema tributário constitucional brasileiro, que é justamente o de evitar os malefícios econômicos causados pela cumulatividade de incidências na cadeia produtiva.

Por mais esse fundamento, verifica-se que, mesmo após a edição da LC 116/03, as operações de industrialização por encomenda estão sujeitas exclusivamente às regras de incidência do IPI.

REQUISITOS PARA RESPONSABILIZAR OS ADMINISTRADORES[6]

Nas últimas décadas, uma série de escândalos financeiros trouxe à baila a discussão sobre a responsabilização de administradores por desmandos e fraudes contábeis que pudessem colocar em perigo não só os *shareholders* (acionistas), como os denominados *stakeholders*, que, apesar de não serem investidores diretos no negócio, têm legítimo interesse na sua boa administração. É o caso dos empregados, dos credores da empresa e, por que não dizer, do próprio Fisco.

Para a proteção desses interessados e também com o objetivo de assegurar a boa administração empresarial, criou-se um arcabouço de regras relativas à governança corporativa cuja principal função foi a de instituir mecanismos de proteção e controle dos atos praticados pelos administradores e assegurar plena transparência da forma como os negócios são conduzidos.

Esses mecanismos de controle se materializaram, entre outros, no aumento da atuação das autoridades reguladoras e no aprimoramento das atividades de auditoria, além da crescente responsabilização de executivos pela administração fraudulenta de negócios.

O Fisco sempre dispôs de mecanismos próprios que lhe garantiram contínuo e absoluto controle de todas as atividades financeiras e operacionais realizadas pela empresa. De fato, por meio dos livros fiscais (de entrada, saída, estoque, Lalur etc.), notas fiscais, certidões negativas de débitos, declarações (Declan, Gia, Dipj, Dipf, Dctf, Dirf, Rais, Dacon, Sintegra, Dief etc.), e tantos outros mecanismos de con-

---

[6] Artigo publicado em 18 de abril de 2012.

trole, as autoridades fiscais (nos três níveis da federação) são as que dispõem, entre os *stakeholders*, dos melhores instrumentos de controle existentes.

No que concerne à responsabilização dos administradores, o Fisco conta com uma proteção legislativa adicional, corporificada nas regras contidas nos artigo 135, inciso III, do Código Tributário Nacional (CTN), segundo o qual os diretores gerentes ou representantes de pessoas jurídicas de direito privado "são pessoalmente responsáveis pelos créditos correspondentes a obrigações tributárias resultantes de atos praticados com excesso de poderes ou infração de lei, contrato social ou estatutos".

Singela a redação, mas dela decorreram discussões de toda ordem. Citamos alguns exemplos.

A primeira dessas discussões foi travada em relação ao tipo de responsabilidade que se atribui ao administrador nas hipóteses transcritas no dispositivo acima. Seria ela solidária, subsidiária ou substitutiva? Na jurisprudência, há posicionamentos para todos os gostos, e as seguintes ementas demonstram bem isso:

> (...) a simples falta de pagamento do tributo não configura, por si só, nem em tese, circunstância que acarreta a responsabilidade *subsidiária* dos sócios, prevista no art. 135 do CTN". (Primeira Seção REsp 1.101.728/SP, 11.03.2009)
> Esta Corte Superior de Justiça firmou compreensão de que a responsabilidade tributária *substitutiva*, prevista no artigo 135, inciso III, do Código Tributário Nacional, atribuída ao sócio-gerente, ao administrador ou ao diretor de empresa comercial, exige prova da prática de atos eivados de vícios (...). (AgRg no REsp 1160608/AL, Primeira Turma, 23.03.2010)
>
> Súmula 430, de 13.05.2010 — "O inadimplemento da obrigação tributária pela sociedade não gera, por si só, a responsabilidade *solidária* do sócio-gerente. (grifo nosso)

Na doutrina, também houve divergência. Para o professor Hugo de Brito Machado, o administrador seria solidariamente responsável com o contribuinte; para a professora Misabel Derzi, a responsabilidade nesses casos seria substitutiva e, para o professor Leandro Paulsen, ela seria solidária, mas somente nas hipóteses em que a pessoa jurídica se beneficiasse do ato ilegal, ou praticado com excesso de poderes pelo administrador.

Outra discussão disse respeito à natureza da infração cuja prática poderia resultar na atribuição da responsabilidade em exame.

O posicionamento inicial do STJ foi no sentido de que o mero não recolhimento de tributos já configuraria infração à lei para esse fim.

"O sócio-gerente da sociedade limitada é responsável (...) pois age com violação à lei o sócio-gerente que não recolhe os tributos devidos." (Resp nº 34429-7-SP, relator min. Cesar Rocha, Primeira Turma, 23.06.1993)

Posteriormente, esse mesmo Tribunal modificou a sua jurisprudência para entender que "a responsabilidade tributária decorrente do art. 135 do CTN é subjetiva e refere-se às infrações à lei comercial, civil, trabalhista etc., e não ao mero inadimplemento da obrigação tributária" (Resp nº 933.909, Segunda Turma, telator ministra Eliana Calmon, em 24.06.2008).

Houve também discussões acerca da possibilidade de a mera mudança de domicílio fiscal, sem comunicação aos órgãos competentes, legitimar o redirecionamento da execução fiscal para o sócio-gerente, mas o STJ acabou por firmar jurisprudência no sentido de que, sim, tal redirecionamento seria possível nessas circunstâncias, porque essa falha configuraria dissolução irregular de sociedade. (Súmula 435 — "Presume-se dissolvida irregularmente a empresa que deixar de funcionar no seu domicílio fiscal, sem comunicação aos órgãos competentes, legitimando o redirecionamento da execução fiscal para o sócio-gerente.")

Mas, pergunto eu, a dissolução irregular de sociedade poderia ensejar a aplicação do disposto no artigo 135 do CTN?

Pela literalidade do dispositivo, parece-me que não. Ao examinar a possibilidade de o mero não pagamento de imposto configurar infração para os efeitos daquele dispositivo, a professora Misabel Derzi sustentou que essa conclusão não seria admissível porque os créditos mencionados no art. 135 correspondem a obrigações *resultantes* de atos irregulares praticados pelos administradores. Se são obrigações *resultantes* de tais atos, sustenta a ilustre professora, é porque o ilícito deve ser prévio ou concomitante ao surgimento da obrigação, e jamais a ela posterior, como é o caso do pagamento do tributo, que necessariamente ocorre posteriormente ao nascimento da respectiva obrigação.

Ora, o mesmo se dá com a dissolução irregular de sociedade, que representa, pela sua própria natureza, o fim do exercício das atividades da pessoa jurídica, não havendo, portanto, que se pressupor a existência de qualquer ato nem obrigação tributária que lhe seja subsequente. Não conheço precedentes que tenham examinado a questão *sob esse enfoque*, mas o debate é válido.

Outra dúvida que suscitou debates acalorados foi a possibilidade de haver a responsabilização do sócio-gerente que realiza a dissolução irregular da sociedade por créditos tributários relativos a fatos geradores ocorridos anteriormente ao seu ingresso na sociedade. A jurisprudência do STJ que conhecemos sobre esse aspecto da discussão foi no sentido de que tal responsabilização só é possível relativamente aos fatos geradores ocorridos durante o mandato do administrador que dissolve irregularmente a sociedade.

O mesmo raciocínio, por óbvio (e até por mais forte razão), deve ser aplicado em relação ao sócio-gerente que, apesar de ter sido o administrador da sociedade à época da ocorrência do fato gerador, não foi responsável pela sua dissolução irregular.

Mas, o debate que trago à reflexão, nesta oportunidade, é outro.

De acordo com as regras atualmente em vigor (Portaria da PGFN n. 180, de 25.02.2010), a inclusão dos administradores na Certidão da Dívida Ativa (CDA) é possível, desde que baseada em expressa declaração fundamentada por parte das autoridades competentes (RFB, PGFN ou, ainda, do Ministério do Trabalho e Emprego — MTE) sobre a prática de ato do qual possa resultar a respectiva atribuição de responsabilidade, nos termos do artigo 135 do CTN.

O entendimento prevalecente é o de que, se a CDA, na sua origem, já faz expressa menção aos administradores como responsáveis pelo pagamento do tributo, cabe a eles (e não ao Fisco) o ônus da prova de que não praticaram as irregularidades que lhes atribuiria tal responsabilidade. Se, por outro lado, a CDA não faz tal indicação e há o mero redirecionamento da execução, o ônus dessa prova, nessas hipóteses, cabe às autoridades fiscais (e não aos administradores).

A criação dessa regra representou evolução em relação à prática que até então prevalecia, segundo a qual tal inclusão (pasmem, inclusive a de advogados — mas, isso será tratado em outro artigo) era feita na CDA sem que houvesse a necessidade de qualquer fundamentação.

Porém, ainda há largo espaço para a necessária evolução.

Há que se restringir tal inclusão aos casos em que o suposto responsável (seja ele sócio, administrador ou procurador) tenha tido a prévia oportunidade de se manifestar sobre a validade e procedência do respectivo crédito tributário, oportunidade essa que se materializa no contencioso administrativo tributário.

De fato, ao tratar do lançamento tributário, o artigo 142 do CTN o define como o procedimento que, além de verificar a ocorrência do fato gerador da obrigação correspondente, determinar a matéria tributável, calcular o montante do tributo devido (propondo, quando for o caso, a aplicação da penalidade cabível), *identifica o sujeito passivo*.

Ou seja, é no lançamento que o sujeito passivo (contribuinte e responsável, nos termos do art. 121 do CTN) deve ser identificado, e não quando da expedição da CDA nem, muito menos, no decorrer da execução fiscal.

E o processo administrativo, como já tive a oportunidade de demonstrar em outro artigo publicado nesta coluna do Conjur (em 22.02.2012), tem a fundamental função de legitimar o título executivo objeto da execução fiscal. É por meio do contencioso administrativo que se verifica o atendimento aos princípios do contraditório, da ampla defesa, impessoalidade, moralidade administrativa e, principalmente, do devido processo legal.

Por essa razão, não há como legitimar-se o redirecionamento da execução fiscal contra administrador, sócio ou procurador que não tenha tido a oportunidade de, no decorrer da fase contenciosa administrativa, manifestar-se sobre a procedência do lançamento, seja em razão do mérito da cobrança, dos aspectos formais do lançamento, da matéria de fato, ou, ainda, da efetiva existência de irregularidades nos atos por ele praticados passíveis de torná-lo responsável pelo pagamento do tributo, nos termos do artigo 135 do CTN.

Do contrário, estar-se-á, sem qualquer fundamentação que tenha sido objeto de contraditório, em flagrante desrespeito ao devido processo legal, subjugando cidadãos presumidamente cumpridores dos seus deveres às agruras daqueles que são executados judicialmente em matéria tributária: penhora online, inscrição em lista de devedores, impossibilidade de obtenção de certidões negativas, entre tantas outras.

Tal resultado é inconcebível, inaceitável e incompatível com o Estado de Direito.

REGRA SOBRE IMPORTAÇÃO PARA REPETRO VIOLA CONSTITUIÇÃO[13]

No primeiro artigo que publiquei, intitulado "Inseguranças na tributação do setor do petróleo", tratei de questão que muito atormenta as empresas que exercem atividades nessa área: a isenção do ICMS na importação de bens destinados ao uso interligado às fases de exploração e produção.

Neste artigo, tratarei de outra incerteza também ligada à incidência do ICMS e também relativa a bens importados utilizados em atividades ligadas ao setor do petróleo.

Trata-se da regra de tributação ou, dependendo da forma como seja interpretada, de definição do estado competente para a cobrança do imposto, constante do parágrafo 2º da cláusula sétima do Convênio 130/2007, cuja redação é a seguinte:

> Cláusula sétima — O imposto referido nas cláusulas primeira e segunda e § 2º da cláusula sexta [*importação de bens destinados ao Repetro*] será devido à unidade federada em que ocorrer a utilização econômica dos bens ou mercadorias mencionados neste convênio.
> § 1º Na hipótese da cláusula segunda e § 2º da cláusula sexta, o imposto será devido à unidade federada em que ocorrer a primeira entrada dos bens ou mercadorias para utilização econômica.
> § 2º Caso o imposto não tenha sido cobrado na operação a que se refere o § 1º, ele será devido à primeira unidade federada em que ocorrer a entrada dos bens ou mercadorias com cobrança do imposto....
> (Grifo nosso)

---

[13] Artigo publicado em 16 de maio de 2012.

Na leitura do dispositivo acima, constata-se que, nas hipóteses em que houver isenção do ICMS no estado por onde se dê a importação e para onde sejam originariamente destinados os bens importados, caberá ao estado para onde esses mesmos bens sejam posteriormente transferidos o direito de exigir ICMS sobre a referida importação, caso a sua legislação assim determine.

Isso é o que se conclui da interpretação literal do referido dispositivo.

Mas, quando se busca definir a natureza jurídica da norma em si, inclusive com o intuito de perquirir a sua validade diante das normas constitucionais em vigor, o seu aplicador se depara com, pelo menos, três possíveis interpretações alternativas:

(a) a norma tem por objeto a criação de novo fato gerador do ICMS, que seria a entrada dos bens ou mercadorias importados com isenção em estado cuja legislação tribute regularmente essas operações;
(b) o que busca a norma é definir o estado ao qual será devido o imposto na importação de bens e mercadorias que se dê nas circunstâncias acima referidas;
(c) tal norma pretende dar o efeito extraterritorial a que se refere o artigo 102 do Código Tributário Nacional, segundo o qual "a legislação tributária dos estados, do Distrito Federal e dos municípios vigora, no país, fora dos respectivos territórios, nos limites em que lhe reconheçam extraterritorialidade os convênios de que participem, ou do que disponham esta ou outras leis de normas gerais expedidas pela União"; ou
(d) cria regra de substituição tributária interestadual.

A primeira dessas interpretações (segundo a qual o Convênio estaria prevendo nova hipótese de incidência do ICMS) cai por terra pelo simples e notório fato de que a definição do âmbito de incidências tributárias cabe exclusivamente à Constituição Federal e à lei complementar que disponha sobre as normas gerais de cobrança de cada tributo, e que nenhuma das normas que delimitam as fronteiras do ICMS (Constituição Federal e Lei Complementar 87/1996) permite a conclusão de que esse imposto poderia incidir na situação prevista no parágrafo 2º da cláusula sétima, acima transcrito.

De fato, ao examinarmos os artigos 1º e 2º da LC 87/1996, constatamos que não há qualquer dispositivo que determine que a mera movimentação física do bem importado de um estado para outro possa fazer nascer a obrigação de pagar o tributo por quem quer que seja.

Cabe também notar que, no caso, não tratamos nem mesmo da transferência de bens ou mercadorias de um estabelecimento para outro pertencente ao mesmo titular, situação que, no passado, gerou alguma controvérsia sobre a possibilidade de sua tributação, logo resolvida pela jurisprudência, nos termos da Súmula 166, de 14 de agosto de 1996, do STJ. ("Não constitui fato gerador do ICMS o simples deslocamento de mercadoria de um para outro estabelecimento do mesmo contribuinte.")

Trata-se de situação em que não se constata a existência de qualquer signo demonstrativo de riqueza (ou de circulação de riqueza) que justifique a sua configuração como hipótese de incidência tributária, nos termos do princípio constitucional da capacidade contributiva.

E mesmo que não fosse esse o caso, ou seja, que se tratasse de atividade passível de ser onerada tributariamente, essa norma teria que ter sido criada por lei complementar, e não por norma editada pelo Confaz. O Convênio 130/2007 extrapola sua competência ao criá-la, o que o torna inconstitucional.

Logo, a primeira das interpretações acima não pode prevalecer. Vejamos a segunda.

Por essa outra interpretação, o objetivo da norma em exame seria o de definir o sujeito ativo da obrigação tributária na hipótese prevista no parágrafo 2º da cláusula sétima do Convênio 130/2007.

Ora, a definição do estado competente para cobrar o ICMS devido na importação já está plenamente regulada na CF.

De fato, nos termos do seu artigo 155, parágrafo 2º, inciso IX, alínea "a", com redação dada pela Emenda Constitucional 33, de 11 de dezembro de 2001, o ICMS "incidirá também sobre a entrada de bem ou mercadoria importados do exterior por pessoa física ou jurídica, ainda que não seja contribuinte habitual do imposto, qualquer que seja a sua finalidade, assim como sobre o serviço prestado no exterior, *cabendo o imposto ao estado onde estiver situado o domicílio ou o estabelecimento do destinatário da mercadoria, bem ou serviço*".

Ao analisar essa norma constitucional por repetidas vezes, o STF tornou pacífico o entendimento de que o ICMS é devido ao estado em que está localizado o destinatário jurídico do bem. Vejam abaixo:

RECURSO EXTRAORDINÁRIO. TRIBUTÁRIO. IMPOSTO SOBRE CIRCULAÇÃO DE MERCADORIAS E SERVIÇOS. ICMS. IMPORTAÇÃO. SUJEITO ATIVO. ALÍNEA "A" DO INCISO IX DO § 20 DO ART. 155 DA MAGNA CARTA. ESTABELECIMENTO JURÍDICO DO IMPORTADOR. O sujeito ativo da relação jurídico-tributária do ICMS é o estado onde estiver situado o domicílio ou o estabelecimento do destinatário jurídico da mercadoria (alínea "a" do inciso IX do § 2º do art. 155 da Carta de Outubro); pouco importando se o desembaraço aduaneiro ocorreu por meio de ente federativo diverso. Recurso extraordinário desprovido. (RE 299.079/RJ; Relator: min. CARLOS BRITTO, 30.06.2004, Primeira Turma, Publicação: DJ 16-06-2006, p. 20)

Cite-se, ainda, o seguinte trecho do voto do ministro relator Carlos Ayres Britto:

10. Dessa forma, quando a operação se inicia no exterior, o ICMS é devido ao estado em que está localizado o destinatário jurídico do bem, isto é, o importador. Nesse sentido, Roque Antonio Carrazza, in ICMS, 9ª ed., São Paulo, Malheiros Editores, 2003, pp. 60-61: "(...) Cabe ICMS nas importações de bens para que sejam integrados no ciclo econômico. Já vimos que o tributo é devido, nestes casos, à pessoa política (Estado ou Distrito Federal) onde estiver localizado o destinatário do bem. Nenhuma entredúvida pode surgir quando o destinatário do bem está localizado no próprio estado onde se deu o desembaraço aduaneiro."

E do ministro Marco Aurélio:

Repito que o negócio jurídico subsequente à importação, (...) não repercute na relação tributária primitiva.

Assim, ao determinar que o ICMS devido na importação poderá ser recolhido para outro estado que não aquele em que indiscutivelmente localizado o destinatário jurídico do bem, a cláusula sétima do Convênio 130/2007 viola expressa determinação constitucional, chancelada, como visto, pelo STF.

E, mesmo que não houvesse essa violação, ainda assim as regras referentes à competência tributária jamais poderiam ser instituídas por mero convênio editado pelo Confaz, tendo em vista que o artigo 146 da CF determina que *Lei Complementar*, e tão somente ela, pode dispor sobre *conflitos de competência* (que, repita-se, não seria o caso, já que as regras constitucionais são claras ao determinar o ente tributante).

Quanto à terceira possível interpretação (aplicação, ao caso, do artigo 102 do CTN, que permite que convênios reconheçam extraterritorialidade a normas estaduais e municipais), é verdade que há regra expressa prevendo a edição dessa espécie de norma nessas hipóteses (Convênio 133, de 12 de novembro de 1997, artigo 3º, inciso II) e que, portanto, convênios celebrados entre entes federativos podem efetivamente atribuir vigência extraterritorial a determinadas normas, ou seja, podem permitir que as regras de um ente político tributante sejam aplicáveis no território de outro.

Há que se ter em mente, contudo, que a competência para a cobrança do ICMS que, como visto acima, está claramente definida no artigo 155, parágrafo 2º, inciso IX, alínea "a", da CF, jamais poderá ser alterada por norma infraconstitucional, independentemente de ter ela ou não efeitos extraterritoriais; e que, em hipóteses como essa, o artigo 102 não tem qualquer aplicação.

Por fim, quanto à interpretação de que se estaria, com a norma em exame, criando regra de substituição tributária interestadual, a LC 87/1996 determina, em seu artigo 9º, que "a adoção do regime de substituição tributária em operações interestaduais dependerá de acordo específico celebrado pelos estados interessados". Portanto, o instrumento próprio para instituição de substituição tributária seria, de fato, convênio regularmente editado pelo Confaz.

Ocorre que, além de todos os argumentos já apresentados neste artigo, o instituto da substituição tributária implica mudança do sujeito passivo da obrigação tributária, e não do sujeito ativo, como pretende a cláusula sétima. Não há, portanto, que se falar na aplicação ao caso do disposto no artigo 9º da LC 87/1996, acima referido.

Conclusão: a norma prevista no parágrafo 2º da cláusula sétima do Convênio 130/2007 é inconstitucional e, enquanto permanecer em vigor, gera insegurança jurídica para aqueles que atuam no setor do petróleo.

SOCIEDADES PROFISSIONAIS DEVEM PAGAR ISS FIXO[14]

A discussão desse tema parece infindável: se a forma como se dá a incidência do ISS nos serviços prestados por sociedades profissionais deve ser fixa, como pretendem essas sociedades, ou proporcional ao seu movimento econômico, como pretendem os municípios.

Essa discussão tem por objeto vários limitadores criados de forma reiterada e sucessiva pelas autoridades fiscais municipais para impedir ou, pelo menos, restringir a aplicabilidade dessa tributação fixa.

Fundamentando-se nesse inconformismo, já se buscaram, entre outras tentativas, desde a obtenção da declaração de inconstitucionalidade da norma que a prevê, porque não teria sido recepcionada pela CF/88, que expressamente veda as denominadas isenções heterônomas, ao reconhecimento de que essa norma teria sido revogada pela LC 116/03.

Nenhuma dessas tentativas prosperou.

De fato, a regra de tributação fixa foi declarada em absoluta conformidade com a CF/88 pelo STF, no julgamento do Recurso Extraordinário (RE) 236.604-PR. Nessa decisão, reconheceu-se expressamente que o parágrafo 3º do artigo 9º do DL 406/68, que prevê a tributação fixa, não colidia com o artigo 151, III, da CF/88, que trata da proibição da referida isenção heterônoma.

Da mesma forma, reconheceu-se, agora no âmbito do STJ, que a referida norma não foi revogada pela LC 116/03 e que continua em pleno vigor. É o que se verifica nas ementas de julgados de ambas as Turmas daquele tribunal:

---

[14] Artigo publicado em 27 de junho de 2012.

> "O art. 9º, §§ 1º e 3º, do Decreto-Lei n. 406/68, que dispõe acerca da incidência de ISS sobre as sociedades civis uniprofissionais, não foi revogado pelo art. 10 da Lei nº 116/2003." (Recurso Especial — REsp nº 713.752/PB — Segunda Turma — 23.06.2006 — Diário da Justiça — DJ de 18.08.2006, p. 371)
>
> "A LC 116, de 2003, não cuidou de regrar a tributação do ISS para as sociedades uniprofissionais. Não revogou o art. 9º do DL 406/68." (REsp 1.016.688/RS — Primeira Turma — 06.05.2008 — Diário da Justiça-DJ de 05.06.2008)

A questão que vem sendo discutida nos últimos anos (e que será tratada neste artigo) diz respeito à tentativa de restrição à aplicação da regra de tributação fixa às sociedades que tenham a denominada natureza empresarial ou mercantil.

Em relação a algumas espécies de sociedades profissionais cujas atividades são regidas por legislação que expressamente exclui a possibilidade de adoção da forma mercantil, a discussão ora examinada não encontra qualquer amparo. Isso porque a jurisprudência pacífica do STJ é no sentido de que, nessas hipóteses, não há que se falar em natureza empresarial:

> "5. As sociedades de advogados, qualquer que seja o conteúdo de seus contratos sociais, gozam do tratamento tributário diferenciado previsto no art. 9º, §§ 1º e 3º, do Decreto-Lei nº 406/68 e não recolhem o ISS sobre o faturamento, mas em função de valor anual fixo, calculado com base no número de profissionais integrantes da sociedade." (Recurso Especial nº 724.684/PB — Segunda Turma — 03.05.2005 — Diário da Justiça de 14.06.2005)

Citamos, ainda, o seguinte trecho do voto do ministro Castro Meira no precedente acima:

> "As sociedades de advogados, qualquer que seja o conteúdo de seus contratos sociais, gozam do tratamento tributário diferenciado previsto no art. 9º, §§ 1º e 3º, do Decreto-Lei nº 406/68. Como são necessariamente uniprofissionais, não possuem natureza mercantil, sendo pessoal a responsabilidade dos profissionais nela associados ou habilitados, não recolhem o ISS sobre o faturamento, mas em função de valor anual fixo, calculado com base no número de profissionais."

Pela mesma razão, a legislação do município de São Paulo (Lei 15.406, de 08.07.2011, que alterou a Lei 13.478, de 30.12.2002) expressamente excluiu essas sociedades da tributação proporcional sobre o faturamento, conforme se verifica na redação do art. 15, § 9º, abaixo transcrito:

> art.15 (...), § 9º — Os incisos VI e VII do § 2º e os §§ 7º e 8º deste artigo [que tratam da exclusão do regime de tributação fixa por demonstração de "caráter empresarial"] não se aplicam às sociedades uni-profissionais em relação às quais sejam vedadas pela legislação específica a forma ou características mercantis e a realização de quaisquer atos de comércio.

A discussão sob exame se põe para as demais sociedades prestadoras de serviços profissionais, que, por apresentarem determinadas características que, no entender do Fisco, atribuiriam a elas natureza empresarial, são autuadas por pagarem o ISS sob a modalidade fixa, e não proporcional ao seu faturamento.

Tais características variam desde a forma com que a sociedade é constituída (LTDA., por exemplo), a denominação que se atribui ao estabelecimento (clínica, para os casos dos médicos e odontólogos), até os parâmetros utilizados por seus sócios para distribuírem os lucros entre si (se proporcionalmente ao serviço prestado por cada um em nome da sociedade, ou se proporcionalmente à sua participação no capital social).

Nenhuma dessas características tem qualquer relevância para atribuir-se a essas sociedades natureza empresarial e, consequentemente, inseri-las nas regras de tributação proporcional.

Para melhor compreensão do que realmente é essencial para esse fim, é mandatória a verificação de como se deram a evolução histórica das regras que regulam essa incidência, bem como o exame da forma como a lei civil define as chamadas sociedades empresárias.

Em sua redação original, o CTN estabeleceu uma ampla base de incidência para o ISS. O seu artigo 71, parágrafo 1º, inciso I, considerava sujeito à incidência do imposto o fornecimento de qualquer espécie de trabalho a usuários ou consumidores finais.

Regra geral, a base de cálculo do ISS era o preço do serviço. Todavia, para evitar a sobreposição de incidências, quando se tratasse de prestação de serviço sob a forma de trabalho pessoal do próprio contribuinte, o imposto era calculado por meio de alíquotas fixas ou variáveis, em função da natureza do serviço e outros fatores pertinentes, não compreendida nestes a renda proveniente da remuneração do próprio trabalho (art. 72 do CTN).

Sobre esse objetivo, o de evitar a sobreposição de incidências tributárias, Rubens Gomes de Sousa, relator do anteprojeto que se transformou na Lei 5.172/66 (CTN), em parecer publicado na *Revista de Direito Público*, 20, em 1972, intitulado "O Imposto sobre Serviços e as Sociedades Prestadoras de Serviços Técnicos Profissionais", assim se manifestou:

> 5.1. O ISS foi instituído pela reforma tributária promulgada pela emenda nº 18, de 1º 12.1965, à Constituição de 1946 e complementada pelo Código Tributário Nacional (CTN), Lei nº 5.172, de 25.10.1966. A comissão, de que fui relator, que projetou a reforma, consignou expressamente que o ISS destinava-se a substituir o antigo imposto de indústrias e profissões, que, pela imprecisão constitucional de sua incidência e consequente indefinição de sua base de cálculo, *se havia convertido no exemplo mais flagrante da inadequação da discriminação das competências tributárias de governos diferentes. Com efeito, os dois aspectos referidos permitiam que o imposto de indústrias e profissões viesse sobrepor-se a tributos reservados a outros poderes que não o município, notadamente,* no campo das atividades comerciais, ao IVC; *e, nesse campo e também no das atividades profissionais de prestação de serviços, calculado como era, via de regra, sobre o chamado movimento econômico – equivalente à receita bruta – confundir-se com o imposto federal sobre a renda e proventos de qualquer natureza.* (Grifo nosso)
>
> ....
>
> 5.4. *Guardando conformidade com a definição constitucional do ISS pela Emenda nº 18, de 1965, e visando a assegurar sua observância pelo legislador ordinário, o CTN,* como lei complementar de normas gerais de Direito Tributário, elaborou para seu fato gerador um conceito integrado, embora subdividido em três itens, dos quais interessa ao presente parecer o que referia o fornecimento de trabalho, com ou sem utilização de máquinas, ferramentas ou veículos (art. 71). (...) Paralelamente, o CTN fixou também, dentro da conceituação acima exposta do fato gerador, o seu elemento financeiro, ou seja, a base de cálculo do imposto, definindo-a como sendo o preço do serviço (art. 72).

> Mas, tendo em vista as premissas da própria instituição do ISS, estipulou que, tratando-se de prestação de serviço configurada pelo trabalho pessoal do contribuinte, o imposto seria calculado por alíquotas fixas ou variáveis, em função da natureza do serviço e de outros fatores pertinentes, ressalvado que entre esses últimos não se compreendia a renda proveniente da remuneração do próprio trabalho (art. 72, I). A finalidade da ressalva era, evidentemente, evitar que o ISS viesse a confundir-se com o imposto de renda sobre honorários ou salários, como acontecia com o antigo imposto de indústrias e profissões. (Grifo nosso)

Vê-se, pois, que a tributação fixa era inicialmente restrita à prestação de serviço por profissionais autônomos e tinha por objetivo evitar que esses prestadores de serviços sofressem dupla tributação indevida da sua renda: pelo ISS e pelo Imposto de Renda.

Posteriormente, ao cuidar da incidência do ISS sobre as sociedades profissionais, cujos sócios, por terem responsabilidade pessoal pelos serviços que prestam, atuam na prática como verdadeiros autônomos, o artigo 9º, parágrafo 3º, do DL 406/68, atribuiu a elas tratamento tributário idêntico ao que previa o artigo 72 do CTN. Preservou-se, assim, a isonomia.

Por essa razão é que esse dispositivo do DL 406/68 expressamente prevê a necessidade de que o profissional habilitado assuma responsabilidade pessoal pelo serviço que presta, para que a tributação fixa seja aplicável:

> Art. 9º. A base de cálculo do imposto é o preço do serviço.
> § 1º. Quando se tratar de prestação de serviços sob a forma de trabalho pessoal do próprio contribuinte, o imposto será calculado, por meio de alíquotas fixas ou variáveis, em função da natureza do serviço ou de outros fatores pertinentes, nestes não compreendida a importância paga a título de remuneração do próprio trabalho.
> ....
> § 3º. Quando os serviços a que se referem os itens 1, 4, 8, 25, 52, 88, 89, 90, 91 e 92 da lista anexa forem prestados por sociedades, estas ficarão sujeitas ao imposto na forma do § 1º, calculado em relação a cada profissional habilitado, sócio, empregado ou não, *que preste serviços em nome da sociedade, embora assumindo responsabilidade pessoal*, nos termos da lei aplicável. (Grifo nosso)

Eis aqui, portanto, a primeira circunstância essencial para que a tributação das sociedades em exame seja fixa: a de que os sócios sejam pessoalmente responsabilizados pelos serviços que prestam em nome da sociedade. Note-se que em nada interfere com essa responsabilidade pessoal profissional o fato de a sociedade ter sido constituída sob a forma LTDA. De fato, a limitação da responsabilidade em decorrência do tipo societário adotado não alcança as responsabilidades que, por definição legal, são pessoais.

Vejamos, agora, como o Novo Código Civil (NCC - Lei 10.406/2002) define as chamadas sociedades empresarias, conceito esse que é o único possível norteador do que deve ser considerado como natureza empresarial.

Até o advento do NCC, vigorava no Direito Comercial brasileiro a Teoria dos Atos de Comércio, que classificava as sociedades em civis e comerciais, dependendo do seu objeto social:

> (i) comerciais seriam as sociedades que praticavam habitualmente atos do comércio, que, via de regra, traduziam-se nas atividades comerciais, industriais, bancárias e de seguros; e
> (ii) civis seriam as sociedades que, por exclusão, não pudessem ser consideradas comerciais, entre elas aquelas que praticavam atividades rurais, relativas a imóveis e de prestação de serviços.

Com o NCCB, adotou-se a denominada Teoria da Empresa, segundo a qual as atividades econômicas se classificariam como empresárias ou não empresárias.

Ou seja, a partir do NCCB, não mais vige o critério objetivo dos atos de comércio, mas um outro, de natureza subjetiva, que leva em conta o modo pelo qual são estruturadas as referidas atividades.

O NCCB não conceitua empresa, mas define empresário como aquele que "exerce profissionalmente atividade econômica organizada para a produção ou a circulação de bens ou de serviços" (art. 966).

E expressamente exclui dessa definição aquele que "exerce profissão intelectual, de natureza científica, literária ou artística, ainda que com o concurso de auxiliares ou colaboradores, salvo se o exercício da profissão constituir elemento de empresa." (parágrafo único do art. 966).

O cerne da questão consiste, portanto, na identificação do que leva o exercício da profissão a constituir "elemento de empresa", já que, nessa hipótese, não se dá a exclusão do conceito de empresário a que se refere o parágrafo único do artigo 966.

As sociedades simples e empresárias não se distinguem pela finalidade lucrativa (já que ambas visam ao lucro), nem pelo seu objeto, pois ambas podem se dedicar ao exercício de atividade econômica.

O traço distintivo das sociedades simples e empresárias está no modo pelo qual elas exercem a sua atividade.

Assim, a sociedade será empresária quando se verificar, na exploração da atividade econômica, a combinação dos fatores (capital, mão de obra, insumos e tecnologia) para a produção ou circulação de bens ou serviços, não sendo o trabalho direto dos sócios necessário para a organização da atividade econômica.

Ou seja, na sociedade empresária (em que pese o caráter empreendedor do sócio empresário), a produção ou circulação dos bens ou serviços ocorre sem que necessariamente o sócio esteja participando diretamente desta produção ou circulação.

Já nas sociedades simples, o caráter intelectual, científico, literário ou artístico da atividade econômica impõe a sua exploração de forma pessoal, sendo imprescindível para a sua realização o labor direto dos sócios.

Nos termos do parágrafo único do artigo 966 do NCCB, o sócio poderá até mesmo contar com colaboradores, porém, enquanto o exercício do objeto social depender da sua mão de obra, a sociedade será simples.

Somente na hipótese de a atividade intelectual, científica, literária ou artística passar a ser exercida exclusivamente através de terceiros, insumos e/ou tecnologia, sem depender da pessoa do sócio, a sociedade pode passar a ser caracterizada como empresária, pois, nessas circunstâncias, estará caracterizada a presença do "elemento de empresa" a que se refere o parágrafo único do artigo 966 do NCC.

Há quem sustente que as sociedades profissionais, por congregarem pessoas que se juntam para a prestação de um serviço comum, têm mais capacidade de produzir e, portanto, maior capacidade econômica ou contributiva do que os profissionais liberais isoladamente considerados.

Ora, da associação de profissionais liberais não resulta maior capacidade econômica ou contributiva, já que a produção total nada mais é do que o somatório das produções individuais, não decorrendo dessa associação efeito multiplicador.

O fato de profissionais liberais se associarem não lhes aumenta a capacidade contributiva, nem retira a natureza pessoal dos serviços por eles prestados.

Dessa associação não decorre capacidade contributiva necessariamente diversa da decorrente da soma das capacidades contributivas dos seus partícipes.

Por mais refinadas ou amplas que sejam as instalações de uma sociedade profissional, em nada contribuirão para a receita total, que decorre, inteiramente, da produção de cada profissional.

A reunião dos resultados dos trabalhos individuais não multiplica os rendimentos totais; enseja apenas a vantagem de racionalizar esforços, poupar custos, e proporcionar maior disponibilidade de tempo para o trabalho e o descanso.

O tratamento tributário dado pelo artigo 9º, parágrafo 3º, do Decreto-Lei 406/1968, às sociedades profissionais, relativamente ao ISS, é plenamente justificável, não constituindo privilégio para essas sociedades, mas simples tratamento isonômico com os profissionais que trabalham individualmente, já que não há qualquer diferença entre a atuação destes e a dos profissionais associados.

Em conclusão, a tributação fixa das sociedades profissionais encontra amparo nas seguintes premissas:

> (a) que os sócios sejam pessoalmente responsáveis pelos serviços que prestam em nome da sociedade (o que justifica o tratamento isonômico com os autônomos); e
> (b) que a atividade intelectual, científica, literária ou artística não seja exercida exclusivamente por meio de terceiros, ou do uso de tecnologia, sem depender ou contar com a pessoa do sócio.

Essas são, a meu ver, as premissas essenciais para a validação da tributação fixa das sociedades em exame.

PODER LEGISLATIVO DEVE RESPEITO AO PODER JUDICIÁRIO[15]

Desde 1995, uma série de projetos foram postos em discussão com o objetivo de promover a cobiçada reforma tributária, de que o nosso país tanto necessita.

Todos esses projetos tiveram o mesmo destino: ou foram arquivados, após longas e infrutíferas discussões, ou foram fatiados para atender a interesses absolutamente casuísticos dos entes políticos tributantes, consistentes em alterar a Constituição Federal ou leis complementares com o único intuito de "reformar" jurisprudência pacífica dos nossos tribunais favorável aos contribuintes.

É o exemplo da taxa de iluminação pública, que, julgada inconstitucional pelo STF, por ser relativa a serviço público indivisível, foi, por pressão dos municípios, "constitucionalizada" sob as estranhas vestes de "contribuição de iluminação pública"; o da progressividade do IPTU decorrente da capacidade econômica do contribuinte, em que, apesar de o STF tê-la entendido inadmissível, por tratar-se de imposto de caráter real, o Congresso Nacional promulgou a EC 29, de 13.09.2000, pela qual determinou-se que esse tributo poderia "ser progressivo em razão do valor do imóvel"; e o da "norma interpretativa constante da Lei Complementar 118, de 09.02.2005, que procurou usurpar a competência do Judiciário (no caso, o STJ), dando interpretação diversa da que predominava na sua jurisprudência no que concerne ao prazo de decadência para a repetição de indébitos tributários.

E essa prática vem de longa data.

---
[15] Artigo publicado em 25 de julho de 2012.

Por ser tributo não cumulativo, reputava-se inerente ao antigo ICM o abatimento de todos os valores cobrados em operações anteriores atinentes à circulação da mercadoria.

Discutiu-se, então, se, nas operações anteriores amparadas por isenção, teria o contribuinte direito ao crédito correspondente ao valor que seria pago não fosse o benefício fiscal. Argumentava-se que a isenção importava em renúncia fiscal por parte do estado e que, se o direito ao crédito não fosse reconhecido, haveria mero diferimento e o Fisco acabaria por receber o valor ao qual renunciara. Argumentava-se, também, que, pelo sistema da não cumulatividade, o contribuinte teria direito ao crédito sempre que houvesse incidência do (antigo) ICM em operações anteriores. Como, no Direito brasileiro, a isenção configura modalidade de exclusão do crédito tributário, que pressupõe a referida incidência, ela equivaleria a pagamento, dando fundamento, consequentemente, ao direito do contribuinte de se creditar do respectivo valor.

Apesar de, à época, esse entendimento ter prevalecido de forma pacífica no STF (RE 87.610/SP, relator: min. Bilac Pinto; Em 18/11/1977; órgão julgador. Primeira Turma, publicação: DJ 17.02-1978 p. 587; e RE 94177/SP, relator: min. Firmino Paz, Em 07/08/1981, órgão julgador: Primeira Turma, publicação: DJ 28.08.1981 p. 8766, entre outras), a EC 23/83 alterou a redação do art. 23, II, da CF/69, que passou a ser a seguinte:

> Art. 23 — ... II — operações relativas à circulação de mercadorias realizadas por produtores, industriais e comerciantes, imposto que não será cumulativo e do qual se abaterá, nos termos do disposto em lei complementar, o montante cobrado nas anteriores pelo mesmo ou por outro estado. *A isenção ou não incidência, salvo determinação em contrário da legislação, não implicará crédito de imposto para abatimento daquele incidente nas operações seguintes.* (grifo nosso)

Com o advento da Constituição de 1988, essa vedação se tornou ainda maior com a determinação constante do artigo 155, parágrafo 2º, II, abaixo transcrito:

> Art. 155, §2º II — a isenção ou não incidência, salvo determinação em contrário da legislação:
> a) não implicará crédito para compensação com o montante devido nas operações ou prestações seguintes,
> b) acarretará a anulação do crédito relativo às operações anteriores;

Ou seja, criou-se vedação constitucional, antes inexistente, que tornou absolutamente inaplicável a jurisprudência então pacífica do STF.

A EC 33/01 é também exemplo de alterações de regras constitucionais motivadas exclusivamente pelo anseio dos estados de "reformar" jurisprudência pacífica do STF sobre determinado tema.

Na Constituição anterior, já se fazia expressa referência à possibilidade de o então ICM incidir sobre as entradas de mercadorias importadas do exterior, ainda que se tratasse de bens destinados a consumo ou ativo fixo do estabelecimento.

Na CF/88, essa incidência foi originariamente prevista da seguinte forma:

> Art. 155
> §2..
> IX ....
> a) sobre a entrada de mercadoria importada do exterior, ainda quando se tratar de bem destinado a consumo ou ativo fixo do estabelecimento, assim como sobre serviço prestado no exterior, cabendo o imposto ao estado onde estiver situado o estabelecimento destinatário da mercadoria ou do serviço.

Com base nesse dispositivo, a 1ª Turma do STF decidiu no sentido de que o ICMS não incidiria sobre importações realizadas por pessoas físicas que não praticassem atos que envolvessem circulação de mercadorias (RE 203.075/DF; Relator: min. Ilmar Galvão; RE acórdão min. Maurício Corrêa; Julgamento: 05/08/1998; órgão julgador: Primeira Turma; publicação: DJ 29.10.1999, p. 18).

Em 11 de dezembro de 2001, a EC 33/01 alterou o artigo 155 da CF/88, que passou a prever expressamente a possibilidade da incidência do imposto na entrada de bem ou mercadoria importados do exterior por pessoa física ou jurídica, ainda que não fosse contribuinte habitual do imposto (art. 155, § 2º, IX, a), mais uma vez, com o claro objetivo de tornar inócuo o precedente do STF acima referido.

Houve também "reformas" feitas com absoluta falta de técnica legislativa, que deixaram o contribuinte em estado de perplexidade.

Foi o que ocorreu quando a EC 42/03, no que concerne às regras de incidência e creditamento do ICMS nas exportações, alterou a redação do artigo 155, parágrafo 3, da CF/88, para ampliar o âmbito da não incidência do imposto nas vendas ao exterior de bens e serviços e colocar em nível constitucional a regra que permite a manutenção dos créditos referentes às aquisições internas, antes prevista apenas em lei complementar.

De fato, a EC 42/03 (i) ampliou a não incidência para alcançar operações que destinassem ao exterior todo e qualquer produto (e não apenas os industrializados) e, ainda, os serviços prestados a destinatários no exterior, e (ii) assegurou expressamente a manutenção e o aproveitamento dos créditos relativos ao imposto pago nas operações anteriores.

Confira-se a redação dada pela EC 42/03 ao artigo 155, parágrafo 2°, X, a); da CF:

> Art. 155.
> §2° O imposto previsto no inciso II, atenderá ao seguinte:
> ....
> X — não incidirá:
> a) sobre operações que destinem mercadorias para o exterior, nem sobre serviços prestados a destinatários no exterior, assegurada a manutenção e o aproveitamento do montante do imposto cobrado nas operações e prestações anteriores,

Não obstante — e agora demonstra-se a que grau pode chegar a falta de técnica legislativa e até mesmo de atenção do nosso legislador — manteve-se no artigo 155 da CF o disposto no inciso XII, e) e f), como segue:

> XII — cabe à lei complementar:
> e) excluir da incidência do imposto, nas exportações para o exterior, serviços e outros produtos além dos mencionados no inciso X "a",
> f) prever casos de manutenção de crédito, relativamente à remessa para outro estado e exportação para o exterior, de serviços e de mercadorias,

Ora, se a própria CF já estendeu a não incidência do ICMS às operações que destinem ao exterior *toda e qualquer mercadoria* e já assegurou a manutenção e o aproveitamento dos créditos cobrados nas operações anteriores a essas exportações, que campo restaria para o legislador complementar?

Para corrigir esse ERRO, tramitou na Câmara dos Deputados, na Comissão de Reforma Tributária, a PEC 285, de 2004, que previa a adequação dos referidos dispositivos constitucionais à redação dada ao art. 155, § 2º, X, a), da CF pela EC 42/03. A referida PEC suprimia a atual alínea e) do inciso XII do art. 155 e dava à alínea f) redação clara no sentido de que ela não se aplicaria aos casos de créditos decorrentes de exportação (mas somente de remessas interestaduais e aquisições destinadas ao ativo permanente). Pasmem! Até hoje, o texto constitucional não foi corrigido!

Continuando o exame do nosso tema principal, também já houve "reformas" pelas quais se promoveu a constitucionalização de inconstitucionalidades.

Explico. Com o advento da EC 31/00, foi instituído o Fundo de Combate e Erradicação da Pobreza, com o objetivo maior de viabilizar a todos os brasileiros acesso a níveis dignos de subsistência.

Para o financiamento dos Fundos Estaduais e Distrital, determinou-se que poderia ser criado adicional *de até dois pontos percentuais* na alíquota do ICMS, ou do imposto que viesse a substituí-lo, sobre os produtos e serviços supérfluos *definidos em lei federal*.

Esses limites impostos pela EC 31/00 (relativos ao percentual máximo e à necessidade de previsão dos produtos e serviços supérfluos em lei federal) não foram observados pela legislação fluminense. De fato, não só instituiu-se no estado do Rio de Janeiro adicional de um ponto percentual relativo à quase totalidade dos produtos, e não só sobre aqueles que fossem considerados supérfluos por lei federal, mas desrespeitou-se o limite de dois pontos percentuais quando se determinou que o adicional seria de cinco por cento (5%) no caso de se tratar da prestação dos serviços de telecomunicações e energia elétrica, que, obviamente, não são serviços que possam ser considerados supérfluos. A inconstitucionalidade é manifesta!

E, no entanto, a EC 42/03, atendendo mais uma vez à pressão ilegítima dos estados, veio, de forma absolutamente injurídica, estabelecer que teriam validade, e até mesmo sobrevida, normas que, como a do estado Rio de Janeiro, tivessem sido criadas em dissonância com a CF

(EC 31/00), fato esse que levou o meu querido sócio e eterno guru, Condorcet Rezende, de forma obviamente jocosa, a denominar a EC 42/03 de Emenda Lázaro, por ter ressuscitado norma natimorta.

Eis a redação do dispositivo:

> Art. 4º Os adicionais criados pelos estados e pelo Distrito Federal até a data da promulgação desta Emenda, naquilo em que estiverem em desacordo com o previsto nesta Emenda, na Emenda Constitucional nº 31, de 14 de dezembro de 2000, ou na lei complementar de que trata o art. 155, § 2º, XII, da Constituição, terão vigência, no máximo, até o prazo previsto no art. 79 do Ato das Disposições Constitucionais Transitórias.

É preciso que o Poder Legislativo se imbua da convicção de que o país necessita de verdadeira reforma tributária, que faça com que venhamos a ter novamente um real Sistema Tributário Nacional. Só se alcançará esse fim quando projetos que não sejam amparados em meros casuísmos ou em objetivos utópicos sejam levados, com seriedade e com um mínimo de técnica legislativa, a bom termo no Congresso Nacional.

AUSÊNCIA DE LEI COMPLEMENTAR IMPEDE ISS EM *LEASING*[16]

Ao longo do tempo, buscou-se sustentar a inconstitucionalidade da incidência do ISS sobre o contrato de *leasing* (tanto o operacional, quanto o financeiro), seja porque ele não teria sido expressamente previsto na lista de serviços tributáveis pelo imposto, vício esse que foi sanado pela Lei Complementar 56, de 15 de dezembro de 1987, seja porque ele não teria a natureza de prestação de serviço, seja por não configurar obrigação de fazer.

Nutria-se a esperança, quanto a este último argumento, de que o Supremo Tribunal Federal viesse a adotar o mesmo entendimento que havia prevalecido quando do exame da incidência do ISS sobre locação de bens móveis. De acordo com esse precedente, por não ter a locação a natureza de obrigação de fazer (e, sim, obrigação de dar), o imposto municipal não poderia incidir sobre o seu preço (RE 116.121, Pleno, min. Marco Aurélio, DJ de 25 de maio de 2001).

Essa esperança caiu por terra quando o Tribunal decidiu que o *leasing* financeiro, diferentemente do *leasing* operacional, teria, sim, a natureza de serviço (que se corporificaria no próprio financiamento realizado) e que, consequentemente, estaria sujeito à incidência do ISS (RE 547.245 e RE 592.905, Pleno, min. Eros Grau, em 2 de dezembro de 2009).

Note-se, contudo, que nessa oportunidade o STF julgou a constitucionalidade dessa incidência exclusivamente sob o enfoque de o *leasing* ter ou não a natureza de serviço. Não se examinou qualquer ou-

---

[16] Artigo publicado em 22 de agosto de 2012.

tro pressuposto constitucional que, se não observado, pudesse impedir a incidência do imposto.

É o que farei neste artigo.

De acordo com o artigo 146 da Constituição Federal, cabe à lei complementar dispor sobre conflitos de competência entre a União, os estados e os municípios, de forma a evitar que entes políticos distintos promovam a dupla (ou tripla) incidência de tributos sobre um mesmo fato gerador.

A previsão em lei complementar sobre a forma como esses conflitos devem ser dirimidos constitui premissa de incidência do tributo. A ausência de tal norma compromete a própria cobrança do imposto sobre a atividade de que se trate, e não apenas aquela que se dê nas circunstâncias em que haja a possibilidade concreta de conflito (dupla tributação).

Quando examinei, nesta coluna, a constitucionalidade da incidência do ISS na importação de serviços, tive a oportunidade de citar dois precedentes do STF que examinaram esse tema.

O primeiro deles foi aquele em que se declarou a inconstitucionalidade da cobrança do Adicional do Imposto sobre a Renda (Adir), exatamente por não haver lei complementar que dispusesse sobre as regras que solucionariam os eventuais conflitos de competência que decorriam das leis estaduais instituidoras do tributo.

O Adir recaía sobre o que fosse pago à União a título do Imposto sobre a Renda incidente sobre lucros, ganhos ou rendimentos percebidos por pessoas físicas ou jurídicas.

Considerando que não havia regra única sobre os critérios de cálculo e cobrança do Adir, os estados poderiam adotar (e efetivamente adotavam) regras incompatíveis entre si, que acabavam por resultar em problemas diversos, dos quais destacamos:

> i) a definição do estado competente na situação em que o contribuinte possuía estabelecimentos em estados diversos;
> ii) a situação na qual o contribuinte, no primeiro dia do ano, transferia o seu domicílio de São Paulo (onde o fato gerador — Lei do estado de São Paulo 6.352/1988 — era o mesmo do Imposto de Renda) para o Rio de Janeiro (onde o fato gerador era o pagamento do Imposto de Renda, Lei do estado do Rio de Janeiro 1.394/1988); nessas circuns-

tâncias, ambos os estados se consideravam competentes para fazer incidir o adicional.

Em razão de situações como essas, o STF decidiu que o Adir não poderia ser instituído pelos estados e pelo Distrito Federal enquanto a lei complementar não dispusesse sobre as matérias referidas no artigo 146 da CF.

Eis a ementa da decisão proferida em uma das 27 Ações Diretas de Inconstitucionalidade, julgadas pelo plenário do STF, que ilustra, com exatidão, o entendimento desse tribunal sobre a matéria:

> "Ação Direta de Inconstitucionalidade. Lei nº 6.352, de 29 de dezembro de 1988, do estado de São Paulo. Tributário. Adicional de Imposto de Renda (CF, art 155, II), arts. 146 e 24, § 3º da parte permanente da CF e art. 34, §§ 3º, 4º e 5º do ADCT. O adicional do Imposto de Renda, de que trata o inciso II do art. 155, não pode ser instituído pelos estados e Distrito Federal, sem que, antes, a lei complementar nacional, prevista no caput do art. 146, disponha sobre as matérias referidas em seus incisos e alíneas, não estando sua edição dispensada pelo § 3º do art. 24 da parte permanente da Constituição Federal, nem pelos §§ 3º, 4º e 5º do art. 34 do ADCT. Ação julgada procedente, declarada a inconstitucionalidade da Lei nº 6.352, de 29 de dezembro de 1988, do estado de São Paulo."
> (Adin 28-4-SP, *Revista Trimestral de Jurisprudência*, v. 151, p. 657)

Outro precedente jurisprudencial que tratou do tema em análise foi a Ação Direta de Inconstitucionalidade 1.600-8, de que foi relator o ministro Nelson Jobim. Nessa ação, julgou-se inconstitucional a incidência do ICMS sobre transporte aéreo de pessoas, entre outros motivos, porque faltava lei complementar que dispusesse sobre eventuais conflitos de competência.

Destacamos trecho do voto da ministra Ellen Gracie, que bem ilustra o raciocínio então desenvolvido:

> A Constituição Federal estabelece em seu art. 146 que à Lei Complementar cabe dispor sobre conflitos de competência, em matéria tributária, entre os estados (I); definir fatos geradores, base de cálculo e contribuintes relativamente aos impostos discriminados na Constituição (III, a); e estabelecer normas relativas a obrigação, lançamento,

crédito, prescrição e decadência tributários (III, b). Tudo isso, como se viu e melhor foi demonstrado pelo voto que me antecedeu, não está claramente definido, com relação ao transporte aéreo, de passageiros na referida legislação. Os dispositivos impugnados nada estabelecem sobre a forma como serão solucionados os conflitos em torno da competência impositiva, nem sobre a partilha do produto do imposto, o que seria imprescindível, em face da circunstância de a prestação desse serviço envolver, na maioria das vezes, mais de um estado (...)

Particularmente em relação ao *leasing* financeiro, em virtude das várias etapas necessárias à realização dessa atividade, é possível e, aliás, muito comum, que haja dispersão dos estabelecimentos prestadores do serviço, em municípios distintos.

De fato, em tese, o exercício da atividade pode se dar em, pelo menos, três etapas/locais distintos, quais sejam:

i) local da assinatura do contrato, além da captação do cliente e coleta das suas informações;
ii) local em que está localizada a equipe técnica responsável por operacionalizar o financiamento; e
iii) local da entrega do bem financiado.

Tanto essas circunstâncias geram dúvida sobre os municípios competentes para cobrar ISS que, atualmente, está pendente de análise pela 1ª Seção do Superior Tribunal de Justiça, o julgamento do Recurso Especial 1.060.210, em que se discute se o ISS seria devido ao município em que é assinado o contrato, ou àquele em que está localizada a equipe técnica responsável por efetivamente conceder o financiamento.

É absolutamente indispensável, portanto, que a lei complementar disponha sobre como serão dirimidos os conflitos de competência nessas situações, e a sua ausência, da mesma forma como ocorreu com o Adir e com o ICMS sobre transporte aéreo, impede a incidência do ISS sobre as operações de *leasing* financeiro.

Prova disso, é que tramita no Congresso Nacional o projeto de lei complementar (PLP) 542/2009, de autoria do deputado Federal Luiz Carlos Hauly, que fixa como município competente para recolher o ISS aquele no qual ocorre a entrega do bem ao cliente final (que, reparem, nem consta da discussão pendente de julgamento pelo STJ, acima referida).

Baseado nessas premissas, a conclusão a que chegamos é no sentido de que, apesar de o *leasing* financeiro ter a natureza de serviço (conforme jurisprudência do STF) e, portanto, configurar fato gerador do ISS, para que essa incidência ocorra em consonância com os princípios constitucionais que regem as relações tributárias, será necessária a edição de lei complementar que disponha sobre os critérios a serem utilizados na solução dos conflitos de competência inerentes ao exercício dessa atividade.

> ATUALIZAÇÃO
>
> Após a publicação do presente artigo, a Primeira Seção do STJ proferiu decisão nos autos do RESP nº 1.060.210, no seguinte sentido: "12. Recurso Especial parcialmente provido para definir que: (a) incide ISSQN sobre operações de arrendamento mercantil financeiro; (b) o sujeito ativo da relação tributária, na vigência do DL 406/68, é o Município da sede do estabelecimento prestador (art. 12); (c) a partir da LC 116/03, é aquele onde o serviço é efetivamente prestado, onde a relação é perfectibilizada, assim entendido o local onde se comprove haver unidade econômica ou profissional da instituição financeira com poderes decisórios suficientes à concessão e aprovação do financiamento — núcleo da operação de *leasing* financeiro e fato gerador do tributo; (...)" (relator ministro Napoleão Nunes Maia Filho, em 28.11.2012, publicado em DJe 05.03.2013)
>
> Em seguida, foram opostos embargos de declaração pelo município de Tubarão, com o objetivo de modular os efeitos da decisão mencionada acima. Embora inicialmente tenha sido deferido o pedido de medida liminar "para sustar quaisquer medidas judiciais de acerto, bloqueio ou repetição de quantias", tal decisão liminar veio a ser revogada. Pouco depois, em 26.02.2014, os embargos de declaração foram rejeitados pela Primeira Seção (ainda não foi formalizada a decisão e, portanto, não temos acesso aos fundamentos utilizados).
>
> Além disso, o PLP 542/2009 foi arquivado com base no art. 105 do Regimento Interno da Câmara dos Deputados, cujas disposições determinam que os projetos que, no decurso da Legislatura "tenham sido submetidas à deliberação da Câmara e ainda se encontrem em tramitação", devem ser arquivados.

ISS NÃO PODE INCIDIR SOBRE IMPORTAÇÃO DE SERVIÇOS[17]

Objetivando evitar que produtos importados recebessem tratamento fiscal privilegiado relativamente aos produzidos no país, tornando-os, assim, menos competitivos, sempre buscou o legislador brasileiro fazer com que as importações sofressem as mesmas incidências tributárias que oneravam as operações internas.

Essa "lógica" fundamentou, por exemplo, a incidência do Imposto sobre Produtos Industrializados (IPI), do antigo Imposto sobre Circulação de Mercadorias (ICM), do atual Imposto sobre Circulação de Mercadorias e Serviços (ICMS) e do PIS/Cofins (PIS/Cofins-Importação), na importação de bens e serviços.

Provavelmente, foi também com esse objetivo que, por meio da Lei Complementar (LC) 116, de 31 de julho de 2003, estabeleceu-se a incidência do Imposto Sobre Serviços (ISS) no "serviço proveniente do exterior do país ou cuja prestação se tenha iniciado no exterior do país".

Essa incidência não se coaduna, contudo, com os princípios constitucionais que regem a tributação de serviços na legislação brasileira, e quatro são as razões que levam a essa conclusão.

A primeira delas é que a Constituição Federal não prevê a possibilidade de o ISS recair sobre as importações, como faz relativamente aos demais tributos que as oneram.

De fato, sempre que a Constituição atribuiu competência aos entes federativos para que determinado tributo recaísse sobre as importações, ela o fez expressamente. Assim foi com o Imposto de Importação,

---
[17] Artigo publicado em 17 de outubro de 2012.

com o antigo ICM, com o atual ICMS, com a Contribuição de Intervenção no Domínio Econômico (Cide) incidente sobre a importação de combustíveis e com o PIS/Cofins-Importação.

Como todos se lembram, o antigo ICM, previsto no artigo 24, inciso II, da Constituição de 1967, não incidia sobre a importação de mercadorias, mas tão somente sobre operações relativas à circulação de mercadorias realizadas no território nacional. Para que o imposto pudesse incidir sobre importações, o artigo 23, parágrafo 11, da Emenda Constitucional (EC) 1, de 17 de outubro de 1969, referiu-se expressamente às entradas de mercadorias importadas do exterior (ainda que se tratasse de bens destinados a consumo ou ativo fixo do estabelecimento), elencando-as entre as situações que permitiriam tal incidência.

A Constituição vigente (CF), ao incluir no campo de incidência do ICMS as prestações de serviços de transporte (intermunicipal e interestadual) e de comunicação, fez expressa referência a que o imposto incidiria "*também*" sobre operações e prestações iniciadas no exterior (art. 155, inciso II, da CF). Grifei a palavra "também" para acentuar o fato de que o legislador constitucional vê a incidência na importação, não como algo que decorra naturalmente da incidência já prevista para as operações internas, mas como algo que se acrescenta à competência estadual, ampliando-a de forma específica.

Também se deve à disposição expressa da CF a incidência do ICMS na entrada de mercadoria importada do exterior, ainda que se trate de bem destinado a consumo ou ativo fixo do estabelecimento (art. 155, inciso II, § 2º, inciso IX, alínea a).

E, para que esse imposto pudesse incidir sobre as entradas de mercadorias importadas por pessoas físicas e jurídicas não contribuintes, foi necessário que a EC 33, de 11 de dezembro de 2001, alterasse a redação do artigo 155, inciso II, parágrafo 2º, inciso IX, alínea "a", e estabelecesse expressamente que essa incidência se daria naquelas circunstâncias. Note-se que, com base na redação anterior à emenda, essa pretensão foi rechaçada pelo Supremo Tribunal Federal (STF), no julgamento do Recurso Extraordinário (RE) 2.030.759-DF, de que foi relator o ministro Maurício Corrêa, Plenário (*Revista Trimestral de Jurisprudência* — RTJ 171, p. 684), exatamente porque a CF não atribuía competência aos estados para tanto.

Da mesma forma, foi necessário emendar-se o texto da CF: (i) pela EC 33/01, que alterou a redação do artigo 149, de forma a incluir o parágrafo 2º, incisos I e II, para que se admitisse a incidência da Cide na importação de petróleo (inclusive seus derivados), de gás natural (inclusive seus derivados) e de álcool combustível; e (ii) pela EC 42, de 19 de dezembro de 2003, que alterou a redação do artigo 149, parágrafo 2º, inciso II, e incluiu no artigo 195 o inciso IV, para que se pudesse tributar, pela Cide e pelas CS, a importação de produtos estrangeiros ou de serviços.

É verdade que não há disposição constitucional que expressamente preveja a incidência do IPI na importação, mas isso se deve ao fato de que esse tributo não incide sobre atividades ou operações propriamente ditas, mas sobre os produtos industrializados em si, sendo irrelevante a sua origem, se nacional ou estrangeira. De fato, há, inclusive, posicionamento dos tribunais superiores sobre a matéria:

> TRIBUTÁRIO. IPI. INCIDÊNCIA PRODUTOS IMPORTADOS. IMPOSTO DEVIDO. EXIGÊNCIA DO RECOLHIMENTO NO DESEMBARAÇO ADUANEIRO. 1 – Um dos fatos geradores do IPI, a teor do art. 46, inciso I, do Código Tributário Nacional, é o seu desembaraço aduaneiro, e, quando caracterizado, incide o IPI em produtos importados. 2 – Não é o ato de industrialização que gera a incidência do IPI, posto que este recai no produto, objeto da industrialização. (...) (REsp 216217 / SP – Primeira Turma – Relator ministro José Delgado – 07.10.1999).

Diversamente, nos tributos que têm por objeto atividades ou operações, como é o caso do ISS, é necessária expressa previsão constitucional para que as originadas ou provenientes do exterior se incluam no respectivo campo de incidência.

Quanto ao ISS, nada há na Constituição que disponha sobre a possibilidade de ele incidir sobre a importação de serviços. Logo, regra infraconstitucional que a crie configura extrapolação da competência constitucionalmente outorgada aos municípios, o que é inadmissível.

A segunda razão (entre as mencionadas no início deste artigo) é a de que a LC 116/03 determina que o município competente para a cobrança do ISS na importação do serviço é aquele em que está localizado o estabelecimento beneficiário (tomador) do respectivo serviço, mas não dirime eventuais conflitos de competência na hipótese em que houver diversos *estabelecimentos tomadores* de um mesmo e único serviço, localizados em mais de um município.

Isso ocorreria, por exemplo, no treinamento via internet de equipe de vendedores vinculados a filiais de determinada empresa localizadas em municípios diversos. Note-se que, nessa hipótese, haveria um único serviço (treinamento), que, apesar de contratado por uma única pessoa jurídica, seria prestado simultaneamente a todos os seus diversos estabelecimentos (filiais) localizados em municípios diversos. Todos eles, com fundamento no que dispõe a LC 116/03, se julgariam competentes para fazer incidir o ISS sobre o serviço prestado, apesar de o fato gerador ser um só.

Como já tive oportunidade de demonstrar em outras ocasiões, e nessa mesma coluna, situação muito semelhante foi a julgada pelo plenário do Supremo Tribunal Federal (STF), quando afastou a incidência do Adicional do Imposto sobre a Renda (Adir) por não haver lei complementar que indicasse as regras que solucionariam eventuais conflitos de competência decorrentes da aplicação das leis estaduais que o instituíssem, e também quando afastou a incidência do ICMS na prestação de serviço de transporte aéreo de pessoas.

A ausência dessa lei complementar (que dispusesse como seriam solucionados os conflitos de competência) impediu a incidência genérica daqueles tributos, e não somente nas hipóteses em que ficassem configurados os referidos conflitos. O mesmo deve ocorrer com o ISS sobre serviços importados.

A terceira razão que impede a incidência do ISS sobre a importação de serviços é que a LC 116/03 não definiu quem seria o contribuinte do imposto nessa hipótese. A única definição existente é a que se refere aos serviços que são prestados internamente, e, nessa hipótese, o contribuinte é o prestador do serviço.

Na importação de serviços, o seu prestador está localizado no exterior, não mantendo, portanto, vínculo jurídico com qualquer município brasileiro.

O tomador (importador) do serviço, esse sim, deveria ter sido indicado contribuinte (como faz a legislação do Imposto de Importação, ICMS, Cide e PIS/Cofins–Importação) por ser o único que mantém relação pessoal e direta com o fato gerador do imposto e que está apto a integrar a necessária relação jurídico-tributária com o município.

A ausência dessa determinação importa em descumprimento do nosso sistema tributário constitucional vigente, que impõe a definição do contribuinte do tributo como pré-requisito para sua exigibilidade.

Note-se que a LC 116/03 não supre esse requisito constitucional ao eleger como responsável pelo pagamento do ISS "o tomador ou intermediário de serviço proveniente do exterior do país", pois, se não há contribuinte, como visto acima, não há que se falar em responsabilidade tributária de quem quer que seja.

A quarta e última razão é que serviços prestados no exterior não podem ser considerados inseridos na competência dos municípios para fazer incidir o ISS.

E, chega-se a essa conclusão, não só pela jurisprudência do STJ que prevalecia até recentemente e que consagrava o princípio da territorialidade (segundo o qual o ISS deve, em regra, ser recolhido em favor do município onde o serviço é prestado), como também pelo precedente daquele mesmo tribunal, segundo o qual não há *exportação de serviço* nas situações em que ele é prestado em território nacional, ainda que para beneficiário no exterior (Agravo Regimental no Resp 956.513, ministro Herman Benjamim, Segunda Turma, DJe 03.09.2009).

Ora, o vento há que soprar para ambos os lados. Se não há *exportação de serviços* nesses casos, também não há que se falar em *importação de serviços* na situação inversa, em que os serviços são prestados no exterior, mas os respectivos beneficiários estão aqui localizados.

Perguntar-se-ia, então, o ilustre leitor: Qual o tratamento a ser dado à situação em que o prestador, estabelecido no exterior, prestasse o serviço em território nacional? A resposta a essa pergunta dependeria, a meu ver, do "grau de presença" no território brasileiro que se pudesse provar relativamente a esse prestador.

Se tal grau fosse suficiente para configurar a existência dos pressupostos necessários e suficientes à configuração de estabelecimento, nos termos do artigo 4º da LC 116/03 (existência de unidade profissional ou econômica, que, de forma temporária ou definitiva, desenvolva a atividade de prestar serviços), entendo que a atividade deveria ser regularmente tributada, não porque estaríamos nessa hipótese diante de uma importação de serviços, mas porque, para fins de ISS, haveria um "estabelecimento" aqui localizado que estaria prestando serviços em território nacional.

Em outras palavras, seria um serviço como qualquer outro, prestado por estabelecimento localizado no território brasileiro.

Se, por outro lado, o referido "grau de presença" não fosse suficiente para configurar "estabelecimento", estaríamos diante de uma legítima importação de serviços, que não poderia estar sujeita à incidência do ISS por todos os motivos analisados neste artigo.

Em conclusão, apesar do salutar objetivo de evitar-se que importações recebam tratamento fiscal privilegiado relativamente às operações internas, parece-me não haver fundamento constitucional para que seja tributada pelo ISS a denominada importação de serviços.

LIVROS DIGITAIS SÃO IMUNES À INCIDÊNCIA DE IMPOSTOS[18]

Segundo levantamento feito pela Association of American Publishers, em 2012, pela primeira vez na história, foram vendidos mais livros eletrônicos (*ebooks*) do que os tradicionais, produzidos em papel.

Esse fenômeno ocorre não só em relação a livros, mas a todos os demais meios de disseminação de cultura, conhecimento e informação. De fato, todos os principais jornais, revistas e periódicos do país e do mundo são *também* (alguns, *principalmente*, e outros, até mesmo, *exclusivamente*) veiculados em versão digital.

Esse artigo mesmo está sendo veiculado em formato digital e são numerosas, no país, as livrarias virtuais que vendem os mais variados títulos na modalidade *ebook*.

E há uma razão para isso.

Os instrumentos eletrônicos (tablets e celulares com a plataforma Android, ou Iphones, Ipads, PCs ou Macs) em que as obras, notícias e/ou informações são lidas apresentam enormes vantagens práticas para o leitor, quando comparados com as tradicionais versões físicas impressas dos demais veículos (livros, jornais e periódicos produzidos em papel). Destacamos algumas, entre várias outras:

(a) eles tornam a leitura muito mais fácil (ou, até mesmo, possível, para aqueles que apresentam alguma deficiência visual), em razão das funções de zoom, redimensionamento de letras, luminosidade etc.;

(b) são muito mais portáteis (bibliotecas inteiras podem ser guardadas em um mero celular, ou tablet);

---

[18] Artigo publicado em 12 de dezembro de 2012.

(c) preservam incomparavelmente mais a natureza, visto que árvores deixam de ser cortadas para a industrialização do papel necessário à produção das versões impressas;

(d) apresentam sistemas de dicionário, referência à internet e interatividade que tornam a leitura muito mais fácil, agradável, instrutiva e produtiva;

(e) permitem que a aquisição das obras literárias e informativas seja realizada de forma indiscutivelmente mais simples (download), se comparada com aquela relativa às versões impressas, que dependem dos tradicionais meios de distribuição e logística.

Em outras palavras, na versão digital, os livros, jornais, revistas e demais periódicos (*ebooks*) realizam com muito mais eficiência a função que também é exercida pelas publicações em versão impressa: a disseminação da cultura, do conhecimento e da informação e a facilitação ao seu acesso.

Como todos sabem, a nossa Lei Maior estabelece específica limitação constitucional ao poder de tributar da União, estados, Distrito Federal e municípios consistente na vedação à instituição de impostos sobre "livros, jornais, periódicos e o papel destinado à sua impressão" (artigo 150, inciso VI, alínea "d").

Esse dispositivo constitucional visa evitar que, por meio de tributos, possa o Estado vir a criar obstáculos que impeçam a liberdade de expressão, ou permitam o controle da imprensa, dos meios de comunicação social e/ou das instituições culturais e educacionais. Em uma palavra, quer o texto constitucional assegurar a mais absoluta fruição e desimpedimento dos meios veiculadores de cultura, informação e conhecimento.

Pois bem, recentemente, foi reconhecida repercussão geral (no Recurso Extraordinário — RE 330.817) relativamente à extensão da imunidade acima referida aos livros eletrônicos (mais especificamente, a *Enciclopédia jurídica eletrônica*), nos seguintes termos:

> A transcendência dos interesses que cercam o debate são visíveis tanto do ponto de vista jurídico quanto do econômico. A controvérsia acerca da subsunção dos novos meios de comunicação à norma imunizante é objeto de acalorado debate na doutrina e na jurisprudên-

cia, sendo inegável a repercussão econômica que dela pode advir, tendo em vista que a extensão do favor constitucional a um novo e expressivo contingente de bens pode causar considerável impacto no erário. No âmbito jurídico, a controvérsia repousa na dicotomia atualmente existente na hermenêutica quanto à interpretação do art. 150, inciso VI, alínea d, da Constituição Federal. Dependendo da corrente hermenêutica adotada, se restritiva ou extensiva, o dispositivo terá essa ou aquela interpretação. A corrente restritiva possui um forte viés literal e concebe que a imunidade alcança somente aquilo que puder ser compreendido dentro da expressão papel destinado a sua impressão. (...) Em contraposição à corrente restritiva, os partidários da corrente extensiva sustentam que, segundo uma interpretação sistemática e teleológica do texto constitucional, a imunidade serviria para se conferir efetividade aos princípios da livre manifestação do pensamento e da livre expressão da atividade intelectual, artística, científica ou de comunicação, o que, em última análise, revelaria a intenção do legislador constituinte em difundir o livre acesso à cultura e à informação." (STF, Plenário, Repercussão Geral no RE nº 330.817, ministro relator Dias Toffoli, DJe 28.09.2012)[19]

Basicamente, portanto, sob o ponto de vista jurídico (que é o que deve interessar), a discussão gira em torno de se definir a forma como deve ser interpretado o dispositivo constitucional acima referido.

Mais especificamente, se dele será possível extrair a conclusão de que, por fazer o dispositivo constitucional expressa referência ao "papel destinado à sua impressão", estará ele restringindo a aplicação da regra de imunidade às hipóteses em que se trate de textos veiculados na forma impressa, excluídas as versões eletrônicas (ou digitais).

Em suma, a discussão que se trava põe em lados opostos a interpretação literal e a teleológica.

A intepretação literal é a pior das interpretações.

Ela está prevista no artigo 111 do Código Tributário Nacional (CTN) especificamente para normas que disponham sobre *suspensão ou exclusão do crédito tributário; outorga de isenção; e dispensa do cumprimento de*

---

[19] Recentemente, foi reconhecida, também, a repercussão geral sobre a possibilidade de estender a imunidade ora em análise a acessórios (como fitas, DVDs etc.) que acompanham os livros (RE nº 595.676, STF, Plenário, min. rel. Marco Aurélio, DJe 18.08.11).

obrigações tributárias acessórias. Não há menção nesse dispositivo (nem em qualquer outro) à aplicação desse processo hermenêutico às regras de imunidade, que têm por objeto hipóteses de não incidência qualificada, e não de suspensão ou exclusão do crédito tributário.

Mas, mesmo para a aplicação da interpretação literal aos institutos expressamente previstos no art. 111, acima referido, há que se fazer ressalvas, como ensina Gilberto de Ulhôa Canto, um dos membros da Comissão Elaboradora do Anteprojeto do CTN:

> 2.2.21. Na verdade, hoje penso que teria sido mais certo (e, nesta afirmativa é claro que faço a minha autocrítica) limitar a matéria do CTN relativa à interpretação da legislação tributária apenas aos seus artigos 109 e 110 (estes, pela importância já assinalada, da sua função de obstar a que o sistema impositivo seja violado) e o atual artigo 112 (porque o princípio da aplicação da *lex mitior*, consagrado no artigo 106, II do CTN, tradicionalmente encontra correlação no método interpretativo mais brando), fazendo-os preceder, simplesmente, de um outro que consagrasse a tendência moderna ou abrisse margem para o recurso aos métodos usados na interpretação da lei em geral.
> 2.2.22. Considero inaceitável, já agora, a tese de que se deva interpretar literalmente a norma de lei que outorga isenção. Em conferência que fiz no Instituto dos Advogados Brasileiros em 1958 (vide meu *Temas de Direito Tributário*, ed. Alba, 1964, vol. 3º, p. 195) admiti tal processo hermenêutico quanto às normas sobre isenção, embora tivesse advogado a interpretação teológica sempre que se tratasse de imunidade. Hoje, estou convencido de que a literalidade não se justifica, sequer na interpretação das leis puramente isentivas." (Parecer inédito)

Outra abordagem interessante do tema é a que se verifica no seguinte trecho do voto do ministro Xavier de Albuquerque, relator do acórdão proferido no RE 90.863-MG (1ª Turma):

> É certo que a norma que outorga isenção deve ser interpretada literalmente, nos termos do art. 111, II, do Código Tributário Nacional. Mas, a literalidade não deve chegar ao ponto de sacrificar a teleologia da regra interpretada." (RTJ 90/357)

Vê-se, portanto, que a interpretação literal, além de dever ser adotada com parcimônia, foi prevista pelo CTN para institutos outros que não o da imunidade (que, como dito, diferentemente da isenção, configura hipótese de não incidência qualificada).

Mas, mesmo que houvesse tal previsão, ou seja, mesmo que essa técnica de hermenêutica fosse também aplicável às regras de imunidade, ainda assim, ela não levaria à conclusão de que seria vedada a extensão da imunidade em exame aos livros eletrônicos.

De fato, a circunstância de o dispositivo constitucional, ao estabelecer que são imunes a impostos os "livros, jornais e periódicos", também fazer menção ao "papel destinado à sua impressão" não leva à interpretação literal de que somente os livros, jornais e periódicos produzidos em papel farão jus a essa exclusão de incidência.

O que se está dizendo, a meu ver, é que aqueles veículos de disseminação de cultura, conhecimento e informação estão livres de imposição tributária, e que, se forem produzidos em papel, esse insumo também será beneficiado.

Quanto ao porquê disso, há um aspecto histórico interessante.

Essa imunidade surgiu originariamente no artigo 31, inciso V, letra "c", da CF/46, restrita ao "papel destinado exclusivamente à impressão de jornais, periódicos e livros".

Isso mesmo, o bem imune originalmente era somente o papel destinado à impressão dos jornais, revistas e periódicos. Naquela época, a estratégia que se entendeu mais adequada foi a de excluir de tributação o principal insumo dos veículos de disseminação de cultura, conhecimento e informação *então existentes* de forma a evitar que eles fossem excessivamente onerados.

Foi com a Constituição Federal de 1967, posteriormente alterada pela Emenda Constitucional (EC) 1, de 17.10.1969, que a imunidade em exame passou a compreender não só o papel destinado à impressão, como os próprios livros, jornais ou periódicos (art. 19, inciso III, alínea d, da CF/67, com a redação dada pela EC 1/69), o que foi mantido na CF/88, como visto acima.

Ou seja, os princípios que nortearam a criação dessa limitação constitucional ao poder de tributar continuaram os mesmos desde o início da criação da respectiva norma (preservar a liberdade de expressão e assegurar o acesso de todos à cultura, ao conhecimento e à informação), e o que se buscou com a alteração redacional do dispositivo constitucional foi proteger pela regra de imunidade não só um dos principais insumos que predominavam à época (o papel), mas os próprios veículos que fossem consubstanciados na figura de um livro, jornal ou periódico.

Portanto, a interpretação literal da regra, com a sua atual redação, é a de que os livros, jornais e periódicos estão primariamente protegidos pela imunidade, e que, ao papel destinado à impressão desses veículos, deverá ser dispensado o mesmo tratamento tributário, já que, repita-se, era o insumo prevalentemente utilizado à época em que a norma foi editada. Note-se, ainda, que, mesmo com a expressa referência literal a um só dos insumos utilizados na edição impressa daqueles veículos, há jurisprudência do STF no sentido de que outros insumos, como equipamentos destinados à impressão gráfica, também seriam abrangidos pela imunidade (RE 202.149, STF, Primeira Turma, min. rel. Menezes Direito, redator do acórdão min. Marco Aurélio, DJ 10.10.2011).

Mas, o que importa ressaltar é que nada há na redação dessa regra constitucional que restrinja a sua aplicação aos livros, jornais e periódicos que sejam produzidos a partir desse insumo (papel), mesmo que adotada a interpretação literal.

E à mesma conclusão chegamos se adotarmos a interpretação teleológica, que é a única apropriada para a regra em exame. Nesse sentido, destaco o seguinte trecho da decisão monocrática do ministro Marco Aurélio Mello proferida no RE 432.442 (DJ 16.03.2007), relativa à possibilidade de estender a imunidade a fitas que acompanhavam livros de ensino: "Abandonem a interpretação meramente verbal, gramatical: embora seduzindo, por mostrar-se a mais fácil, deve ser observada em conjunto com métodos mais seguros, como é o teleológico."

Como já tivemos oportunidade de mencionar, a indiscutível finalidade da norma de imunidade em exame é preservar a liberdade de expressão e assegurar o acesso de todos à cultura, ao conhecimento e à informação.

E, para que essa imunidade seja efetiva, ela deve abranger todas as situações em que haja veiculação de textos cujo conteúdo seja próprio de livro, jornal ou periódicos, qualquer que seja a forma adotada (impressa ou digital).

Como afirma Ives Gandra Martins,

> admitir que só os veículos de papel são imunes e que qualquer outra manifestação cultural, educacional ou de imprensa seja passível de manipulação governamental, por tributos, é reduzir a intenção do constituinte a expressão nenhuma" (MARTINS, Ives Gandra da Silva, *Aspectos referentes à imunidade dos livros eletrônicos*, RDDT 180/15126, setembro de 2010).

Destaco, ainda, o seguinte trecho do *Livro eletrônico* de Leandro Paulsen, também veiculado na versão impressa, intitulado *Direito Tributário Constituição e Código Tributário à luz da doutrina e da jurisprudência*:

"Livros, jornais e periódicos em outros suportes que não o papel. Cada vez mais os jornais e periódicos (e mesmo os livros) são lidos em meio eletrônico, através da Internet, podendo ser acessados de qualquer equipamento, seja de computador de mesa, de note book, de Kindle ou de iPad. Não nos parece que possa haver qualquer restrição à imunidade em função do suporte físico do livro, jornal ou periódico. Assim como uma música não deixa de ser música por ter sido baixada pela Internet, em meio eletrônico, também um jornal ou revista não deixa de se caracterizar como tal por serem lidos no iPad. Sua função e importância como veículo da livre manifestação do pensamento seguem idênticas."

No exame dessa matéria, é importante que se tenha a mesma visão que, segundo Lawrence Lessig, teve a Suprema Corte Americana quando, em 1945, alterou o conceito de propriedade, que, à época, abrangia não só a superfície terrestre, como também o espaço aéreo que lhe era correspondente. Essa alteração se deveu ao fato de dois fazendeiros da Carolina do Norte terem, à época, ingressado em juízo para impedir que aeronaves militares utilizassem o espaço aéreo correspondente às suas terras. A Suprema Corte entendeu que o conceito até então vigente havia sido superado e que deveria ser interpretado de forma a se coadunar com o mundo moderno, que contava com aviões voando pelos céus.

O mesmo se aplica ao caso em exame.

Muito provavelmente, as gerações futuras de estudiosos do Direito Tributário ficarão estarrecidas quando tomarem ciência de que, em um passado distante, houve quem pretendesse deixar de aplicar ao livro eletrônico regras de imunidade que tivessem por finalidade a preservação da liberdade de expressão e do acesso à cultura, simplesmente porque não era feito de papel.

Seria o mesmo que, agora, olhássemos para o passado e víssemos regra semelhante deixando de ser aplicada só porque o papiro ou o pergaminho foram substituídos pelo papel...

O VALOR ADUANEIRO DEFINE O PREÇO DE TRANSFERÊNCIA[7]

A vinculação entre as partes de uma mesma transação, quer seja decorrente de vínculo societário, administrativo, pessoal ou contratual, faz com que a legislação de regência de alguns tributos estabeleça regras próprias relativas à definição das respectivas bases de cálculo, de forma a que delas sejam expurgadas as possíveis influências que possam decorrer de tal vinculação.

Busca-se, em outras palavras, evitar que a manipulação indevida de preços de que decorra a atribuição de valores fictícios a operações realizadas por partes relacionadas (distantes daqueles que seriam acordados em uma relação normal de mercado, entre terceiros independentes) possa desnaturar a base de cálculo dos tributos nelas incidentes e, consequentemente, causar prejuízos ao erário.

Isso é feito por meio da aplicação de métodos cujo objetivo é a obtenção do valor que seria adotado em condições normais de mercado (*arm's length*), à luz do qual a base de cálculo daqueles tributos deverá ser dimensionada.

É o caso, por exemplo, do IPI, cuja legislação determina que a base de cálculo utilizada em operações realizadas entre empresas interdependentes deva ser o preço praticado no mercado atacadista na praça do remetente. Ou do ICMS, cujas regras de incidência determinam que, na hipótese de que o valor do frete seja cobrado por estabelecimento pertencente ao mesmo titular da mercadoria, ou "por outro estabelecimento de empresa que com aquele mantenha relação de interdependência",

---

[7] Artigo publicado em 8 de maio de 2013.

o montante excedente ao constante de tabelas elaboradas pelos órgãos competentes será considerado como parte do preço da mercadoria.

Nas relações internacionais entre partes relacionadas, há também regras a serem observadas no que concerne à incidência dos tributos que incidem sobre a renda (IRPJ e CSL) e dos que incidem sobre o comércio exterior.

Em relação ao primeiro grupo, relativo aos tributos que incidem sobre a renda, desde 1996, o Brasil instituiu regras específicas de "Preços de Transferência" (PT) que, em relação às importações, visam fixar um limite máximo do preço do bem proveniente do exterior, de forma a impedir que partes relacionadas aumentem artificialmente os custos do contribuinte brasileiro e reduzam indevidamente a renda a ser tributada no país. Tal limite pode ser estabelecido por diversos métodos previstos na legislação, que visam estimar o já mencionado preço *arm's length*.[8]

No caso dos tributos federais que oneram a importação de bens, como o Imposto de Importação, IPI e PIS/Cofins,[9] a respectiva base de cálculo é o Valor Aduaneiro (VA) que, em regra, corresponde ao montante efetivamente atribuído à operação. Contudo, caso haja vínculo entre o comprador e o vendedor, determina-se a verificação da eventual influência dessa vinculação sobre o preço declarado.

---

[8] Em linhas gerais, os métodos aplicáveis para fins de TP são os seguintes:
i) Método dos Preços Independentes Comparados — PIC: a média aritmética ponderada dos preços de bens, serviços ou direitos, idênticos ou similares, apurados no mercado brasileiro ou de outros países.
ii) Método do Preço de Revenda menos Lucro — PRL: a média aritmética ponderada dos preços de venda, no país, dos bens, direitos ou serviços importados, em condições de pagamento semelhantes, feitas diversas deduções, inclusive margem de lucro específica estabelecida na legislação.
iii) Custo de Produção mais Lucro — CPL: o custo médio ponderado de produção de bens, serviços ou direitos, idênticos ou similares, acrescido dos impostos e taxas cobrados na exportação no país onde tiverem sido originariamente produzidos, e de margem de lucro de 20% (vinte por cento), calculada sobre o custo apurado.
iv) Método do Preço sob Cotação na Importação — PCI: definido como os valores médios diários da cotação de bens ou direitos sujeitos a preços públicos em bolsas de mercadorias e futuros internacionalmente reconhecidas (aplicável exclusivamente a *commodities* sujeitas à cotação em bolsas de mercadorias e futuros internacionalmente reconhecidas).

[9] E também o ICMS, no âmbito estadual.

Verificada a inexistência dessa influência, o valor aduaneiro se mantém inalterado.

Se, por outro lado, constata-se a referida influência por meio da comparação do preço adotado com aquele obtido com algum dos métodos previstos na legislação aplicável[10] (bastante similares na essência àqueles utilizados para fins de "Preços de Transferência"), o valor declarado pelo importador é substituído por aquele alcançado após a referida comparação.

Repare o leitor que, neste último caso, o Fisco efetivamente interfere no processo de fixação da base de cálculo a ser adotada, e expressamente determina, por meio da aplicação dos métodos previstos no Acordo de Valoração Aduaneira (AVA), o valor que terá o produto a ser importado (VA).

Pergunta-se: poderia o valor aduaneiro obtido pela aplicação dos métodos referidos no parágrafo anterior ser superior ao limite máximo de atribuição de custo dos bens importados obtido por meio da aplicação das regras de PT? Poderia haver divergência na aplicação de métodos tão semelhantes, relativamente à incidência de tributos que são cobrados pelo mesmo ente político tributante?

Em linhas gerais, aqueles que defendem a autonomia desses institutos (VA e PT) fundamentam-se no pressuposto de que as regras de ambos teriam enfoques distintos: o primeiro (VA) teria caráter objetivo, voltado exclusivamente para a apuração do valor do bem importado,

---

[10] A legislação aplicável prevê os seguintes métodos sequenciais para fins de VA:
— 1º Método — Método do valor da transação; 2º Método — Método do valor de transação de mercadorias idênticas — o valor de transação de mercadorias idênticas vendidas para exportação para o mesmo país de importação e exportados ao mesmo tempo que as mercadorias, objeto de valoração, ou em tempo aproximado; 3º Método — Método do valor de transação de mercadorias similares — o valor de transação de mercadorias similares vendidas para exportação para o mesmo país de importação e exportados ao mesmo tempo que as mercadorias, objeto de valoração ou em tempo aproximado; 4º Método — Método do valor de revenda (ou método do valor dedutivo) — o preço pelo qual as mercadorias importadas ou as mercadorias idênticas ou similares importadas são vendidas, feitas certas deduções, incluindo margem de lucro usualmente praticada; 5º Método — Método do custo de produção (ou método do valor computado) — o valor do custo de produção, feitas certas adições, inclusive referente ao lucro usual na transação; 6º Método — Método do último recurso (ou método pelo critério da razoabilidade) — valor determinado com base em critérios razoáveis e condizentes com os princípios e disposições gerais do AVA.

enquanto o segundo (PT) teria caráter subjetivo, buscando verificar se uma das partes reduziu artificialmente os seus lucros.[11] Para outros,[12] aos quais me associo, esse não parece ser o melhor caminho. É, de fato, natural que se estabeleça uma conexão entre os dois institutos.

Apesar de movidos por interesses distintos e, por vezes, opostos (na aplicação do VA, o Fisco objetiva ampliar a base dos tributos aduaneiros, enquanto que, na do PT, ele busca reduzir os custos de importação; no VA, afere-se o valor do produto em si e, no PT, busca-se constatar se uma das partes da transação obteve desvantagem indevida no negócio, minorando artificialmente os seus lucros; o VA é aplicável a bens, enquanto o PT é aplicável a bens, serviços e direitos), há duas características que vinculam umbilicalmente esses institutos: ambos têm aplicação na apuração da base de cálculo de tributos federais (ou seja, de tributos cobrados pelo mesmo ente político) e, também em ambos, busca-se a valoração de operações entre partes vinculadas, de forma a que elas se tornem isentas das distorções oriundas de tal vinculação (preço *arm's length*).

Não é de se esperar nem admitir que, da aplicação de métodos tão semelhantes como aqueles inerentes ao VA e ao PT, relativamente a uma mesma transação — realizada entre as mesmas partes — possa haver alteração do valor que lhe tenha sido atribuído de forma a que (a) a base de cálculo dos tributos incidentes na importação seja inflada e, ao mesmo tempo, (b) sejam limitados os custos da importação para fins de IRPJ, tudo sempre no interesse do Fisco.

Decorre do simples bom-senso a conclusão de que o mesmo ente político tributante (União) não pode avaliar de formas díspares um único fato econômico (importação realizada entre pessoas vinculadas) e, daí, obter a maior arrecadação possível de todos tributos da sua competência incidentes sobre o comércio exterior e a renda.

Na medida em que haja efetiva interveniência das autoridades fis-

---

[11] Nesse sentido, LUIS EDUARDO SCHOUERI *Preços de transferência no Direito Tributário brasileiro*, Dialética, São Paulo, 2006, pp. 17 e 18 e PAULO ROBERTO ANDRADE *Revista de Direito Tributário Internacional*, Ano 1, nº 1, "Valoração Aduaneira e Preços de Transferência no Brasil: Uma Avaliação Objetiva", Quartier Latin, 2006.

[12] TORRES, Heleno Taveira. *Direito Internacional: planejamento tributário e operações transnacionais*, São Paulo: Revista dos Tribunais, 2001, pp. 231 e 237 e MIGUEL HILÚ NETO Preços de Transferência, "O elo jurídico entre a valoração aduaneira e os preços de transferência", Quartier Latin, 2005).

cais na apuração do VA, por meio da aplicação de algum dos métodos previstos na legislação aplicável e da consequente substituição do preço originalmente adotado na transação, esse valor poderá e deverá ser tido como custo para o importador para fins de apuração do IR, mesmo que superior ao limite obtido pela aplicação das regras de PT.

Como bem demonstra Miguel Hilú Neto, em excelente artigo sobre a matéria, conclusão contrária representaria ofensa aos princípios constitucionais da igualdade, da capacidade contributiva e da segurança jurídica, além do próprio *arm's length*, que, apesar de objetivado por ambos os institutos, estaria incoerentemente sendo demonstrado de forma diferenciada. Para o autor, "a valoração aduaneira que implique substituição do valor declarado em operações de importação ou de exportação de partes vinculadas deve ser considerada quando da aplicação e da fiscalização do IRPJ".

Na Conferência da OCDE sobre Preços de Transferência e Valoração Aduaneira ocorrida em Bruxelas, nos dias 3 e 4 de maio de 2006, os métodos de VA e TP foram comparados, de forma a identificar as suas principais similaridades/diferenças e propiciar o debate sobre a necessidade e conveniência da convergência dos dois sistemas de valoração.

Os que foram cautelosos quanto a essa convergência se fundamentaram nos mesmos argumentos levantados pela doutrina especializada nacional citada acima, ou seja, no pressuposto de que os dois institutos teriam enfoques distintos, o que seria demonstrado claramente pelas diferenças entre os métodos de apuração do preço *arm's length*.

Os que foram favoráveis a essa convergência argumentaram que a existência de dois grupos de regras sobre uma mesma valoração, aplicados por uma só entidade governamental, poderia gerar problemas de credibilidade. Além disso, essa duplicidade de regras e a necessidade do seu cumprimento acarretariam um injustificado aumento de *compliance costs* (custo de adequação/atendimento às exigências fiscais) para os contribuintes, bem como de *enforcement costs* (custo de imposição/fiscalização das exigências fiscais) para o Governo. Não obstante a divergência apontada acima, a conclusão da Conferência foi no sentido de que é necessário aumentar o diálogo entre as duas fiscalizações, criando fóruns de discussão que permitam a identificação de oportunidades de convergência entre ambos os institutos.

Posição similar foi adotada pela International Chamber of Commerce (ICC) que, em estudo elaborado no ano passado, concluiu que, apesar da existência de diversas diferenças, é indispensável que haja uma harmonização entre os dois institutos, de forma que não sejam alcançados resultados incompatíveis entre si.

Reconheço que o assunto é polêmico, mas espero que, ao final, o bom-senso prevaleça.

REGRAS DE DECADÊNCIA E OS CRÉDITOS DE ICMS[20]

Foi na França, em 1954, que Maurice Lauré implementou um sistema de tributação que, pela primeira vez, proporcionou a incidência não cumulativa de tributos. Tratava-se de tributação sobre o valor que se adicionava em cada um dos diversos elos da cadeia de comercialização de mercadorias (*taxe sur la valeur ajoutée*).

Em 1967, a tributação sobre o valor adicionado foi criada na Comunidade Econômica Europeia e adotada pelos seus membros a partir de então (a Alemanha a introduziu em 1968; a Dinamarca, em março de 1967; a Inglaterra, em abril de 1973; a Irlanda, em 1972; Luxemburgo e Bélgica, em 1969). Atualmente, o IVA é largamente difundido e vigora em mais de 160 jurisdições (incluindo todos os membros da OCDE, exceto os EUA).

No Brasil, o sistema da não cumulatividade foi pela primeira vez regulado pela legislação infraconstitucional em 1956,[21] quando ainda incidia o antigo Imposto sobre Consumo, antecessor do atual IPI. Em nível constitucional, esse sistema foi originalmente instituído pela Emenda Constitucional 18, de 1965, relativamente ao próprio IPI e ao antigo ICM.

O objetivo da constitucionalização desse regime era claro: evitar que a cadeia de produtos industrializados e mercadorias fosse onerada por múltiplas incidências, gerando, com isso, efeitos maléficos na economia, entre os quais, o aumento de preços decorrentes da elevação

---

[20] Artigo publicado em 5 de junho de 2013.
[21] Tornando o Brasil um dos primeiros países do mundo a adotar tal sistemática.

da carga tributária e a verticalização da economia (de fato, se cada um dos vários elos da cadeia de comercialização gera uma incidência própria e cumulativa, passa a interessar a verticalização dos grupos econômicos, com a consequente diminuição do número de operações realizadas entre a indústria e o consumidor final).

Na Constituição Federal de 1988, o antigo ICM foi substituído pelo atual ICMS, e o princípio da não cumulatividade regulado no artigo 155, § 2º, inciso I, nos seguintes termos: o ICMS

> será não cumulativo, compensando-se o que for devido em cada operação relativa à circulação de mercadorias ou prestação de serviços com o montante cobrado nas anteriores pelo mesmo ou outro estado ou pelo Distrito Federal.

Por força de expressa delegação constitucional (artigo 155, parágrafo 2º, inciso XII, alínea "c"), a Lei Complementar (LC) 87/1996 determinou, para fins da compensação acima referida, ser

> assegurado ao sujeito passivo o direito de creditar-se do imposto anteriormente cobrado em operações de que tenha resultado a entrada de mercadoria, real ou simbólica, no estabelecimento, inclusive a destinada ao seu uso ou consumo ou ao ativo permanente, ou o recebimento de serviços de transporte interestadual e intermunicipal ou de comunicação.

Criou-se, portanto, sistema pelo qual, em oposição ao de base sobre base, admite-se a compensação sobre o regime de imposto sobre imposto.

Assim, ao adquirir determinada mercadoria, o contribuinte lança em seus livros, como crédito, o valor do ICMS destacado na respectiva nota fiscal de aquisição, e o deixa contabilizado até o momento em que seja possível compensá-lo com débitos correspondentes ao imposto devido nas operações de saída por ele promovidas.

A LC 87/1996, em seu artigo 23, criou as seguintes restrições ao direito de creditar-se:

> Art. 23. O direito de crédito, para efeito de compensação com débito do imposto, reconhecido ao estabelecimento que tenha recebido as mercadorias ou para o qual tenham sido prestados os serviços, está

condicionado à idoneidade da documentação e, se for o caso, à escrituração nos prazos e condições estabelecidos na legislação.

Parágrafo único. O direito de utilizar o crédito extingue-se depois de decorridos cinco anos contados da data de emissão do documento."

Vê-se, portanto, que há restrições formais (de constitucionalidade duvidosa), relativas à idoneidade da documentação e à escrituração dos créditos, bem como restrições temporais, relativas ao prazo decadencial de que dispõe o contribuinte para se "utilizar" do crédito relativo ao imposto pago nas operações e prestações anteriores na cadeia.[22]

O nosso foco, neste estudo, está voltado para a interpretação da expressão "utilizar o crédito", contida no parágrafo único do artigo 23, acima transcrito. Devemos interpretá-la como se fizesse referência à escrituração do crédito, ou à sua compensação efetiva com débitos relativos a saídas promovidas pelo contribuinte? Em outras palavras, o contribuinte está obrigado ao estorno dos créditos que permaneçam em sua escrita fiscal por mais de cinco anos (sem que tenham sido objeto de compensação)?

Para respondermos a essas perguntas, faz-se necessário rememorarmos os fundamentos desse instituto: a decadência.

Como bem definido pelo ministro Luiz Fux, do Supremo Tribunal Federal, nos autos do Recurso Especial 849.273/RS, "impende ressaltar que a decadência, assim como a prescrição, nasce em razão da realização do fato jurídico de omissão no exercício de um direito subjetivo". No mesmo sentido, posicionou-se Vittorio Cassone, afirmando que a decadência é "a perda de um direito em consequência de não tê-lo exercido durante determinado período de tempo".[23]

De fato, a função do prazo decadencial é justamente punir a inércia da parte que não exerceu um direito que lhe cabia, objetivo eficientemente sintetizado no conhecido brocardo *dormientibus non sucurrit jus* ("o Direito não socorre os que dormem").

---

[22] Há aqueles que sustentam, inclusive, a inconstitucionalidade de qualquer restrição feita ao princípio da não cumulatividade (como, por exemplo, MACHADO, Hugo de Brito, em sua obra *Aspectos fundamentais do ICMS*, Dialética, 1999, p. 148).
[23] Direito Tributário, Atlas, São Paulo, 1992, p. 118.

Aplicando-se essas premissas à questão em exame, temos que, caso o crédito corretamente escriturado permaneça na escrita fiscal sem ser compensado no prazo quinquenal, por não ter havido saídas tributáveis, não há como atribuir-se ao contribuinte qualquer inércia que justifique a extinção do seu direito. Do contrário, daí decorrerá a indesejada cumulatividade na cadeia de circulação de mercadorias, com todos os consequentes efeitos maléficos comentados acima.

De fato, nessas circunstâncias, o contribuinte terá tomado todas as medidas que estavam ao seu alcance para o exercício pleno do seu direito de compensar créditos relativos a operações anteriores com débitos decorrentes de saídas por ele promovidas. Logo, não pode ser penalizado pela regra de decadência em exame.

Assim, a determinação constante do parágrafo único do artigo 23 da LC 87/1996 só pode ser interpretada como prazo para que o contribuinte faça o registro na sua escrita fiscal, e jamais para a efetiva utilização do crédito, o que, como visto, independe da sua vontade.

Embora ainda não haja jurisprudência definitiva dos tribunais superiores sobre o assunto, a conclusão acima vem se tornando uníssona na doutrina especializada. Sobre o tema, cito breve trecho da obra *A não cumulatividade dos tributos*, de André Mendes Moreira, já na sua 2ª edição:

> Apenas um reparo merece ser feito no dispositivo [art. 23, parágrafo único, da LC n. 87/96]: teria andado melhor o legislador complementar se tivesse estipulado o quinquênio decadencial para a "escrituração" do crédito pelo contribuinte e não para a "utilização" desse mesmo crédito, como constou da norma. (...) Ora, não é facultado ao legislador vedar o transporte do saldo credor para as competências subsequentes mediante a estipulação de um limite temporal (...). Por essa razão, pode-se dizer que o art. 23 possui uma falha redacional que, todavia, não impede a apreensão do seu verdadeiro sentido, dentro do qual a norma deve ser considerada válida.[24]

No mesmo sentido, Aroldo Gomes de Matos:

---

[24] 2ª edição, p. 348.

Faltava, pois, à LC fixar prazo de decadência para o exercício do direito do contribuinte de lançar o crédito escritural (que nada tem a ver com o crédito tributário, como explicado no item 21.1.6), o que foi feito pelo parágrafo único do art. 23 ora em comento, ao fixar idêntico prazo para "utilizar o crédito".

Ora, tal vocábulo é, evidentemente, equivocado, e só pode ser entendido como 'lançar', ou seja, registrar o crédito na escrita contábil. Já o direito de 'utilizá-lo', no sentido de 'aproveitá-lo', é imprescindível, porque a sua vedação entraria em testilha com o princípio maior da não cumulatividade do tributo, que é regra de eficácia plena, e refoge a quaisquer restrições temporais não previstas na CF.[25]

Dormientibus non sucurrit jus. Tendo por base o princípio que flui desse brocardo, vemos que, no caso em exame, não terá "dormido" aquele que tiver, no prazo quinquenal, lançado regularmente os seus créditos nos livros fiscais. Se, por razões de mercado ou quaisquer outras, ele não tiver tido a oportunidade de compensá-los, o direito deve socorrê-lo, mediante a garantia de que os referidos créditos sejam mantidos na escrita até o momento em que possam ser compensados. Afinal, como diz o citado brocardo latino, "o Direito não socorre os que dormem", mas certamente acode aqueles que tomam todas as providências necessárias ao exercício dos seus direitos e prerrogativas.

---

[25] *ICMS — Comentário à LC 87/96*, Dialética, São Paulo, p.166.

ISS NÃO INCIDE SOBRE EXPORTAÇÃO DE SERVIÇOS[26]

As exportações são, em regra, desoneradas da incidência de tributos. É assim com o IPI, com o ICMS e com as contribuições sociais e de intervenção no domínio econômico.

No que diz respeito à incidência do ISS, a Constituição Federal não imuniza no seu próprio texto as exportações de serviços ao exterior, mas delega à lei complementar a atribuição de excluir essas atividades da incidência do imposto (artigo 156, inciso III, combinado com o seu parágrafo 3º, inciso II, com a redação dada pela Emenda Constitucional 3, de 17 de março de 1993).

Coube à LC 116/2003 o cumprimento dessa delegação, nos seguintes termos:

> Art. 2º O imposto não incide sobre
> I – as exportações de serviços para o exterior do País;
> Parágrafo único. Não se enquadram no disposto no inciso I os serviços desenvolvidos no Brasil, cujo resultado aqui se verifique, ainda que o pagamento seja feito por residente no exterior.

Note-se que a LC 116/2003 não determina o conceito de exportação para fins de definição das atividades que devam estar abrangidas pela regra de não incidência. Ela simplesmente faz referência à situação que não está abrangida por esse conceito, qual seja: serviço desenvolvido no Brasil cujo resultado aqui se verifique.

Logo, para que possa definir os exatos contornos do conceito de exportação de serviços propriamente dito, o aplicador da norma se

---
[26] Artigo publicado em 31 de julho de 2013.

vê forçado a fazer uma interpretação a contrario senso do que está disposto no artigo 2º, inciso I, parágrafo único, da LC 116/03, acima transcrito.

Assim, adotando-se essa interpretação a contrário senso, tem-se que são considerados exportados e, consequentemente, excluídos da incidência do ISS, os serviços que: i) sejam desenvolvidos no exterior (e, nesse aspecto, o próprio princípio da territorialidade já impediria, por si só, essa incidência); ou ii) sejam desenvolvidos no Brasil, mas o seu resultado se verifique no exterior.

Um outro aspecto que chama a atenção nessa definição é o fato de que não é suficiente para caracterizar exportação de serviço o simples fato de o seu pagamento ser realizado por fonte no exterior. Note-se que essa característica é bastante para o reconhecimento da isenção das contribuições para o PIS/Cofins nas mesmas circunstâncias. E faz todo o sentido que assim o seja. Afinal, o que se pretende com a desoneração tributária das exportações é justamente que haja ingresso de divisas no país. Estranho que justamente esse aspecto seja totalmente desconsiderado no que concerne às regras relativas ao ISS.

Mas, voltando ao cerne da questão (definição do que deva ser entendido como exportação de serviços), vê-se que o ponto fundamental reside em se determinar o que deva ser entendido por "resultado" do serviço.

De fato, conforme expresso na lei, o ISS será devido se o "resultado" se verificar no Brasil. Se ele se verificar no exterior, será aplicável a norma que prevê a não incidência do imposto na exportação de serviços.

O "resultado" do serviço tem, assim, importância fundamental na definição do que deva ser entendido por exportação, mas, apesar disso, tal conceito (o de resultado) não teve os seus contornos definidos pela LC 116/03.

A meu ver, esse conceito está diretamente relacionado com o objetivo pretendido pelo seu tomador ao contratá-lo, que certamente não é a execução do serviço em si, mas o benefício dele decorrente. Logo, o resultado do serviço se verificará no local onde ele produza os efeitos que lhe são próprios.

Assim, se um arquiteto residente no país é contratado por estrangeiros para elaborar projeto de arquitetura relativo a imóvel que venha a ser construído no exterior, esse serviço não estará, a meu ver, sujeito à incidência do imposto, tendo em vista que, apesar de o serviço ter sido aqui desenvolvido, o seu resultado (efeitos por ele produzidos) se dará no exterior.

Compartilham desse entendimento Gabriel Lacerda Troianelli e Juliana Gueiros, que, analisando situação semelhante, destacam a necessidade da identificação do verdadeiro objetivo visado pelo serviço para fins de verificação da incidência, ou não, do ISS: "O ISS e Exportação e Importação de Serviços", publicado no livro *ISS — Lei Complementar 116/2003*, (organizadores Marcelo Magalhães Peixoto e Ives Gandra da Silva Martins, Juruá Editora, 2004, página 201):

> De substancial importância, portanto, a compreensão do conteúdo do termo resultado, da forma como colocado no parágrafo único do art. 2º da Lei Complementar 116/03. Na acepção semântica, resultado é consequência, efeito, seguimento. Assim, para que haja efetiva exportação do serviço desenvolvido no Brasil, ele não poderá aqui ter consequências ou produzir efeitos. A contrário senso, os efeitos decorrentes dos serviços exportados devem se produzir em qualquer outro país que não o Brasil.
>
> Assim, uma companhia aérea com sede na Alemanha, que mantém rotas aéreas transitando pelo Brasil, pode sofrer danificação em suas aeronaves em território nacional. Nesse caso, ela provavelmente contratará os serviços de técnicos brasileiros para análise e possível conserto de equipamentos. Nesse caso, os serviços têm como resultado imediato o conserto do equipamento, o restabelecimento da rota e o seguimento das atividades normais de empresa localizada no exterior do Brasil. Ou seja, os resultados imediatos do reparo da aeronave terão como beneficiário a empresa alemã, produzindo, portanto, o serviço, seus efeitos na Alemanha.
>
> Pode um leitor menos atento imaginar que também se poderiam considerar como "resultados" da prestação do serviço a saída do avião do território brasileiro e o trânsito sobre os Estados brasileiros antes do retorno da aeronave. Porém, não se pode tratar esses fatos como verdadeiros resultados do serviço prestado, porque não constituem o objetivo da contratação e da prestação.

Portanto, a meu ver (e estou em boa companhia), o conceito de "resultado" do serviço, repito, está diretamente relacionado a um aspecto subjetivo: a intenção do seu tomador ao contratá-lo, o benefício que ele visa ao requerer a prestação do serviço. O resultado do serviço se dará no país em que os efeitos dele decorrentes venham a ser produzidos.

Mas, não foi esse o entendimento que prevaleceu na 1ª Turma do Superior Tribunal de Justiça. Ao analisar a incidência do ISS sobre o serviço prestado por empresa nacional a tomador estrangeiro, a 1ª Turma considerou o local da sua conclusão como aquele em que se dá o resultado do serviço, criando, assim, precedente que pode gerar distorções relativas à interpretação do disposto no art. 2º da LC 116/2003 (Recurso Especial 831.124-RJ, STJ, Primeira Turma, relator: ministro José Delgado, julgado em 8/8/2006, publicado no DJ de 25/9/2006.)

A decisão proferida pelo STJ se fundamenta em parecer do Ministério Público do Rio de Janeiro, para quem a exportação de serviço ocorre exclusivamente nos casos em que o contribuinte desenvolve o serviço em país estrangeiro:

> Como parece ser evidente, não há exportação de serviços, até porque tudo é feito e executado no Brasil. Exportação de serviço ocorre, quando, por exemplo, determinada empresa faz prospecção de petróleo em terras ou águas do exterior, ou uma construtora abre e pavimenta estradas ou ergue uma ponte em país estrangeiro.

Em voto vencido, o ministro Teori Albino Zavascki discorda do parecer do Ministério Público e chama a atenção dos julgadores para o risco de se estar confundindo o resultado da prestação do serviço com a sua conclusão:

> Peço a máxima vênia para discordar quanto à solução do mérito. Estamos falando de exportação de serviço. Só se pode falar de exportação de serviço nos casos em que ele é prestado no Brasil. Quanto a isso não há dúvida. Não se pode falar em exportação de serviço se for prestado no exterior. Exportação de serviço prestado no Brasil para alguém que o contrata de fora, pagando-o aqui ou lá. A lei diz que esses serviços são isentos, a não ser quando o resultado se opera aqui. Se o resultado se opera fora, há isenção. Essa é a questão.

De fato, serviços prestados em território estrangeiro, ainda que por residente no Brasil, não se confundem com serviços exportados. Por esse motivo, fiz a ressalva quanto à aplicação do Princípio da Territorialidade no início deste artigo.

Roque Antonio Carrazza, em parecer intitulado "ISS — Serviços de Reparação de Turbinas de Aeronaves, para Destinatários no Exterior — não incidência — exegese do art. 2º, I e seu parágrafo único, da Lei Complementar nº 116/03" (In Direito Tributário Internacional, Editora Quartier Latin, 2007, páginas 529/530), também é crítico da tributação na referida hipótese examinada pelo STJ. Para ele:

> A nosso sentir — damo-nos pressa em deixar consignado — "serviços desenvolvidos no Brasil, cujo resultado aqui se verifique" são justamente aqueles que trazem utilidade para o tomador, aqui mesmo, no território nacional. Não há, no caso, exportação e, portanto, os serviços não estão abrangidos pela norma isentiva em análise.

O que estamos procurando significar é que o termo "resultado", inserido no parágrafo único, do art. 2º, da Lei Complementar nº 116/03, há de ser interpretado como sinônimo de "fruído". Assim, no rigor dos princípios, o aludido parágrafo único prescreve:

"Não se enquadram no disposto no inciso I os serviços desenvolvidos no Brasil, cuja fruição aqui se verifique, ainda que o pagamento seja feito por residente no exterior."

Observamos, de caminho e às rápidas, que não estamos reescrevendo o parágrafo único, do art. 2º, da Lei Complementar nº 116/03, nem o adaptando às nossas conveniências ou idiossincrasias. Estamos, simplesmente, submetendo-o a uma interpretação jurídica, a única que, a nosso ver, rima com o princípio do destino, consagrado em nossa Constituição, para o IPI e o ICMS, e admitido para o ISS.

[...]

Mas, afinal, quando se dá a exportação do serviço?

A nosso ver, sempre que o tomador do serviço, sendo um não residente, satisfizer, no exterior, a necessidade que o levou a contratar o prestador.

Pouco importa, para fins de isenção de ISS, se o serviço foi totalmente prestado no Brasil, se sua prestação aqui apenas se iniciou, ou se foi integralmente executado no exterior. Em qualquer dessas hipóteses não haverá incidência, porque o resultado da prestação se fez sentir no exterior.

Apenas haverá incidência quando uma prestação de serviços avençada entre um nacional e um estrangeiro (pessoa domiciliada ou sediada no exterior), irradie seus efeitos no Brasil.

E isto por uma razão muito simples: é que, neste caso, não terá havido uma operação de exportação de serviço, já que ele terá sido fruído (consumido) — embora por não-residente — em nosso País."

Carrazza é, portanto, mais uma voz no sentido de que o "resultado" do serviço se confunde com a utilidade que ele proporciona para o respectivo tomador, e que, portanto, se a sua fruição se der no exterior, haverá exportação e, consequentemente, não pagamento de ISS.

No último texto que publiquei, examinei algumas matérias que o PLS 386 está propondo sejam reguladas de forma diversa. São todas, a meu ver, alterações para pior, muitas relativas a diversos aspectos da incidência do ISS que já teriam sido definidos favoravelmente aos contribuintes pelos tribunais (entre os quais, a tributação das sociedades profissionais e as locações dos bens móveis e imóveis). No final, concluí pela necessidade de que o legislador federal se ativesse, não a questões que representassem retrocesso relativamente ao cenário em que vivemos, mas àquelas que fossem de efetiva importância, como seria o caso da exata conceituação de exportação de serviços.

Reitero, aqui, o mesmo pleito: o de que o legislador complementar regule de forma clara e condizente com as necessidades econômicas do país as condições em que as exportações de serviços devam ser excluídas da tributação do ISS.

TELECOM COMO ATIVIDADE MEIO NÃO SE SUJEITA A ICMS[27]

Nos termos da Constituição vigente, os municípios possuem competência para instituir e cobrar o ISS sobre serviços de qualquer natureza definidos em lei complementar, exceto os de comunicação (que abrangem os de telecomunicação) e também os de transporte interestadual e intermunicipal, que estão sujeitos à incidência exclusiva do ICMS, de competência dos estados.

São, portanto, competências constitucionais distintas, estanques, exclusivas e bem definidas, cujas normas definidoras das respectivas fronteiras devem ser interpretadas de forma a que sejam evitados possíveis conflitos, extrapolações e/ou bitributação por parte dos estados e municípios.

Essas patologias, que o intérprete e o aplicador da norma deve sempre buscar evitar, podem se dar pelas mais variadas formas. Nesta oportunidade, examinaremos uma delas.

Ao definir os serviços de telecomunicação, a Lei Geral de Telecomunicações (Lei 9.472, de 16 de junho de 1997) determina que eles são o conjunto de atividades que possibilita a oferta de telecomunicação, e que esta, por sua vez, consiste na transmissão, emissão ou recepção, por fio, radioeletricidade, meios ópticos ou qualquer outro processo eletromagnético, de símbolos, caracteres, sinais, escritos, imagens, sons ou informações de qualquer natureza (artigo 60, parágrafo primeiro).

Portanto, os serviços de telecomunicação correspondem à oferta a terceiros de determinados meios (fio, radioeletricidade, meios óticos

---

[27] Artigo publicado em 28 de agosto de 2013.

ou qualquer outro processo eletromagnético) que tornam possível a atividade de comunicação (transmissão, emissão ou recepção a distância de símbolos, dados, caracteres, sinais, escritos, imagens, sons ou informações de qualquer natureza).

Em outras palavras, para que haja atividade tributada pelo ICMS, é necessário e suficiente que alguém, por meios próprios, ou sobre os quais detenha direito de posse ou uso, preste a terceiros serviço oneroso cujo objeto consista na oferta de transmissão, emissão, geração, recepção, retransmissão, ou repetição de mensagens, dados, ou sinais que o beneficiário do serviço pretenda sejam transmitidos.

Daí resulta que o prestador do serviço de telecomunicação é aquele que mantém em funcionamento os meios de transmissão de imagem, som e sinais, enquanto seu cliente é aquele que o remunera para se utilizar de tais equipamentos com o objetivo de fazer chegar a outrem a imagem, o som, o sinal ou a informação que ele tem a possibilidade de emitir. A atividade de um não se confunde com a do outro.

Há situações, no entanto, em que, embora haja atividade de telecomunicação (captação e transmissão de sinais), ela é realizada com o único objetivo de possibilitar a prestação de outros serviços. É o que ocorre, por exemplo, com quem presta serviços de processamento de dados que são por ele coletados e transmitidos de um ponto ao outro por meio da utilização dos meios de transmissão acima referidos a ele pertencentes.

Essas atividades secundárias (transmissão de dados de um ponto a outro) são, na realidade, meras atividades meio exercidas com o único objetivo de propiciar o exercício da atividade fim, a prestação desses outros serviços (processamento de dados), não podendo, portanto, ser relevantes para a definição do tributo que incidirá sobre a atividade. Nesse sentido, Aires F. Barreto:

> Alvo de tributação é o esforço humano prestado a terceiros como fim ou objeto. Não as suas etapas, passos ou tarefas intermediárias, necessárias à obtenção do fim. Não a ação desenvolvida como requisito ou condição do *facere* (fato jurídico posto no núcleo da hipótese de incidência do tributo). As etapas, passos, processos, tarefas, obras são feitos, promovidos, realizados "para" o próprio prestador e não "para terceiros", ainda que estes o aproveitem (já que, aproveitando-se do resultado final, beneficiam-se das condições que o tornaram possível). (...)

Para essas atividades-meio não há cobrança de preço; mas, nem mesmo quando, em certos casos, para elas é destacado preço, essas "ações meio" se transformam em "ações fim"."[28]

E, também, Roque Antônio Carrazza:

> Na realidade, o ICMS-Transporte, o ICMS-Comunicação e o ISS somente serão devidos quando, respectivamente, o transporte transmunicipal, a comunicação ou o outro serviço resultarem — isto é, forem objeto — de contrato oneroso firmado entre um prestador e um tomador. (...) Conforme corretamente aduz Edison Aurélio Carrazza, "somente a análise da contratação, do querer do tomador e do prestador de serviços, nos permite identificar quais dos diferentes impostos incidem sobre a prestação realizada ou a se realizar.

E continua o agora mestre em Direito Tributário pela PUC/SP:

> O fato de haver transporte ou comunicação somente será determinante da incidência do imposto estadual (ICMS) se forem objeto (fim, telos) do contrato, do negócio firmado entre tomador e prestador do serviço. Se a vontade dos contratantes for a de serviço diverso, ainda que exista transporte ou comunicação, a tributação possível será a do imposto municipal. (...)

> Notamos, pois, ser necessária a detida análise do contrato de prestação de serviços para saber se há tributo devido e, em caso afirmativo, qual deles: o ICMS-Transporte, o ICMS-Comunicação ou o ISS. (...)

> É o fim (telos) pretendido pelas partes contratantes que, refletindo o próprio objeto do negócio jurídico, determinará, quando for o caso, tal incidência. Um dado, porém, é incontroverso: de per si, o fato físico comunicação é irrelevante para determinar a incidência do ICMS. A comunicação — tornamos a insistir — somente a determinará se for o objeto de um contrato oneroso firmado entre as partes interessadas."[29]

---

[28] BARRETO, Aires F. "ISS — atividade meio e serviço fim", *Revista Dialética de Direito Tributário* nº 5, p. 72, Dialética, 1996.
[29] CARRAZZA, Roque Antônio, *ICMS*, pp. 184 a 185, Editora Melhoramentos, 14ª edição, 2009.

Nessa direção, também vai a jurisprudência do STF:

> Tributário. Imposto Sobre Serviços. Atividades Bancárias. Custódia de títulos, elaboração de cadastro, expediente. Serviços sem autonomia própria, inseparáveis da atividade financeira, que não suscitam o imposto municipal sobre serviços. Exceção consignada na própria lei municipal para as instituições financeiras." (Recurso Extraordinário — RE nº 97.804/SP, Segunda Turma, relator ministro Décio Miranda, *Revista Trimestral de Jurisprudência* — RTJ nº 111/696).

E do STJ:

> Processual civil. Tributário. ISS. Competência. Município local da prestação do serviço. Desenvolvimento da atividade fim. (...)
>
> 4. A jurisprudência do STJ afirma que, "envolvendo a atividade, bens e serviços, a realidade econômica que interessa ao Direito Tributário impõe aferir o desígnio final pretendido pelo sujeito passivo tributário, distinguindo-se a atividade meio, da atividade fim, esta última o substrato da hipótese de incidência." (REsp 805.317, rel. p/ acórdão min. Luiz Fux, DJ 17/8/2006). Agravo regimental improvido.[30]

A interpretação exposta acima é reforçada, ainda, pelo fato de que a Lei Complementar 116/2003, que regula o ISS de forma nacional: (i) determina que "ressalvadas as exceções expressas na lista anexa, os serviços nela mencionados não ficam sujeitos ao ICMS"; e (ii) ao listar o serviço de processamento de dados, não faz qualquer ressalva quanto à incidência do ICMS sobre atividades preparatórias a tal serviço. Mas, além dos argumentos expostos, há outro aspecto que também impede a incidência do ICMS nessas circunstâncias.

É uníssono na doutrina e na jurisprudência que a prestação de "serviços de comunicação" pressupõe a existência de mensagem alheia a ser transmitida, e jamais própria. Do contrário, não haverá serviço de comunicação, mas mera atividade de comunicação, não alcançada

---

[30] Agravo Regimental no Recurso Especial — AgRg no REsp nº 1251753/ES, Segunda Turma, relator ministro Humberto Martins, data do julgamento: 27.09.2011; DJe: 04.10.2011.

pela incidência do imposto. De fato, se alguém transmite mensagem própria, não poderá estar exercendo atividade tributada pelo imposto, na medida em que ninguém presta serviços a si mesmo. Nesse sentido, destacamos a lição de Paulo de Barros Carvalho:

> Do que foi dito infere-se que a comunicação pode ocorrer de dois modos: (1) de forma pessoal, havendo transmissão de mensagem própria; e (2) com intermediação, em que há transmissão da mensagem de terceiros. Apenas na segunda hipótese incidirá o ICMS, pois como ninguém presta serviço a si mesmo, unicamente se o casal transmissor configurar pessoa diversa do emissor é que teremos a prestação de serviço comunicacional.[31]

Quando o prestador de serviços colhe por meios próprios os dados que serão objeto do seu serviço e, após realizar um processamento inicial desses dados, transmite-os, também por meios próprios, de um para outro dos seus servidores, de forma a que as referidas informações sejam utilizadas na elaboração dos laudos ou estudos a ele encomendados, a serem disponibilizados ao cliente, não há que se falar nessas hipóteses de "mensagem de terceiro" sendo transmitida. Há apenas dados captados, transmitidos e processados pelo próprio prestador de serviços, tornando-se, assim, ausente um dos pressupostos básicos para a configuração de serviço de telecomunicação: a mensagem ser pertencente a terceiros.

É verdade que o Ministério das Comunicações expediu a Portaria 455, de 18 de setembro de 1997, que aprovou a Norma 13/1997 cujo teor transcrevo parcialmente abaixo:

4. Definições

4.1 Para os fins desta norma, são adotadas as seguintes definições:
a) Serviço Limitado: Serviço de telecomunicações destinado ao uso próprio do executante ou à prestação a terceiros, desde que sejam estes uma mesma pessoa, ou grupo de pessoas naturais ou jurídicas, caracterizado pela realização de atividade específica;

---

[31] CARVALHO, Paulo de Barros. "Não-incidência do ICMS na atividade dos provedores de acesso à Internet". RDDT nº 73, out/01, pp. 97/104.

(...) c) Serviço Limitado Especializado: Serviço Limitado, telefônico, telegráfico, de transmissão de dados ou qualquer outra forma de telecomunicações, destinado à prestação a terceiros, desde que sejam estes uma mesma pessoa ou grupo de pessoas naturais ou jurídicas, caracterizado pela realização de atividade específica.

Poder-se-ia alegar, com base nessa, que o processador de dados que exerce atividades de telecomunicação para transmitir dados por ele coletados de um servidor a outro, ainda que ambos fossem a ele pertencentes, necessitaria de autorização para a prestação de Serviço Limitado Especializado, e que, portanto, tais atividades deveriam ser consideradas "serviço de telecomunicações" (Norma 13/1997, item 4.1, a) "destinado a terceiros" (Norma 13/1997, item 4.1, c) pela própria Anatel.

É verdade que há diversos precedentes do STJ em que o referido tribunal se fundamentou no Direito Regulatório para definir o que vem a ser serviços de telecomunicações para fins de incidência do ICMS – EREsp 456.650/PR, ministro relator José Delgado, 1ª Seção, em 11/05/2005, DJ de 20/03/2006, p. 181; REsp 677.108, ministro Castro Meira, 2ª Turma, em 28/10/2008, DJ de 01/12/2008; REsp 108.8913/SP, ministro Luiz Fux, 1ª Turma, em 16/04/2009, DJ de 25/05/2009).

Não há, contudo, nenhum caso em que o STJ tenha se fundamentado no Direito Regulatório para conferir a natureza de "serviço de telecomunicação" a uma atividade que sequer tenha a natureza de prestação de serviço.

Do contrário, estar-se-ia dando ao Ministério das Comunicações ou à Anatel competência tributária, o que, obviamente, não encontraria amparo nem na Constituição nem no Código Tributário Nacional.

Portanto, e já concluindo, se a atividade de telecomunicação é realizada em benefício próprio, com o único objetivo de possibilitar a prestação de serviços de outra natureza tributáveis pelo ISS (v.g., processamento de dados), não haverá que se falar na incidência do ICMS. Não haverá, na hipótese, a prestação de serviços de telecomunicação, mas mera atividade meio, que não poderá ser considerada de forma individualizada para fins de tributação.

Por outro lado, a prestação dos "serviços de comunicação" pressupõe a existência de mensagem alheia a ser transmitida, e jamais própria, como é o caso de quem presta serviços na forma acima mencionada. Essa é a única interpretação que evitará os possíveis conflitos, extrapolações e/ou bitributação por parte dos estados e municípios, a que me referi no início deste artigo.

RETROATIVIDADE BENIGNA DEVE SER VERIFICADA CASO A CASO[32]

É a natureza jurídica da sanção que determina o regime jurídico a que ela se sujeita e, consequentemente, os limites quantitativos e qualitativos a ela aplicáveis, bem como as garantias que serão oponíveis por parte daqueles que sofrem a sua imposição.[33]

O que define essa natureza não é a função que a pena exerce (que pode ser repressiva, indenizatória, didática ou preventiva), mas o ilícito que lhe é pressuposto.

Nesse passo, a sanção relativa a infrações ou ilícitos tributários tem natureza específica tributária[34] e, consequentemente, a sua aplicação deve ser feita à luz dos princípios, regras e limites quantitativos e qualitativos previstos nas normas que também tenham essa natureza.

Mas, isso não quer dizer que não devam ser mantidas e também aplicadas as garantias e os limites previstos no Direito Penal, na medida em que esse ramo do Direito tem mais maturidade no tratamento do ilícito. Tanto assim, que princípios e institutos muito semelhantes (e, por vezes, idênticos) norteiam a aplicação de ambas as normas, as penais e as tributárias.

Em ambos os ramos do Direito, por exemplo, o princípio da legalidade (segundo o qual ninguém é obrigado a fazer ou deixar de fazer

---

[32] Artigo publicado em 23 de outubro de 2013.
[33] Nesse sentido, Paulo Coimbra, em sua obra *Direito Tributário sancionador*. (Quartier Latin, São Paulo, 2007, p. 89).
[34] Sobre o tema, ROLIM, João Dácio, no artigo "Sanções Administrativas Tributárias" (na obra *Sanções administrativas tributárias*, organizada por Hugo de Brito Machado, p. 232) e COIMBRA, Paulo em seu artigo "Sanção Tributária — Natureza jurídica e funções", Revista *Fórum de Direito Tributário*, ano 3, nº 17.

algo senão em virtude de lei) é enfatizado para impossibilitar a cobrança de tributo (e suas penalidades) ou a aplicação de pena que não tenham sido previamente previstos em lei.

O reforço da aplicação desse princípio no Direito Penal tem por fundamento a demonstração inequívoca de que, para que determinado comportamento seja considerado passível de aplicação de penalidades (a ponto de poder retirar a liberdade daqueles que o adotam), a sociedade terá que se manifestar nesse sentido por meio dos seus representantes legitimamente eleitos. Os ilícitos penais nada mais são, portanto, do que comportamentos repudiados pela sociedade que, se praticados, ensejam a aplicação de penas.

Já no que concerne à cobrança de tributos, o reforço ao princípio da legalidade se justifica pela necessidade de que a sociedade autorize o poder público a retirar uma parcela da sua riqueza para financiar as atividades necessárias à manutenção do bem comum.[35] Em outras palavras, a Constituição protege o direito de propriedade, mas autoriza que a parcela do patrimônio do contribuinte seja expropriada de forma a que seja atendida aquela finalidade. No que diz respeito a penalidades tributárias, há regra expressa no sentido de que somente a lei poderá estabelecê-las (CTN, artigo 97, inciso V), e os fundamentos para essa necessidade são os mesmos que a justificam no Direito Penal.

Por se tratar de regras para as quais há a determinação (reforçada) de que elas sejam criadas por meio de lei (e jamais por um ato proveniente do Poder Executivo), há ainda, em relação a esses dois ramos do Direito (Penal e Tributário), a necessidade de que se observe o princípio da tipicidade, pelo qual somente as práticas ou situações que se adequem literal e especificamente ao tipo legal podem ser configuradoras de crime ou consideradas fato gerador da obrigação de pagar tributos.

Outros institutos que demonstram muita semelhança são o do arrependimento eficaz, no Direito Penal, e o da denúncia espontânea, no Direito Tributário.

Pelo primeiro deles, o agente que voluntariamente desiste de prosseguir na execução do ilícito ou impede que o seu resultado se produ-

---

[35] Trata-se do *"no taxation without consent"*, previsto na Magna Carta do rei João Sem Terra.

za, só responde pelos atos já praticados. Na denúncia espontânea, a responsabilidade por infrações é excluída, quando acompanhada, se for o caso, do pagamento do tributo, sendo certo que não se considera espontânea a denúncia que é apresentada após o início de qualquer procedimento administrativo relacionado com a infração.

São ambos institutos que objetivam evitar a aplicação de penalidades àqueles que efetivamente impediram que das suas práticas decorresse dano à vítima ou ao erário, respectivamente.

Outra regra que impõe limites à aplicação das sanções penais e encontram absoluta identidade com as previstas na legislação tributária é a da interpretação mais favorável ao contribuinte infrator, pela qual a lei tributária que define infrações, ou lhe comina penalidades, interpreta-se daquela forma em caso de dúvida quanto: à capitulação legal do fato; à natureza ou às circunstâncias materiais do fato, ou à natureza ou extensão dos seus efeitos; à autoria, imputabilidade, ou punibilidade; e à natureza da penalidade aplicável ou à sua graduação (CTN, artigo 112).

Há, por fim, a regra da retroatividade benigna prevista em ambos os ramos do Direito, pela qual a lei se aplica a ato ou fato pretérito, quando deixe de defini-lo como infração, ou quando lhe comine penalidade menos severa que a prevista na lei vigente ao tempo da sua prática (CP, artigo 2º, parágrafo único, e CTN, artigo 106, inciso II, alíneas "a" e "c").

Como o título deste artigo sugere, nós nos ateremos a essa última regra para examinar as alterações promovidas pela Lei 12.766/2012 relativas às penalidades aplicáveis ao descumprimento de normas relativas à escrituração digital. Essas penalidades eram antes previstas pela Lei 8.218/1991, com a redação que lhe fora dada pela MP 2.158-35/01.

À época da edição dessa lei (12.766/12), noticiou-se na imprensa que ela teria trazido benesses aos contribuintes, na medida em que as penalidades nela referidas seriam menos gravosas do que as antes aplicáveis.

Contudo, do exame das referidas normas, verificamos que essa característica (de serem as novas penalidades mais brandas do que as anteriores) só pode ser constatada na sua aplicação prática, tendo em vista que são distintos os critérios e parâmetros utilizados pela lei anterior e pela atual para os respectivos cálculos.

De fato, as penalidades anteriores relativas à entrega extemporânea daquelas informações eram apuradas com base na aplicação de percentual sobre a receita bruta no período de apuração, enquanto as novas penalidades passaram a ser aplicáveis em valores fixos. Já no que diz respeito aos erros e omissões relativos às informações prestadas, as antigas penalidades resultavam da aplicação do percentual de 5% sobre o valor da operação, e as novas passaram a ser calculadas mediante a aplicação de 0,2% sobre o faturamento mensal.

São parâmetros não comparáveis em tese, já que, no primeiro caso, os valores fixos (nova penalidade) podem ser maiores ou menores do que o percentual sobre a receita bruta no período de apuração, bem como, no segundo caso, tendo em vista a diversidade da natureza das bases de cálculo sobre as quais recaem o antigo e o novo percentual (valor da operação e faturamento), a nova penalidade poderá ser maior ou menor, conforme os valores envolvidos num caso e noutro (se, por exemplo, o valor da operação for ínfimo, 5% dele poderá ser muito inferiores do que decorrerá da aplicação de 0,2% sobre o valor do faturamento mensal).

A questão que então se põe é a seguinte: tendo em vista a impossibilidade de constatação abstrata do aumento ou diminuição da intensidade das penalidades aplicáveis àquela infração, seria, ainda assim, possível a aplicação da regra da retroatividade benigna em situações de fato específicas, em que restasse demonstrado que a aplicação da nova norma resultaria em pena menos gravosa do que a anterior? Em outras palavras, a aplicação da regra da retroatividade benigna dependerá sempre da diminuição da pena em abstrato, ou poderá decorrer do exame da situação fática em cada caso?

A meu ver, impõe-se o exame da situação fática para que se constate a possibilidade de aplicação da retroatividade benigna, independentemente de ter ou não havido a diminuição da pena em termos absolutos (em abstrato).

Situação muito semelhante foi examinada pela 3ª Seção do Superior Tribunal de Justiça, em decisão proferida em 12 de maio de 2010, no âmbito do Direito Penal, que, como vimos, deve sempre orientar a melhor interpretação que deva ser dada a matéria dessa natureza.

Tratava-se, no caso, da pena aplicável ao crime de tráfico de drogas (Embargos de Divergência em REsp 1.094.499, relatado pelo ministro Félix Fischer). Até 2006, o referido crime estava submetido à Lei 6.368/1976, que estabelecia pena de reclusão de 3 a 15 anos, sem previsão de qualquer redução da pena mínima. Contudo, com a edição da Lei 11.343/2006, embora a pena cabível tivesse sido majorada (passando a ser de 5 a 15 anos), houve a introdução de "causa de diminuição"[36] que, em termos práticos (considerando as circunstâncias específicas do réu) poderia resultar em aplicação de pena de apenas 1 ano e 8 meses de reclusão.

Note-se que, apesar de ter havido majoração em termos absolutos, a penalidade poderia ser de fato minorada, quando aplicada em um caso específico (se considerada a referida redução e observadas as características da hipótese em julgamento).

Ao julgar, o STJ decidiu que

> deve-se, caso a caso, verificar qual a situação mais vantajosa ao condenado: se a aplicação das penas insertas na antiga lei — em que a pena mínima é mais baixa — ou a aplicação da nova lei na qual, muito embora contemple penas mais altas, prevê a possibilidade de incidência da causa de diminuição.

Esse precedente ganhou ementa da qual extraio o seguinte trecho:

> Todavia, a verificação da *lex mitior*, no confronto de leis, é feita in concreto, visto que a norma aparentemente mais benéfica, num determinado caso, pode não ser. Assim, pode haver, conforme a situação, retroatividade da regra nova ou ultra-atividade da norma antiga.

O mesmo raciocínio foi adotado pelo STF, ao examinar o efeito confiscatório das penalidades, que também é parâmetro cuja medição pode gerar a mesma dúvida (a sua constatação ser em tese ou apurada em cada caso). O referido tribunal entendeu que "eventual efeito confiscatório da multa aplicada deverá ser aferido tendo em consideração as peculiaridades do caso concreto (...)." (Ag. Reg. no RE 550.329, unânime, min. Joaquim Barbosa, Segunda Turma, DJ 26.10.2012; e AI 805745 ED, min. Rosa Weber, Primeira Turma, DJ 27.06.2012)

---

[36] "(...) desde que o agente seja primário, de bons antecedentes, não se dedique às atividades criminosas nem integre organização criminosa."

Na doutrina penal, destacamos a lição de Damásio de Jesus no sentido de que "o conceito de lei mais benéfica (...) só pode ser alcançado após acurado exame das normas em conflito em face do caso concreto" (*Código Penal Anotado,* SP, editora Saraiva, 1991, pp. 6 e 7).

Note-se, por fim, que essa conclusão é corroborada pela própria regra da interpretação mais favorável. De fato, a questão em exame (de aplicar-se a norma em sentido abstrato ou com fundamento na situação fática específica) configura dúvida quanto à capitulação legal do fato, que, nos termos do artigo 112 do CTN, acima comentado, é uma das causas que determina a sua aplicação.

HELENO TAVEIRA TORRES

O PRINCÍPIO DA NÃO DISCRIMINAÇÃO TRIBUTÁRIA NO STF[1]

Tramita no Supremo Tribunal Federal (STF) o RE 460.320/PR, de relatoria do ministro Gilmar Mendes, no qual a legislação tributária do Imposto sobre a Renda é contestada por manter, entre 1994 e 1995, preferência de tratamento mais favorável para os *residentes* que possuíam investimentos societários, em relação aos não residentes que, no mesmo período, mantinham, na forma de capital estrangeiro, investimentos em sociedades constituídas no país, quanto à distribuição dos lucros, sob a forma de dividendos.

O relator, porém, em apertada síntese, afastou a possibilidade de aplicação do princípio de não discriminação, ao entendimento de que o artigo 150, II da CF não se aplicaria à espécie, e o elemento de conexão adotado na convenção Brasil-Suécia (art. 24) seria a *nacionalidade*, e, na Lei 8.383/91, o legislador usou a *residência* como critério de conexão, para empregar a alíquota de 15% sobre dividendos pagos a residentes ou domiciliados no exterior, ao tempo em que os residentes no Brasil restavam isentos, logo, independentemente da nacionalidade do contribuinte. Na sequência, pediu vista o ministro Dias Toffoli.

A matéria posta ao exame do STF, à semelhança das grandes questões de Estado sobre as quais se debruça seu egrégio Plenário, terá repercussões das mais expressivas sobre a segurança jurídica dos investimentos internacionais no Brasil, pois seus reflexos irão orientar a hermenêutica futura das convenções para evitar a dupla tributação internacional sobre a renda, mormente quanto à aplica-

---

[1] Artigo publicado em 1º de fevereiro de 2012.

ção do citado artigo 24, quanto aos efeitos decorrentes do princípio de não discriminação.

Fundamental, assim, demonstrar a necessária observância do *conteúdo essencial do princípio de não discriminação*, o qual deve ser preservado sempre na aplicação das regras vertidas em lei ou tratado internacional, na interpretação das regras internas de cada tratado, como é o caso daquele firmado entre Brasil e Suécia. Dito de outro modo, se está, sim, em nosso entender, diante de caso no qual prevalece o dever de concretização de princípio constitucional da não discriminação (art. 150, II) e, ao mesmo tempo, de princípio especializado do Direito Internacional (art. 24), a exigir a preservação da segurança jurídica na aplicação e criação de normas individuais e concretas de tributação.[2] Avança-se, desse modo, para uma afirmação material do princípio de não discriminação. E, nesse particular, avulta em importância a segurança jurídica dos princípios, compreendida como medida de efetividade de direitos e liberdades fundamentais.

Princípios são normas *lato sensu* de Direito positivo que prescrevem valores objetivos, relativos e vinculantes para todo o sistema jurídico, com ou sem limitação a específicas regras ou subsistemas, obrigando ao máximo de observância e efetividade e vedando condutas em sentido contrário ao seu conteúdo essencial.

O emprego dos princípios com abertura para uma hermenêutica construtivista, porque voltada para a construção do conteúdo essencial dos princípios, afirma a segurança jurídica material esperada na aplicação das regras jurídicas. A segurança jurídica como garantia dos princípios é um traço marcante do constitucionalismo do Estado Democrático de Direito e essa garantia efetiva-se, como método preponderante, pela concretização dos princípios, na sua máxima observância ou "otimização".[3]

---

[2] Para maiores considerações, veja-se: TORRES, Heleno Taveira. "Direito Constitucional Tributário e Segurança Jurídica". São Paulo: Revista dos Tribunais, 2011, p. 521 e ss.
[3] Robert Alexy assim define princípio: "Princípios são normas que ordenam que algo seja realizado na maior medida possível dentro das possibilidades jurídicas e fáticas existentes. Princípios são, por conseguinte, mandamentos de otimização, que são caracterizados por poderem ser satisfeitos em graus variados e pelo fato de que a medida devida de sua satisfação não depende somente das possibilidades fáticas, mas também das possibilidades jurídicas. O âmbito das possibilidades jurídicas é determinado pe-

Como sabido, os princípios concorrem para a decisão criadora de regras (no caso das fontes) ou para a decisão de observância das regras (função de orientação das condutas). Daí a importância de construção do *conteúdo essencial* dos princípios, ao que se exige a observância dos condicionantes de aplicação dos respectivos valores jurídicos.

Portanto, a segurança jurídica dos princípios aperfeiçoa-se por uma adequada determinação do conteúdo essencial dos princípios, como norma que tem por finalidade realizar valores (i), seguida da efetividade dos meios de concretização (ii).

Os valores devem ser *concretizados*. Como *finalidade* das normas jurídicas, cabe ao intérprete dirigir a aplicação das normas segundo os valores que a sociedade quer ver concretizados, como ressalta Christophe Grzegorczyk, nos termos da Constituição e das leis de todo o ordenamento jurídico.[4] Ao procedimento de produção de normas em conformidade com os princípios que informam a aplicação de regras dá-se o nome de "concretização (ou efetividade) dos princípios". Não basta, pois, que o conteúdo essencial seja devidamente delimitado. Este é um passo importante na efetividade da garantia de segurança jurídica dos princípios, quanto à aferição da "certeza" do seu conteúdo e, por conseguinte, à compreensão do âmbito material possível de otimização. Determinado o conteúdo essencial dos princípios, a ser observado nas suas máximas possibilidades, a cada ato de aplicação do Direito Positivo, deve-se, assim, promover sua "concretização".

Ora, o legislador, como qualquer outra autoridade, não tem autorização para afetar o *conteúdo essencial* de direitos ou liberdades fundamentais. O "essencial" dos direitos é algo que demanda demarcação de delimitações, mas não de limites imanentes.[5] Por isso, deve-se buscar a exata delimitação do seu conteúdo na interpretação.

---

los princípios e regras colidentes" (ALEXY, Robert. *Teoria dos direitos fundamentais*. Tradução de Virgílio Afonso da Silva. São Paulo: Malheiros, 2008, p. 90).

[4] "Par conséquent, on ne peut faire de la notion de justice la finalité du droit, sans ajouter que le 'sien' qui apparaît dans la formule que nous venons de citer signifie 'conforme aux valeurs reconnues au sein d'un groupe social régi par le droit'" (GRZEGORCZYK, Christophe. *Théorie générale des valeurs et le droit: Essai sur les prémisses axiologiques de la pensée juridique*. Paris: LGDJ, 1982, p. 268).

[5] MARTÍNEZ-PUJALTE, Antonio-Luis. *La garantía del contenido esencial de los derechos fundamentales*. Madrid: Centro de Estudios Constitucionales, 1997, p. 133.

Nesse sentido, transcrevemos a lição do ministro Gilmar Mendes:[6]

> Portanto, a doutrina constitucional mais moderna enfatiza que, em se tratando de imposição de restrições a determinados direitos, deve-se indagar não apenas sobre a admissibilidade constitucional da restrição eventualmente fixada (reserva legal), mas também sobre a *compatibilidade das restrições estabelecidas com o princípio da proporcionalidade*. (grifo nosso)

Nenhum direito fundamental, portanto, pode ser restringido, limitado ou alterado por lei, tratado ou ato infraconstitucional, sob pena de se ter a negação dos limites da própria noção de rigidez constitucional. Por conseguinte, impõe-se o dever de reação do ordenamento à inconstitucionalidade violadora dos limites típicos do direito fundamental. A limitação é possível, mas desde que venha autorizada pela Constituição expressamente (i), que esta confira ao legislador o direito de promover algum tipo de restrição (ii) ou que, na necessidade de conciliar (iii) os exercícios de direitos, garantias ou liberdades incondicionais e ilimitados de todos, sejam atendidos os pressupostos da proporcionalidade, da necessidade, utilidade e proibição de excesso.

Por tudo isso, é dever do intérprete dos tratados, e, em especial, do Art. 24 da Convenção Brasil — Suécia, a aplicação do princípio da não discriminação em conformidade com os valores do texto constitucional do art. 150, II, além dos demais conteúdos legais que tratam da proteção ao capital estrangeiro. Nenhum artigo da Convenção ou de lei interna pode ser aplicado, desse modo, em desalinho com os valores albergados pelo ordenamento, como a eficácia do princípio de não discriminação. Daí a necessidade de delimitação do seu *conteúdo essencial* e *concretização*.

Não admitir a possibilidade de delimitação do conteúdo essencial dos princípios tornaria a vida dos sujeitos submetidos a uma dada Constituição impossível, por não saberem previamente como identi-

---

[6] MENDES, Gilmar. "O princípio da proporcionalidade na jurisprudência do Supremo Tribunal Federal: novas leituras." *Revista Dialogo Jurídico*. Salvador, CAJ — Centro de Atualização Jurídica, v. 1, nº 5, agosto de 2001.

ficar seus direitos. O exercício do STF, na intepretação e construção dos princípios, orienta-se nesse sentido delimitador e concretizador. Por isso, qualquer interpretação que se faça dos direitos fundamentais deve iniciar-se pela pré-compreensão dos valores envolvidos, visando à determinação dos conteúdos essenciais dos direitos e liberdades, e pautar-se pelo exame do caso concreto, como bem o examina Konrad Hesse. Não há possibilidade mais coerente com o método sistemático e pragmático de interpretação do que essa correlação.

Pois bem. A situação jurídica questionada reporta-se à distribuição de lucros (investimento de capital estrangeiro, portanto), praticada pelas sociedades brasileiras para a sócia domiciliada no exterior (Suécia), relativamente aos lucros auferidos no ano base de 1993, sobre os quais ambas as sociedades foram tributadas pelo Imposto sobre a Renda de Pessoa Jurídica — IRPJ, pelo lucro real, no final do referido exercício, e em seguida, no ano de 1994, quando da distribuição de tais lucros, pela retenção na fonte correspondente a 15%, realizando a dupla tributação econômica que à época via-se admitida.

Esta tributação na fonte estava autorizada pelo art. 77, da Lei nº 8.383/91, *in verbis: a partir de 1º de janeiro de 1993, a alíquota do imposto de renda incidente na fonte sobre lucros e dividendos de que trata o art. 97 do Decreto-Lei nº 5.844, de 23 de setembro de 1943, com as modificações posteriormente introduzidas, passará a ser de quinze por cento.* Ou nos termos do art. 756, do Decreto nº 1.041, de 11 de janeiro de 1994 (Regulamento do Imposto sobre a Renda): *Estão sujeitos à incidência do imposto na fonte, à alíquota de quinze por cento, os lucros ou dividendos distribuídos por fonte localizada no país em benefício de pessoa física ou jurídica residente ou domiciliada no exterior.*

A distribuição de lucros sujeitava-se à tributação, mas unicamente quando os beneficiários fossem *não residentes*, e esta é a razão da inconformidade da *holding* sueca, na medida em que, ao investir no Brasil, o fez ciente de que haveria um regime de *segurança jurídica* que lhe protegeria contra qualquer *discriminação* do capital estrangeiro, nos termos do art. 2º, da Lei 4.131/62, que vedava qualquer discriminação, afora os casos previstos nesta Lei; além do art. 24, da Convenção para Evitar a Dupla Tributação Internacional, bem assim, do princípio da igualdade e da não discriminação em matéria tributária.

Cuidava-se, pois, de regime de tributação introduzido exclusivamente para os lucros e dividendos distribuídos a residentes ou domiciliados no exterior, sem aplicação aos residentes no Brasil, incidência discriminatória e que foi corrigida pelo art. 2º, da Lei nº 8.849, de 28 de janeiro de 1994, para abranger também os residentes, *verbis*: *Os dividendos, bonificações em dinheiro, lucros e outros interesses, quando pagos ou creditados a pessoas físicas ou jurídicas, residentes ou domiciliadas no país, estão sujeitos à incidência do imposto de renda na fonte à alíquota de quinze por cento.*

Exatamente para os propósitos de eliminar a dupla tributação entre distribuição de lucros (sociedade) e percepção dos dividendos (sócios), o § 1º, do art. 2º, da Lei nº 8.849/94, modificado pela Lei nº 9.064/95, institui um duplo mecanismo para eliminar o efeito da *dupla tributação econômica*, entre a tributação sobre o ato de *distribuição* pela pessoa jurídica *(i)* e a que incidiria, *a posteriori*, sobre a renda auferida pelos sócios, pessoas físicas ou jurídicas *(ii)*, mediante a introdução de um duplo regime de creditamento (pessoa física) e de compensação (pessoa jurídica):

1. *dedução*, sob a forma de crédito de imposto, para abater do Imposto Sobre a Renda do beneficiário, pessoa física; e
2. *compensação* com o IRPJ a recolher no ano base de distribuição, no caso de pessoa jurídica, como antecipação.

Comprovava-se, assim, o equívoco do art. 77, da Lei nº 8.383/91, mesmo que esse regime somente viesse a ter aplicação quanto às distribuições dos lucros apurados a partir de 1994, mantido o exercício de 1993 submetido à discriminação. Logo em seguida, ao final de 2005, veio publicada a Lei nº 9.249, de 26 de dezembro de 1995, cujo art. 10 eliminou totalmente a possibilidade de dupla tributação, ao declarar a não incidência do IRPJ (por retenção na fonte) sobre a distribuição de rendimentos societários aos beneficiários, sejam estes pessoa física ou pessoa jurídica, residente ou não residente no país.

No caso em tela, a questão jurídica funda-se na aplicação do *princípio da não discriminação tributária*, previsto no art. 150, II, da CF *(i)*, do regime de não discriminação do capital estrangeiro, decorrente do art. 172, da CF, e do art. 2º, da Lei nº 4.131/62) *(ii)*, e bem assim no princípio de não discriminação do art. 24, da Convenção para Evitar a Dupla Tributação Internacional, firmada entre Brasil e Suécia, por força do art.

98, do Código Tributário Nacional — CTN, pela prevalência que este garante aos acordos internacionais em matéria tributária, haja vista a competência para dispor sobre "legislação tributária", conferida pelo inciso III, do art. 146, da CF *(iii)*.

Na solução desse caso, dois fundamentos não podem ser olvidados.

Primus, se está diante de distribuição de lucros decorrente de investimento de *capital estrangeiro* no Brasil. Consequentemente, não se pode avaliar qualquer distinção entre critérios de conexão para fins tributários sem considerar os critérios de conexão relativos ao *capital estrangeiro*, para os fins de exame da existência ou não de discriminação. Ora, se a Constituição atribui à Lei equiparar ou não o investimento estrangeiro ao capital nacional, e esta prefere a equiparação, vedada qualquer hipótese de discriminação, aperfeiçoa-se o elemento de comparabilidade do art. 150, II da CF, que nada tem que ver com alguma diferenciação entre "residência" e "nacionalidade".

Secundus, para os fins de tributação da renda de pessoa jurídica, no Brasil, não há qualquer distinção entre "residência" e "nacionalidade". Na espécie, não se trata de tributação de pessoa física, mas da distribuição de lucros e percepção de dividendos por *pessoas jurídicas*. Com isso, se o critério de aplicação do art. 150, II, não se pode pautar por distinção que o próprio legislador interno desconhece e, por conseguinte, o art. 24, da Convenção entre Brasil e Suécia reporta-se aos "nacionais", isto abrange igualmente critérios de tratamento pautados pela "residência", dada a ausência de outros critérios diferenciadores no próprio texto do art. 24, e de modo expresso.

Com relação ao *primeiro* fundamento, o Recurso Extraordinário interposto pela União contra o Acórdão do Superior Tribunal de Justiça no Recurso Especial nº 426945/PR, cuja ementa segue transcrita, impõe o seu exame conjunto com o da equiparação jurídica entre capital nacional e estrangeiro, pois este foi o elemento determinante daquela decisão do STJ, assumido como elemento de discrímen do princípio de não discriminação do art. 150, II, da CF, a saber:

> TRIBUTÁRIO. REGIME INTERNACIONAL. DUPLA TRIBUTAÇÃO. IRRF. IMPEDIMENTO. ACORDO GATT. BRASIL E SUÉCIA. DIVIDENDOS ENVIADOS A SÓCIO RESIDENTE NO EXTERIOR. ARTS. 98 DO CTN, 2º DA LEI 4.131/62, 3º DO GATT.

– Os direitos fundamentais globalizados, atualmente, estão sempre no caminho do impedimento da dupla tributação. Esta vem sendo condenada por princípios que estão acima até da própria norma constitucional.
– *O Brasil adota para o capital estrangeiro um regime de equiparação de tratamento (art. 2º da Lei 4131/62, recepcionado pelo art. 172 da CF), legalmente reconhecido no art. 150, II, da CF, que, embora se dirija, de modo explícito, à ordem interna, também é dirigido às relações externas.*
– O artigo 98 do CTN permite a distinção entre os chamados tratados-contratos e os tratados-leis. Toda a construção a respeito da prevalência da norma interna com o poder de revogar os tratados, equiparando-os à legislação ordinária, foi feita tendo em vista os designados tratados, contratos, e não os tratados-leis.
– Sendo o princípio da não discriminação tributária adotado na ordem interna, deve ser adotado também na ordem internacional, sob pena de desvalorizarmos as relações internacionais e a melhor convivência entre os países.
– Supremacia do princípio da não discriminação do regime internacional tributário e do art. 3º do GATT.
– Recurso especial provido.
Quanto ao *segundo*, não há dúvida de que o critério de conexão de "residência" não se pode impor como alguma especialidade em relação ao de "nacionalidade", porquanto este não se veja assumido pela legislação com alguma distinção, por se tratar de medida para aplicação de "princípio", sob o pálio de âmbito material de maior abrangência e porque a lei de capital estrangeiro faz equiparar os sujeitos, para os fins de proteção contra "discriminações", pelo critério da "residência".

Entendemos que esta diferenciação de tratamento amplia a inconstitucionalidade, tanto em termos materiais quanto em termos formais.

Em *termos materiais*, a inconstitucionalidade decorre do inequívoco prejuízo ao *princípio de não discriminação tributária*, do art. 150, II *(i)*, que prescreve, expressamente, ser vedado *instituir tratamento desigual entre contribuintes que se encontrem em situação equivalente;* e violação do previsto no art. 172, da CF *(ii)*, por este exigir que a Lei *incentivará os reinvestimentos e regulará a remessa de lucros*, pelo ensejo da aplicação do art. 2º, da Lei nº 4.131/62, que assim dispõe: "ao *capital estrangeiro que se investir no país, será dispensado tratamento jurídico idêntico ao concedido ao capital nacional em igualdade de condições, sendo vedadas quaisquer discriminações não previstas na presente lei".*

E, no plano *formal*, pela contrariedade ao art. 146, III, da Constituição *(iii)*, que confere à Lei Complementar competência para dispor sobre *Legislação Tributária*, e, o CTN, nesta função, ao cuidar dos tratados internacionais, garantiu-lhes efeito de prevalência, razão pela qual deveria ser também observado o art. 24, da Convenção para Evitar a Dupla Tributação Internacional, firmada entre Brasil e Suécia, naquilo que dispõe sobre o *princípio da não discriminação*.

Em termos materiais, os não residentes, pelo "capital estrangeiro", encontram-se sujeitos ao regime da Lei nº 4.131/62, que foi recepcionada pelo art. 172, da Constituição, e cumpre, integralmente, as funções deste, ao prescrever que "*a lei disciplinará, com base no interesse nacional, os investimentos de capital estrangeiro, incentivará os reinvestimentos e regulará a remessa de lucros*". E esta eficácia de recepção presta-se igualmente à definição dos critérios de conexão, que se alinharam com aqueles de residência. Não se diferenciam regimes entre residência e nacionalidade, tratando-se de pessoas jurídicas.

A definição legal adotada para o conceito de "capital estrangeiro" encontra-se no artigo 1º da Lei 4.131/62,[7] com a seguinte redação:

> Consideram-se capitais estrangeiros os bens, máquinas e equipamentos entrados no Brasil sem dispêndio inicial de divisas, destinados à produção de bens ou serviços, bem como os recursos financeiros ou monetários, introduzidos no país, para aplicação em atividades econômicas, desde que, em ambas as hipóteses, pertençam a pessoas físicas ou jurídicas residentes, domiciliadas ou com sede no exterior.

Em face do critério de conexão (subjetivo) que se presta para qualificar o conceito de "capital estrangeiro", seu titular só poderá ser *pessoa física ou jurídica residente, domiciliada ou com sede no exterior (não residentes)*. E, a partir dessa delimitação subjetiva, afirma-se que o referido princípio de equiparação encontra-se afirmado nos termos do artigo 2º da Lei 4.131/62, *in verbis*: "*Ao capital estrangeiro que se investir*

---

[7] Além deste diploma legal, ver a Lei nº 4.390/64 e Dec. nº 55.762/65.

no País, será dispensado tratamento jurídico idêntico ao concedido ao capital nacional em igualdade de condições, sendo vedadas quaisquer discriminações não previstas na presente lei."

Logo, enquanto não revogada a Lei 4.131/62, ao mencionar que se encontra vedada qualquer hipótese de discriminação não prevista na respectiva Lei, esta seguirá exercendo as atribuições de uma autêntica norma de sobredireito, com eficácia para todo o sistema jurídico, inclusive sobre o legislador tributário. E, assim, ao criar mecanismos de tratamentos discriminatórios em matéria tributária contra sócio ou acionista não residente, ou mesmo sobre a utilização de capital estrangeiro nas atividades da empresa, isso equivalerá, indiretamente, a discriminar empresas nacionais entre si, tratando diversamente sociedades cuja composição societária possua investimentos de residentes ou domiciliados no exterior, ou aplique capital estrangeiro nas suas atividades, quando o fator de discriminação seja objetivo e não subjetivo.

A presença de mecanismos discriminatórios sobre empresas nacionais, mormente de natureza tributária, pelo simples fato de serem controladas por capital estrangeiro ou utilizarem, de algum modo, capital estrangeiro, não está autorizada pela Constituição vigente, em face de todos os preceitos sobre as liberdades e garantias da ordem econômica.

Ora, no caso do capital estrangeiro, porque o artigo 2º da Lei 4.131/62 determina a equiparação de tratamento entre residentes e não residentes, o pressuposto da "situação equivalente" do artigo 150, II, da Constituição, queda-se plenamente atendido, sendo cabível reclamar sua aplicação naquelas hipóteses em que o detentor de capital estrangeiro esteja submetido à incidência de tributo ou a dever formal que tenha como consequência um resultado mais gravoso para aquele sujeito, apenas motivado pelo critério da residência. Tem-se, ainda, razão de natureza *objetiva*, em vista da parte final do inciso II e corolário da anterior, quando diz que estará garantida a uniformidade de tratamento tributário ao contribuinte *independentemente da denominação jurídica dos rendimentos, títulos ou direitos*. É dizer, a qualificação de "capital estrangeiro" não poderá servir como critério de discriminação para atribuir um regime tributário desigual, mais gravoso, especialmente nos casos de aplicação de capital estrangeiro sob a forma de investimento societário.

Retomando o aspecto formal, no direito tributário brasileiro, por força superioridade hierárquica que a Constituição atribui às *normas gerais em matéria de legislação tributária*, conforme o artigo 146, III, da CF, vigora o princípio de prevalência de aplicabilidade das convenções internacionais, tendo em vista o artigo 98, do Código Tributário Nacional, o qual prescreve: *"Os tratados e as convenções internacionais revogam ou modificam a legislação tributária interna, e serão observados pela que lhes sobrevenha."*

Duas são as funções deste art. 98 do CTN: i) *recepção* sistêmica das normas convencionais e, quanto à ii) *execução* destas, um comando comportamental — modalizado como "proibido" — destinado ao legislador ordinário, de veto a qualquer pretensão de alteração *in fieri*, por via unilateral, do quanto fora pactuado, nos termos do princípio *pacta sunt servanda intra pars* — o que confirma o princípio da *prevalência de aplicabilidade* de suas normas sobre o direito interno, como decorrência da aplicação do artigo 4º, da CF.

A jurisprudência do Supremo Tribunal Federal pacificou-se neste sentido, no julgamento do RE nº 229.096, de relatoria da ministra Cármen Lúcia, a saber:

> (...) 1. A isenção de tributos estaduais prevista no Acordo Geral de Tarifas e Comércio para as mercadorias importadas dos países signatários quando o similar nacional tiver o mesmo benefício foi recepcionada pela Constituição da República de 1988.
> 2. O artigo 98 do *Código Tributário Nacional 'possui caráter nacional, com eficácia para a União, os estados e os municípios' (voto do eminente ministro Ilmar Galvão).*
> 3. No Direito Internacional apenas a República Federativa do Brasil tem competência para firmar tratados (art. 52, § 2º, da Constituição da República), dela não dispondo a União, os estados-membros ou os municípios. O presidente da República não subscreve tratados como chefe de governo, mas como chefe de Estado, o que descaracteriza a existência de uma isenção heterônoma, vedada pelo art. 151, inc. III, da Constituição. 4. Recurso extraordinário conhecido e provido.[8]

---

[8] RE 229096/RS, relator min. Ilmar Galvão, relatora p/ Acórdão min. Cármen Lúcia, j. 16.08.2007, Tribunal Pleno, DJe 065, 10.04.2008.

Como se não bastassem as considerações acima, que demonstram a incompatibilidade da tributação prevista no artigo 77 da Lei 8.383/91, em face do princípio da não discriminação, a exigência do IRRF aqui tratada ofende também o artigo 24, parágrafo 4º da Convenção Brasil — Suécia, *verbis*:

> 1. Os nacionais de um estado contratante não ficarão sujeitos no outro estado contratante a nenhuma tributação ou obrigação correspondente, diferente ou mais onerosa do que aquelas a que estiverem sujeitos os nacionais desse outro estado que se encontrem na mesma situação.
> 2. *O termo "nacionais" designa: a) todas as pessoas físicas que possuam a nacionalidade de um estado contratante; b) todas as pessoas jurídicas, sociedades de pessoas e associações constituídas de acordo com a legislação em vigor num estado contratante.*
> 3. A tributação de um estabelecimento permanente que uma empresa de um estado contratante possuir no outro estado contratante não será menos favorável do que as das empresas desse outro estado contratante que exerçam a mesma atividade.
> Esta disposição não poderá ser interpretada no sentido de obrigar um estado contratante a conceder às pessoas residentes do outro estado contratante as deduções pessoais, os abatimentos e reduções de impostos em função do estado civil ou encargos familiares concedidos aos seus próprios residentes.
> 4. *As empresas de um estado contratante cujo capital pertencer ou for controlado, total ou parcialmente, direta ou indiretamente, por uma ou várias pessoas residentes do outro estado contratante, não ficarão sujeitas, no primeiro estado, a nenhuma tributação ou obrigação correspondente diversa ou mais onerosa do que aquelas a que estiverem ou puderem estar sujeitas as outras empresas da mesma natureza desse primeiro estado.*
> 5. No presente artigo, o termo "tributação" designa os impostos de qualquer natureza ou denominação. (Grifo nosso)

O artigo 24, parágrafo 1º, deve ser interpretado conforme o conceito de "nacionais" estabelecido no § 2º deste dispositivo. Para fins da aplicação da Convenção Brasil-Suécia são consideradas *nacionais* todas as pessoas jurídicas *constituídas de acordo com a legislação em vigor num estado contratante*. Esta definição coincide com a definição da *residência* dos contribuintes na legislação brasileira do Imposto Sobre a Renda e justifica a tributação em bases universais. E todas as pessoas jurídicas constituídas de acordo com as leis brasileiras são nacionais, residentes e domiciliadas no país.

A cláusula geral da não discriminação proíbe expressamente que a *nacionalidade* seja adotada como critério para imposição de tratamento tributário diferenciado aos contribuintes. Veda, também, a *utilização de outros critérios que produzam os mesmos efeitos discriminatórios proibidos pela norma*.[9] Se um Estado adotar expressamente a *nacionalidade* como critério discriminante, há direta e óbvia violação ao artigo 24 do modelo da OCDE. Mas isso ocorrerá também quando outro critério seja a este equiparado, como o da *residência*. E este é o caso da Convenção Brasil-Suécia.

Mas não só. Na adoção do parágrafo 1º do artigo 24 do modelo OCDE/92, o Brasil reservou-se o direito de não incluir a expressão "em particular com respeito à residência". Referida cláusula foi adotada após a revisão do modelo, em 23 de julho de 1992.[10] Este ponto é de extrema relevância para o deslinde do caso presente, pois a Convenção Brasil-Suécia, celebrada em 1975, *não contém* esta ressalva e, portanto, a *residência* do contribuinte não poderia ser um critério para admitir a discriminação perpetrada pelo artigo 77 da Lei 8.383/91.

A reserva manifestada pelo Brasil denota: (i) o reconhecimento de que a imposição de tratamento diferenciado com base na residência implicaria violação ao princípio da não discriminação do art. 24, § 1º; e (ii) a harmonia com os princípios constitucionais consagrados pelo

---

[9] WOUTERS, Jam. *Principle of non-discrimination in European Community Law*. EC tax review, 1999/2; VAN RAAD, Kees. *Issues in the Application of Tax treaty non-discrimination clauses*, BIFD 1988/8-9, p. 347-352; OKUMA, Alessandra. "Princípio da não discriminação e a tributação das rendas de não residentes no Brasil." In: TORRES, Heleno Taveira (coord). Direito Tributário Internacional aplicado. São Paulo: Quartier Latin, 2003, p. 255-285; ____. "Princípio da não discriminação internacional no direito brasileiro. São Paulo: PUC, s.d., 361p. GARCIA NOVOA, César. El principio de no discriminación en materia tributaria." In: TORRES, Heleno Taveira (coord.). Tratado de Direito Constitucional Tributário: estudos em homenagem a Paulo de Barros Carvalho. São Paulo: Saraiva, 2005, p. 339-370; AMATUCCI, Fabrizio. *Il principio di non discriminazione fiscale*. Padova: CEDAM, 2003, 292 p.

[10] Em 1997, foi publicada a atualização do modelo OCDE em que constam as reservas e observações feitas por não membros daquela organização: Brasil, Argentina, Estônia, Malásia, Eslováquia, Vietnã, Bielorrússia, Israel, Filipinas, África do Sul, Letônia, Romênia, Tailândia, China, Lituânia, Rússia e Ucrânia.

nosso ordenamento, porquanto tratamento discriminatório com base na residência resultaria em típica ofensa ao artigo 150, II da CF e ao 2º da Lei 4.131/62.

Ademais, a interpretação dos tratados não pode ser guiada de outro modo.

As CDT dispõem de uma regra específica para a interpretação das respectivas normas convencionais, que é o artigo 3º, parágrafo 2º, que estabelece:

> *Para a aplicação da presente Convenção por um Estado contratante, qualquer expressão que não se encontre de outro modo definida terá o sentido que lhe é atribuído pela legislação desse Estado Contratante relativa aos impostos que são objeto da presente convenção, a não ser que o contexto imponha uma interpretação diferente.*

Observando atentamente as disposições deste artigo, de início encontramos a proposição: "*qualquer expressão que não se encontre de outro modo definida*". Por meio desta, o Modelo OCDE procurou demarcar o grupo de enunciados convencionais sobre os quais o procedimento hermenêutico deve se realizar exclusivamente no âmbito textual, i.e., sobre as expressões que encontrem definições expressas no texto da convenção, como é o caso das que figuram nos arts. 3º, § 1º, 10, § 3º, e 12, § 2º, do Modelo (estabelecimento permanente, residência etc.), com a aplicação dos critérios especiais de interpretação dos tratados internacionais.

Diversamente, tratando-se de expressões que *não* estejam expressamente definidas pelo texto convencional, estas "*terão o sentido que lhes forem atribuídos pela legislação desse Estado contratante relativa aos impostos que são objeto da presente convenção*". Para tais expressões, dada a natureza e peculiaridades que as envolvem, o artigo faz um reenvio à legislação interna dos países contratantes. Logo, também é admitida a utilização dos conceitos previstos pela legislação em vigor, ainda que estes tenham sido fixados por normas não tributárias, como é o caso da lei de capital estrangeiro.[11]

---

[11] BAKER, Philip. *Double taxation conventions and international tax law: a manual on the OCDE Model Tax Convention on Income and Capital of 1992.* London: Sweet & Maxwel, 1994, p. 151.

O conceito de "nacional" está expressamente previsto no texto da Convenção Brasil — Suécia, no artigo 24, parágrafo 2º: *"O termo nacionais designa: a) todas as pessoas físicas que possuam a nacionalidade de um estado contratante; b) todas as pessoas jurídicas, sociedades de pessoas e associações constituídas de acordo com a legislação em vigor num estado contratante."* Este é o conceito que deve ser atribuído para a interpretação do princípio da não discriminação e não a definição das leis internas dos Estados contratantes.

Não obstante, na legislação interna, o Código Civil estabelece o conceito de nacionalidade para as pessoas jurídicas em seu artigo 1.126 adota critério semelhante, *verbis:* "Art. 1.126. É *nacional* a sociedade organizada de *conformidade com a lei brasileira* e que tenha no país a *sede de sua administração.*"

Como se depreende, são dois critérios para que a pessoa jurídica seja considerada "nacional" do Brasil: (i) constituição na forma das leis brasileiras e (ii) sede de administração localizada no território nacional.

A legislação tributária, porém, não estabeleceu um conceito preciso para "residência" das pessoas jurídicas. Determina, apenas, que são contribuintes do Imposto sobre a Renda no Brasil, nos termos do artigo 147 do Regulamento do Imposto sobre a Renda (RIR/99, veiculado pelo Decreto 3.000/99): (a) as pessoas jurídicas que têm *domicílio* no Brasil; e (b) as filiais, sucursais, agências ou representações no país das pessoas jurídicas com sede no exterior.

O precitado artigo 147 refere-se ao domicílio civil e não ao domicílio fiscal do artigo 212 do RIR/99, regra de praticabilidade que serve apenas para conferir competência fiscalizatória às diversas unidades regionais e locais da Receita Federal do Brasil. O domicílio das pessoas jurídicas é, nos termos do art. 75, IV, do Código Civil "o lugar onde funcionarem as respectivas diretorias e administrações, ou onde elegerem domicílio especial no seu estatuto ou atos constitutivos". Nos termos do art. 1.134 do Código Civil, *"sociedade estrangeira, qualquer que seja o seu objeto, não pode, sem autorização do Poder Executivo, funcionar no país, ainda que por estabelecimentos subordinados"*. Em conclusão, tem-se, é certo, inconteste direito fundamental (não discriminação) afetado por restrição tributária desnecessária e não autorizada pela própria Constituição, o que demonstra a desproporcionalidade da medida.

Aqui o tratamento diferenciado é absolutamente desproporcional, na medida em que dividendos distribuídos para beneficiários não residentes eram tributados à alíquota de 15% e os dividendos remetidos a beneficiários residentes, *isentos*. Os residentes e não residentes — ambos na condição de sócios de pessoas jurídicas brasileiras — manifestavam idêntica capacidade contributiva, no entanto os últimos quedavam-se sujeitos a tributação diferenciada e mais gravosa.

No âmbito da Convenção Brasil Suécia, o parágrafo 4º, do artigo 24, da presente Convenção, dispõe que as empresas de um Estado contratante cujo capital seja possuído ou controlado, em sua totalidade, ou em parte, direta ou indiretamente, por um ou mais residentes do outro Estado contratante, não serão submetidas, no primeiro Estado, a nenhuma tributação ou obrigação correspondente mais onerosa do que aquelas a que estejam ou possam estar sujeitas outras empresas análogas do primeiro Estado. Este parágrafo alcança as "empresas", *per se*, bem como o tratamento divergente entre sócios ou acionistas que equivaleria ao mesmo efeito. Uma interpretação de tal ordem restritiva implicaria uma contradição com o parágrafo 3º da própria convenção, ao estabelecer um tratamento mais favorável aos nacionais que preferissem atuar mediante o uso de filiais ou de sociedades de fato, qualificadas na linguagem do Direito Internacional Tributário como "estabelecimento permanente", na medida em que *a tributação de um estabelecimento permanente que uma empresa de um Estado Contratante possuir no outro Estado Contratante não será menos favorável do que as das empresas desse outro Estado Contratante que exerçam a mesma atividade*. O princípio de neutralidade tributária, à escolha do modelo societário, veda que se possa adotar tais regimes discriminatórios dentro do próprio art. 24, do tratado, porquanto "sócio" e "matriz" encontram-se em situação equivalente quanto ao "investimento em capital estrangeiro". Esse, inclusive, é o fundamento do conceito de transparência fiscal, usado quando a legislação tributária pretende imputar ao sócio, diretamente, os lucros obtidos por empresa da qual ele seja majoritário, equiparando-a a uma típica filial, para superação da separação patrimonial que deveria existir entre pessoa jurídica e seus sócios.[12]

---

[12] "A pessoa física tem materialidade e a pessoa jurídica também. Na primeira, o corpo; na segunda, a situação, o território. Diz-se que as pessoas físicas são pessoas naturais,

Nos termos da legislação brasileira os conceitos de residência e nacionalidade das pessoas jurídicas confundem-se ao longo de sua aplicação. Na forma dos artigos 75, 1.126, 1.134 do Código Civil e do art. 147 do RIR/99, reitera-se, (i) uma pessoa jurídica nacional do Brasil será sempre residente e; (ii) uma pessoa jurídica não residente será sempre estrangeira. Desse modo, o critério de comparabilidade e discrímen do artigo 150, II, da CF não se coaduna com qualquer distinção entre "residência" e "nacionalidade", devido à equiparação da legislação de capital estrangeiro, o que coloca contribuintes brasileiros e estrangeiros na mesma posição, quando se trata de distribuição de lucros de empresas constituídas no Brasil aos seus sócios.

Os referenciais a partir dos quais será feito o juízo de igualdade impõe, portanto, a observância ao princípio da proporcionalidade, entre o discrémen eleito pela regra e a finalidade normativa, afinal, o princípio da proporcionalidade postula uma racionalidade da relação entre os meios utilizados e os fins perseguidos.[13] O critério discriminante, neste caso, pela distinção entre residência e nacionalidade, seria desnecessário, inadequado e desarrazoado às necessidades perseguidas pela norma em comento, dados os argumentos de prevalência da equiparação entre nacionais e residentes para o capital estrangeiro, a prevalência dos tratados sobre a lei interna, e a equivalência que o art. 24 da Convenção Brasil-Suécia perfaz entre nacionais e residentes, para garantir idêntico tratamento nas relações tributárias. Por tudo isso, qualquer diferenciação de regimes, como o que se verificou na espécie, incorre em afetação ao art. 150, II, da CF, haja vista tratar de forma diferente contribuintes que se encontram em situação equivalente.

---

ao passo que as pessoas jurídicas são artificiais, só existindo em função do sistema jurídico que as congrega. CARVALHO, Paulo de Barros." O princípio da territorialidade no regime de tributação da renda mundial (Universalidade)." In: IBET. *Justiça Tributária*. São Paulo: Max Limonad, 1998, p. 667.

[13] Cf. BONAVIDES, Paulo. *Curso de direito constitucional*, 4ª ed., São Paulo: Malheiros, 1993, p. 315; TIPKE, Klaus et al. *Direito Tributário*. Trad. port. de Luiz Dória Furquim. Porto Alegre: Sergio Antonio Fabris, 2008, p. 270.

ADMINISTRAÇÃO TRIBUTÁRIA DEVE RESGATAR DEMOCRACIA[14]

Para que o princípio do Estado Democrático de Direito, em nosso país, possa ganhar concretização e ser alçado máxime à condição de princípio constitucional, infelizmente, ainda há um longo caminho a ser percorrido. Em matéria tributária, a realidade tem sido preocupante, pois onde o império da legalidade deveria ter prevalência e centralidade, mais e mais, vê-se a erosão continuada dos valores democráticos. E não haverá Estado *Democrático* de Direito onde a *democracia* não seja uma prática permanente e contínua dos poderes, dos órgãos e das autoridades, tanto mais quando se trata do maior compromisso republicano, que é o pagamento e o adequado emprego dos "tributos".

É urgente o resgate da efetividade do papel da democracia no exercício dos poderes e especialmente na criação e aplicação das leis tributárias. Nos últimos tempos, a democracia, no Brasil, parece ter perdido muito dos seus significados de base. Uma ironia, pois o princípio do Estado Democrático de Direito cobra justamente o seu oposto, que é o permanente esforço das instituições pela sua afirmação. O "direito dos juízes" parece substituir, progressivamente, o "direito dos parlamentos" no sistema de fontes normativas; os precedentes de há muito deixaram de ser fonte consuetudinária para assumir a condição de fonte primária.

A administração, por sua vez, assumiu perante o Legislativo uma velada exclusividade de iniciativa das leis tributárias e suas propostas de leis ou medidas provisórias cruzam o processo legislativo in-

---
[14] Artigo publicado em 28 de março de 2012.

cólumes, sem mutações significativas, numa espécie de "temor reverencial" que as fazem quase intocáveis. E quando refletimos sobre o que ocorre na edição de atos normativos administrativos, como no caso das portarias e instruções normativas, no processo judicial ou no administrativo, creio que os excelentes artigos dos colegas Gustavo Brigagão, Igor Santiago e Roberto Duque Estrada foram marcantes em apontar, com precisão, as consequências de uma sentida ausência de princípios cuja fundamentação deflui da democracia ou da separação de poderes.

Todo aquele que se dedica ao estudo ou à prática dos tributos deve ser um ardoroso defensor da democracia e perseguir continuamente seu pleno exercício em todas as suas etapas: instituição, arrecadação, fiscalização ou cobrança. Democracia não é termo desprovido de conteúdo, mas a própria essência do constitucionalismo.

A busca pelo aperfeiçoamento da burocracia tributária segundo os valores da democracia, sem dúvida, demanda tempos de promissora renovação, pela integração do cidadão aos atos e ao cumprimento das funções da "administração tributária".

A administração tributária do Estado Democrático de Direito tem que ser participativa, sem redundância, da qual o contribuinte deva se sentir parte, o que se impõe cada vez mais, até pelo modo como a legislação tem transferido responsabilidades e quase todo o dever de interpretar e aplicar normas tributárias antes de qualquer atuação de autoridades fiscais, como se vê nos lançamentos por homologação, procedimentos de compensação de tributos, regimes especiais vários, livros e notas fiscais eletrônicos e tantos outros mecanismos de obrigações acessórias.

Lamentavelmente, a democratização ficou apenas nos "deveres", pois nos "direitos" não é bem de avanços que se trata. Ora, essa exagerada atribuição de "deveres", com mínima ou nenhuma atuação prévia da Administração deve vir cumulada com "direitos" reconhecidos de uma fiscalidade democrática.

Não se pode conceber como "democrática" a conduta frequente das administrações de atirar o contribuinte à própria sorte nos excessos de interpretação e aplicação da complexa legislação fiscal sem um adequado e eficiente sistema de atendimento ao contribuinte, para solucionar suas dúvidas, aprimorar legislações secundárias, evitar conflitos. Preferível, porém, o cômodo papel de rigoroso comando e controle *a posteriori*, com pesadas multas, fiscalizações tão longas quanto onerosas e as mais severas consequências, sem qualquer respeito ao exame da conduta dos contribuintes, onde a boa-fé, a ignorância justificada, a confiança legítima de nada valem. Há fiscais notáveis, que a tudo tentam ser atenciosos, mas a legislação não lhes permite muito.

A argumentação para o emprego do *Estado Democrático de Direito* reclama, assim, a eficácia de *supremacia da Constituição* como parâmetro central dessa hermenêutica do Estado. Como dizia Seabra Fagundes, "administrar é aplicar a lei de ofício". Sim, isto é certo. Mas, no Estado Democrático de Direito, a administração tributária deve atuar em cotejo obrigatório com a efetividade dos princípios constitucionais, mormente com aquele que é a base de preexistência do Estado, que é a democracia.

No Brasil, infelizmente, o *sentimento de Estado* nunca foi bem compreendido. Importamos dos modelos europeus e americanos quase todos os valores da tradição do *État de Droit*, do *Rule of Law* ou do *Rechtsstaat*, numa síntese complexa demais para as instituições nascentes da novel República e sem uma clara distinção dos regimes que os amparavam. Afora esse vício de "estrutura" e "origem", outros nos afetavam. Os livros de Victor Nunes Leal (*Coronelismo, enxada e voto*), de Pedro Lessa, de Raymundo Faoro (*Os donos do poder*), de Caio Prado Júnior (*Evolução Política do Brasil*) ou de Sergio Buarque de Holanda (*Raízes do Brasil*) são clássicos relatos da descontinuidade da democracia, da harmoniosa separação de poderes e dos princípios republicanos no exercício do poder.

Ora, ao tempo que a nossa Constituição pugna por um *Estado Democrático de Direito*, no Preâmbulo e no seu artigo 1º, não se pode apregoar modelo diferente, cabendo, sim, o dever de sua concretização, na feição de "Estado dos direitos". Desse modo, não interpreta corretamente a Constituição quem não se debruce sobre qualquer um dos seus artigos munido dos mais qualificados instrumentos de compreensão do papel do Estado e seus princípios derivados. Parafraseando Neil MacCormick (*Retórica e o Estado de Direito*), quando afirma que "onde o Direito é estritamente observado, o Estado de Direito se estabelece", poderíamos dizer que, no Brasil, somente quando a Constituição for estritamente observada, efetivar-se-á o Estado Democrático de Direito, mediante a previsibilidade gerada pela Constituição para a participação do "povo" na conduta da ação estatal e dos seus poderes.

A democracia é essencial à construção de um verdadeiro Estado Democrático de Direito, pois, na sua ausência, a concentração totalitário-decisionista logra espaço no exercício do poder. Não é, pois, despiciendo o adjetivo "democrático" ao Estado de Direito. Com ele, passa-se de um Estado meramente "formal" para um Estado "material", pautado pela vontade da maioria, mas precipuamente pela preservação dos direitos de todos, inclusive das minorias e com proteção da dignidade da pessoa humana, com a obrigação de garantia e concretização desses direitos fundamentais. Este novo modelo de Estado, doravante, não mais definir-se-á pela sua "organização" ou "estrutura", mas pela forma como garante e realiza os direitos que a Constituição protege.

Nesse novo modelo de constitucionalismo dos direitos do Estado democrático de Direito, a administração tributária mudou e, com ela, devem mudar seus procedimentos e a forma como seus servidores e agentes devem atuar. Não se pede menos do que cumprir legalidade com observância da Constituição. O Estado tem o dever de arrecadar tudo o que a lei lhe permita, mas com aplicação dos tributos e procedimentos efetivados dentro dos limites que o Sistema Constitucional Tributário impõe. Tem o dever de impor rigor no controle das obrigações tributárias, principais ou acessórias, mas deve garantir espaço para bem atender, ouvir e receber provas, solucionar dúvidas, proteger a confiança legítima, ter alternativas para soluções de conflitos de modo célere, receber sugestões e representações de contribuintes na construção de normas, dentre outros.

O foco no *atendimento* deve ser prioridade da administração tributária, para permitir o máximo de acessibilidade do contribuinte às informações tributárias e ao correto cumprimento das suas obrigações e deveres. Não se fala aqui do simples atendimento para cobrança de tributos, mas de segura garantia de acesso na solução de dúvidas, com difusão das leis ou atos normativos com clareza que permita máxima uniformidade e coerência. Diga-se o mesmo quanto àquelas atividades normativas com repercussão direta sobre condutas futuras, por regulamentações, critérios de provas nos atos de fiscalização, emprego de regimes especiais ou na análise das organizações de negócios ou planejamentos tributários. A adesão, praticabilidade e cumprimento espontâneo das regras serão sempre melhores quanto maior for a atuação de representantes dos contribuintes, com abertura para solução de dúvidas, apresentação de sugestões e inovações que possam ser oferecidas. Não faltam exemplos de legislações ou regulamentações exitosas nesse aspecto.

Isso também é parte de um grande processo permanente de educação fiscal, que todos os servidores são chamados ao dever de cumprir, com *eficiência* e *impessoalidade*, o múnus público de propiciar aos cidadãos a melhor compreensão possível da *legalidade*. Se a espontaneidade no pagamento do tributo devido é o valor desejado pela melhor política tributária, a Administração deve se colocar não acima, mas ao lado do cidadão para que este se sinta parte e, tanto mais, respeitado pelo cumprimento do seu agir de *homus fiscalis*.

Ora, cabe à administração tributária, nesse novo modelo de Estado, criar as condições para que o conjunto de deveres transferidos não gere tamanho ônus e custos elevados que inibam a atividade econômica. Em qualquer alteração de regimes tributários, os princípios da segurança por *orientação* das condutas tributárias, ou por *realização* no cumprimento das leis e aqueles específicos, da *confiança legítima*, da *proporcionalidade* e da *proibição de excesso*; assim como as proteções contra possíveis discriminações e o respeito à boa-fé dos contribuintes, devem ser tomados como pressupostos a serem atendidos como um teste prévio de compatibilidade com a Constituição.[15]

A *certeza do direito* gera a desejável *segurança de orientação* na definição das condutas a serem observadas. E, para que esta possa ser eficiente, devem-se prover os atos normativos de clareza, precisão e congruência, como garantia de uma correta aplicação das normas jurídicas. Por isso, evitar conflitos, afastar a arbitrariedade e favorecer a adequação de condutas ao direito são as finalidades mais relevantes do princípio de certeza do Direito.

---

[15] Para maiores considerações, a nossa obra *Direito constitucional tributário e segurança jurídica: metódica da segurança jurídica do Sistema Constitucional Tributário*. São Paulo: Revista dos Tribunais, 2011, 758 p.

Por conseguinte, do mesmo modo como na elaboração das leis a representação popular cumpre esse papel, não se pode admitir que a regulamentação de leis tributárias seja um refúgio da Administração para regrar condutas sem limites ou segundo seus critérios, como se aquelas fossem leis "em branco". A terminologia sempre e cada vez mais ambígua ou carregada de conceitos indeterminados, as autorizações legais sempre mais generosas para abranger a realidade multifacetada e a introdução de mecanismos tributários que, ao fim e ao cabo, assomam novas obrigações acessórias ou principais, enfim, justificam o dever de a Administração submeter a inteira fase de preparação das regulamentações às críticas e contribuições dos contribuintes.

Em favor dessa nova expressão de legalidade tributária, estudos sobre a administração tributária devem acompanhar a própria renovação do Direito Administrativo. Como se observa nas obras mais recentes, como as de Alejandro Nieto García (*El pensamento burocrático*, Comares), Paulo Otero (*Legalidade e administração pública*, Almedina), David Duarte (*A norma de legalidade procedimental administrativa*, Almedina), ou, no Brasil, Gilmar Mendes, Odete Medauar, Maria Sylvia Zanella Di Pietro, Adilson Dallari, Carmen Lucia Rocha, Gilberto Bercovici, Ingo Sarlet, Lenio Streck ou Juarez Freitas, todos concorrem para delinear uma expressiva reformulação do modelo de gestão e de adequação entre atividade administrativa, políticas públicas e procedimentalidade segundo os ditames do Estado Democrático de Direito.

E este é o espírito da Constituição de 1988, cuja implantação do Estado Democrático na tributação ainda não se efetivou, apesar do garantismo tributário e de todo o catálogo de liberdades fundamentais que contempla. Avançar na democratização das relações tributárias é o grande desafio das reformas urgentes que se impõem à nossa legislação tributária. E este é o papel do jurista do Direito Tributário dos nossos tempos.

A procedimentabilidade democrática da tributação, de fato, cobra a participação ativa do contribuinte em todas as suas fases, não apenas como simples "pagador" de tributos, mas como destinatário e intérprete qualificado das leis tributárias.

O dever do Fisco democrático de integrar os contribuintes na etapa de preparação de atos normativos não se presta a conferir a estes qualquer privilégio, quebra de isonomia ou vantagem fiscal. O propósito é bem outro: aprimorar a qualidade normativa, evitar conflitos, tornar a legislação mais coerente com a realidade à qual se pretenda aplicar e compreender as dificuldades de cumprimento da legislação pelos seus destinatários e intérpretes imediatos, que são aqueles responsáveis pela sua observância. É assim que se compõem os valores de certeza e confiança na construção do Direito Tributário positivo.

De fato, a construção do Direito Tributário numa linguagem hermética e, ao mesmo tempo, repleta de termos vagos, dirigidos a uma realidade sempre mais complexa, faz ver que nem sempre haverá alguma interpretação da administração tributária em coerência com aquela dos contribuintes, na necessária complementação de tais conceitos. Diante disso, na regulamentação tributária, o contribuinte teria a oportunidade de antecipar-se com dados da realidade, superando vazios normativos ou excessos, para reduzir, tanto mais, aquelas dificuldades hermenêuticas. Portanto, o aprimoramento da regulamentação ganharia em qualidade e precisão, sem qualquer vantagem ou privilégio.

No Brasil, não se encontra institucionalizada a participação do contribuinte na formulação de atos normativos. Mas não só. Sequer existe uma atuação deste em alguma posição que oferecer sugestões normativas, assim como propostas para reformas, atualizações ou mutações dos regimes vigentes.

No âmbito federal, por exemplo, não obstante a existência da ouvidoria da Secretaria da Receita Federal, não existe qualquer atividade que confira uma posição institucional de atuação dos contribuintes, pela qual se avaliem a necessidade e a conveniência de melhores serviços aos contribuintes ou que se preste a intermediar os interesses entre Fazenda Pública e contribuintes. Esta ausência nos fez sugerir a criação de uma "Representação dos Contribuintes", cujo objetivo seria o de prover meio de acesso fácil, ágil e eficaz para encaminhamento de propostas legislativas, consolidação de sugestões e cooperação com os projetos em andamento. Também competiria a este órgão a mediação de interesses e solução de controvérsias com o Fisco, para resolução de eventuais omissões, erros, atrasos e falhas, visando a melhorar a qualidade de seus serviços e o atendimento ao público em geral, para que as ações sejam mais transparentes, humanas e personalizadas. Não há como negar que a interação transparente e democrática entre a Administração e contribuintes constitui-se hoje em uma das maiores demandas de nosso sistema tributário.

A figura do Representante dos Contribuintes tem sido adotada, com sucesso, em outros países, como na Espanha, Itália, México e Estados Unidos, França, Portugal, Áustria, Holanda, Noruega, Finlândia, Dinamarca, Reino Unido, Nova Zelândia, Canadá e Austrália utilizam, com sucesso, a figura do *Ombudsman*, que tem ainda como função a presença institucional nas discussões sobre inovações ou modificações de textos normativos. A inovação trazida pelo Representante dos Contribuintes, em comparação com o cargo de *Ombudsman* ou ouvidor, é justamente a atribuição de consolidar e intermediar a defesa dos direitos dos contribuintes, ao propor alterações legislativas e procedimentais junto ao Fisco, agir em defesa de direitos homogêneos e individuas, tudo em prol da justiça fiscal, da legalidade e da eficiência do atendimento.

Nesse contexto das práticas distanciadoras do cidadão nos atos de elaboração normativa ou dos procedimentos das decisões tributárias, ainda temos muito a avançar. De fato, esse é um dos grandes vazios teóricos que vivenciamos, pois pouco foi escrito a respeito, afora os estudos antecipados por Roque Carrazza, como sua brilhante obra sobre *O regulamento no Direito Tributário brasileiro* e cujas críticas ainda seguem atuais; ou aqueles mais atuais, como os de Antonio Amendola, no seu *Participação do contribuinte na regulamentação tributária*, em edição recente.

A legalidade tributária é dinâmica, dúvidas podem aflorar e surgirem conflitos, mas a isso a gestão deve estar atenta e agir para rapidamente inibir seu crescimento, pois nada mais caro do que gerir passivos tributários gigantescos de não recebíveis. A eficiência da Administração estará, assim, a serviço do bom contribuinte, daquele que prefere adequar sua conduta e cumprir as obrigações fiscais, observadas as liberdades e limitações constitucionais, no desejável compromisso com o pagamento espontâneo dos tributos.

Em conclusão, e como dito no início, a administração tributária da realidade principiológica do Estado Democrático de Direito não pode abandonar o contribuinte à própria sorte na interpretação de leis obtusas, lacunosas e de terminologia sempre cada vez mais opaca, e, com isso, fomentar o litígio como fonte de arrecadação adicional, a título de multas e juros. Esclarecer as leis e procedimentos que institui é o mínimo que se espera de um Fisco democrático. E, de fato, este é o mínimo de boa-fé do Estado fiscal: não induzir conflito, mas preveni-lo e garantir soluções rápidas, não dispendiosas e imparciais.

OS LIMITES DA DESCONSIDERAÇÃO DE PERSONALIDADE JURÍDICA[16]

A constituição de pessoas jurídicas com separação patrimonial é de notável relevância para a exploração de atividade econômica. Não é uma opção dos sócios, mas uma verdadeira necessidade técnica para viabilizar empreendimentos que necessitam de financiamento de terceiros e permitir maior transparência da responsabilidade.

O nosso sistema jurídico reconhece a autonomia e a personalidade jurídica de distintos tipos societários em relação aos seus sócios e administradores e tem como diretriz a separação entre os respectivos patrimônios. Assim, a administração de qualquer sociedade, respeitada a autonomia privada de eleição do melhor tipo, enquanto expressão de liberdade de decisão dos particulares quanto à responsabilidade por dívidas e modo de relacionamento com terceiros, deve ser garantida pelo Estado em todos os seus termos, sob a égide do direito individual de organização, entabulado nos incisos XVIII a XX, do art. 5º, da Constituição.

Destarte, nos casos de separação patrimonial prevista ou autorizada por lei, a limitação de responsabilidade é vinculante, inclusive para a Administração Tributária, excetuadas as hipóteses de gestão prejudicada por ato anormal ou similar, tal como antecipa o art. 1.080, do novo Código Civil: "*as deliberações infringentes do contrato ou da lei tornam ilimitada a responsabilidade dos que expressamente as aprovaram*", o que é confirmado ainda no art. 1.016, do CC, em favor de qualquer credor e como medida de proteção da sociedade empresária, pelo qual "os

---

[16] Artigo publicado em 26 de abril de 2012.

administradores respondem solidariamente perante a sociedade e os terceiros prejudicados, por culpa no desempenho de suas funções". Regra que autoriza dirigir contra os administradores com funções de gestão, e dês que provada a ocorrência da ilicitude indigitada.

Como pauta hermenêutica, na relação entre normas de Direito Tributário e normas de Direito Privado, aquilo que não for expressamente recepcionado ou modificado pelo CTN, deve ser tacitamente reconhecido como limite aplicável em matéria tributária, na medida em que a lei tributária ordinária (desprovida da condição de "norma geral", nos termos do art. 146, III, da CF) não tem eficácia para dispor sobre responsabilidade de terceiros. Por conseguinte, aqueles tratamentos previstos no Código Civil formam os pressupostos do art. 135 do CTN, numa integração entre normas do Direito Privado e aquelas de Direito Tributário, na medida em que o cabimento de imputação da responsabilidade tributária "pessoal" aos sócios, afastando-a da sociedade, dependerá sempre da comprovação da atuação do administrador com *excesso de poderes em relação a contrato social ou estatuto*.

Neste regime de atribuição de responsabilidade pessoal aos sócios ou administradores, o parágrafo único do art. 1.015 aduz ainda que o:

> *excesso por parte dos administradores somente pode ser oposto a terceiros se ocorrer pelo menos uma das seguintes hipóteses: I — se a limitação de poderes estiver inscrita ou averbada no registro próprio da sociedade; II — provando-se que era conhecida do terceiro; III — tratando-se de operação evidentemente estranha aos negócios da sociedade.*

Destarte, caso não se possa provar a pertinência de alguma dessas hipóteses, torna-se inoponível a terceiros o excesso do administrador.

Por isso, o art. 135 do CTN cumpre a finalidade de imputar *responsabilidade pessoal* a determinados sujeitos pelos créditos de obrigações tributárias resultantes de atos praticados com excesso de poderes ou infração de lei, contrato social ou estatutos, como todos os demais casos de excesso de poderes nos diferentes regimes societários.[17] Para

---

[17] ABRÃO, Nelson. *Sociedade por quotas de responsabilidade limitada*. 7ª ed., São Paulo: Saraiva, 2000, p. 64.

esse fim, todavia, é indispensável a prova.[18] E para a aplicação de multas ou quaisquer outras sanções, o art. 137, III, do CTN, prevê, igualmente, *responsabilidade pessoal* dos sócios ou administradores, limitada às obrigações surgidas a partir daqueles atos que no Direito Privado possam se caracterizar como "excesso de poderes" ou contrários à lei, ao contrato social ou ao estatuto.

Somente diante de provas firmes do *excesso de poderes* ou da *contrariedade à lei*, contrato social ou estatuto, a cobrança do crédito tributário (ou aplicação do auto de infração) poderá dirigir-se contra a pessoa do sócio, mesmo que os tributos sejam de pessoas jurídicas (IRPJ, PIS/Cofins etc.), caso a pessoa jurídica não tenha patrimônio suficiente.

O art. 135 do CTN não guarda qualquer equivalência com controle sobre simulação, interposição fictícia de pessoas ou de fraude à lei, que podem ser alegadas a qualquer tempo (art. 149, VII, do CTN), quando presentes justificativas para estes fenômenos jurídicos, sempre que provada a simulação ou a fraude. De fato, o art. 135, do CTN, ao não se prestar como mecanismo de superação do modelo de separação patrimonial adotado pela legislação mercantil,[19] não pode ser alegado para tais fins.

---

[18] TRIBUTÁRIO. EXECUÇÃO FISCAL. SOCIEDADE ANÔNIMA. RESPONSABILIDADE TRIBUTÁRIA. ART. 135, III, CTN. DIRETOR. AUSÊNCIA DE PROVA DE INFRAÇÃO À LEI OU AO ESTATUTO. 1. Os bens do sócio de uma pessoa jurídica comercial não respondem, em caráter solidário, por dívidas fiscais assumidas pela sociedade. 2. A responsabilidade tributária imposta por sócio-gerente, administrador, diretor ou equivalente só se caracteriza quando há dissolução irregular da sociedade ou se comprova infração à lei praticada pelo dirigente. 3. Não é responsável por dívida tributária, no contexto do art. 135, III, CTN, o sócio que se afasta regularmente da sociedade comercial, sem ocorrer extinção ilegal da empresa, nem ter sido provado que praticou atos com excesso de mandato ou infração à lei, contrato social ou estatutos. 4. Empresa que continuou em atividade após a retirada do sócio. Dívida fiscal, embora contraída no período em que o mesmo participava, de modo comum com os demais sócios, da administração da empresa, porém, só apurada e cobrada posteriormente. 5. Não ficou demonstrado que o embargado, embora sócio-administrador em conjunto com os demais sócios, tenha sido o responsável pelo não pagamento do tributo no vencimento. Não há como, hoje, após não integrar o quadro social da empresa, ser responsabilizado. 6. Embargos de divergência rejeitados." ERESP 100739/SP, relator ministro José Delgado,1ª Seção, RT 778/211.

[19] "TRIBUTÁRIO. EXECUÇÃO FISCAL. AGRAVO REGIMENTAL NO AGRAVO DE INSTRUMENTO. REDIRECIONAMENTO. RESPONSABILIDADE OBJETIVA. IMPOSSIBILIDADE. Para que surja a responsabilidade pessoal disciplinada no artigo 135, do CTN, é necessário que haja comprovação de que o sócio agiu com excesso de mandato, ou infringiu a lei, o contrato social ou o estatuto. Redirecionar a execução para o representante

Tampouco é possível confundir o emprego deste art. 135 com instrumento para cobrança de tributo por simples ausência de pagamento na data prevista para vencimento da dívida[20] (inadimplência). Como regra geral, a *responsabilidade tributária* há de recair necessariamente sobre o sujeito constitucionalmente pressuposto e legalmente identificado para o cumprimento da obrigação, e o ato administrativo deve limitar-se à identificação do sujeito passivo legítimo da obrigação tributária. Desse modo, excetuados os casos típicos de *solidariedade*, somente na Execução Fiscal pode-se autorizar a incidência dos efeitos da responsabilidade tributária, para alcançar patrimônio alheio, e, ainda assim, em caráter *subsidiário*.

Vale lembrar que a Lei de Execução Fiscal respeita os limites de atribuição de responsabilidade da legislação civil e comercial (§ 2º, art. 4º, da Lei nº 6.830/80), com as modificações daquilo que consta no Código Tributário, apenas, quanto às formas de responsabilidade distintas das pessoas ligadas ao fato jurídico tributário (art. 128, do CTN). É a sua redação: "À *Dívida Ativa da Fazenda Pública, de qualquer natureza, aplicam-se as normas relativas à responsabilidade prevista na legislação tributária, civil e comercial.*" Neste caso, a *subsidiariedade* da responsabilidade tributária é a regra geral e somente quando não se verifica a existência de bens do efetivo contribuinte suficientes para suportar a dívida, cumpre acionar o responsável, que tem ainda direito de indicar bens do devedor, caso lhe sejam conhecidos.

Por isso, o art. 135 do CTN exige que a cobrança do tributo dirija-se contra a pessoa que cometeu o ilícito em face da pessoa jurídica, quando verificada a culpa segundo as provas obtidas. Confira-se:

---

legal da executada, a fim de aferir a responsabilidade tributária, bem como aferir se o sócio está na gerência da empresa, exige comprovação do ilícito praticado. Incidência da Súmula nº 07. Agravo regimental a que se nega provimento." AGA 492210/PR, 2ª Turma, relator ministro Franciulli Netto, DJ 13.10.2003, p. 00336.

[20] "TRIBUTÁRIO — AGRAVO REGIMENTAL — SÓCIO-GERENTE — RESPONSABILIDADE TRIBUTÁRIA — NATUREZA SUBJETIVA. 1. É dominante no STJ a tese de que o não recolhimento do tributo, por si só, não constitui infração à lei suficiente a ensejar a responsabilidade solidária dos sócios, ainda que exerçam gerência, sendo necessário provar que agiram os mesmos dolosamente, com fraude ou excesso de poderes. 2. Agravo regimental improvido." AGRESP 346109/SC, 2ª Turma, relatora ministra Eliana Calmon, DJ 04.08.2003, p. 00258.

Art. 135. São *pessoalmente* responsáveis pelos créditos correspondentes a obrigações tributárias resultantes de *atos praticados com excesso de poderes ou infração de lei, contrato social ou estatutos*:
I — as pessoas referidas no artigo anterior;
II — os *mandatários*, prepostos e empregados;
III — os *diretores, gerentes ou representantes* de pessoas jurídicas de Direito Privado.

Com essa disposição, afasta-se da pessoa jurídica a possibilidade de alegar práticas de excesso de poderes ou infração a contrato social ou estatuto como forma de eximir-se de obrigações tributárias; e, para o Fisco, provado o referido excesso, autoriza-se a exigibilidade do tributo contra o dirigente, no caso de impossibilidade de isso realizar-se diretamente contra a própria pessoa jurídica, ou conjuntamente.[21]

A norma do art. 135 aplica-se preponderantemente ao *administrador* — sócio ou não — que detenha o poder de decisão, influência e controle quanto à prática do fato jurídico tributário. Para a imputação de responsabilidade a terceiros pelos débitos da pessoa jurídica, sejam estes sócios, mandatários, prepostos, empregados, diretores, gerentes ou representantes, exige-se que a pessoa responsabilizada tenha *poderes de gerência dos negócios* da empresa.[22] Recorde-se que à lei ordinária não é dado instituir responsabilidade de terceiros, matéria que se encontra reservada exclusivamente à Lei Complementar. Diante disso, quando

---

[21] Cf. VEIGA JUNIOR, Marcello Uchôa da. "Responsabilidade tributária de sócios, de acionistas e de dirigentes de empresas e os princípios constitucionais da competência legislativa e da hierarquia das leis." In: VELLOSO, Carlos Mário da Silva (coord.); ROSAS, Roberto (coord.); AMARAL, Antonio Carlos Rodrigues do (coord.). *Princípios constitucionais fundamentais: estudos em homenagem ao professor Ives Gandra da Silva Martins*. São Paulo: Lex, 2005, pp. 747-752.

[22] "Nesse dispositivo está expressamente consignado que a responsabilidade tributária nasce da realização de 'atos praticados com excesso de poderes ou em infração à lei, ao contrato social ou estatutos'. Apenas quando demonstrada a circunstância em que os administradores (sócios ou não) agiram, com dolo, violando seus deveres legais ou estatutários para com a sociedade, é que estes passam a ser os únicos responsáveis pela dívida tributária." WALD, Arnoldo; MORAES, Luiza Rangel de. "Da desconsideração da personalidade jurídica e seus efeitos tributários." In: TORRES, Heleno Taveira; QUEIROZ, Mary Elbe (coord.). *Desconsideração da personalidade jurídica em matéria tributária*. São Paulo: Quartier Latin, 2005, pp. 231-257.

muito, a lei ordinária pode regulamentar o quanto se encontra antecipado no art. 134 ou no art. 135, do CTN.

A jurisprudência do STJ, com propriedade, pacificou-se no sentido de que a norma do art. 135 do CTN somente poderia ser aplicável em compatibilidade com os princípios da personalidade e culpabilidade das sanções. Como exemplo:

> TRIBUTÁRIO – EXECUÇÃO FISCAL – REDIRECIONAMENTO – RESPONSABILIDADE SUBJETIVA DO SÓCIO-GERENTE – ART. 135 DO CTN. 1. É pacífico nesta Corte o entendimento acerca da responsabilidade subjetiva do sócio-gerente em relação aos débitos da sociedade. De acordo com o artigo 135 do CTN, a responsabilidade fiscal dos sócios restringe-se à prática de atos que configurem abuso de poder ou infração de lei, contrato social ou estatutos da sociedade. 2. *O sócio deve responder pelos débitos fiscais do período em que exerceu a administração da sociedade apenas se ficar provado que agiu com dolo ou fraude e exista prova de que a sociedade, em razão de dificuldade econômica decorrente desse ato, não pôde cumprir o débito fiscal. O mero inadimplemento tributário não enseja o redirecionamento da execução fiscal.* Embargos de divergência providos.[23]

As reiteradas decisões do STJ nesse sentido deram origem à Súmula 430, da Primeira Seção, DJe 13/05/2010: "*O inadimplemento da obrigação tributária pela sociedade não gera, por si só, a responsabilidade solidária do sócio-gerente.*" Quer dizer, o mero inadimplemento de obrigação tributária não é suficiente para configurar o ilícito exigido no *caput* do art. 135 do CTN.

Ao mesmo tempo, somente pode-se imputar responsabilidade tributária, com superação da separação patrimonial entre sócios e sociedade, nas hipóteses em que os sócios exerçam a *gerência ou administração da sociedade* na época em que ocorreu o fato gerador da obrigação tributária.

Nesse sentido, igualmente orientou-se a jurisprudência do egrégio STJ:

> (...) 3. *Os sócios somente podem ser responsabilizados pelas dívidas tributárias da empresa quando exercerem gerência da sociedade ou qualquer ou-*

---

[23] EAg 494887/RS, relator ministro Humberto Martins, 1ª Seção, DJe 05.05.2008.

tro ato de gestão vinculado ao fato gerador. 4. Na hipótese dos autos, o Tribunal de Justiça estadual entendeu que o sócio, contra o qual se buscava o redirecionamento da execução fiscal, *não participava da gerência, administração ou direção da empresa executada*. Assim, para se entender de modo diverso ao disposto no acórdão recorrido, é necessário o reexame do conjunto fático-probatório contido nos autos, o que, no entanto, é vedado em sede de recurso especial, nos termos da Súmula 7/STJ. 5. Agravo regimental desprovido.[24]

Correto o entendimento, pois a imposição da responsabilidade tributária ao sócio-gerente não advém da qualidade de sócio, mas do exercício da *gestão patrimonial* ou *administração da sociedade*.[25]

Ora, tratando-se de sociedade limitada, a execução fiscal poderá incidir contra o devedor ou contra o responsável tributário, com aplicação do art. 135, do CTN, unicamente quando o ato decorre de sócio ou administrador com gestão patrimonial comprovada (i) e este age *com excesso de poder ou infração da lei, do contrato social ou do estatuto*, também provada (ii), e, deste ato, *resulta o crédito tributário* devido (iii), mormente quando se tem o "esvaziamento" da sociedade sem sua prévia dissolução regular e sem o pagamento das dívidas tributárias (art. 134, VII, do CTN). De outra banda, na ausência de provas suficientes de *excesso de poder ou infração da lei* em relação de causalidade com a atividade de gestão patrimonial, nenhuma transferência de responsabilidade pode ser dirigida contra sócio de quota única ou minoritário, tampouco para empregados ou procuradores.

O emprego de presunção não é suficiente. Deveras, as *presunções simples*, de estrito valor probatório, são sempre carregadas de uma estrutura indiciária, na medida em que consistem numa atividade intelectual de construção de significados que parte de um ou mais indícios para qualificar um determinado fato de algum modo relacionado a tais eventos, como significação obtida.

Não há autorização constitucional para que a Administração possa desconsiderar atos ou negócios jurídicos lícitos; a norma geral do

---

[24] AgRg no Ag 847616/MG, relatora ministra Denise Arruda, 1ª Turma, DJ 11.10.2007, p. 302.
[25] BORGES, José Souto Maior. *Lançamento tributário*. 2ª ed. São Paulo: Malheiros, 1999, p. 353.

art. 149, VII, do CTN, sempre pode alcançar, com exclusividade, os atos como forma de *simulação*. Como bem salienta José Souto Maior Borges, "*ao Direito Tributário não importa propriamente o dolo, fraude ou simulação em si, mas o seu resultado*".[26] De fato, o legislador tributário, salvo nos casos de conceitos, institutos e formas relacionados com as hipóteses materiais que tenham servido para a demarcação constitucional de competências, tem plena autorização para modificar o conteúdo de conceitos, institutos e formas de Direito Privado,[27] nos termos do art. 110, do CTN, relacionados com os atos de controle e cumprimento formal das obrigações, em face dos quais prevalece o regime do art. 109, do CTN, segundo o qual prevalecerão sempre aqueles conceitos de Direito Privado quando a lei tributária não trate de modo diverso.

A Fiscalização, pois, deve manter respeito ao tipo societário e exigir unicamente tributos no regime de "pessoa jurídica" da empresa; defeso pela legislação exigir impostos de "pessoa física", a qualquer pretexto, dos sócios, excetuados aqueles casos e condições para imputação de responsabilidade a terceiros.

A desconsideração da personalidade jurídica somente pode ser admitida excepcionalmente, quando há *prova de simulação*, como afirma Calixto Salomão:

> Na jurisprudência, fazem-se sentir fortemente as influências dessa impostação funcional-unitária da doutrina. Característico da jurisprudência brasileira é o valor paradigmático atribuído à pessoa jurí-

---

[26] Argumentou Amílcar de Araújo Falcão, ao dizer que certas regras de Direito Privado não são necessariamente aplicáveis ao Direito Tributário: "duas razões são suficientes para demonstrá-lo. Em primeiro lugar, o Código Civil regula um ato negocial, um negócio jurídico, viciado ou maculado de simulação. Não é, como vimos, o fato gerador um negócio jurídico, senão apenas um fato jurídico, ou um fato econômico com relevância jurídica: por isso mesmo, a vontade das partes, no que tange ao seu conteúdo ou ao seu caráter valorativo, é indiferente. Logo é inoponível ao Direito Tributário preceito relativo, tipicamente, a atos jurídicos privados, de nítido caráter negocial". Falcão, Amílcar. *Fato gerador da obrigação tributária*. 6ª ed., Rio de Janeiro: Forense, 1997, pp. 41-42. Cf. DE MITA, Enrico. "Diritto tributario e diritto civile: profili costituzionali." *Rivista di Diritto Tributario*. n° 2. Milano, fev. 1995., p. 152; TIPKE, Klaus. *Limites da integração em Direito Tributário*. Direito Tributário Atual, v. 3. São Paulo: Resenha Tributária, 1983, pp. 513-522; LUPI, Raffaello. *Le illusioni fiscali: risanare gli apparati per riformare il fisco*. Bologna: Il Mulino, 1996. 124 p.

[27] SALOMÃO FILHO, Calixto. *A sociedade unipessoal*. São Paulo: Malheiros, 1995, p. 141.

dica, que faz com que a separação patrimonial seja frequentemente reafirmada e sua desconsideração *só seja admitida em presença de previsão legal expressa ou de comportamentos considerados fraudulentos.*"[28]

Admitimos como perfeitamente possível a operação de recaracterização ou requalificação jurídica do ato, negócio ou pessoa jurídica, pois, como bem salienta Alberto Xavier,[29] *"esta é ainda uma operação que visa atribuir a qualificação jurídica correta a um ato ou negócio em face dos seus reais efeitos jurídicos, pela simples correção de qualificação ou denominação (nomen iuris) dada pelas partes"*. E, ao lado desses casos, também a desconsideração de atos ou negócios jurídicos, mediante o uso de regra geral, para o que os pressupostos da simulação tornam-se uma espécie de limites para se efetivar tal operação. Galgam a elevada condição de limites tópicos para a concretização de atos de fiscalização que pretendam culminar em qualquer forma de desqualificação de atos, negócios ou pessoas jurídicas.

Como pressuposto inafastável desse procedimento de requalificação motivada pela simulação, porém, deve ter o sujeito passivo a garantia de *prévia motivação* para que se possa iniciar esse procedimento, porquanto não seria aceitável que a autoridade pudesse, a qualquer título, requerer, sem maiores critérios, a abertura de procedimento para desconsideração de atos, por simples desconfiança. É preciso que a autoridade responsável pelo procedimento de fiscalização tenha fundada suspeita quanto ao agir fraudulento ou simulado do contribuinte, que servirá como motivo para a instauração do procedimento, cujo objetivo será aquele de identificar a precisa qualificação: a) do

---

[28] Daí Alberto Xavier afirmar, corretamente, que "a substância jurídica dos atos ou negócios jurídicos prevalece sobre a sua forma, caso com esta expressão se aluda à denominação, qualificação ou caracterização aparente que as partes deram a um ato. Mas já não merece acolhimento, no nosso Direito, por incompatível com o princípio da legalidade, a prevalência da substância econômica de uma operação negocial sobre a sua substância jurídica". XAVIER, Alberto. *Tipicidade da tributação, simulação e norma antielisiva*. São Paulo: Dialética, 2001, p. 41; Cf. BORIA, Pietro. *Il principio di trasparenza nella società di persone*. Milano: Giuffrè, 1996. 376 p.; REZENDE, Condorcet. *The disregard of a legal entity for tax purposes*. Cahiers de droit fiscal international, V. LXXIVa. Amsterdam: IFA, 1990, p. 95-118.

[29] BALEEIRO, Aliomar. *Direito Tributário brasileiro* (Anotado por Misabel de Abreu Machado Derzi), 11.ª ed. Rio de Janeiro: Forense, 1999, p. 685.

ato simulado praticado pelo contribuinte, fictício, dissimulador; b) da conduta em fraude à lei, capaz de induzir a Administração em erro; ou que se trate c) de negócio jurídico desprovido de causa. E somente quando provada a simulação dos atos, que sejam desconsiderados seus efeitos jurídicos.

Demonstra-se, assim, que a Administração não dispõe de autorização para qualificar como hipótese de simulação qualquer fato jurídico que lhe pareça suspeito, ao seu bel-prazer e disposição de interesse. Certamente há de cingir-se aos limites de legalidade e do caso concreto. Faz-se tal ressalva como que a antecipar nossa opinião de ser defeso à Administração, por simples motivo de dúvida ou de ignorância sobre o funcionamento de certa operação, investir-se da pretensão de atribuir qualificação de negócio simulado, "*aunque con el mismo se persiga una ventaja o ahorro fiscal*", como bem recorda Cesar García Novoa. Não se pode aceitar, em pleno regime de Estado Democrático de Direito, no qual se resguardam os direitos de livre iniciativa e de liberdades negociais, que se tome a Administração por autorizada a desconsiderar todo e qualquer ato ou negócio jurídico fundando-se simplesmente em dúvida, ignorância ou por mera disposição de vontade de autoridade competente.

A desconsideração de ato ou negócio jurídico, fundada em simulação, não encontra, diga-se, nenhum limite na lista taxativa de Direito Privado tampouco na lista de crimes contra a ordem tributária. Vale-se de regra geral do art. 149, VII, do CTN. E isso porque o conceito de "simulação", para os fins sancionatórios da desconsideração, tanto pode ser quanto não ser equivalente ao conceito de "simulação" adotado para o Direito Privado.

A desconsideração da personalidade jurídica é instrumento que somente poderá ser usado quando presentes seus requisitos, segundo provas da simulação ou dos critérios legais, sob pena de fazer dos tipos societários conceitos relativos e desprovidos de qualquer segurança jurídica, quanto aos critérios que os guiam, como separação patrimonial, responsabilidade etc.

Na função instrumental, como a desconsideração da personalidade jurídica da sociedade não o é, per si, uma sanção, ela somente poderá ser aplicada em face de fundadas provas de cometimento de ilícitos típicos ou atípicos, encobertos pelo tipo societário, os quais deverão servir de motivo para a decisão, com direito ao contraditório e ampla defesa, como meio para ulterior aplicação de sanções aos ilícitos descobertos.

A partir de 2002, com a vigência do novo Código Civil, na função de regra geral, o art. 50 trouxe dispositivo próprio para justificar a desconsideração das sociedades, *in verbis*: "*em caso de abuso da personalidade jurídica, caracterizado pelo* desvio de finalidade, ou pela confusão patrimonial, *pode o juiz decidir, a requerimento da parte, ou do Ministério Público quando lhe couber intervir no processo, que os efeitos de certas e determinadas relações de obrigações sejam estendidos aos bens particulares dos administradores ou sócios da pessoa jurídica*". Esta regra, portanto, autoriza o juiz, e somente o juiz, a desconsiderar a personalidade jurídica de sociedades quando em presença do pressuposto de *abuso de personalidade*, provado previamente, definido pelo cometimento de desvio de finalidade ou confusão patrimonial.

Com o dispositivo da nova lei, quando uma estrutura formal for utilizada de maneira incompatível com suas finalidades, caberá ao juiz, a requerimento do prejudicado, declarar sua insuficiência para as funções que o tipo proteja, visando a alcançar as pessoas dos sócios. Desse modo, a personalidade jurídica perde a plenitude de sua *autonomia patrimonial*, dantes prevista no art. 20, que ora se encontra revogado e substituído pelo art. 50, ao prescrever condições para a manutenção da separação patrimonial entre bens dos sócios e bens componentes do ente coletivo, ao que impôs duas condições bem nítidas para permitir superar a personalidade jurídica: i) *desvio de finalidade* (uso abusivo), confirmando nosso entendimento acerca da importância da "causa" (finalidade) como fundamento dos atos e negócios jurídicos, e ii) *confusão patrimonial*.

Como demonstrado acima, ao longo de toda a evolução da ordem jurídica societária brasileira, foi mantida a coerência em relação à preservação das sociedades e à garantia de separação patrimonial, segundo o tipo societário, no Código Comercial, no Código Civil de 1916, no Decreto nº 3708/19, no novo Código Civil de 2002, bem como no art. 129 da Lei nº 11.196/05, a revelar limites à desconsideração da personalidade jurídica em qualquer hipótese.

Por isso, não há novidade alguma no art. 129 da Lei nº 11.196/05:

> Art. 129. Para fins fiscais e previdenciários, a prestação de serviços intelectuais, inclusive os de natureza científica, artística ou cultural, em caráter personalíssimo ou não, com ou sem a designação de quaisquer obrigações a sócios ou empregados da sociedade prestadora de serviços, quando por esta realizada, se sujeita tão-somente à legislação aplicável às pessoas jurídicas, sem prejuízo da observância do disposto no art. 50 da Lei nº 10.406, de 10 de janeiro de 2002 — Código Civil.

Esta regra apenas reafirmou o que já estava claro em nosso ordenamento jurídico: as sociedades — mesmo quando prestam serviços de caráter personalíssimo — submetem-se ao regime societário típico, que deve ter preservados fins fiscais e previdenciários, exatamente como já previa o artigo 109 do CTN, ademais das regras tributárias ou societárias específicas.

Seja qual for a preferência hermenêutica que se adote, algo é inequívoco: a *definição, o conteúdo* e *alcance de institutos, conceitos e formas* de Direito Privado serão sempre preservados quando, sobre estes, o Direito Tributário não disponha de modo diverso, regulando, pois, diferentemente, os seus efeitos. Por isso, os arts. 109 e 110 do CTN, numa síntese, apenas confirmam que o regime legal típico das sociedades não se altera pelo fato de haver prestação de serviços personalíssimos, a confirmar o que já estava posto no Código Civil, Comercial e Leis Especiais.

Aliomar Baleeiro atesta a pretensão do legislador em garantir o "primado do Direito Privado" em detrimento das regras de Direito Tributário, mas limitadamente ao universo das relações entre particulares, naquilo que o Direito Tributário não dispusesse de modo diverso. Nas suas palavras: "o Direito Tributário, reconhecendo tais conceitos e formas, pode atribuir-lhes expressamente efeitos diversos do ponto de vista tributário".[30] Desse modo, a autoridade fazendária deve respeitar amiúde os *princípios gerais de Direito Privado* que devemos utilizar *para pesquisa da definição, do conteúdo e do alcance de seus*

---

[30] "A partir deste ponto de vista, pode-se afirmar que a existência da personificação está adstrita aos limites traçados pela lei para o seu funcionamento regular que não admitem, em especial, ocorrência de fraude, abuso do direito de personificação ou outras condutas reprováveis descritas. Não se deve confundir o abuso do direito de personificação com o ato ilícito, pois não são expressões sinônimas." SIMÃO FILHO, Adalberto. *A nova sociedade limitada*. Barueri: Manole, 2004, p.170.

institutos, conceitos e formas, tanto mais quando os efeitos tributários não sejam diversos.

Nesse sentido, a personalidade da pessoa jurídica prevalece e deve ser respeitada salvo na hipótese de simulação,[31] em que haja prova concreta do abuso da personalidade jurídica, como afirma Gustavo Tepedino.[32]

Evidente que a norma do art. 129 da Lei nº 11.196/05 não inovou, não modificou o regime jurídico já existente para as sociedades, mas apenas expressou textualmente o que antes já se via plasmado como inerente ao regime de Direito Privado e a todos os critérios adotados nas leis tributárias.

Conforme Roque Carrazza, sobre o art. 129 da Lei nº 11.196/2005:[33]

> A nosso ver, o dispositivo em foco, limitou-se a explicitar situação tributária que, em matéria de Imposto sobre a Renda e de Contri-

---

[31] "À autoridade administrativa não pode ser dado qualificar, segundo seus próprios critérios, os negócios praticados por tais pessoas jurídicas prestadoras de serviços. O sistema deve ser construído de modo a privilegiar a autonomia patrimonial, em homenagem ao princípio constitucional da livre iniciativa, e buscando, evidentemente, coibir taxativamente a fraude e o abuso. No ordenamento jurídico brasileiro atual, não se mostra possível tratar a autonomia patrimonial da pessoa jurídica com exceção e a desconsideração como regra, baseada em presunções de confusão patrimonial. No que concerne à matéria atinente ao Direito Fiscal e Previdenciário, ocorrendo hipóteses de abuso, o Judiciário deve ser chamado a se pronunciar. Por outro lado, se restar configurada a simulação ou fraude, autoriza-se desconsideração do ato pela autoridade administrativa, submetida, à evidência, ao posterior controle do Judiciário." TEPEDINO, Gustavo. "Sociedade prestadora de serviços intelectuais: qualificação das atividades privadas no âmbito do Direito Tributário." In: *Prestação de serviços intelectuais por pessoas jurídicas: aspectos legais, econômicos e tributários*. São Paulo: MP, 2008, pp. 19-49.

[32] CARRAZZA, Roque Antonio. "O caráter interpretativo do ART. 129, da Lei nº 11.196/05." In: *Prestação de serviços intelectuais por pessoas jurídicas: aspectos legais, econômicos e tributários*. São Paulo: MP, 2008, pp. 245-259.

[33] Como observa Roque Carrazza: "Sendo o artigo 129, da Lei nº 11.196/05, meramente interpretativo, segue-se que retroagem seus efeitos à data da entrada em vigor das leis, que, interpretadas de modo adequado, de há muito mandavam dispensar, às sociedades civis de prestação de serviços intelectuais, tratamento fiscal e previdenciário idêntico àquele que alcança as demais pessoas jurídicas. Outro entendimento levaria à absurda conclusão de que, antes da entrada em vigor do art. 129, da Lei nº 11.196/06, o precitado artigo 55, da Lei nº 9.430/96, não havia revogado, ao contrário do que ele próprio estabelece, o artigo 2º, do Decreto-Lei nº 2.397/87." CARRAZZA, Roque Antonio. "O caráter interpretativo do ART. 129, da Lei nº 11.196/05." In: *Prestação de serviços intelectuais por pessoas jurídicas: aspectos legais, econômicos e tributários*. São Paulo: MP, 2008, pp. 245-259.

buição — como pensamos haver demonstrado — *sempre existiu* para as sociedades civis de prestação de serviços profissionais, *em caráter personalíssimo ou não*, relativos ao exercício de profissão não regulamentada e, no caso daquelas de *"profissão legalmente regulamentada"*, mereceu tratamento diverso apenas no período compreendido entre 1988 e 1996 (v. supra, item 2.3)

Por conseguinte, dado seu caráter meramente interpretativo, o art. 129 da Lei nº 11.196/2005 deve ser aplicado retroativamente, assim como o art. 980-A, do Código Civil, autorizada a retroatividade, tudo nos termos do art. 106, I e II, do CTN.

Soma-se, ainda, o fundamento da Lei nº 12.441/2011, que introduz o art. 980-A no Código Civil, ao instituir a empresa individual de responsabilidade limitada nos casos de prestações de serviços *de qualquer natureza*, admitida a remuneração da cessão de direitos patrimoniais de autor ou de imagem, nome, marca ou voz de que seja detentor o titular da pessoa jurídica, vinculados à atividade profissional. Diante do efeito de retroação do mais benigno nos casos não definitivamente julgados, como autorizado pelo art. 106, II do CTN, esta disposição igualmente há de ser observada nos respectivos julgamentos.

Destarte, o art. 129 da Lei nº 11.196/2005, ao prever a possibilidade de imputação de rendimentos às pessoas físicas apenas como resultado da desconsideração da personalidade jurídica do art. 50 do Código Civil, esclarece definitivamente que nenhum procedimento pode prescindir dos critérios entabulados nessa disposição do Código Civil de 2002 ou em hipóteses de simulação.

Dito de outro modo, a desconsideração da personalidade jurídica somente poderá ser admitida estritamente nos casos previstos do art. 50 do Código Civil, de abuso da personalidade jurídica caracterizado pelo desvio de finalidade ou pela confusão patrimonial, em que se autoriza semelhante agir, sempre por decisão judicial, defesos às autoridades fiscais poderes para desconsideração da personalidade jurídica (salvo as hipóteses de simulação ou de fraude, como assinalado).

MODULAÇÃO DE EFEITOS DA DECISÃO E O ATIVISMO JUDICIAL[34]

Tensionam-se com frequência as relações entre certeza e justiça ou certeza e liberdades, na aplicação das normas constitucionais em matéria tributária. A solução destas tensões, entretanto, depende de uma firme compreensão da racionalidade operada sobre os critérios da segurança jurídica. Nesse aspecto, o controle de inconstitucionalidade tem função expressiva na afirmação da segurança jurídica.

Por muito tempo, constitucionalistas de escola asseveraram a nulidade da lei ou do ato normativo declarado inconstitucional como única e possível eficácia. E sempre sob a égide da segurança jurídica. O próprio Supremo Tribunal Federal esteve jungido à tradição de que o controle de inconstitucionalidade teria abrangência temporal de efeitos a partir do ingresso da lei ou do ato na ordem jurídica e, assim, com eficácia *ex tunc* da nulidade declarada no controle concentrado.[35] Viu-se, porém, que esse rigor de unitariedade dos efeitos poderia ensejar, a depender do caso, justamente o oposto, a quebra da segurança jurídica e perda de efetividade da justiça.

Não quer isso dizer, contudo, que o emprego do efeito *ex nunc* às decisões de controle concentrado de inconstitucionalidade não fosse objeto de exame e, em algum caso isolado, empregado expressamente.

---

[34] Artigo publicado em 18 de julho de 2012.
[35] (STF, Pleno, ADIn 652-MA, rel. min. Celso de Mello, j. 02.04.1992). Rui Barbosa foi um dos mais relevantes defensores do efeito *ex tunc* das declarações de inconstitucionalidade (Cf. BARBOSA, Rui. *Atos inconstitucionais*. Campinas: Russell, 2003).

E diga-se o mesmo para sua possibilidade de aplicação ao controle difuso, em recursos extraordinários.[36]

Para mitigar essa fixidez da nulidade, o artigo 27 da Lei 9.868, e o artigo 11 da Lei 9.882, ambas de 1999, contemplam regra que veicula norma jurídica dispositiva para que o STF, nas declarações de inconstitucionalidade de lei ou ato normativo ou no julgamento da arguição de descumprimento de preceito fundamental, possa dispor sobre eficácia temporal das decisões que adotar, em superação aos limites da nulidade (eficácia *ex tunc*), que sempre foi a regra nessas hipóteses, a saber:

> Art. 27. Ao declarar a inconstitucionalidade de lei ou ato normativo, e tendo em vista razões de segurança jurídica ou de excepcional interesse social, poderá o Supremo Tribunal Federal, por maioria de dois terços de seus membros, restringir os efeitos daquela declaração ou decidir que ela só tenha eficácia a partir de seu trânsito em julgado ou de outro momento que venha a ser fixado.

A regra foi sempre, e continua sendo, o efeito de nulidade nas declarações de inconstitucionalidade. Entretanto, declara o referido artigo, que, por razões de segurança jurídica ou de excepcional interesse so-

---

[36] "(...) 7. Inconstitucionalidade, *incidenter tantun*, da lei local que fixou em 11 (onze) o número de vereadores, dado que sua população de pouco mais de 2600 habitantes somente comporta 9 representantes. 8. Efeitos. Princípio da segurança jurídica. Situação excepcional em que a declaração de nulidade, com seus normais efeitos *ex tunc*, resultaria grave ameaça a todo o sistema legislativo vigente. Prevalência do interesse público para assegurar, em caráter de exceção, efeitos *pro futuro* à declaração incidental de inconstitucionalidade. Recurso extraordinário conhecido e em parte provido. (RE 197917/SP. STF. Pleno. Relator: min. MAURÍCIO CORRÊA. Julgamento: 06/06/2002). Entretanto, esta tese encontra óbices para sua afirmação. Como exemplo: "Ementa: Recurso Extraordinário — Inaplicabilidade, ao caso, da doutrina da modulação dos efeitos da decisão do Supremo Tribunal Federal — pretensão que, examinada nos *leading cases* (RE 377.457/PR e RE 381.964/MG), não foi acolhida pelo plenário do Supremo Tribunal Federal — ressalva da posição pessoal do relator desta causa, que entende cabível, tendo em vista as peculiaridades do caso, a outorga de eficácia prospectiva — considerações do relator (min. Celso de Mello) sobre os postulados da segurança jurídica e da proteção da confiança dos cidadãos em suas relações com o poder público e, ainda, sobre o significado e as funções inerentes à Súmula dos tribunais — observância, contudo, no caso, do postulado da colegialidade — recurso de agravo improvido." (RE 592148ED/MG. STF. Segunda Turma, relator: min. CELSO DE MELLO. Julgamento: 25/08/2009). Vide: STF, MS 26.602, rel. min. Eros Grau, MS 26.603, rel. min. Celso de Mello, MS 26.604, rel. min. Carmen Lúcia, julgamento em 04.10.07.

cial, apurados no caso concreto ou no conjunto dos casos submetidos ao mesmo tratamento jurídico (quando reconhecida a repercussão geral), pode o Tribunal restringir os efeitos (i) ou decidir que ela só tenha eficácia (ii) a partir de seu trânsito em julgado (efeitos prospectivos) ou de outro momento que venha a ser fixado (modulação temporal), que pode ser para o passado (modulação retroativa) ou para o futuro (modulação *pro futuro*). E sempre com o procedimento de quórum especial, de dois terços dos votos.[37]

O artigo 27 da Lei 9.868/1999 trouxe, assim, para o controle concentrado de inconstitucionalidade de lei ou ato normativo, por maioria de dois terços de seus membros (pressuposto formal) e tendo em vista razões de segurança jurídica ou de excepcional interesse social (pressuposto finalístico), a atribuição de poderes ao STF para: restringir os efeitos da declaração (i), decidir que ela só tenha eficácia a partir de seu trânsito em julgado (ii) ou outro momento que venha a ser fixado (iii). Mitiga-se, com isso, o efeito *ex tunc* das decisões do STF, para conferir-lhes, no tempo, (a) eficácia *ex nunc* (efeitos prospectivos) ou (b) modulação temporal a certo período,[38] em alternativa à nulidade absoluta da lei ou ato declarado inconstitucional.[39]

---

[37] Relevante a discussão sobre a forma de apuração do quórum legal, veja-se o julgamento da ADIn 2.949/MG, STF, Pleno, rel. min. Joaquim Barbosa, j. 27.09.2007. E com modificações importantes: ADIn 2791/PR ED, STF, Pleno, rel. min. Gilmar Mendes, relator p/ o acórdão min. Menezes Direito, j. 22.04.2009.

[38] Vejam, com destaque, os votos proferidos no julgamento do STF que declarou a inconstitucionalidade dos artigos 45 e 46 da Lei nº 8.212/91: RE nº 560.626/RS STF. Tribunal Pleno, relator: ministro Gilmar Mendes, publicado no DJe em 05.12.2008. E deste decorre a Súmula Vinculante nº 8, a saber: "São inconstitucionais o parágrafo único do artigo 5º do Decreto-Lei nº 1.569/1977 e os artigos 45 e 46 da Lei nº 8.212/1991, que tratam de prescrição e decadência de crédito tributário."

[39] Cf. CARRAZZA, Roque Antonio. "Segurança jurídica e eficácia temporal das alterações jurisprudenciais: competência dos tribunais superiores para fixá-la — questões conexas." In: FERRAZ JR., Tercio Sampaio; CARRAZZA, Roque Antonio; NERY JUNIOR, Nelson. *Efeito ex nunc e as decisões do STJ*. Barueri: Manole, 2007, pp. 33-73; CARVALHO, Paulo de Barros. Segurança jurídica e modulação dos efeitos. In: DERZI, Misabel Abreu Machado (coord). *Separação de poderes e efetividade do Sistema Tributário: XIV Congresso Internacional de Direito Tributário da Associação Brasileira de Direito Tributário*. Belo Horizonte: Del Rey, 2010, pp. 3-17; Andrade, Fábio Martins de. Modulação em matéria tributária. São Paulo: Quartier Latin, 2011, 494 p.; FERRAZ JR., Tercio Sampaio. Do efeito *ex nunc* na declaração de inconstitucionalidade pelo STF." In: MARTINS, Ives Gandra da Silva; JOBIM, Eduardo. *O processo na Constituição*. São Paulo: "Quartier Latin, 2008,

As condições entabuladas no artigo 27 da Lei 9.868/1999, porém, não podem ser concebidas como uma "faculdade" ao Plenário. Quer dizer, quando comprovado que a situação fática será afetada por insegurança jurídica ou excepcional interesse social, deverá o Plenário do Supremo unicamente deliberar sobre restringir os efeitos e atribuir eficácia *ex nunc* (efeitos prospectivos) ou empregar modulação temporal para as declarações de inconstitucionalidade de leis ou atos normativos.

Quando o pedido compreender a modulação ou atribuição de efeitos prospectivos, a apuração dos pressupostos materiais, como assinalado acima, deve ser considerada como um direito da parte interessada e o julgamento acompanhado de motivação suficiente para: (i) determinar o regime temporal mais apropriado para o julgamento ou (ii) para alegar a ausência de insegurança jurídica ou de excepcional interesse social. Quando o Plenário omite-se na motivação para negar o pedido ou trata a modulação como uma questão ancilar, induvidosamente, cerceia o direito das partes à segurança jurídica e descumpre a exigência de ato vinculado do artigo 27 da Lei 9.868/1999.

O STF, em limitadas oportunidades, proferiu decisões com modulações de seus efeitos, tanto em declarações de inconstitucionalidade, com ou sem redução de texto, quanto nos casos de interpretação conforme a Constituição. Não há qualquer motivo para críticas sobre quão restritos foram os casos de sua adoção em matéria tributária. Porém,

---

pp. 533-551; NERY JUNIOR, Nelson. Boa-fé objetiva e segurança jurídica: eficácia da decisão judicial que altera jurisprudência anterior do mesmo Tribunal Superior." In: FERRAZ JR., Tercio Sampaio; CARRAZZA, Roque Antonio; NERY JUNIOR, Nelson. *Efeito ex nunc e as decisões do STJ*. Barueri: Manole, 2007; pp. 75-107; PIMENTA, Paulo Roberto Lyrio. *A modulação da eficácia temporal da decisão de inconstitucionalidade da lei tributária em controle difuso. Grandes questões atuais do Direito Tributário*. São Paulo: Dialética, 2008, pp. 417-435; ÁVILA, Ana Paula. *A modulação de efeitos temporais pelo STF no controle de constitucionalidade: ponderação e regras de argumentação para a interpretação conforme a Constituição do art. 27 da Lei 9.868/99*. Porto Alegre: Livraria do Advogado, 2009. TORRES, Ricardo Lobo. "O consequencialismo e a modulação dos efeitos das decisões do Supremo Tribunal Federal." In: TORRES, Heleno Taveira (coord). Direito Tributário e ordem econômica: Homenagem aos 60 anos da ABDF. São Paulo: Quartier Latin, 2010, pp. 199-234. TALAMINI, Eduardo. *Novos aspectos da jurisdição constitucional brasileira: repercussão geral, força vinculante modulação dos efeitos do controle de constitucionalidade e alargamento do objeto do controle direto*. São Paulo: Faculdade de Direito da Universidade de São Paulo, 2008, 331p.

será sempre desejável que se tenha atendido o critério da coerência sobre os motivos determinantes e da garantia de proteção de direitos quando a decisão, comprovadamente, possa incorrer em quebras de estabilidade ou de confiabilidade.

Diversos autores demonstram não concordar com as limitações entabuladas pelo artigo 27 da Lei 9.868/1999, para decretar inconstitucionalidade com efeitos *ex nunc* (prospectivos) ou modulação temporal, ao entendimento de que, na ausência da lei, a competência estaria preservada, e o rol discriminado no seu texto, para motivar a decisão, seria somente exemplificativo e não um *numerus clausus*.

Razões de segurança jurídica, certeza jurídica e de acessibilidade do jurisdicionado ante o próprio tribunal, diversamente, sugerem a importância do seu cabimento, a vinculação dos seus pressupostos para o Plenário do STF seguida do dever de motivação e a natureza de direito subjetivo fundamental para os jurisdicionados. Por uma, porque explicita as condições mínimas, sem exclusão de outras que com estas possam ser coerentes; e por dois, porque possibilita a todos pleitearem esse direito, ademais dos meios para controlar a atividade decisória.[40]

Em matéria tributária, pela natureza patrimonial das suas exações e afetações imediatas a direitos e liberdades fundamentais, o assunto toma dimensões muito eloquentes. A regra, nas declarações de inconstitucionalidade de leis que criam obrigações tributárias ou agravam situações dos contribuintes, deve ser sempre a nulidade com eficácia *ex tunc*. Entretanto, a depender da situação, como aproveitamento de créditos, cumprimentos de obrigações acessórias e outros, a estabilidade sistêmica e a segurança jurídica podem reclamar a flexibilidade do regime de nulidade, mediante modulação temporal ou eficácia prospectiva da decisão.[41]

---

[40] A experiência italiana na matéria é expressiva. Cf.: RUOTOLO, Marco. *La dimensione temporale dell'invalidità della legge*. Padova: Cedam, 2000; MENGONI, Luigi. "L'argomentazione orientala alle conseguenze." *Rivista Trimestrale di Diritto e Procedura Civile*, v. 48, n. 1, Milano: Giuffrè, 1994, pp. 2-18.

[41] O STF tem sido sobremodo restritivo no exame dos pressupostos para cabimento de modulação de efeitos em matéria tributária. No passado, o único caso com emprego relevante dos efeitos prospectivos, ainda que acompanhado de severas críticas ao modo casuístico e não suficiente para prover a segurança jurídica esperada, foi o que segue:

O estado de confiança gerado sobre a esfera jurídica do contribuinte é suficiente para motivar o necessário efeito prospectivo (*ex nunc*) ou, quando cabível, da modulação no tempo, seja esta retroativa (com indicação de momento anterior fixado pelo Tribunal para que a decisão tenha efeitos) ou *pro futuro* (data futura fixada para que a decisão possa surtir efeitos), como forma de preservar o princípio de segurança jurídica, mas também como eficácia do princípio de irretroatividade do não benigno, quando o postulado da nulidade (efeito *ex tunc*) opere em desfavor do contribuinte.[42]

"As normas relativas à prescrição e à decadência tributárias têm natureza de normas gerais de Direito Tributário, cuja disciplina é reservada à lei complementar, tanto sob a Constituição pretérita (art. 18, § 1º, da CF de 1967/1969) quanto sob a Constituição atual (art. 146, III, b, da CF de 1988). Interpretação que preserva a força normativa da Constituição, que prevê disciplina homogênea, em âmbito nacional, da prescrição, decadência, obrigação e crédito tributários. Permitir regulação distinta sobre esses temas, pelos diversos entes da federação, implicaria prejuízo à vedação de tratamento desigual entre contribuintes em situação equivalente e à segurança jurídica. II. Disciplina prevista no Código Tributário Nacional. O Código Tributário Nacional (Lei 5.172/1966), promulgado como lei ordinária e recebido como lei complementar pelas Constituições de 1967/69 e 1988, disciplina a prescrição e a decadência tributárias. III. Natureza tributária das contribuições. As contribuições, inclusive as previdenciárias, têm natureza tributária e se submetem ao regime jurídico-tributário previsto na Constituição. Interpretação do art. 149 da CF de 1988. Precedentes. IV. Recurso extraordinário não provido. Inconstitucionalidade dos arts. 45 e 46 da Lei 8.212/91, por violação do art. 146, III, b, da Constituição de 1988, e do parágrafo único do art. 5º do Decreto-Lei 1.569/77, em face do § 1º do art. 18 da Constituição de 1967/1969. V. Modulação dos efeitos da decisão. Segurança jurídica. São legítimos os recolhimentos efetuados nos prazos previstos nos arts. 45 e 46 da Lei 8.212/1991 e não impugnados antes da data de conclusão deste julgamento" (STF, Pleno, RE 560626, Repercussão Geral, rel. Min. Gilmar Mendes, j. em 12.06.2008).

[42] No mesmo sentido, José Souto Maior Borges: "É a surpresa, a antissegurança (mais que a insegurança), o agravo a direitos individuais erigidos em sistema. Daí porque se impõe atribuir efeitos apenas *ad futurum* nas decisões judiciais modificativas de práticas judiciais e/ou administrativas reiteradas ao abrigo da própria jurisprudência" (BORGES, José Souto Maior. "O princípio da segurança na Constituição Federal e na Emenda Constitucional 45/2004. Implicações fiscais." In: PIRES, Adilson Rodrigues; TORRES, Heleno Taveira (org.). *Princípios de Direito Financeiro e Tributário: estudos em homenagem ao professor Ricardo Lobo Torres*. Rio de Janeiro: Renovar, 2006, p. 262). Igualmente, César García Novoa, para quem. "sin embargo, este efecto de cosa juzgada, establecido a favor del ciudadano, que no puede ver agravada su situación jurídica por la aplicación retroactiva de una norma que viene a sustituir a aquella que, aunque inconstitucional, fue corroborada por un pronunciamiento jurisprudencial, se ha visto pervertido por la doctrina del propio Tribunal Constitucional."

Diante disso, o exame do pedido da parte interessada ou a decisão autônoma do Plenário devem ser acompanhados de adequada comprovação dos pressupostos materiais de *insegurança jurídica* ou de excepcional interesse social, mormente para afastar o pedido de modulação de efeitos, quando a motivação deve ser expressamente declarada. Portanto, quando houver pedido expresso, a prática do STF de, na falta de manifestação expressa sobre efeitos prospectivos ou modulação (para passado ou futuro), atribuir só os efeitos típicos de nulidade da lei ou do ato declarado inconstitucional, com eficácia *ex tunc*, deve ser superada, para dar lugar ao julgamento contemporâneo das condições materiais e evitar que as partes socorram-se sempre de embargos de declaração para alegarem esta pretensão após o julgamento.

(GARCÍA NOVOA, César. *El principio de seguridad jurídica en materia tributaria*. Madrid: Marcial Pons, 2000, p. 195).

NEUTRALIDADE CONCORRENCIAL E MODULAÇÃO

As declarações de inconstitucionalidade de leis nos tributos não cumulativos têm uma grave afetação às relações tributárias, com notáveis consequências para os contribuintes, com relação ao regime de créditos e obrigações acessórias envolvidas. Em vista disso, a modulação de efeitos da decisão (*ex nunc*, retroativa ou *pro futuro*) é fundamental para garantir a *segurança jurídica* e a efetividade dos valores que permitam determinar o excepcional interesse social.

Em alguns casos, os pressupostos justificadores da modulação podem decorrer das complexas relações entre empresas que atuam no mercado interno e cuja consequência pode privilegiar uma em detrimento da outra. Nesse caso, deve-se examinar até que ponto uma declaração de nulidade poderia criar vantagens competitivas para uma parcela de empresas, em detrimento das demais.

Como sabido, o princípio da *neutralidade concorrencial* permite a intervenção do Estado na economia, inclusive por meio de normas tributárias, mas impede que sejam privilegiados determinados agentes econômicos, em detrimento de outros que atuem no mesmo mercado relevante, de forma a provocar distúrbios concorrenciais. Este princípio da neutralidade, guardadas as devidas proporções, pode aplicar-se também às decisões judiciais, no sentido de se reconhecer a garantia de neutralidade entre os agentes econômicos em virtude de decisões judiciais. Este é, sem dúvida, um motivo de excepcional interesse social.

Em matéria tributária, portanto, o controle de inconstitucionalidade pode ser modulado no tempo por considerações de neutralidade concorrencial, em virtude de obrigações principais ou acessórias, mormente nos casos de controles de poder de polícia, como se verifica com os registros e outros.

Em atenção ao art. 219, cabe o controle de poder de polícia no limite para proteção do mercado interno, além daqueles da proteção da livre inciativa e da livre concorrência, a saber:

> Art. 219. *O mercado interno integra o patrimônio nacional e será incentivado de modo a viabilizar o desenvolvimento cultural e socioeconômico, o bem-estar da população e a autonomia tecnológica do país, nos termos de lei federal.* (Grifo nosso)

Desse modo, numa interpretação conforme a Constituição, ao tempo que se impõe o dever de incentivar o mercado interno, justificam-se seu controle e fiscalização, para evitar quebras de isonomia entre as empresas, de modo que este poderá ser objeto de típico poder de polícia, por meio de obrigações acessórias.[43] Verifica-se, assim, afronta à neutralidade concorrencial quando o controle for precário ou insuficiente, pois, nesse caso, o contribuinte que não adota registros ou não cumpre as determinações de controle, finda por beneficiar-se, contrariamente aos motivos que a Constituição adota.

Também neste caso, eventual controle que possa incorrer na declaração de inconstitucionalidade de regras relativas a registros ou assemelhados, típicos atos de poder de polícia, pode justificar o emprego de modulação (*pro futuro*) ou de efeitos prospectivos (*ex nunc*), para afastar tratamento divergente entre contribuintes que atuam no mesmo mercado e cujo benefício pode gerar vantagem competitiva, em franca contrariedade aos princípios da livre concorrência e da proteção do mercado nacional.

---

[43] Cf. FERRAZ JUNIOR, Tercio Sampaio. "Concorrência como tema constitucional: política de Estado e de governo e o Estado como agente normativo e regulador." *Revista do IBRAC – Direito da Concorrência, Consumo e Comércio Internacional*, v. 19, Jan./2009. CALIENDO, Paulo. *Direito Tributário e análise econômica do Direito*. Rio de Janeiro: Elsevier, 2009, p. 113.

TRIBUTAÇÃO DE SERVIÇOS DE IMPRESSÃO E EMBALAGENS[44]

A separação das espécies dos impostos entre as unidades do federalismo é uma decorrência da repartição constitucional de competências, mas também fator de firme compromisso com a efetividade do princípio da *segurança jurídica em matéria tributária*,[45] nas suas distintas funções (certeza, estabilidade sistêmica e confiança legítima) no sistema constitucional tributário. No caso da *tributação dos serviços*, a atribuição do ISS aos municípios afasta concursos com outras competências, pois os serviços podem concorrer com fases da *industrialização* ou mesmo com a *produção da mercadoria* (i) ou ser prestados com mercadorias (ii).

A exigibilidade do ISSQN sobre a impressão de manuais ou folhetos que se destinam à composição dos produtos implica incontornável conflito com as competências tributárias dos estados destinatários das encomendas (ICMS) e com a União (IPI).

Por isso, pretende-se examinar nessa oportunidade o regime da atividade gráfica de impressão para terceiros, na produção de manuais, folhetos e outros que acompanham os produtos finais (telefone celular, por exemplo), além de livros, periódicos e revistas em geral, para demonstrar que esta modalidade não se confunde com aqueles típicos do item "13.05 *serviços de composição gráfica, fotocomposição, clicheria, zincografia, litografia, fotolitografia*", da lista de serviços anexa à Lei Com-

---

[44] Artigo publicado em 15 de agosto de 2012.
[45] A esse respeito, o nosso *Direito Constitucional Tributário e segurança jurídica: metódica da segurança jurídica do Sistema Constitucional Tributário*, 2ª edição. São Paulo: Revista dos Tribunais, 2012, 758 p.

plementar 116/2003. Na sequência, passa-se a verificar se na hipótese tem-se equivalente de "industrialização por encomenda", quando a atividade integra-se àquela de natureza industrial, enquanto custo tributário inerente à não cumulatividade do ICMS e do IPI, por ser parte indissolúvel da destinação de composição do produto como "produto industrializado" ou como "circulação mercadoria".

Pela determinação conceitual adotada, a competência constitucional do ISSQN exige discriminação dos serviços, em lei complementar, para garantir a certeza e previsibilidade das incidências, ademais dos critérios de local da prestação do serviço ou do estabelecimento do prestador.

Além das especificações das materialidades entre competências diferentes, como no caso do ISS em relação ao IPI e ao ICMS, a prevenção ou solução de conflitos de competência pode ser realizada por *regras de exclusão expressa de materialidades*, como se verifica nos serviços, na hipótese do artigo 156, III da CF, ao prever a criação de impostos sobre serviços de qualquer natureza, não compreendidos no artigo 155, II ("ou seja, os serviços de transporte interestadual e intermunicipal e de comunicação, ainda que as operações e as prestações se iniciem no exterior").

Todo o sistema de demarcação material de competências visa a afastar a duplicidade de tributação sobre um único fato jurídico, o que ficou bem evidenciado no julgamento da ADI 28-SP.[46] Portanto, serão sempre inválidos os atos ou decisões de autoridades que invadam competências alheias.

Somente o destino (o fim) conferido ao serviço pode determinar se se trata de "serviço" tributável ou de serviço que se integra à mercado-

---

[46] "Ação Direta de Inconstitucionalidade. Lei nº 6.352, de 29 de dezembro de 1988, do estado de São Paulo. Tributário. Adicional de Imposto de Renda (CF, art. 155, II), arts. 146 e 24, § 3º da parte permanente da CF e art. 34, §§ 3º, 4º e 5º do ADCT. O adicional do Imposto de Renda, de que trata o inciso II do art. 155, não pode ser instituído pelos Estados e Distrito Federal, sem que, antes, a lei complementar nacional, prevista no *caput* do art. 146, disponha sobre as matérias referidas em seus incisos e alíneas, não estando sua edição dispensada pelo § 3º do art. 24 da parte permanente da Constituição Federal, nem pelos §§ 3º, 4º e 5º do art. 34 do ADCT. Ação julgada procedente, declarada a inconstitucionalidade da Lei nº 6.352, de 29 de dezembro de 1988, do estado de São Paulo." *Revista Trimestral de Jurisprudência*, v. 151, p. 657.

ria em circulação, como corresponde ao caso de "industrialização por encomenda". Destinado à circulação e mercancia, será necessariamente objeto de tributação pelo ICMS, haja vista a condição de "mercadoria" que adquire. Diversamente, se o serviço tem como propósito permitir a composição da "mercadoria", de serviço isolado já não se trata.

Vejamos a hipótese dos manuais e impressos destinados a serem veiculados juntamente com os produtos aos quais se devam integrar.

O Código de Defesa do Consumidor (Lei 8.078, de 11 de setembro de 1990) no seu artigo 50, parágrafo único, exige que o termo de garantia seja entregue, "no ato do fornecimento, acompanhado de *manual de instrução*, de *instalação* e *uso do produto* em linguagem didática, *com ilustrações*". Mas não só. O mesmo código obriga a inclusão dos manuais como parte integrante do "produto" e responsabiliza o fornecedor pela falta de informações adequadas, sendo este um direito do consumidor, o que só seria possível mediante a incorporação dos manuais e impressos ao produto. Para melhor compreensão, são relevantes os seguintes dispositivos abaixo, os quais são suficientes para confirmar essa conexão necessária, a saber:

> Art. 6º. São direitos básicos do consumidor: (...) III — a *informação adequada e clara sobre os diferentes produtos* e serviços, com especificação correta de quantidade, características, composição, qualidade e preço, bem como sobre os riscos que apresentem; (...) Art. 8º Os produtos e serviços colocados no mercado de consumo não acarretarão riscos à saúde ou segurança dos consumidores, exceto os considerados normais e previsíveis em decorrência de sua natureza e fruição, obrigando-se os fornecedores, em qualquer hipótese, a dar as informações necessárias e adequadas a seu respeito. Parágrafo único. *Em se tratando de produto industrial, ao fabricante cabe prestar as informações a que se refere este artigo, através de impressos apropriados que devam acompanhar o produto.* Art. 9º O fornecedor de produtos e serviços potencialmente nocivos ou perigosos à saúde ou segurança deverá informar, de maneira ostensiva e adequada, a respeito da sua nocividade ou periculosidade, sem prejuízo da adoção de outras medidas cabíveis em cada caso concreto.
> (...)
> Art. 12. O fabricante, o produtor, o construtor, nacional ou estrangeiro, e o importador respondem, independentemente da existência

de culpa, pela reparação dos danos causados aos consumidores por defeitos decorrentes de projeto, fabricação, construção, montagem, fórmulas, manipulação, apresentação ou acondicionamento de seus produtos, bem como por informações insuficientes ou inadequadas sobre sua utilização e riscos.
(...)
Art. 18. Os fornecedores de *produtos de consumo duráveis ou não duráveis* respondem solidariamente pelos vícios de qualidade ou quantidade que os tornem impróprios ou inadequados ao consumo a que se destinam ou lhes diminuam o valor, assim como por aqueles decorrentes da *disparidade, com as indicações constantes do recipiente, da embalagem, rotulagem ou mensagem publicitária, respeitadas as variações decorrentes de sua natureza, podendo o consumidor exigir a substituição das partes viciadas*. (Grifo nosso)

Ao lado dessas disposições gerais, iremos encontrar na regulação dos distintos setores, exigências objetivas de manuais e impressos para compor o conjunto do "produto" vendido. É o que ocorre com os celulares, para o que a Anatel contempla diversas disposições normativas. Como exemplo, o *Regulamento para Certificação e Homologação de Produtos para Telecomunicações* (anexo à Resolução 242, de 30 de novembro de 2000) determina a exigência de manual no seu artigo 29, III e parágrafo 1º, a saber: "Art. 29. O requerimento de homologação de produto deve ser instruído com os seguintes documentos: (...) III — *manual do usuário do produto, redigido em língua portuguesa*; (...) § 1º Nas hipóteses em que o produto não seja destinado à venda direta ao consumidor, o *manual* previsto no inciso III poderá ser redigido em língua inglesa ou espanhola."

Diante da conexão entre a impressão de manuais e impressos que se destinam a integrar mercadorias, a Fazenda do estado de São Paulo editou Decisão Normativa CAT 2 de 23 de julho de 1985, na qual reconheceu a incidência do ICMS sobre as seguintes hipóteses, a saber:

a) saídas de produtos de artes gráficas, que se destinam à industrialização ou à comercialização;
b) os impressos publicitários ou explicativos destinados a sair juntamente com as mercadorias a que se refiram, mesmo que personalizados; (grifo nosso)

É por demais evidente que, à luz da legislação tributária, a gráfica encontra-se submetida à exigência do ICMS e, com isso, os manuais e folhetos impressos, posto destinarem-se à industrialização ou comercialização, estariam sujeitos à incidência do ICMS, e não do ISS. E não se diga que essa decisão normativa estaria superada pela Lei Complementar 116/2003. O disposto no item correspondente àquele ora previsto no 13.05 em nada difere do quanto se encontra em vigor ao tempo da sua edição.

A jurisprudência é pacífica ao determinar que "*A prestação de serviço de composição gráfica, personalizada e sob encomenda, ainda que envolva fornecimento de mercadorias, está sujeita apenas ao ISS.*" (Súmula 156, STJ). A referida súmula foi editada com base em julgados nos quais os serviços de gráficos eram essenciais e o produto servia como mero suporte físico. Isso, porém, não se aplica à *industrialização por encomenda* de impressos e manuais, mercadorias sujeitas à incidência de ICMS e IPI, pois são equivalentes a partes do produto.

Na espécie, o serviço é meio para a finalidade, que é o objeto, o produto físico. A fabricação, nesse sentido, compreende o serviço como algo inteiramente secundário, logo, não suficiente para evidenciar-se como "composição gráfica, personalizada e sob encomenda". A Súmula 156, do STJ, portanto, não se presta como motivo para autorizar a admissibilidade da competência municipal na industrialização por encomenda, como já decidiu o próprio STJ.

A impressão de manuais ou folhetos que acompanham produtos industrializados — eletrônicos, eletrodomésticos e outros — é verdadeira etapa da industrialização, na qual o serviço não prepondera sobre o produto.

De fato, a distinção entre "bens" qualificados como fornecimento de materiais, na prestação de serviços, sobre os quais recai o ISS e "bens" oferecidos à circulação, sob a forma de mercadorias, nas operações sujeitas ao ICMS, é da maior importância. Observa Aires Barreto, a coisa é objeto de contrato e sua entrega é a finalidade da operação; naquela, a coisa é simples meio para a prestação do serviço.[47]

---

[47] BARRETO, Aires F. *ISS na Constituição e na Lei*. São Paulo: Dialética, 2003, p. 188.

Para solução de conflito de competência entre industrialização por encomenda e a prestação de serviços, diversos apenas quanto ao material fabricado (embalagens), na linha do que propugnamos, recentemente, o plenário STF admitiu a concessão de liminar para reconhecer a incidência de ICMS sobre embalagens de produtos industrializados, com afastamento expresso do ISS, *in verbis:*

> CONSTITUCIONAL. TRIBUTÁRIO. CONFLITO ENTRE IMPOSTO SOBRE SERVIÇOS DE QUALQUER NATUREZA E IMPOSTO SOBRE OPERAÇÃO DE CIRCULAÇÃO DE MERCADORIAS E DE SERVIÇOS DE COMUNICAÇÃO E DE TRANSPORTE INTERMUNICIPAL E INTERESTADUAL. PRODUÇÃO DE EMBALAGENS SOB ENCOMENDA PARA POSTERIOR INDUSTRIALIZAÇÃO (SERVIÇOS GRÁFICOS). AÇÃO DIRETA DE INCONSTITUCIONALIDADE AJUIZADA PARA DAR INTERPRETAÇÃO CONFORME O ART. 1º, *CAPUT* E § 2º, DA LEI COMPLEMENTAR 116/2003 E O SUBITEM 13.05 DA LISTA DE SERVIÇOS ANEXA. FIXAÇÃO DA INCIDÊNCIA DO ICMS E NÃO DO ISS. MEDIDA CAUTELAR DEFERIDA. Até o julgamento final e com eficácia apenas para o futuro (*ex nunc*), concede-se medida cautelar para interpretar o art. 1º, *caput* e § 2º, da Lei Complementar 116/2003 e o subitem 13.05 da lista de serviços anexa, para reconhecer que o *ISS não incide sobre operações de industrialização por encomenda de embalagens, destinadas à integração ou utilização direta em processo subsequente de industrialização ou de circulação de mercadoria. Presentes os requisitos constitucionais e legais, incidirá o ICMS.*[48] (Grifo nosso)

Ora, quando manuais, folhetos e outros impressos destinam-se à integração em processo industrial, a atividade realizada é industrialização por encomenda de manuais ou folhetos que são indissociáveis do produto industrializado.

Aqui temos a prevalência da mercadoria, por exemplo, dos manuais que acompanham os produtos eletrônicos comercializados pelos clientes da tomadora dos serviços. Diante disso, tem-se típico caso de "industrialização por encomenda" para compor o produto final, conforme a regra da finalidade e conforme as competências, logo, passível de tributação não cumulativa do ICMS e do IPI.

---

[48] MC na ADIn 4.389/DF, rel. min. Joaquim Barbosa, j. em 13.04.2011, DJe 24.05.2011.

A causa jurídica da contratação da gráfica, na situação ora examinada, é uma *obrigação de dar*, e não uma *obrigação de fazer*. É a obrigação de imprimir, em moldes industriais, os manuais, as revistas, os livros, o material didático ou as cartilhas. A efetiva prestação de serviços envolve o esforço humano e pessoal, como nos serviços de composição gráfica, fotocomposição, clicheria, zincografia, litografia, fotolitografia. Não há esforço humano, trabalho personalíssimo, mas a simples impressão de produtos em equipamentos industriais.

Conforme o artigo 156, III, da CF, compete aos municípios instituir impostos sobre serviços de qualquer natureza. O conceito de "prestação de serviços", como conceito de Direito Privado, é o núcleo material da competência tributária. Destarte, o sentido a ser atribuído ao termo juridicamente qualificado como *prestação de serviços*, pela Constituição, para o exercício de Competência dos Municípios, deverá ser aquele que a legislação de Direito Privado prevê.

No Direito Privado, o *contrato prestação de serviço* caracteriza-se pela presença dos seguintes elementos: (a) o prestador (ou devedor) que é contratado para prestar serviços, (b) o tomador (ou credor) em favor de quem o serviço é prestado; (c) o objeto, que é a prestação de serviços, trabalho ou atividade lícita, material ou imaterial e; (d) o pagamento de contraprestação. Note-se que não estão abrangidos na disciplina do Código Civil contratos sujeitos às leis trabalhistas ou a normas especiais.[49]

De se ver, a essência, o núcleo, de todos os serviços arrolados no item 13.05 da Lei Complementar 116/2003, é o "fazer", o "ato humano", o exercício *pessoal* de uma atividade, que pressupõe expertise do prestador, para ordenar meios para composição gráfica, fotocomposição, clicheria, zincografia, litografia, fotolitografia que envolvem conhecimentos específicos, artísticos e até mesmo artesanais.

A simples impressão, pois, não é serviço tributável pelos municípios, na medida em que não consta na lista anexa à Lei Complementar 116/2003, e, especialmente, porque o resultado é mera composição de bens que hão de se agregar aos produtos sujeitos à industrialização ou à comercialização.

---

[49] Código Civil: "Art. 593. A prestação de serviço, que não estiver sujeita às leis trabalhistas ou a lei especial, reger-se-á pelas disposições deste Capítulo."

A taxatividade da lista do ISS é uma garantia constitucional dos contribuintes contra o arbítrio e a insegurança jurídica de fundamental importância. Em vista disso, impõe-se conhecer a "causa" de cada ato ou negócio jurídico para bem classificar cada modalidade de "serviço", típico negócio jurídico, e, assim, saber se coincide ou não, quanto ao fim, ao propósito negocial, com aquele que se vê indicado no conceito-referente de "serviço" e no conceito-referido de cada "item" da lista.

Portanto, a interpretação ampliativa dos itens da lista de serviços anexa à lei complementar, de nenhum modo, desvela a possibilidade de equiparação da *impressão* realizada, em moldes industriais, com os serviços descritos no item 13.05 da Lei Complementar 118/2003, seja porque este não contém o vocábulo "congêneres", seja porque a impressão não é serviço pessoal e dissocia-se do núcleo material dos demais serviços ali arrolados. Ademais, enfrenta o obstáculo do conflito com o ICMS estadual ou o IPI federal, no que concerne à produção de bens por encomenda para integrar o "produto" destinado à circulação.

Na gráfica, quando ela realiza a impressão de material cuja composição é antecipada pelos clientes, não há esforço humano, não há expertise, ou pessoalidade. O "trabalho" é feito por máquinas industriais de impressão, com interferência humana mínima, unicamente com o objetivo de compartilhar atividades industriais voltadas para o resultado de composição de um produto, na forma de mercadoria. E, assim, mediante incidência do IPI e do ICMS, o resultado será tributado como parte do custo do produto, observado sempre o princípio da não cumulatividade.

O conceito de industrialização adotado pelo Código Tributário Nacional (CTN), no artigo 46, parágrafo único, prescreve que se considera *industrializado* "o produto que tenha sido submetido a qualquer operação que lhe modifique a *natureza* ou a *finalidade*, ou o *aperfeiçoe para o consumo*". É desta base que se deve partir quando se queira atribuir a condição de "industrialização" a qualquer operação com mercadoria, porquanto seja típica regra de norma geral em matéria de legislação tributária, relativamente ao fato gerador dos tributos (art. 146, III, *a*, da CF), vinculante para qualquer tributo, inclusive para o ISS e para o ICMS quando estes possam alcançar as referidas operações.

Destarte, defeso exigir-se o ISSQN de fato que não corresponde à prestação de serviços sujeitos à tributação pela Fazenda municipal, vedada que está a adoção da analogia para a exigência de tributos (CTN, art. 108). As normas de Direito Tributário, especialmente as dos impostos, caracterizam-se pela seleção de propriedades a partir de objetos sociais com relevância econômica, sob a forma de "conceitos fechados".

Nesse tipo de impressão por encomenda, tem-se ainda aquele caso no qual a gráfica recebe da editora das revistas, o projeto gráfico completo em arquivo digital — com a composição manual ou mecânica ajustada para impressão — e limita-se a imprimir os livros, revistas, materiais didáticos, cartilhas. Esta atividade, como foi observado acima, não se confunde com aquelas previstas no item 13.05 da Lei Complementar 116/2003 e, de outra banda, está abrangida pela imunidade aos livros e periódicos, o que alcança materiais didáticos, cartilhas e outros, como assentado na jurisprudência do STF (art. 150, VI, *d* da CF).

Como não poderia ser diferente, a atividade interpretativa das imunidades tributárias deve ser coerente com seus valores, na busca do efetivo caráter teleológico que elas desejam preservar.

A imunidade de que aqui tratamos está prevista no artigo 150, VI, *d*, da CF:

> Art. 150. *Sem prejuízo de outras garantias asseguradas ao contribuinte, é vedado à União, aos Estados, ao Distrito Federal e aos Municípios: (...)* "VI — instituir impostos sobre: (...) *"d) livros, jornais, periódicos e o papel destinado a sua impressão.*

As *informações* que se pretendem divulgar (i) — o conteúdo informativo —, cujos valores estão preservados constitucionalmente, fazem-se por meio dos suportes físicos utilizados para difundi-las: *livros, jornais e periódicos* (ii). A partir dessa separação, podemos averiguar até que limite o aspecto acidental do suporte utilizado para a propagação da informação não tem o condão de direcionar toda a demarcação de notas dos conceitos de "livro", "jornal" e "periódico".

Assim, presentes estes fundamentos, tanto o legislador quanto a autoridade administrativa não poderão deixar de reconhecer o direito ao gozo da imunidade, sob pena de incorrer em flagrante inconstitucionalidade; a qual também tem lugar, *caso seja permitida a imunidade quando as respectivas condições não sejam atendidas*, como virá demonstrado abaixo.

Os valores e direitos fundamentais protegidos pela norma imunizante estão estreitamente vinculados aos suportes de comunicação mencionados pelo artigo 150, VI, *d*, da CF e, assim, todos os materiais que possam cumprir as funções que visem a atingir os direitos e liberdades protegidos, deveras, em todas as suas etapas de produção e de comercialização, estarão amparados pela imunidade, como tem decidido o STF em ampla e consolidada jurisprudência.

Destarte, delimita-se o alcance da imunidade segundo os tipos de referibilidade, porquanto esta abrange *livros, jornais* ou *periódicos, apostilas, cartilhas* e outros tipos de materiais didáticos, ao longo de todas as suas etapas de produção e de comercialização, numa semântica de "livro", "jornal" e "periódicos", ao abrigo da norma imunizante, veiculada pelo artigo 150, VI, *d*, da CF. Neste contexto, as palavras "livro", "jornal" e "periódicos" devem ser entendidas em seu sentido lato.

Para fins da imunidade, considerem-se todos os objetos da espécie, que contêm os textos dos livros, jornais ou periódicos, amparados pelos valores constitucionais protegidos, a saber, todo o conjunto de preparação ou impressão dos livros, revistas, cartilhas, material didático. Assim, eventual incidência de ISS sobre estes recairia sobre o próprio veículo de comunicação, em afronta aberta ao disposto no artigo 150, VI, *d*, da CF, o que é repelido pela Constituição e por copiosa jurisprudência consolidada.

Portanto, a gráfica que imprima revistas, livros e periódicos, abrangidos pela imunidade do artigo 150, VI, *d* da CF não poderá sofrer a cobrança do ISS pretendido pelo município sobre estes serviços. Logo, defeso à administração reduzir o campo material da imunidade, a pretexto de estabelecer os tipos de livros ou periódicos sujeitos aos seus efeitos, como já decidiu o STF, no julgamento do RE 101.441-5-RS.

A SEGURANÇA JURÍDICA DO SISTEMA DE TRIBUTAÇÃO[50]

Diante do estado de insegurança permanente, que se verifica na aplicação do Direito Tributário, desvela-se a importância de uma teoria da segurança jurídica, não mais formal, como ao gosto de muitos, mas segundo parâmetros materiais de efetivação de princípios tributários, proteção da confiança e estabilidade sistêmica.

Por isso, ainda que a prática tributária dos entes federativos, empiricamente, deponha em contrário — com um verdadeiro "estado de exceção permanente", nas palavras de Gilberto Bercovici, distante da "normalidade" dos princípios —, nosso constitucionalismo orienta-se para um efetivo garantismo constitucional tributário.

A Constituição do Estado Democrático de Direito é um sistema de valores jurídicos. As regras que a compõem somente podem ser aplicadas nos estreitos limites dos valores que as densificam por meio dos princípios. Nessa linha de compreensão, o princípio constitucional do Sistema Tributário Nacional não tem simplesmente a função de coordenar o conjunto de todos os tributos em vigor. Vai muito além disso. Trata-se de um subsistema constitucional — da Constituição material tributária — dirigido à concretização das garantias e princípios constitucionais para proteção de direitos fundamentais ao tempo do exercício das competências materiais tributárias, tanto de instituição quanto de arrecadação dos tributos. E todo esse esforço tem como único propósito conferir segurança jurídica aos contribuintes em face do exercício do chamado "poder de tributar", assim entendido o plexo das suas competências.

---

[50] Artigo publicado em 12 de setembro de 2012.

Para Gustav Radbruch, a "segurança", *per se*, ao lado da "justiça" e da "liberdade", formam os valores clássicos do Direito de qualquer sociedade livre, justa e igualitária. Neste modelo, a segurança seria um subprincípio da Justiça, porque, dada a dificuldade para se fixar o "justo", ao menos deve-se procurar fixar aquilo que é "jurídico", como equivalente a "seguro".

Assume-se, assim, que o princípio-garantia de segurança jurídica do Sistema Constitucional Tributário qualifica-se tanto pelo seu aspecto formal, quanto pelo âmbito material, o que é uma das contribuições desse novo modelo aqui apresentado,[51] à luz dos valores do Estado Democrático de Direito.

A construção do princípio de segurança jurídica, para os fins deste estudo, em uma proposta funcional, define-se como princípio-garantia constitucional que tem por finalidade proteger direitos decorrentes das expectativas de confiança legítima na criação ou aplicação das normas tributárias, mediante certeza jurídica, estabilidade do ordenamento ou efetividade de direitos e liberdades fundamentais.

À luz do positivismo jurídico metódico-axiológico, compreende-se a segurança jurídica a partir do sistema jurídico segundo os valores institucionalizados e mediatizados por princípios, a permitir a abertura sistêmica para atualização e acomodação à realidade, ou, ainda, a incorporação institucionalizada de novos valores.

Não basta uma ordem objetiva de valores condensados em textos, princípios e programas normativos se estes não forem concretizados em cada caso. E compreender a Constituição como ordem de valores é aceitar uma concepção garantista de segurança jurídica quanto à efetividade dos direitos e liberdades que contempla.

O garantismo constitucional tributário, assim, desvela-se do compromisso da Constituição do Estado Democrático com a concretização da ordem axiológica ao longo de todo o Sistema Tributário, cogente para os atos de aplicação material dos tributos.

---

[51] Esta proposta foi desenvolvida na nossa obra *Direito constitucional tributário e segurança jurídica: metódica da segurança jurídica do Sistema Constitucional Tributário*. 2ª edição, São Paulo: Revista dos Tribunais, 2012.

Princípios são normas jurídicas que prescrevem condutas com preferência de valores vinculantes para todo o sistema jurídico, com ou sem limitação a específicas regras ou subsistemas, que obrigam ao máximo de observância e efetividade e vedam qualquer conduta em sentido contrário ao seu conteúdo essencial.

Não basta, pois, que o conteúdo essencial seja devidamente delimitado. Esse é um passo importante na efetividade da garantia de segurança jurídica dos princípios, quanto à aferição da "certeza" do seu conteúdo e, por conseguinte, à compreensão do âmbito material possível de otimização. Ademais, a cada ato de aplicação do Direito Positivo, deve-se promover sua "concretização".

Os valores devem ser concretizados. Como finalidade das normas jurídicas, cabe ao intérprete dirigir a aplicação das normas segundo os valores que a sociedade quer ver concretizados, como ressalta Christophe Grzegorczyk, nos termos da Constituição e das leis de todo o ordenamento jurídico.[52]

A segurança jurídica como garantia dos princípios é um traço marcante do constitucionalismo do Estado Democrático de Direito, e essa garantia efetiva-se, como método preponderante, pela concretização dos princípios, na sua máxima observância ou "otimização" na aplicação e criação das "regras" *stricto sensu*; e, como método complementar, limitadamente aos casos de "colisão" de princípios, diante de casos concretos, e nunca *in abstracto*, quando pode até justificar-se o sopesamento.

A maior virtude da teoria de Robert Alexy[53] está em destacar os princípios como mandamentos de otimização, porque determinam

---

[52] "Par conséquent, on ne peut faire de la notion de justice la finalité du droit, sans ajouter que le 'sien' qui apparaît dans la formule que nous venons de citer signifie 'conforme aux valeurs reconnues au sein d'un groupe social régi par le droit.'" (GRZEGORCZYK, Christophe. *Théorie générale des valeurs et le droit: Essai sur les prémisses axiologiques de la pensée juridique*. Paris: LGDJ, 1982, p. 268).

[53] Robert Alexy considera que toda norma ou é uma regra ou é um princípio e a distinção entre estes é qualitativa e não de grau. Por isso, assim define: "Princípios são normas que ordenam que algo seja realizado na maior medida possível dentro das possibilidades jurídicas e fáticas existentes. Princípios são, por conseguinte, mandamentos de otimização, que são caracterizados por poderem ser satisfeitos em graus variados e pelo fato de que a medida devida de sua satisfação não depende somente das possibilidades fáticas, mas também das possibilidades jurídicas. O âmbito das possibilidades jurídicas é determinado pelos princípios e regras colidentes." (ALEXY, Robert. *Teoria dos direitos fundamentais*. Tradução de Virgílio Afonso da Silva. São Paulo: Malheiros, 2008, p. 90).

a realização das condutas reguladas segundo suas melhores possibilidades fáticas e jurídicas. Esta é uma contribuição definitiva para o Direito e que se integra a toda e qualquer hipótese de concretização dos princípios jurídicos. Diversamente, porém, insistimos que a concretização da norma-princípio não está vinculada propriamente a fins, mas ao valor por esta veiculado.

É inegável que a segurança jurídica e suas garantias derivadas, como proibição de excesso, proporcionalidade, razoabilidade, acessibilidade e confiança legítima, configuram-se como típicas garantias asseguradas aos contribuintes, as quais, ainda que não expressamente discriminadas, constituem-se em modalidades de "limitações constitucionais ao poder de tributar" e, por conseguinte, acomodam-se ao conjunto das regras de identidade do sistema constitucional, como expressões de cláusulas pétreas, protegidas pelo artigo 60, parágrafo 4º, "a", da CF.

A titularidade dos direitos subjetivos fundamentais corresponde aos mesmos efeitos de direitos fundamentais. Poder-se-ia dizer que postular um direito fundamental seria o mesmo que reclamar sua concretização. Entretanto, referir o direito subjetivo fundamental equivale a um efeito mais abrangente, como tutela jurídica para preservação de direitos ou liberdades fundamentais violados.

Quando descumpridos, os direitos fundamentais geram em favor dos seus destinatários, como observa Gregório Robles: "autênticos direitos subjetivos que o ordenamento jurídico distingue dos direitos subjetivos ordinários mediante um tratamento normativo e processual privilegiado". Nesse passo, essas regras atingem sua máxima eficácia de concretização, sob a forma de típico direito subjetivo fundamental em favor do contribuinte. Em qualquer ato do procedimento administrativo, o titular de direitos subjetivos fundamentais pode fazer valer sua pretensão de concretização de direitos e liberdades fundamentais.

É sempre importante lembrar que os direitos e liberdades fundamentais possuem uma dimensão positiva (eficácia asseguradora), mas também uma dimensão negativa (eficácia de bloqueio), de típico direito de defesa do indivíduo contra qualquer ato estatal contrário à concretização dos direitos, ao que se emprega a teoria dos direitos subjetivos fundamentais. Não basta, pois, que a Constituição consagre direitos se o esforço pela sua efetivação não se veja coerente com os valores constitucionais.

Destarte, para calibrações e balanceamentos necessários, com vistas à estabilidade do sistema jurídico, cabível recorrer às "correções" sistêmicas disponíveis, a saber:

> (a) para o controle de restrições infraconstitucionais a direitos e liberdades desnecessárias ou gravosas, deve ser o emprego da proporcionalidade;
> (b) tratando-se de excesso do meio utilizado, como norma geral ou abstrata infraconstitucional, mas também como norma individual e concreta, nos casos de aplicação administrativa ou judicial do direito, cabe a proibição de excesso ante qualquer outro método; e
> (c) nas hipóteses em que se mostre imperioso adequar o equilíbrio entre a situação de fato e as normas jurídicas, a "norma de decisão" pode ser "construída" segundo o parâmetro de aplicação da razoabilidade.

Assim, fixamos nossa preferência por considerar a proporcionalidade como "princípio" enquanto modalidade de garantia constitucional, ainda que implícita, que tem por finalidade servir como controle de aplicação de restrições infraconstitucionais a direitos e liberdades fundamentais. A implicitude não prejudica a proporcionalidade na sua natureza normativa ou na eficácia jurídica de princípio.[54]

No plano estritamente constitucional, a razoabilidade é típica garantia contra o arbítrio ou discriminações. Integra-se, pois, à hermenêutica constitucional, enquanto garantia de estabilidade do próprio sistema.

Por fim, à proibição de excesso cabe a função de servir como bloqueio axiológico aos excessos oriundos do arbítrio, da escolha do meio mais gravoso ou de qualquer lei ou ato administrativo ou judicial que supere os limites do suportável, e suas repercussões em matéria tributária podem tanto decorrer de normas gerais e abstratas quanto de normas individuais e concretas, nos múltiplos atos de aplicação dos

---

[54] Cf. SARLET, Ingo Wolfgang. *A eficácia dos direitos fundamentais*, 10ª ed. Porto Alegre: Livraria do Advogado, 2009, p. 86.

tributos. Decorre da necessidade de se estabelecer até onde o ato estatal poderá ir sem que, com seu agir material ou normativo, possa incorrer na afetação da esfera privada, mediante aplicação de restrição ou extinção de direito, como a vedação de uso de efeito confiscatório na aplicação dos tributos, dentre outros.

Em conclusão, ao final do procedimento de concretização (aplicação), ter-se-á sempre uma regra de conduta, apurada segundo os textos, regras e princípios que concorrem para sua formação. Infelizmente, a dificuldade de compreender esse modelo de aplicação das normas como "produto" de um "processo" (a partir da enunciação do texto normativo) leva à diferenciação entre regras e princípios como algo estanque, como se fosse possível a interpretação-construção das "regras" separadamente de uma interpretação dos "princípios". Uma fonte de equívocos, à semelhança da hipótese de "ponderações de princípios" *in abstracto*, como muitos defendem, sem dar-se conta da gravidade dos arbítrios que sugerem, numa afirmação de preferências individuais. Numa síntese de princípio-garantia, a segurança jurídica encontra-se enucleada na Constituição com a força de um princípio-síntese, construído a partir do somatório de outros princípios e garantias fundamentais, e cuja efetividade constitui-se no próprio fundamento do Estado Democrático de Direito, como Estado dos direitos.

SISTEMA DE ICMS É O ALGOZ DO NOSSO DESENVOLVIMENTO[55]

Nelson Rodrigues tem uma frase primorosa e que bem representa nossas circunstâncias: "*O subdesenvolvimento é uma obra de séculos.*" Diante das variações de previsão do PIB para este ano, projetado inicialmente para algo superior a 5%, e que nos chega agora próximo de 1,5%, são muitas as causas concretas para essa debacle, e, dentre outras, está a enorme dificuldade do convívio dos sistemas produtivo, financeiro e mercantil com a nossa caótica realidade tributária. O desestímulo e a falta de previsibilidade são as suas marcas.

A dificuldade que persiste para iniciar empreendimentos, assegurar a continuidade de investimentos e a completa ausência de previsibilidade sobre regras e condutas administrativas tributárias, em conjunto, repercutem fortemente sobre a economia. Perdemos espaço na ordem mundial por falta de uma reforma desse sistema deteriorado, pela incompetência generalizada em oferecer estabilidade na aplicação do Direito existente, além de confiabilidade, simplificação e previsibilidade para o futuro da carga tributária, dos regimes de estímulos e dos controles existentes. Nesse particular, os estados, com seus desastrosos sistemas de ICMS, são verdadeiros algozes do nosso desenvolvimento.

Assim, a insegurança jurídica coopera com a obra magnífica de não se acompanhar o desenvolvimento econômico que se projeta. Ademais, no Brasil, os "fins" (arrecadação a qualquer custo) justificam os "meios" (com adoção de qualquer procedimento, qualquer argumento, qualquer

---

[55] Artigo publicado em 31 de outubro de 2012.

forma). E o mais representativo desse estado de coisas encontra-se nos modelos estaduais de multas excessivas, tanto no quantitativo quanto nos motivos para sua cobrança. Não há razão para tanta gravosidade generalista e desprovida de exame da conduta dos contribuintes, como a boa-fé, o erro escusável ou a falta de prejuízo ao erário.

Não seria exagero dizer que os estados, hoje, financiam-se mais com multas desarrazoadas e vergonhosamente excessivas (como aquelas de 80% ou de 50% sobre o valor da "operação"), juros de mora extorsivos (Selic adicionada de outros percentuais), créditos não devolvidos e garantias desmedidas, do que com o próprio tributo. Autuações a qualquer custo, ainda que descabidas, não importam. Os fins justificam os meios.

Tomemos aqui como demonstração desse modelo desvirtuado algo que não é exceção, mas regra, do inferno gerado pelas atuações fundadas em controles sobre inscrição estadual no Sintegra de compradores ou vendedores. Nestes, os contribuintes são obrigados ao controle da situação ativa e regular das inscrições estaduais, vedada a venda ou compra de mercadoria, pelas legislações estaduais, com quem não esteja ativo e regular. Poderíamos falar ainda dos excessos nos controles com operações "FOB" ou nos controles de notas canceladas, mas fiquemos naquele.

O leitor, que pouco conheça como essas autuações operam, e as razões de nossas críticas, poderá imaginar que efetuado o controle para realizar a venda ou a compra (o que já é de discutível constitucionalidade), esgotar-se-ia o dever do paciente contribuinte. Mas não. Os estados autuam até mesmo naquelas hipóteses em que vendedor ou adquirente requer, sem qualquer conhecimento do contribuinte, e nem precisaria, *baixa retroativa de inscrição estadual*. Sim, eu sei que não se pode exigir de adquirentes de mercadorias que, ao tempo dos fatos das operações, identificaram as inscrições como "ativas" e "regulares", que permaneçam, mês a mês, dia a dia, *ad futurum*, a buscar saber se haverá, em algum momento, "baixa retroativa" das inscrições dos seus clientes ou fornecedores.

As obrigações acessórias ou deveres instrumentais têm função bem definida no âmbito do Direito Tributário. Servem à finalidade de permitir a fiscalização e arrecadação tributária. São *instrumentos* para que o Fisco acompanhe as atividades que envolvam a realização de *fatos imponíveis* (*fatos geradores* in concreto), a fim de garantir a arrecadação.

Ora, a imposição de deveres instrumentais, assim como das respectivas sanções pelos seus descumprimentos, deve estar em conformidade com os princípios constitucionais, dentre outros, a legalidade, a segurança jurídica, o não confisco, a razoabilidade, a proporcionalidade e a moralidade administrativa.

Esses deveres instrumentais não podem ser desvirtuados pela Fiscalização a ponto de as respectivas sanções (em geral, bastante onerosas ao contribuinte) serem transformadas no objetivo precípuo da arrecadação, como modalidade preponderante de receitas tributárias.

A exigência do dever de verificar a regularidade das inscrições fiscais do vendedor ou comprador de mercadorias, do nosso exemplo, deve prestar-se para aferir a repercussão sobre possível impacto no controle de créditos ou de ICMS devido.

Implica violação ao princípio da segurança jurídica, da boa-fé, da confiança legítima e da moralidade administrativa, a imposição de penalidade a contribuinte que cumpriu sua obrigação acessória, ao confirmar o estado da inscrição estadual do alienante na data da aquisição de mercadorias, ainda que se tenha verificado posterior baixa da inscrição estadual com efeitos retroativos. Igualmente e com maior razão, o adquirente de boa-fé, que *pagou o ICMS devido nas etapas anteriores*, não pode ser responsabilizado por irregularidade decorrente da baixa da inscrição estadual do alienante, com efeitos retroativos.

E são tão frequentes esses atabalhoados exageros que o STJ já decidiu, em múltiplas ocasiões, pelo afastamento dessas sanções, como exemplo:

> *À época da transação, o comprador estava regularmente cadastrado e, se posteriormente foi constatada irregularidade na sua constituição, não pode o vendedor, que realizou a transação de boa-fé, emitindo nota fiscal de produtor para fazer acompanhar a mercadoria, ser responsabilizado.*[56]

Como se depreende, o STJ afasta a responsabilidade tributária por infrações quando sua aplicação tem como motivo irregularidade poste-

---

[56] REsp 602.325/SP, rel. min. José Delgado, j. 16.03.2004, Primeira Turma, DJ 10.05.2004.

rior da empresa controlada nas suas informações fiscais, em atenção aos princípios de proteção da confiança e da segurança jurídica. Assegura, pois, o limite do controle aos dados disponíveis ao tempo da operação.[57]

E como esses autos de infração "valiosos" passam a compor as contas de "passivo" tributário estatal, toda a Administração Tributária assume sua defesa como ao amparo de uma espécie de *princípio de salvabilidade (a qualquer custo) do auto de infração*". Com isso, ainda que totalmente indevido, o contribuinte vê-se aturdido por múltiplos mecanismos de garantia ou de "pressão fiscal", como perda do direito às certidões negativas, de contratação com a Administração Pública, ameaças de condenações penais e outros. Tudo a levar o contribuinte ao pagamento da exação, ainda que indevida.

Esses supostos descumprimentos dos deveres instrumentais geram gravames que contrariam frontalmente o princípio da proibição de excesso, com multas exigidas com maior rigor que a própria obrigação tributária. É o caso da incompreensível multa de *30% do valor da operação*, do estado de São Paulo, por qualquer tipo de descumprimento de obrigação acessória, que é mais onerosa do que a multa devida pelo não pagamento do ICMS (80% sobre o tributo devido).

As sanções pelo descumprimento de deveres instrumentais têm função repressiva e sancionatória, para punir e desestimular a prática de atos evasivos, no entanto, não podem servir como fonte de receitas tributárias, em substituição à arrecadação dos impostos.

A imposição de multas abusivas, sobretudo se decorrentes da inobservância de deveres instrumentais, viola frontalmente os princípios administrativos da razoabilidade e moralidade e do não confisco. É chegado o tempo de revisão integral desses excessos de multas. Em nenhum lugar do mundo persistem sanções tão gravosas. São remanescentes dos tempos de inflação galopante e incontrolável. Nos dias atuais, isso não mais se justifica.

---

[57] REsp 112.313/SP, rel. min. Francisco Peçanha Martins, j. 16.11.1999, Segunda Turma, DJ 17.12.1999. REsp 122.553/SP, rel. min. João Otávio de Noronha, j. 16.11.2004, Segunda Turma, DJ 21.03.2005. REsp 175.204/SP, rel. min. José Delgado, j. 22.09.1998, Primeira Turma, DJ 23.11.1998. REsp 189.428/SP, rel. min. Humberto Gomes de Barros, j. 09.11.1999, Primeira Turma, DJ 17.12.1999. REsp 90.153/SP, rel. min. José Delgado, j. 26.11.1996, Primeira Turma, DJ 16.12.1996.

O artigo 112 do CTN, alinhado com os fundamentos constitucionais da pessoalidade das sanções, estabelece que, em caso de dúvida, a lei tributária deverá ser interpretada de modo favorável ao contribuinte, especialmente quanto à natureza ou às circunstâncias materiais do fato, ou à natureza ou extensão de seus efeitos (II) e à natureza da penalidade aplicável, ou à sua graduação (IV), ademais da capitulação legal do fato (I) e da autoria, imputabilidade, ou punibilidade (III). Por conseguinte, a necessidade de identificar-se a natureza ou extensão dos efeitos do fato ilícito, da graduação da penalidade aplicável, da capitulação legal do fato ou da punibilidade vincula-se pelo artigo 112 do CTN, que determina que a lei tributária deverá ser interpretada de modo favorável ao contribuinte. Não se diga, pois, que sempre há de prevalecer o artigo 136, do CTN, quanto à objetividade das sanções.

A atuação da Administração Tributária não pode desconsiderar a conduta de boa-fé do contribuinte e deve seguir o preceito entabulado pelo artigo 112, do CTN, norma geral vinculante para a aplicação da legislação tributária, além das garantias constitucionais, como tem reiteradamente decidido o próprio STJ. Tanto mais quando o contribuinte controla dados dos seus clientes ou fornecedores em conformidade com as informações geradas por cadastro gerado e alimentado pela própria Fazenda Pública, disponível ao tempo das operações, os quais davam como ativas e regulares as inscrições estaduais.

De outra banda, as divergências ou inconsistências de informações não podem gerar, por si só, punições do contribuinte se este promove os atos necessários ao pleno esclarecimento e nenhum prejuízo se evidencia para a Fazenda Pública.

A vedação ao efeito de confisco em matéria tributária é princípio constitucional que exige concretização, como o STF já assinalou nas mais diversas decisões nas quais considerou sempre sua aplicação às multas, como exemplo:[58]

> *ICM. Redução de multa de feição confiscatória. Tem o STF admitido a redução de multa moratória imposta com base em lei, quando assume ela, pelo seu*

---

[58] AI 482281 AgR/SP, Ag.Reg. no Agravo de Instrumento, relator: min. Ricardo Lewandowski. Julgamento: 30/06/2009. Órgão Julgador: Primeira Turma, DJe-157.

montante desproporcionado, feição confiscatória. Dissidio de jurisprudência não demonstrado. Recurso extraordinário não conhecido.[59]

Portanto, a imposição de multa equivalente a 30% do valor da operação, quando não há imposto a pagar e o respectivo descumprimento evidencia-se a partir de meros erros escusáveis, que não trazem prejuízo ao Fisco, e mormente por fatos futuros ao fato jurídico tributário da obrigação acessória, afronta os princípios de *proibição do excesso* e da *proporcionalidade*, o que nos dias atuais requer repúdio, pela vedação de se *utilizar tributo efeito de confisco*, prevista no inciso IV, do artigo 150, da CF, o que se estende às multas.

Não percebem, os insaciáveis fiscos estaduais e suas fiscalizações que assim operam, o mal que geram para a ordem econômica, o desestímulo que isso promove sobre os bons contribuintes que buscam, a duras penas, cumprir a miríade de controles e obrigações acessórios transferidos, sem cerimônia, pela Administração aos particulares.

Como alude Klaus Tipke, "A insegurança institucional do Direito Tributário, a insegurança no planejamento, a permanente mudança de condições prejudicam a eficiência da economia nacional, sem que com isso se acrescente um único *cent* à receita fiscal".[60] Diz ele, com isso, que os tributos são o preço da proteção do Estado, para segurança institucional, necessária para a economia, na medida em que a tributação é participação na propriedade privada. A insegurança institucional da tributação engendra insegurança na economia como um todo, ao mesmo tempo em que transmite ao contribuinte a sensação de que a imposição se deixa arbitrariamente manipular, sem critérios racionais.

O Estado de Direito material requer justiça e, ao mesmo tempo, que a liberdade seja respeitada pela tributação. Diga-se o mesmo quanto à realização concreta dessa justiça, na determinação exata dos efeitos dos atos praticados pelos contribuintes no cumprimento das suas

---

[59] RE 91707/MG, Recurso Extraordinário, relator: min. Moreira Alves. Julgamento: 11/12/1979. Órgão Julgador: Segunda Turma, DJ 29-02-1980. P. 975.
[60] TIPKE, Klaus; LANG, Joachim. *Direito Tributário*. Tradução de Luiz Dória Furquim. Porto Alegre: Fabris, 2008, v. 1, p. 56.

obrigações acessórias. Destarte, à *proibição de excesso* cabe a função de servir como bloqueio axiológico aos excessos oriundos do arbítrio, da escolha do meio mais gravoso ou de qualquer lei ou ato administrativo que supere os limites do suportável. Esse é o motivo pelo qual sanções tributárias devem ser objeto de urgente reforma tributária, à luz dos valores constitucionais. As autuações fiscais não podem deixar de observar a boa-fé, a ausência de prejuízos ao erário e o exame da correção no cumprimento das obrigações, numa praticabilidade coerente com os ditames da *eficiência da boa administração privada dos interesses fazendários* (decorrência da transferência de suas funções de controle).

É DIFÍCIL DECIDIR ENTRE MANTER E MUDAR A LEGISLAÇÃO[61]

Em matéria tributária, passe o truísmo, legisla-se muito e legisla-se mal. Apesar de ser uma constatação empírica, é reveladora do estado de coisas no qual a qualidade da legislação é evidente fator de *insegurança jurídica*. Eis por que a produção normativa não pode deixar de ser examinada ao longo de um estudo sobre a causa e soluções para a *insegurança* no âmbito do sistema tributário, em virtude das dificuldades que uma legislação excessiva, casuística, imprecisa e de precária técnica podem gerar para a interpretação jurídica.

Dieter Grimm indaga sobre se o excesso de legislação pode mesmo ser contido:

> Uma exigência hoje da aprovação geral é aquela por menos leis. O excesso de normas é objeto de reclamação geral, mas pouco se muda. Aparentemente, a aprovação é mais fácil de ser obtida do que uma mudança de condições.[62]

Esta constatação advém até mesmo do modo como o povo encara a atividade do Parlamento. Tem-se sempre a falsa impressão de que o Legislativo só "funciona" se efetuar a produção (reprodução, modificação, inovação) maciça de textos normativos, seja qual for a matéria. Por isso, estancar esse processo é algo bastante improvável.

Daí Dieter Grimm concluir que "só será possível dizer se há esperança em se conter o excesso de normas que hoje inegavelmente existe

---

[61] Artigo publicado em 28 de novembro de 2012.
[62] GRIMM, Dieter. *Constituição e política*. Trad. Geraldo de Carvalho. Belo Horizonte: Del Rey, 2006. p. 140.

se conhecermos suas causas".⁶³ Em matéria tributária, ao menos, isso se explica pela impaciente sucessão de verdadeiros "testes" de regimes tributários ou burocráticos,⁶⁴ em uma frenética necessidade de controle da vida econômica e financeira dos contribuintes, afora periódicas reformas paliativas que não logram resultados esperados ou o esperado aumento de arrecadação para o Fisco.

A cada dia torna-se menos provável o desgastado adágio *Nemo legem ignorare consetur*.⁶⁵ O excesso de leis leva à complexidade do sistema tributário, com ampliação das dificuldades de acesso de toda espécie.⁶⁶ A ob-

---

⁶³ Idem, p. 142.

⁶⁴ Ainda que isso não seja algo de todo mal, a depender da situação. "Après avoir constaté que les deux causes qui permeuent d'expliquer le développement de la politique d'expérimentation en France sont le constat de la dégradation de la qualité formelle du droit et sa capacité à assurer par anticipation la qualité de l'action normative par la prise en compte de ses effets, celui-ci indique en effet que l'expérimentation permet de remédier à la mauvaise qualité des textes et à leur instabilité croissante, et que le recours à l'expérimentation, en tant que procédé scientifique, est censé exclure toute part d'improvisation et d'arbitraire dans l'élaboration du droit. (...) L'expérimentation participe donc de la rationalisation de la production normative et permet d'améliorer non seulement la qualité de l'action normative, mais aussi la qualité des normes elles-même. Elle se révèle donc facteur de sécurité juridique" (Valembois, Anne-Laure. La *constitutionnalisation...* cit., p. 445).

⁶⁵ Críticas não faltam a esse modelo de pensamento, como a de Costa Martinez, ainda que afirmada há quase um século: "Es sabido que uno de los más firmes sostenes de las sociedades civilizadas viene siendo, desde hace más de dos mil años, una presunción juris et de jure que constituye un verdadero escarnio y la más grande tiranía que se haya ejercido jamás en la historia: esa base, ese cimiento de las sociedades humanas es el que se encierra en estos dos conocidos aforismos, heredados de los antiguos romanistas: 1º A nadie le es permitido ignorar las leyes (nemini licet ignorare jus): 2º En su consecuencia, se presume que todo el mundo las conoce, por lo cual, aunque resulte que uno las ignoraba, le obligan lo mismo que si las hubiese conocido (nemo jus ignorare censetur; ignorantia legis neminen excusat). Esta presunción se mantiene á sabiendas de que es contraria á la realidad de las cosas; á sabiendas de que es una ficción, á sabiendas de que es una falsedad, á sabiendas: Primero: de que nadie conoce todo el derecho, de que sólo una insignificante minoría de hombres sabe una parte, y no grande, de las leyes vigentes en un momento dado; Segundo: de que es imposible que la mayoría, y aun esa minoría misma, las conozca todas; y Tercero: de que la presunción conforme á la verdad de los hechos, conforme por tanto á la razón, á la justicia y á la lógica sería cabalmente la inversa, que nadie conoce las leyes como no se pruebe lo contrario" (Costa y Martínez, Joaquín. *El problema de la ignorancia del derecho y sus relaciones con el status individual, el referendum y la costumbre*. Madrid: Civitas, 2000, p. 31; Cf. Piazzon, Thomas. *La sécurité juridique*. Paris: LGDJ, 2009, p. 202).

⁶⁶ A profusão de textos normativos é um mal a ser evitado, como bem observa García de Enterría: "Ese tipo de producción masiva de Derecho afecta gravemente al propio

servância da legislação tributária assumiu proporções de complexidade e de inacessibilidade cognitiva de tal ordem que muitos contribuintes não conseguem cumprir todas as exigências fiscais sem que suportem custos vultosos de assessoria jurídica e contábil para acompanhamento das modificações e dificuldades hermenêuticas de todo tipo.

A inflação legislativa, por si só, prejudica o acesso intelectual ao Direito e, com isso, concorre para o aprofundamento da insegurança jurídica. Chega a ser redundante dizer dos problemas daí insurgentes. De plano, afeta gravemente a igualdade entre os destinatários. Basta pensar nos elevados custos para manter a gestão da legislação e do seu cumprimento e da diferença de reação ao cumprimento das obrigações tributárias entre aqueles que dispõem de um corpo técnico dedicado a estas tormentas legislativas e os que são auxiliados por profissionais esporádicos e pouco qualificados. Ora, quando estas são fiscalizadas e punidas por descumprimento de obrigações formais e de outros reflexos, não sendo admissível a alegação de erro escusável ou ignorância da lei, já se vê o quanto a igualdade sofre com o excesso de legislação e de burocracia, esse lugar tão comum no Direito Tributário. E o legislador tem consciência dessa realidade. Regimes como o Simples são uma tentativa de resposta, nem sempre suficiente, a estas demandas de segurança jurídica pela simplificação e pela estabilidade normativa.

É sobremodo difícil a decisão entre manter textos normativos experimentados pelo cadinho do tempo, pelos quais planejamentos ou organizações de negócios foram perpetrados, e definir sua renovação ou introdução de textos normativos novos, sobre o mesmo conteúdo material ou quantitativo. O comando sistêmico orientado pelo princípio de segurança jurídica recomenda mudanças e adaptações legislativas de aprimoramento dos distintos regimes jurídicos dos tributos, mas sem precipitações ou proximidades quanto às decisões de sucessivos agravamentos das situações jurídicas.

---

basamento del sistema jurídico y a sus dos valores centrales, la justicia y la seguridad jurídica, he aquí que la multiplicidad de las normas nos ha forzado, paradójicamente, a volver los ojos a los métodos precodificadores de la jurisprudencia" (García de Enterría, Eduardo. *Justicia y seguridad jurídica en un mundo de leyes desbocadas*. Navarra: Cuadernos Civitas, 2006, p. 12).

Chamamos *segurança jurídica funcional ou por estabilidade* à garantia contra mudanças repentinas e bruscas das situações juridicamente qualificadas e que trazem prejuízos, afetações a posições jurídicas ou à proteção de confiança legítima.

A segurança jurídica não pode, entretanto, ser vista como fonte de imobilismo ou rigidez, fundada na tradição legislativa ou jurisprudencial, que não favorece avanços ou acompanhamento das mutações do *mundo da vida* (Habermas), o que pode induzir o sistema jurídico a patrocinar injustiças severas, pelo descompasso entre Direito e realidade, ademais da própria ineficácia do Direito Positivo. Mudanças e inovações acrescem complexidade material e temporal, com instabilidade no sistema, a exigir mutações normativas para a adaptação e efetividade do acoplamento sistêmico entre Direito e sociedade.

A estabilidade deve ser vista como preservação de posições jurídicas contra modificações bruscas e inopinadas, um estado de confiança que o Direito deve proteger, como alude Heinrich Henkel, ao pôr em relevo o que denomina de *"interés en la permanencia del Derecho"*, como eficácia do ordenamento para garantir que as situações jurídicas, uma vez estabelecidas, persistam constituídas, não obstante modificações posteriores dos textos normativos. De fato, a segurança jurídica não pode levar o ordenamento a uma densa fixidez, pois isso poderia causar a própria insuficiência do ordenamento na regulação de condutas e adequação aos câmbios sociais.

A garantia contra mudanças frequentes da legislação tem sua relevância, não bem como expressão do princípio de não surpresa, mas como forma de proteção dos planejamentos e das organizações de negócios ou atividades dentro de um espaço predefinido de impacto tributário. Investimentos de longo prazo, geralmente estimulados por políticas públicas de infraestruturas e outros, são exemplos de casos nos quais o contribuinte formula expectativas de organização com base numa certa situação jurídica. A revogação ou alterabilidade contínua de legislações para o futuro são igualmente gravosas à segurança jurídica.

Em matéria tributária, é parte das máximas corriqueiras ouvir dizer que *imposto velho é imposto bom*.[67] Trata-se de assertiva de duvidosa

---

[67] René Stourm faz eloquente defesa pelos impostos testados pelo tempo e conformados pela prática e pelos muitos testes de apuração da técnica: STOURM, René. *Le bud-*

comprovação fundada em empirismo pouco aconselhável. Basta lembrar o Imposto do Selo, de existência quase secular, que a Reforma Tributária da Emenda Constitucional 18/65 tratou de afastar, pelos mais variados motivos, e especialmente pelo seu caráter cumulativo.

Quanto à permanência dos textos normativos, Helmut Coing observou, com propriedade:

> Lo que subsiste durante mucho tiempo tiene para el hombre un carácter de seguridad digna de confianza, y es precisamente aquello que busca en el derecho. Cuanto más duradera es la persistencia de un derecho, tanto más capaz será de realizar su tarea de dar seguridad jurídica, tanto más seguros se sentirán los hombres bajo su protección. Un derecho apenas nacido, no es, por así decirlo, derecho; sólo lo que existe desde hace generaciones se siente realmente como orden duradero.[68]

Não obstante a visão ontológica da noção de "direito", essa assertiva de Coing conta com nossa concordância; cabível ponderar apenas pelo cabimento da substituição de textos normativos mais antigos por outros tecnicamente melhores, atualizados segundo o campo de aplicação (veja-se o caso das leis relativas ao Imposto sobre a Renda), ou após uma severa mudança de outros textos normativos de base (do Código Civil, por exemplo), quase que uma imposição de melhoria sistêmica, de modo a eliminar regimes superados ou substituí-los por meios mais adequados. Em síntese, se o novo é bom, o velho, pela redução de conflitos e previsibilidade, pode ser melhor,[69] como forma de acautelar o sentimento de insegurança decorrente de contínuas mudanças.

---

get, 7ª ed. Paris: Librarie Felix Alcan, [s.d.]; com longa crítica: SCHNEIDER, Edgar Luiz. *Do imposto sobre vendas*. Porto Alegre: Livraria do Globo, 1938, pp. 9-12, tese de cátedra para Ciências das Finanças, na Faculdade de Direito da antiga "Universidade de Porto Alegre".

[68] Coing, Helmut. *Fundamentos de filosofía del derecho*. Trad. Juan Manuel Mauri. Barcelona: Ariel, 1961, p. 41. Aulis Aarnio é de mesmo entendimento: "Otra condición necesaria del derecho es que las normas tengan durabilidad temporal, es decir, que el contenido de las normas jurídicas no debe cambiar continuamente y al azar." (AARNIO, Aulis. *Lo racional como razonable: un tratado sobre la justificación jurídica*. Madrid: Centro de Estudios Constitucionales, 1991, p. 76).

[69] PIAZZON, Thomas. *La sécurité juridique*. Paris: LGDJ – Defrénois, 2009. p. 199.

Dentre outras afetações à função de estabilidade da certeza jurídica, a proliferação de textos normativos é, de longe, o mais grave dos problemas de segurança jurídica. Recorde-se aqui a sempre atual advertência de Tácito: *corruptissima respublica plurimae leges*. Esse fenômeno agrava-se pelas dificuldades que se assomam à aplicação, como controle de hierarquia dos textos, de antinomias e da própria determinação das condutas reguladas.

O Estado de Direito sempre conviveu com a ideia de que a legislação seria meio de preservar a liberdade contra o arbítrio. Dada a qualidade normativa do Direito vigente, esse ideal parece cada vez mais distante, com abertura para um excesso de legislação que não se vê acompanhado de melhoria das relações jurídicas ou sociais e de maior previsibilidade.[70]

É certo que a anomia ou um ordenamento repleto de lacunas afetam a segurança jurídica, mas o aumento da quantidade de legislação tampouco é presságio de eficiência e boa qualidade do ordenamento jurídico. Os textos numerosos, detalhados e frequentemente cambiantes colidem com os ideais de estabilidade do ordenamento, e perdem, progressivamente, as características objetivas que as leis devem acolher, na generalidade e abstração que os caracterizam. O excesso legislativo torna o Direito mais instável e imprevisível e, assim, menos acessível, sem que isso resulte em qualquer vantagem imediata para os contribuintes ou para a sociedade.

A comunicação interna intertextual não é coerente com mudanças repentinas e sucessivas, pois isso pode levar o sistema à exaustão regulatória ou sua ininteligibilidade. Como argutamente nos fala Nelson Saldanha, "a ordem jurídica constitui uma sistematização de relações, tornadas inteligíveis".[71] Sem que se permita o acesso cognitivo, a

---

[70] "Muitas vezes o excesso de legislação ou exaltação das funções dos corpos legislativos produz fenômenos de verdadeira trepidação, de turbamento e de confusão das consciências e das atividades. Acertar com a adoção de nova medida é o maior dos bens sociais." (Pontes de Miranda, Francisco C. *Sistema de ciência...* cit., 207. Cf. *Fagundes*, M. Seabra. *O controle dos atos administrativos pelo poder judiciário*, 3ª ed. Rio de Janeiro: Forense, 1957).

[71] E isso porque, como bem acentua Nelson Saldanha, "o sentido estrutural da noção de ordem permite entendê-la em seus encaixes histórico-sociais sem perda de sua significação filosófica; por outro lado, os elementos que integram a ordem são neces-

própria ordem perde densidade e razão de ser. O elevado tecnicismo é igualmente perverso. Porém, nada mais significativo para a diluição da estabilidade do sistema do que a proliferação de textos normativos.

Correlato do problema da inflação legislativa encontra-se aquele da inflação dos atos regulamentares ou de normas complementares em matéria tributária. Muitas vezes, em virtude dos problemas supraexpostos, com o propósito de "integrar" o ordenamento, com inovações de toda ordem, onde nem poderia prosperar mínima introdução de obrigações de qualquer tipo, em face do disposto no artigo 5º, II, ou no artigo 150, I, ambos da CF. Nestes domínios, a desgovernança é a regra.

Por todos esses aspectos, em matéria tributária, apesar de afirmado, o princípio da não escusabilidade da *ignorantia legis* comparece como algo profusamente irrealista. Todo excesso normativo leva a incertezas, redução da praticabilidade, prejuízos de coerência, falta de calibragem do ordenamento. As crescentes obscuridade, ambiguidade e imprecisão das leis, e os tantos atos regulamentares, conjuntamente, geram incertezas semânticas e técnicas na aplicação do Direito Tributário de toda espécie. Maximiza-se a ineficiência administrativa, em uma espécie de antigarantismo, como observa Luigi Ferrajoli,[72] dada a falibilidade das garantias contra o arbítrio administrativo.

Contra essas práticas normativas, a Lei Complementar 95, de 1998, que é a lei geral em matéria legislativa (art. 59, parágrafo único, da CF), no seu artigo 7º, prevê que cada lei tratará de um único objeto (i), a lei não conterá matéria estranha ao seu objeto ou a este não vinculada por afinidade, pertinência ou conexão (ii); o âmbito de aplicação da lei será estabelecido de forma tão específica quanto o possibilite o conhecimento técnico ou científico da área respectiva (iii); e o mesmo assunto não poderá ser disciplinado por mais de uma lei, exceto quan-

---

sariamente pontos de referência para a interpretação, que não poderia construir-se com base apenas nas normas, nem nas condutas em si mesmas" (SALDANHA, Nelson. *Ordem e hermenêutica: sobre as relações entre as formas de organização e o pensamento interpretativo, principalmente no Direito*. Rio de Janeiro: Renovar, 1992, p. 177).

[72] FERRAJOLI, Luigi. "O Estado de Direito entre o passado e o futuro." In: COSTA, Pietro; ZOLO, Danilo. *O Estado de Direito: história, teoria, crítica*. Trad. Carlo Alberto Dastoli. São Paulo: Martins Fontes, 2006, p. 448.

do a subsequente se destine a complementar lei considerada básica, vinculando-se a esta por remissão expressa (iv). Tudo isso para garantir acessibilidade, mas principalmente estabilidade da estrutura normativa. Faltam-lhe, porém, efetividade e observância pelos parlamentos do nosso federalismo tributário. Por isso, devem-se evitar as chamadas *lex omnibus*, que a tudo propõem regular, com dispersão de matérias e remissões pouco claras, o que ainda ocorre com frequência em matéria tributária, dado que a vedação do artigo 150, parágrafo 6º, da CF, abrange unicamente os casos de isenções, anistias e outros relacionados com renúncia de receita. Diga-se o mesmo para as leis orçamentárias, quanto às tredestinações de tributos afetados a despesas, como as contribuições, além de outros. Essa garantia vê-se constitucionalmente declarada na exigência de lei específica para o orçamento (art. 165 da CF).[73] Leis com excessivas remissões a códigos, tabelas ou simples referência a dispositivos são também prejudiciais para a acessibilidade e orientação dos contribuintes, como agravantes para a crescente perda de estabilidade do ordenamento jurídico e seus propósitos de segurança jurídica.

Para conter a complexidade reinante, diversos *meios* foram pensados nos últimos tempos, de sorte a preservar o princípio de segurança jurídica pela sua função de estabilidade. É bem verdade que a *simplificação* do Direito inspira nos juristas o mais inquietante ceticismo. É impressionante como questão de técnica legislativa tão vulgar pode ser elevada aos píncaros no discurso jurídico e, na prática, ser tão pouco exercida.

Não cabe aqui alimentar expectativas vãs de simplificação fácil do Direito Tributário. A complexidade é inerente ao Direito nos tempos de sociedade hipercomplexa e continuamente mutante. Nesse aspecto, a esperança de fácil adaptação e praticabilidade da legislação tributária às exigências de adaptabilidade às mais variadas situações experimentadas pelos contribuintes torna-se uma utopia, um ideal a ser perseguido e praticado o quanto possível, ainda que de difícil execução.

---

[73] BAZEX, Michel et al. *La sécurité financière et l'État: bilan et perspectives*. Paris: L'Harmattan, 2004; JIMÉNEZ DÍAZ, Andrés. "La ley presupuestos: seguridad jurídica y principios de relación entre normas. "*Revista Española de Derecho Financiero*, nº 82. Madrid: Civitas, 1994, pp. 295-328.

A máxima tornada axioma do Direito Positivo de que a ninguém é dado ignorar a lei (*Nemo legem ignorare consetur*) consiste em exigência que só pode aperfeiçoar-se pela acessibilidade plena aos textos jurídicos, ademais da cognição dos conteúdos, apreensível pela clareza e precisão (inteligibilidade).

Não obstante esses valores incontornáveis, em um Estado Democrático de Direito a proibição de *ignorância* da lei não pode ser um dogma e deve ser alegada sempre que, mediante provas objetivas, o contribuinte possa demonstrar sua impossibilidade de acesso físico ou cognitivo ao ato normativo.

A ignorância em matéria tributária é um fenômeno concreto e imune a dúvidas. Os indivíduos em geral têm dificuldade para conhecer e identificar os tributos e toda a tecnicidade que os envolve.[74] Somam-se a esta perplexidade as formas de apresentação dos textos legais e a dificuldade de relacionamento e atendimento da Administração Tributária. Não se tem qualquer dificuldade para entender que está aqui parcela substancial das causas de insegurança jurídica, ou do nosso "estado de exceção permanente" em matéria tributária. Como acentua Maurizio Logozzo: "*L'ignoranza e l'errore di diritto divengono scusabili alla stregua di un comportamento in buona fede del contribuente oggettivamente rilevante.*"[75] Estamos igualmente de acordo. Postula-se, apenas, que, em certos casos, à luz da razoabilidade e da confiança legítima, a apreciação da conduta seja admissível, em franca coerência com o ordenamento e com os fundamentos da segurança jurídica.

---

[74] Mesmo em países com cidadania fiscal evoluída, este fenômeno existe e é crescente, como relata Leroy: "Le traitement de l'information fiscale concrete par le contribuable est donc déterminant pour la sociologie de l'impôt, ce qui suppose au préalable de déterminer le niveau d'information des citoyens. De ce point de vue, sauf pour les controverses fiscales reprises par les médias, le manque de connaissance fiscale d'une bonne partie des contribuables est un fait sociologique avéré. Peu de personnes évaluent correctement leur charge fiscale et la plupart d'entre elles s'égarent complètement dans le détail de la technique fiscale. L'exemple typique est celui de la méconnaissance profonde de la fiscalité locale par les Français qui ignorent que les impôts locaux ne sont pas destinés uniquement à la commune. Sauf en période de crise, l'information fiscale mobilise peu l'opinion publique" (Leroy, Marc. *Sociologie de l'impôt*. Paris: Presses Universitaires de France, 2002, p. 65).

[75] Cf. LOGOZZO, Maurizio. *L'ignoranza della legge tributaria*. Milano: Giuffrè, 2002, p. 123; cf. COSTA Y MARTÍNEZ, Joaquín. *El problema...* cit.

LIMITES À MODIFICAÇÃO DA JURISPRUDÊNCIA CONSOLIDADA[95]

Em matéria tributária, a jurisprudência galgou espaço de capital importância na teoria das fontes do Direito e, ainda que não seja fonte primária, e equipare-se à legalidade na função de inovar regras para futuro, seus conteúdos são normas individuais e concretas com eficácia *inter partes* e, como atos jurídicos públicos, concorrem para a formação do "direito vivo", naquilo que concerne à orientação das expectativas dos destinatários do sistema tributário e à própria reprodução normativa dos órgãos da administração ou da jurisdição.[96]

Nesse sentido, a jurisprudência constitui uma garantia contra a instabilidade, na forma de *certeza do direito* e meio de "orientação" das condutas individuais. Como diz Joseph Raz, "o Direito deve ser capaz de guiar o comportamento dos sujeitos", o que vale igualmente para a jurisprudência, pois as pessoas aspiram à segurança quanto ao direito aplicável, para determinar as consequências dos seus atos (efeito de *orientação* da certeza do Direito).[97]

---

[95] Artigo publicado em 30 de janeiro de 2013.
[96] A esse respeito, o nosso *Direito constitucional tributário e segurança jurídica: metódica da segurança jurídica do sistema constitucional tributário*. 2ª ed. São Paulo: Revista dos Tribunais, 2012, 758p.
[97] Paulo de Barros Carvalho destaca, com propriedade, a importância da jurisprudência para criar expectativas legítimas de direito para os jurisdicionados. "O Poder Judiciário exerce papel fundamental para a materialização da segurança no interior do sistema jurídico, pela construção de normas individuais e concretas que fixam os contornos semânticos das regras gerais e abstratas, possibilitando aos contribuintes atuarem em função desses vetores postos pelas decisões judiciais. Sobre ser tarefa indispensável e da maior envergadura no Estado Democrático de Direito, o exercício da função jurisdicional não se basta apenas na solução de conflitos intersubjetivos, mas,

Embora o Brasil não adote o *common law*, nosso sistema jurídico confere relevância aos precedentes jurisprudenciais e demonstra uma clara tendência a considerá-los vinculantes, a exemplo do que preconizam as Leis 11.418/2006 e 11.672/2008 que inseriram no Código de Processo Civil (CPC) a regulamentação a respeito dos recursos repetitivos e o regime de repercussão geral. As súmulas e os artigos 475, parágrafo 3º; 518, parágrafo 1º; 543-A; 543-B; 557 e 741, parágrafo único, todos do CPC, denotam a importância das decisões do Superior Tribunal de Justiça (STJ) e do Supremo Tribunal Federal (STF).

Contudo, questão de extrema importância é a ausência de regime jurídico para definir as condições para regular a modificação abrupta da jurisprudência, pelo impacto sobre a segurança jurídica, haja vista a mutação das relações jurídicas e a afetação à "segurança por orientação" da jurisprudência.

Tomemos aqui como exemplo possível a mudança de jurisprudência do STJ sobre o local do fato jurídico tributário do Imposto Sobre Serviços (ISS) no caso do arrendamento mercantil, ou *leasing*, o que equivale não apenas a uma afetação aos direitos do contribuinte, mas principalmente a uma mudança do sujeito ativo das obrigações principais do ISS. Esse tema encontra-se ora sob exame no Recurso Especial Repetitivo e pode ter grave impacto sobre a receita tributária dos municípios. Logo, pode ocorrer a retirada daquela exação de um município para transferi-lo e concentrá-lo em um único ou em poucos municípios. Nesse aspecto, em evidente afetação ao financiamento do município prejudicado que detinha como certa a previsibilidade de receitas ao longo de décadas.

Ora, seria extremamente danoso ao federalismo, com amplo favorecimento à guerra fiscal, caso essa fácil manipulação do local do estabelecimento, como o de *arrendamento mercantil de bens móveis*, pudesse ter sua cobrança vinculada unicamente ao *local do estabeleci-*

---

e principalmente, na demarcação de parâmetros para os comportamentos futuros, residindo exatamente nessa segunda proposição seu estreito vínculo e compromisso com o sentimento de previsibilidade e o princípio da não surpresa. (...) Afinal, as regras do jogo estão postas intersubjetivamente nos textos de Direito positivo e não podem variar ao sabor das necessidades de caixa das pessoas políticas." CARVALHO, Paulo de Barros. *Crédito-prêmio de IPI: estudos e pareceres*. Barueri: Manole, 2005, pp. 26-27.

mento da administração dos contratos, em prejuízo do critério do *local da prestação*, como sempre foi admitido pelo STJ, ao longo de toda a aplicação do artigo 12 do Decreto-Lei 406/68, e da LC 116/2003. Ou seja, verteria graves prejuízos aos municípios e à segurança jurídica uma mudança de jurisprudência consolidada do STJ e do STF, eventual alteração do critério de definição do fato jurídico tributário do ISS naquelas referidas operações, em desfavor da arrecadação dos demais municípios.

A prestação de serviço derivada do contrato de *leasing* conclui-se somente com a tradição do bem arrendado, cuja "causa jurídica" depende do destino ou do uso do bem. Portanto, será apenas no município em que se concretizam os atos de transferência dos bens onde se aperfeiçoará o fato gerador do ISS nas operações de *leasing*. E, consequentemente, este será o município competente para cobrança do imposto. No nosso entender, esta é a única proposição normativa que se pode afirmar em consonância com o artigo 156, III da CF e com a autonomia dos municípios.[98]

No STJ, por mais de 20 anos, têm sido examinadas tanto a questão da incidência do ISS sobre as operações de *leasing*, que se afigurava no alcance material da competência do artigo 156, III, da CF, quanto a identificação do sujeito ativo competente para cobrança do ISS sobre as operações de *leasing*.

De fato, a jurisprudência do STJ sempre foi firme ao determinar que será competente para cobrar o ISS o município em que ocorre o fato gerador, como pacificado no julgamento dos Embargos de Divergência 130.792/CE, o qual foi ratificado sucessivamente nas decisões subsequentes. Confira-se:

> EMBARGOS DE DIVERGÊNCIA. ISS. COMPETÊNCIA. LOCAL DA PRESTAÇÃO DE SERVIÇO. PRECEDENTES.
> I – *Para fins de incidência do ISS – Imposto Sobre Serviços –, importa o local onde foi concretizado o fato gerador, como critério de fixação de competência*

---

[98] "Esta autonomia vem assegurada, de modo mais significativo, no art. 30 da CF, que, em suma, garante ao município governo e administração próprios, no que toca ao seu peculiar interesse." (CARRAZZA, Roque Antonio. *Curso de Direito Constitucional Tributário*. 25ª ed. São Paulo: Malheiros, 2009, pp. 186-187)

do município arrecadador e exigibilidade do crédito tributário, ainda que se releve o teor do art. 12, alínea a do Decreto-Lei nº 406/68.
II – Embargos rejeitados.[99]

Nos julgados posteriores à edição da Lei Complementar 116/2003, o STJ sempre manteve sua posição quanto à cobrança do ISS, inclusive ao julgar casos semelhantes ao presente que envolviam a cobrança do ISS em operações de arrendamento mercantil (*leasing*). A saber:

TRIBUTÁRIO. ISS. ARRENDAMENTO MERCANTIL. *LEASING*. SÚMULA 138/STJ. COBRANÇA. LOCAL DA PRESTAÇÃO DO SERVIÇO. ART. 12 DO DL N. 406/68. BASE DE CÁLCULO. VALOR DOS SERVIÇOS.
1. "O ISS incide na operação de arrendamento mercantil de coisas móveis". Inteligência da Súmula 138/STJ.
2. *O município competente para a cobrança do ISS é aquele onde ocorreu o fato gerador* e a base de cálculo será o valor total dos serviços prestados. Precedentes.
3. Agravo regimental não provido.[100]

O voto do ministro relator Mauro Campbell Marques, nesta oportunidade, foi contundente ao afirmar que: "Em relação à competência para a instituir e cobrar o Imposto Sobre Serviços exigido nas operações de arrendamento mercantil, há entendimento firmado no âmbito do STJ em sentido idêntico ao sufragado pelo tribunal de origem. *Ou seja, o município competente para a cobrança da exação é aquele onde ocorreu*

---

[99] EDiv no REsp 130.792/CE, rel. min. Ari Pargendler, rel. p. Acórdão min. Nancy Andrighi, j. 07.04.2000, DJ 12.06.2001, p. 66. Este precedente do C. STJ. Confira-se, exemplificativamente, a ementa abaixo transcrita: "AGRAVO DE INSTRUMENTO. PROCESSUAL CIVIL E TRIBUTÁRIO. ISS. COBRANÇA. LOCAL DA PRESTAÇÃO DO SERVIÇO. 1. 'O município competente para cobrar o ISS é o da ocorrência do fato gerador do tributo, ou seja, o local onde os serviços foram prestados'. (REsp 399.249/RS). 2. Adentrar à questão do local no qual foi prestado o serviço ensejaria reexame de matéria fático-probatória, impondo a aplicação da Súmula nº 7 do STJ: 'A pretensão de simples reexame de prova não enseja recurso especial'. 3. Precedentes. 4. Ausência de motivos suficientes para a modificação do julgado. 5. Agravo regimental desprovido." AgRg no AgIn 516.637/MG, rel. min. Luiz Fux, j. 05.02.2004, Primeira Turma, DJ 01.03.2004.
[100] AgRg no AgIn 964.198/RS, rel. min. Mauro Campbell Marques, j. 25.11.2008, Segunda Turma, DJ 17.12.2008.

o fato gerador e a base de cálculo será o valor total dos serviços prestados."[101] Deveras, a competência para exigir o ISS sobre operações de *leasing* foi examinada em distintas oportunidades, com jurisprudência consolidada pela 1ª e 2ª Turmas em favor do "local da prestação".

Entrementes, admitida como pacífica a jurisprudência do STJ no que corresponde ao local da prestação de serviços, como o critério preponderante, nada foi alterado pela Lei Complementar 116/2003, ao revogar o artigo 12 do Decreto-Lei 406/68. Nesse diapasão, o acórdão cuja ementa segue transcrita, é assaz oportuno:

> EMBARGOS À EXECUÇÃO FISCAL. ISS. ARRENDAMENTO MERCANTIL. SOBRESTAMENTO DO AGRAVO REGIMENTAL. IMPOSSIBILIDADE. NECESSIDADE DE PERÍCIA. SUBSTRATO PROBATÓRIO SUFICIENTE. SÚMULA N. 7/STJ. FATO GERADOR. MUNICÍPIO COMPETENTE PARA RECOLHIMENTO DA EXAÇÃO. LOCAL ONDE OCORRE A PRESTAÇÃO DO SERVIÇO. MATÉRIA CONSTITUCIONAL. (...)III – "As Turmas que compõem a Primeira Seção do STJ pacificaram o entendimento de que o *ISS deve ser recolhido no local da efetiva prestação de serviços, pois é nesse local que se verifica o fato gerador*' (AgRg no Ag 763.269/MG, rel. min. João Otávio de Noronha, DJ 12.09.2006). Na mesma linha: AgRg no Ag 762.249/MG, rel. min. Luiz Fux, DJ 28.09.2006 e REsp 695.500/MT, rel. min. Franciulli Netto, DJ 31.05.2006. IV – *Esta Corte, em inúmeros julgamentos, tem defendido a orientação de que a controvérsia acerca da incidência do ISS sobre a operação de arrendamento mercantil envolve a interpretação e a eficácia do artigo 156, inciso III, da Constituição Federal, razão pela qual a competência pertence ao Colendo Supremo Tribunal Federal.* Precedentes: AgRg no REsp 876.590/SC, rel. min. Humberto Martins, DJ 31.05.2007; REsp 797.948/SC, rel. p/acórdão min. Luiz Fux, DJ 01.03.2007; REsp 919.148/RS, rel. min. Castro Meira, DJ 28.05.2007 e REsp 886.592/SC, rel. min. Teori Albino Zavascki, DJ 26.03.2007. V – Agravo regimental improvido.[102]

A hermenêutica desta decisão sintetiza a história jurisprudencial do STJ quanto à incidência do ISS no caso das operações com *leasing*.

---

[101] Excertos do AgRg no AgIn 964.198/RS, rel. min. Mauro Campbell Marques, j. 25.11.2008, Segunda Turma, DJ 17.12.2008.

[102] AgRg no REsp 960.492/RS, rel. min. Francisco Falcão, j. 06.12.2007, Primeira Turma.

Trazido para os dias atuais, verifica-se que dois aspectos fundamentais viam-se prefigurados nas razões de decidir do STJ:

> I) *O ISS deve ser recolhido no local da efetiva prestação de serviços* – reconhecimento de jurisprudência consolidada, porquanto as "Turmas que compõem a 1ª Seção do STJ pacificaram o entendimento" no sentido de que a incidência, no caso do leasing, seria no *local onde se verifica o fato gerador.*
> II) A *controvérsia acerca da incidência do ISS sobre a operação de arrendamento mercantil* envolveria a interpretação e a eficácia do artigo 156, inciso III, da CF. E só para essa matéria caberia aguardar o pronunciamento do STF. (Grifo nosso)

Como se verifica de ambas as decisões, o STJ manteve incólume seu entendimento, com alcance às operações de arrendamento mercantil, como antecipado na sua Súmula 138 (*O ISS incide na operação de arrendamento mercantil de coisas móveis*), segundo o qual o ISS será devido sempre no local da prestação de serviços, em harmonia com sua hipótese de incidência.[103]

Aguardava desfecho unicamente o exame de constitucionalidade da qualificação do arrendamento mercantil como hipótese de incidência do ISS pelo STF. Quanto a esse aspecto, o Pleno do STF, em 2009, julgou o RE 547.245/SC e declarou constitucional a referida incidência, como se verifica da ementa a seguir transcrita. *In verbis:*

> RECURSO EXTRAORDINÁRIO. DIREITO TRIBUTÁRIO. ISS. ARRENDAMENTO MERCANTIL. OPERAÇÃO DE LEASING FINANCEIRO. ARTIGO 156, III, DA CONSTITUIÇÃO DO BRASIL. *O arrendamento mercantil compreende três modalidades, [i] o* leasing operacional, *[ii] o* leasing financeiro *e [iii] o chamado* lease-back. *No primeiro caso há locação, nos outros dois, serviço. A lei complementar não define o que é serviço, apenas o declara, para os fins do inciso III do artigo 156 da Constituição. Não o inventa, simplesmente descobre o que é serviço para os efeitos do inciso III do artigo 156 da Constituição.*

---

[103] "Verifico que a questão foi decidida de acordo com a orientação já pacificada no âmbito deste Superior Tribunal de Justiça, no sentido de que o ISS é tributo somente exigível pelo município onde se realiza o fato gerador, entendido este o local no qual há a prestação de serviço." Excertos do AgRg no REsp 960.492/RS, rel. min. Francisco Falcão, j. 06.12.2007, Primeira Turma, DJe 26.03.2008.

> No arrendamento mercantil (leasing financeiro), contrato autônomo que não é misto, o núcleo é o financiamento, não uma prestação de dar. E financiamento é serviço, sobre o qual o ISS pode incidir, resultando irrelevante a existência de uma compra nas hipóteses do leasing financeiro e do leaseback. Recurso extraordinário a que se dá provimento."[104]

O STF firmou, assim, jurisprudência para essa matéria, ao consolidar o entendimento segundo o qual o *leasing* financeiro seria equiparado a "serviço", em conformidade com o artigo 156, III, da CF. E mais não se houve. Não se cuidou da determinação do local do fato jurídico tributário, mas unicamente da delimitação das condições materiais necessárias e suficientes à verificação do "fato gerador" do ISS sobre o *leasing*.

Essa ressalva é de fundamental relevo para demonstrar que a declaração de constitucionalidade da incidência do ISS sobre o *leasing* pelo RE 547.245/SC, por si só, não foi suficiente para modificar o quadro decisório do STJ quanto ao sujeito ativo do imposto ou local da prestação.

Dito de outro modo, o julgamento do STF não se interpõe como motivo suficiente para determinar alguma mutação jurisprudencial quanto à incidência espacial, assim definida pelo local da prestação do serviço, desde a vigência do artigo 12 do Decreto-Lei 406/68, assim como ao longo da Lei Complementar 116/2003.

Antes, a jurisprudência do STF, quanto a este aspecto, também é firme ao determinar que o município competente para cobrar o ISS será aquele no qual os serviços são executados, o que se pode aplicar, em plenitude à espécie, a saber:

> (...) CONSTITUIÇÃO DO CRÉDITO TRIBUTÁRIO – MUNICÍPIO – LOCAL DA PRESTAÇÃO DO SERVIÇO. Em relação à questão do local competente para o lançamento e recolhimento do ISS, está pacificado nos tribunais pátrios o entendimento de que *"competente para a instituição e arrecadação do ISS é o município em que ocorre a efetiva prestação do serviço, e não o local da sede do estabelecimento da empresa contribuinte."* (...).
> 7. Agravo regimental desprovido.[105]

---

[104] RE 547.245/SC, Tribunal Pleno, rel. min. Eros Grau, j. 02.12.2009.
[105] Segundo AgRg no AgIn 830.300/SC, rel. min. Luiz Fux, Primeira Turma, j. 06.12.2011, DJe 22.02.2012.

Portanto, confirma-se, assim, a manutenção da jurisprudência do STF no sentido de que somente o local da prestação do serviço pode ser colhido como critério para a incidência do ISS, mesmo após o RE 547.245/SC. Tudo a confirmar o mesmo entendimento assentado no STJ de há muito.

Na Constituição, o artigo 156, III qualifica o critério material da regra matriz de incidência do ISS (prestar serviços). Entretanto, os critérios temporal e espacial devem ser identificados em coerência com aquele critério material. Assim, para construção do fato jurídico do ISS, portanto, o critério espacial (lugar) deve ser compreendido em sintonia com o critério material (prestar serviços) e com o critério temporal (conclusão dos serviços).

A LC 116/2003, firme nesse propósito de especificação dos critérios material, temporal e espacial, no artigo 1º, prescreve que o Imposto Sobre Serviços de Qualquer Natureza "tem como fato gerador a *prestação de serviços constantes da lista anexa*" e, conforme o parágrafo 4º, "*a incidência do imposto não depende da denominação dada ao serviço prestado*". Por conseguinte, tem-se a evidência de um regime baseado na prevalência da substância sobre a forma.

Dessome-se que os serviços de *arrendamento mercantil* dependem da ocorrência da operação listada, quer de "intermediação", quer de "serviço financeiro" (*conexão material*), para assegurar a tributação do *estabelecimento prestador* conexo com o *local da prestação do serviço* (art. 3º, da LC nº 116/2003), ademais da definição do sujeito ativo.

Pelo princípio de taxatividade da lista de serviços da LC 116/2003, essas modalidades de administração não podem servir para modificar os critérios de tratamento de outras hipóteses igualmente tipificadas. Os serviços listados darão ensejo à ocorrência do fato jurídico tributário sempre que presentes as situações qualificadas como "necessárias" e "suficientes".

Na função estatuída pelo artigo 146, I e II, *a*, da CF, a Lei Complementar 116/2003 prescreve que o ISS é devido ao município em que se localiza o *estabelecimento prestador* ou, na falta do estabelecimento, no local do *domicílio do prestador*. Assim, ao prescrever norma cogente a todos municípios brasileiros, a LC 116/2003 pretendeu pôr fim à antiga discussão quanto ao município competente para cobrança do ISS.[106]

Quanto aos serviços passíveis de tributação, o *estabelecimento* funcionará sempre como uma espécie de "força de atração" de todos os serviços prestados em conexão com este, quer pela atuação dos seus empregados, quer pela aplicação dos seus meios. Nesse caso, *estabelecimento prestador* será aquele no qual se verifica a assinatura do contrato de *leasing* e onde há a entrega do bem ao arrendatário (logo, local do *estabelecimento do tomador ou intermediário do serviço*).

Somente neste sentido poder-se-ia falar em alguma presença do local do *estabelecimento prestador*, ou seja, naquele que se configura uma unidade econômica ou profissional na qual o prestador de serviços de arrendamento mercantil realiza a parte mais relevante de sua atividade, que se caracteriza pela contratação e pela colocação do bem à disposição do tomador do serviço.[107] Por conseguinte, entende-se por *estabelecimento prestador* o *local* que é efetivamente utilizado pelo *contribuinte* na *atividade de prestar serviços* (i); ainda que de modo temporário (ii), e que se possa configurar como *unidade econômica ou profissional* (iii).

Destarte, a efetiva prestação de serviços de *leasing* concretiza-se com a contratação seguida da entrega do bem arrendado. Logo, no caso

---

[106] Como exemplo: "Cinge-se a controvérsia à fixação da competência para cobrança do ISS, se é do município onde se localiza a sede da empresa prestadora de serviços, conforme determina o artigo 12 do Decreto-Lei n. 406/68, ou do município onde aqueles são prestados. A egrégia Primeira Seção desta colenda Corte Superior de Justiça pacificou o entendimento de que o município competente para realizar a cobrança do ISS é o do local da prestação dos serviços em que se deu a ocorrência do fato gerador do imposto. Essa interpretação harmoniza-se com o disposto no artigo 156, III, da Constituição Federal, que atribui ao município o poder de tributar as prestações ocorridas em seus limites territoriais." (AgRg no Ag 607.881/PE, rel. min. Franciulli Netto, DJ 20.06.2005, p. 209).

[107] Neste mesmo sentido, Ives Gandra Martins afirma que o estabelecimento prestador é o local onde são prestados os serviços: "A Lei Complementar nº 116/2003 procurou, assim, definir estabelecimento, para efeito de incidência do ISS, com alcance bastante amplo, considerando 'estabelecimento prestador' o local onde o contribuinte desenvolver a atividade de prestar serviços, podendo ser de modo permanente ou temporário, sendo irrelevantes as denominações de sede, filial, agência, posto de atendimento, escritório de representação, contato ou quaisquer outras que venham a ser utilizadas, desde que configure unidade econômica ou profissional, a exemplo do conceito de estabelecimento, para efeitos de incidência do ICMS." MARTINS, Ives Gandra da Silva; RODRIGUES, Marilene Talarico Martins. "Aspectos relevantes do ISS". *Revista Dialética de Direito Tributário*. nº 182. São Paulo: Dialética, 2010, p. 165.

presente, o *estabelecimento prestador* será aquele onde ocorrer o fato gerador, nos termos do artigo 114 do CTN, onde se verifica a assinatura do contrato de *leasing* e onde houver a entrega do bem ao arrendatário (ou seja, local do *estabelecimento do tomador ou intermediário do serviço*).

A conclusão dos serviços de *arrendamento mercantil*, deveras, materializa-se com a assinatura do contrato e a tradição do bem arrendado. Logo, o critério espacial deve ser o local no qual são concluídos os serviços, onde se materializam as condições necessárias e suficientes ao fato gerador, nos termos do artigo 114 combinado com o artigo 116, I, do CTN. Repise-se, a prestação de serviços de *leasing* concretiza-se com a conclusão do contrato, mediante a assinatura deste instrumento pelas partes (a) e estritamente vinculada ao bem arrendado (b),[108] como realçam trechos do voto do ministro Joaquim Barbosa, no julgamento do RE 547.245-SC:

> *O cerne do negócio jurídico de arrendamento mercantil consiste na colocação de um bem à disposição do arrendatário*, para uso durante certo prazo, com a opção de compra do bem a ser exercida ou rejeitada no futuro. Animam ainda a escolha de tal negócio jurídico as condições legais e contratuais e os respectivos efeitos tributários. O propósito negocial está vinculado às características da atividade econômica desenvolvida, como evitar a obsolescência na linha produtiva e a manutenção de liquidez pela desnecessidade de imobilização total e imediata de recursos. A arrendadora atua como intermediária na criação de uma vantagem produtiva e na aproximação de interesses convergentes, ao adquirir o bem do fornecedor a pedido da arrendatária. *O núcleo essencial da atividade de arrendamento não se reduz, portanto, a captar, intermediar ou aplicar recursos financeiros próprios ou de terceiros*. Não há, pura e simplesmente, a concessão de crédito àqueles interessados

---

[108] Como observa Aldo de Paula Júnior: "Partindo-se do pressuposto de ser necessário um ato humano, um fazer (e não um dar), pode-se concluir que foram identificados no *leasing* financeiro 'fazeres' que embora individualmente não possam sintetizar o objeto do contrato, em seu conjunto podem caracterizar um novo serviço. Esses 'fazeres' não seriam tributados individualmente como cada serviço autônomo e independente (ainda que estivesse na lista de serviços) porque são elementos, parte de um contrato típico qualificado por seu conjunto. Seriam serviços meio em um serviço fim ou contrato fim." PAULA JUNIOR, Aldo de. "O conceito de serviço para fins de ISS. Da locação de bens móveis ao *leasing* financeiro: o STF mudou de entendimento?" In: *Direito Tributário e os conceitos de Direito Privado*. São Paulo: Noeses, 2010, p. 16.

no aluguel ou na aquisição de bens. A empresa arrendadora vai ao mercado e *adquire o bem para transferir sua posse ao arrendatário*. Não há predominância dos aspectos de financiamento ou aluguel, reciprocamente considerados. *O negócio jurídico é uno. Vale dizer, as operações de arrendamento mercantil pertencem a categoria própria, que não se confunde com aluguel ou financiamento, isoladamente considerados.*[109]

De fato. A finalidade do arrendamento mercantil será sempre o uso do bem arrendado pelo arrendatário, que se perfaz com a tradição. As operações financeiras antecedentes ou subsequentes (captação de recursos, intermediação financeira, administração do contrato de *leasing*) são irrelevantes para configurar a prestação de serviços. Os serviços de arrendamento mercantil concluem-se com assinatura do contrato pelas partes (a) e deverão ser mantidos indissociavelmente vinculados ao bem arrendado (b). Deste modo, o critério espacial – local da prestação de serviços – deverá ser sempre aquele no qual seja assinado o contrato e entregue o bem arrendado, em plena coerência com o disposto nos artigo 114 e 116, I, do CTN.

Afora isso, não há motivo que justifique a mutação de jurisprudência do STJ consolidada ao logo das últimas décadas, quanto à incidência do ISS sobre o *leasing* pelo critério do local da prestação do serviço, em sucessivas confirmações. Fazê-lo, à evidência, servirá apenas à inovação de mais uma fonte de insegurança jurídica, pelas anacrônicas afetações às relações jurídicas, ademais de favorecimento à guerra fiscal e prejuízo inconteste aos direitos fundamentais dos contribuintes. Por este e outros casos, deve-se buscar com urgência a adoção de medidas para definir as condições que autorizam a mutação da jurisprudência consolidada nos tribunais superiores.

---

[109] Excertos do RE 547.245/SC, rel. min. Eros Grau, j. 02.12.2009, Tribunal Pleno.

GARANTISMO SANCIONADOR NO DIREITO TRIBUTÁRIO[110]

Nesse estudo, pretende-se examinar se o artigo 136 do Código Tributário Nacional, sempre interpretado como forma de responsabilidade objetiva pela prática de ilícitos, tem força para afastar o princípio garantista da "culpabilidade" e outros elementos subjetivos na aplicação das multas tributárias, à luz dos fundamentos do princípio do Estado Democrático de Direito, como prescrito pela nossa Constituição de 1988.

O garantismo, como "modelo normativo",[111] consiste numa metodologia de aplicação de normas jurídicas sancionadoras segundo o objetivo de concretização dos princípios e direitos fundamentais. É o modelo do direito punitivo conforme os valores do Estado Democrático de Direito. Apesar da forte constitucionalização do nosso Direito Tributário, no que concerne às sanções administrativas (multas), percebe-se que sua aplicação não se vê justificada sob os rigores do controle constitucional.

Se é verdade que o Direito Penal tem incorporado os recursos do garantismo, não se pode falar que persista um contínuo desse modelo ao longo das distintas searas, como o Direito Administrativo e o Tributário, de modo equivalente. Neste orbe, o método da interpretação conforme à Constituição desponta com grande evidência no garantismo, para afastar essa deficiência de segurança jurídica material, o que se evidencia pela reduzida concretização dos direitos fundamentais nas aplicações das sanções tributárias.

---

[110] Artigo publicado em 27 de fevereiro de 2013.
[111] FERRAJOLI, Luigi. *Derecho y razón: teoría del garantismo penal*. Madrid: Trotta, 1998, p. 851.

A principiologia do direito punitivo aplica-se, igualmente, ao Direito Administrativo e ao Direito Tributário, pois consagram idênticos princípios da legalidade, tipicidade, vedação à analogia, irretroatividade e a retroatividade benigna. Esta legalidade, porém, desvela-se insuficiente sem a acomodação aos direitos fundamentais e demais princípios do ordenamento jurídico. E, dentre outros, a assunção do princípio da culpabilidade não pode ser olvidada, sob pena de mitigar aquele garantismo hermenêutico.

Em todos os âmbitos, os princípios *nullum crimen sine legis* e *nulla poena sine lege* convergem para a mesma eficácia e identidade de critérios, sem qualquer mutação normativa. Por isso, qualquer aplicação de regras sancionadoras (tipos) não pode deixar de avaliar a conduta do agente, tanto em relação aos fatos dos quais decorrem as imputações alegadas (antijuridicidade), quanto no contexto do exercício das suas atividades, em relação à observância da legislação vigente e ao relacionamento com os órgãos competentes. Esta é uma garantia constitucional de fundamental relevo.

Eis aqui nossa primeira conclusão fundamental, o exame da antijuridicidade e da culpabilidade impõe-se também para sanções administrativas e tributárias, dada a unidade do ilícito para fins administrativos, penais ou civis. A aplicação de sanções sem cuidado para os elementos subjetivos descumpre princípios do Direito Constitucional Sancionatório dos mais relevantes, em franca desconexão com o garantismo. Agir diversamente da Administração, com toda evidência, expõe a decisão ao controle de constitucionalidade, pela quebra da segurança jurídica.

É nesse sentido que somente uma interpretação conforme à Constituição permite compreender os exatos termos do artigo 136, do CTN. Eis sua redação: Art. 136. *Salvo disposição de lei em contrário*, a responsabilidade por infrações da legislação tributária independe da intenção do agente ou do responsável e da efetividade, natureza e extensão dos efeitos do ato.

Não se diga, entretanto, que o artigo 136 do CTN reclama a objetividade da sanção tributária e o dolo, assim como a boa-fé, a confiança legítima ou a impossibilidade de conduta diversa não poderiam ser examinadas pelo aplicador das normas tributárias.

A culpabilidade deve ser conhecida e apreciada porquanto intimamente relacionada à exigência constitucional de individualização das penas (artigo 5º, XLVI da CF), a qual exige a verificação das características individuais do infrator quando da gradação da sanção.[112]

Ao examinar o princípio da culpabilidade, Santiago Mir Puig distingue duas condições de imputação de responsabilidade pessoal: a infração cometida com dolo específico (infração pessoal) e a responsabilidade penal da pessoa:

"Tudo isso me levou a distinguir entre as condições de imputação pessoal do fato antijurídico, dois momentos: *(a) a infração pessoal de uma norma de determinação (a norma primária concreta); (b) a responsabilidade penal do sujeito.* Mas antes de desenvolver o conteúdo e o significado de ambas as categorias, é necessário examinar a evolução histórica do termo que se costuma utilizar para expressar a exigência de imputação pessoal: a culpabilidade."[113]

---

[112] Como exemplo, vejam-se os seguintes casos:
"TRIBUTÁRIO. TRANSPORTE DE MERCADORIAS DESACOMPANHADAS DE NOTA FISCAL. ART. 136 DO CTN. 1. A responsabilidade do agente é objetiva e a multa tem natureza punitiva, em razão do descumprimento de obrigações tributárias por parte do contribuinte, sendo certo que é seu dever a apresentação das notas fiscais, que devem acompanhar as mercadorias, quando transportadas. 2. Embora se admita a tendência para entender-se que a regra legal em exame não exclui o exame da boa-fé e da inexistência de prejuízo para o Fisco, consta no acórdão que sequer há sólida prova da concomitância da saída do estabelecimento da mercadoria e da nota fiscal, o que inviabilizaria o exame ante o óbice da Súmula 7-STJ. 3. Recurso especial improvido." (REsp 323.982/SP, rel. min. Castro Meira, Segunda Turma, DJ 30.08.2004, p. 236)
"ICMS. ADULTERAÇÃO DE GUIAS DE RECOLHIMENTO PELOS VENDEDORES. IMPUTAÇÃO DE FRAUDE AOS COMPRADORES A PRETEXTO DE APLICAÇÃO DA REGRA OBJETIVA DO ART. 136, DO CTN. INAPLICABILIDADE. 1. Tratando-se de ilícito praticado por terceiro, sem o *concilium fraudis* do adquirente, contribuinte, impõe-se eximi-lo dos consectários da infração à luz do art. 137 c/c art. 112, do CTN. 2. Deveras, exigindo a lei elemento subjetivo consistente no 'dolo específico', o adquirente que, mercê de contribuinte, recolhe com base em guias falsificadas por terceiro, não pode ser apenado tributariamente, devido adimplir a obrigação a qual deve ser acrescida, apenas, de juros de mora e correção monetária. 3. É da tradição positiva brasileira, alimentada pelas fontes romanas, a interpretação mais favorável ao sujeito passivo tributário. Aplicação do art. 112, do CTN (*benigna amplianda*). 4. Recurso especial conhecido, porém, improvido." (STJ, REsp 457.745/RS, rel. min. Luiz Fux, Primeira Turma, DJ 15.09.2003 p. 239)."

[113] PUIG, Santiago Mir. *Direito Penal: fundamentos e teoria do delito*. São Paulo: Revista dos Tribunais, 2007, p. 410.

Diante disso, para a aplicação de qualquer multa, os indícios devem vir conjugados com uma análise da conduta do sujeito, de sorte a legitimar a projeção de consequências jurídicas sancionatórias sobre sua esfera jurídica, cuja sanção deve sempre ser alcançada de modo objetivo. Não é por menos que o artigo 142 do CTN, *in fine*, aluda ao dever funcional de *proposta de aplicação da penalidade cabível*, porquanto o auto de infração, em verdade, não aplica a sanção à pessoa à qual imputa conduta delituosa. Em verdade, quem o faz, efetivamente, numa interpretação conforme à Constituição, é a autoridade do processo administrativo, para um exame completo da materialidade dos fatos e das condutas. E tudo sob o manto garantista dos princípios processuais da presunção de inocência, do contraditório, da livre apreciação de provas e do duplo grau de jurisdição.

Nesses termos, quando se trata de alegação de crime, o artigo 137 do CTN é implacável: a responsabilidade é pessoal do agente, ao se observar o exame do dolo e da culpabilidade, em toda a sua extensão.

Deveras, a Administração Fazendária não pode deixar de examinar as motivações da conduta do contribuinte, objetivada no conjunto de atividades desempenhadas, sob pena de se converter o ato administrativo de aplicação de multa ou de sanção administrativa em vitanda ilegalidade ou inconstitucionalidade.

Nos dias atuais, seja qual for a corrente teórica do tipo punitivo, a pena somente pode ser aplicada quando presente o exame da culpabilidade, ou nas palavras de Jakobs: "não existe uma lesão da vigência da norma jurídico-penalmente relevante sem culpabilidade". E prossegue: "somente quem vulnera a norma de comportamento sendo responsável, isto é, sendo culpável, vulnera essa norma, e nesta vulneração da norma é que se define a finalidade da pena".[114] A culpabilidade é pressuposto inafastável da pena no Estado Democrático de Direito. E não se cumpre o exame da culpabilidade sem a mais ampla e livre apreciação de provas. No garantismo do nosso Direito Constitucional ninguém pode ser punido sem provas ou afastada a apreciação das provas produzidas pelo acusado, sob a égide do contraditório, para determinar a culpabilidade.

---

[114] JAKOBS, Günther. *Fundamentos do Direito Penal*. São Paulo: Revista dos Tribunais, 2003, p. 12.

Como assinala Cláudio Brandão, a *tipicidade* tem duas funções: uma, como *garantia* (princípio de legalidade) e a outra, de ser "indício da antijuridicidade".[115] Essa expressão está muito bem utilizada, ao nosso ver.

Função de indício da *antijuridicidade* objetiva, decerto, posto depender da apreciação de outros elementos, como percebeu Santiago Mir Puig: uma lesão ou perigo a bem jurídico *(i)*; penalmente típica *(ii)*; imputável a uma conduta perigosa para um homem prudente *(iii)*; ou sua evitação *(iv)*; realizada com dolo ou culpa *(v)* e objetivamente não valorada pelo Direito Penal *(vi)*.[116]

O fato punível define-se pela conduta adotada pelo agente segundo os atributos do tipo (*objeto de reprovação*), da antijuridicidade e da culpabilidade (*juízo de reprovação*).[117] O tipo, estruturalmente, compreende como *elemento positivo* a descrição material da conduta proibida; e, como *elementos negativos*, as formas consideradas pelo ordenamento como *justificações*. Portanto, nessa função, assumem funções de garantias (proteção do agente) a *legalidade* prévia (*nullum crimen, nulla poena sine lege*) e o *exame da culpabilidade*, adicionados dos seus pressupostos objetivos e subjetivos.

Por isso, o pressuposto de conduta deverá ser identificado caso a caso, não podendo ser tomado por presunção, haja vista as garantias do ordenamento. Por isso, nos crimes tributários, a acusação deve antecipar as provas desde a denúncia (i), além das provas da defesa (ii), a serem examinadas no contraditório (iii), sob pena de se infringir o disposto no Art. 5º, LV, da Constituição: "aos litigantes, em processo judicial ou administrativo, e aos acusados em geral são assegurados o contraditório e ampla defesa, com os meios e recursos a ela inerentes". Logo, não pode haver acusação ou decisão judicial sem provas, como expressão do garantismo constitucional. De se ver, portanto, a proxi-

---

[115] BRANDÃO, Claudio. *Teoria jurídica do crime*. Rio de Janeiro: Forense, 2003, p. 57. Vide: FERRAJOLI, Luigi. *Derecho y razon: teoria del garantismo penal*. Madrid: Trotta, 2005, 1.019 p.; BITENCOURT, Cezar Roberto; CONDE, Francisco Munoz. *Teoria geral do delito*. São Paulo: Saraiva, 2000, 564p.

[116] PUIG, Santiago Mir. *Estado, pena y delito*. ABASO, Gustavo E. (trad.). Buenos Aires: IBdeF, 2006, p. 278.

[117] SANTOS, Juarez Cirino dos. *Direito Penal: parte geral*. Rio de Janeiro: Lúmen Juris, 2006, pp. 32 e ss.

midade axiológica entre o princípio do *due process of law* e aquele da culpabilidade.

Como bem assinala Günther Jakobs, "sem respeitar o princípio da culpabilidade, a pena é ilegítima".[118] E isso porque, funcionalmente, os critérios de aferição da culpabilidade correspondem à efetiva garantia constitucional à qual se deve curvar todo o direito sancionador, inclusive o administrativo. A *culpabilidade* equivale a um *juízo de valoração* do comportamento ilícito, como descrito no *tipo* legal.[119] Aqui, examina-se a presença de "exigência de comportamento diverso (prevista de modo expresso). Esse juízo define ainda a antijuridicidade, que corresponde a permissões, a gerar equilíbrio com o ordenamento constitucional.

Destarte, para aplicar qualquer sanção, inclusive administrativa, não basta a mera alegação objetiva da *tipicidade* do ilícito. Ainda que adequadamente provado, não se podem afastar a verificação dos critérios da *culpabilidade*, e o requisito da *evitabilidade do dano ao bem jurídico*.

Não basta a ocorrência do "fato típico" para evidenciação do ilícito, portanto. Ao lado do *princípio da legalidade*, que o define, nosso ordenamento congrega o princípio da "culpabilidade", na sua qualificação. Assim, para que uma sanção possa ser empregada é imprescindível que se tenha "lei" prévia e que se verifique a valoração de uma conduta de culpa (*nulla poena sine culpa*).

No que concerne às sanções, no domínio das normas gerais, o artigo 97, inciso V, do CTN, prescreve que somente a lei pode estabelecer "a cominação de penalidades para as ações ou omissões contrárias a seus dispositivos, ou para outras infrações nela definidas". A legalidade tributária é requisito, sim, para a tipificação dos ilícitos e das respectivas sanções, mas não se esgota, isolada e objetivamente, sem que se confirme o exame da culpabilidade.

Numa interpretação conforme à Constituição do artigo 136 do CTN, a exigência constitucional de individualização das penas (artigo

---

[118] JAKOBS, Günther. *Fundamentos do Direito Penal*. São Paulo: Revista dos Tribunais, 2003, p. 12; JAKOBS, Günther. *Derecho penal: fundamentos y teoría de la imputación*, 2ª ed. CUELLO CONTRERAS, Joaquin; GONZALEZ de MURILLO, Jose Luis Serrano (trad.). Madrid: Marcial Pons, 1997, 1.113p.

[119] Passim, SANTOS, Juarez Cirino dos. *Direito Penal: parte geral*. Rio de Janeiro: Lúmen Juris, 2006, pp. 32 e ss.

5º, XLVI da CF) impõe-se, ao tempo que sua redação deixa claro que a objetividade somente se aplica *salvo disposição de lei em contrário*.

Essa exigência de culpabilidade encontra-se afirmada no CTN, ao tempo que as normas do artigo 112 prescrevem o dever de aplicar interpretação mais favorável ao acusado, na imposição de sanções, sempre que houver *dúvida* quanto à materialidade, autoria, ou sanção, a saber:

> Art. 112. *A lei tributária que define infrações, ou lhe comina penalidades, interpreta-se da maneira mais favorável ao acusado*, em caso de dúvida quanto:
> I – *à capitulação legal do fato;*
> II – *à natureza ou às circunstâncias materiais do fato, ou à natureza ou extensão dos seus efeitos;*
> III – *à autoria, imputabilidade, ou punibilidade;*
> V – *à natureza da penalidade aplicável, ou à sua graduação.*

O dispositivo legal acima transcrito é instrumento da segurança jurídica dos particulares na imposição de sanções administrativas tributárias, cujas normas devem ser interpretadas de modo mais favorável ao acusado, o que só tem cabimento quando se opera uma apreciação da culpabilidade dos agentes.

O garantismo penal demonstra ser inaceitável a contradição de entendimentos entre o que se vê afirmado na apuração das sanções administrativas (multas) e aquilo que se aplica às sanções penais. Por conseguinte, para a aplicação de sanções administrativas, exigem-se, igualmente, a prova da materialidade do evento antijurídico e a presença da prova de *culpabilidade* do agente.

Mesmo que a teoria finalista não tenha a aceitação de outrora, é sempre bom lembrar que, para essa corrente, incorporada ao nosso Código Penal, somente pode ser agente de delito quem realiza a ação dirigida a algum acontecimento final, quando este tem poderes para prever, segundo certos limites, as consequências da sua ação, e que, por isso mesmo, tem capacidade de evitar sua ocorrência. Nesta doutrina, a vontade consciente do fim é o cerne da ação (dolosa), acompanhada da seleção dos meios necessários para sua concretização.[120]

---

[120] SANTOS, Juarez Cirino dos. *Direito Penal: parte geral*. Rio de Janeiro: Lúmen Juris, 2006, pp. 32 e ss.

Na atualidade do Direito Penal, segundo certa doutrina, o "resultado" não integra o "tipo" e tampouco se presta para definir a "ilicitude". Importa avaliar a conduta pelo "resultado juridicamente relevante" a partir de uma ação penalmente reprovável, que somente pode ser entendida como aquela que coloca em perigo o *bem juridicamente protegido*, como observa Renato Silveira, titular de Direito Penal da Faculdade de Direito da USP.[121] Nas suas palavras: "uma vez não demonstrada a concretude de uma desvaloração da ação, não há de se verificar o próprio tipo penal". Neste caso, o teste de causalidade opera-se entre a "ação", comissiva ou omissiva, e o "resultado", avaliado o "resultado" segundo o perigo ao bem jurídico protegido. Assim, desde que provados esses pressupostos, a conduta penalmente reprovada ou injusta será passível de qualificação penal.

De outra banda, é possível compreender no *elemento objetivo* do tipo a *imputação do resultado* pelo critério da *realização do risco*,[122] como observa Juarez Cirino, na linha de Roxin e também de Jakobs. Nessa feição, o *resultado* tem relação direta com a *causa* (ação), mas evidencia-se na forma de *realização do risco* criado pelo autor, logo, imputável ao agente em virtude da conduta assumida e pelo risco gerado. A imputação (objetiva) do resultado requer a verificação de um risco produzido pelo autor que influi sobre o resultado no bem jurídico, comprovada como ação pessoal, o que constitui fundamento suficiente para autorizar a imputação do tipo. Ausente, porém, a evidência de relação com o risco sobre o resultado criado pelo autor, este resultado não lhe pode ser imputado. Muita atenção: ainda que a ação possa conter riscos, estes somente serão relevantes para a imputação se se realizam no resultado.

A sanção somente pode empregar-se quando o agente "tem poder concreto de não fazer o que faz" (*exigibilidade de comportamento diverso*).[123] Em vista disso, por exemplo, o *ilícito* não pode levar o agente à

---

[121] Cf. SILVEIRA, Renato de Mello Jorge. *Direito Penal econômico como Direito Penal de perigo*. São Paulo: Revista dos Tribunais, 2006, p. 80.
[122] Passim, SANTOS, Juarez Cirino dos. *Direito Penal: parte geral*. Rio de Janeiro: Lúmen Juris, 2006, p. 114.
[123] SANTOS, Juarez Cirino dos. *Direito Penal: Parte Geral*. Rio de Janeiro: Lúmen Juris, 2006, p. 97.

sanção ante à prevalência da *presunção de inocência*, como consta da nossa Constituição (artigo 5º, LVII – *ninguém será considerado culpado até o trânsito em julgado de sentença penal condenatória*). Por conseguinte, no exame do ilícito praticado pelo agente, o primeiro cuidado é conceber o "fato punível" acomodado com os limites decorrentes da "culpabilidade" (restrição ao poder de punir do Estado) e da "antijuridicidade", como formas de proteção do acusado.

Para esse fim de individualização da pena, a culpabilidade é um dos elementos constitutivos do conceito analítico de crime. No Direito Penal, assim como no Direito Administrativo Sancionatório, o princípio da culpabilidade veda a aplicação de sanções[124] alheia ao exame da conduta do agente.[125] Aplicados esses paradigmas ao Direito Tributário, o garantismo do *princípio da culpabilidade* impede a imputação de responsabilidade puramente objetiva, independentemente da intenção do sujeito passivo e leva em consideração apenas o resultado, pois pressupõe a vinculação do fato ilícito com o autor e sua culpabilidade.[126]

Conclui-se, assim, quanto às infrações de natureza tributária, que a regra é a responsabilidade pessoal do agente. Caberá, porém, à administração, demonstrar, de modo específico, a autoria e a culpabilidade de cada acusado, individualmente. O caráter vinculado atribuído ao ato da administração, consistente em lavrar o auto de infração e imposição da multa, reclama o dever de provar o fato jurídico do ilícito

---

[124] HIRSCH, Hans Joachim. *El principio de culpabilidad y su función en el Derecho Penal*. NDP Nueva Doctrina Penal, 1996/A, Publicación del Instituto de Estudios Comparados en Ciencias Penales y Sociales. Buenos Aires: Editores Del Puerto, 1996, pp. 28-29.

[125] GÜNTHER, Klaus. "A culpabilidade no Direito Penal atual e no futuro." Tradução de Juarez Tavares. Doutrina Internacional. *Revista Brasileira de Ciências Criminais*, nº 24. São Paulo: Revista dos Tribunais, 1998, p. 80.

[126] A imputação de responsabilidade subjetiva aos coautores está adstrita ao princípio da culpabilidade, como definiu Jakobs: "O princípio da culpabilidade significa que a culpabilidade é um pressuposto necessário da legitimação da pena estatal. Por sua vez, a culpabilidade é o resultado de uma imputação reprovadora, no sentido de que a defraudação que se produziu vem motivada pela vontade defeituosa de uma pessoa; mais adiante tratarei da relação específica que existe a respeito da vontade. Provavelmente a formulação mais comum seja: a culpabilidade é reprovabilidade; numa linguagem coloquial, ter a culpa." JAKOBS, Günther. *Fundamentos do Direito Penal*. São Paulo: Revista dos Tribunais, 2003, p. 11. BITENCOURT, Cezar Roberto. *Teoria geral do delito*. Coimbra: Almedina, 2007, p. 209.

e sua sanção, sempre sob uma interpretação conforme à Constituição, na realização dos valores supremos da ordem constitucional, como eficácia do nosso garantismo de direitos fundamentais na aplicação das normas tributárias.

TRIBUTO PRECISA RESPEITAR VALORES CONSTITUCIONAIS[127]

Mediteemos sobre as célebres palavras do *Chief of Justice* John Marshall, da Corte dos EUA, *McCulloch v. Maryland*, de 1819, quando o estado de Maryland insistia em cobrar impostos do Second Bank of the United States: "o poder de tributar envolve o poder de destruir". É certo que o tributo carrega esta força destrutiva imanente; entretanto, para não destruir, o tributo reclama "limites", os quais hão de integrar seu próprio conceito. Daí a importância de se afirmar um conceito constitucional de tributo, à luz dos ditames do Estado Democrático e Social de Direito.

Não é novidade que, ao longo da história, a nota preponderante dos tributos foi o casuísmo e a severidade na sua cobrança, o que justificou conflitos, revoluções e até guerras. Como observa Hermes Marcelo Huck, "desde o momento em que a contribuição feita ao soberano deixou de ser uma doação ou um voluntário presente, transformando-se em exigência de poder e obrigação do súdito, um conflito surdo e constante nasceu, deixando cicatrizes nas civilizações que se foram sucedendo". E não foram poucas essas cicatrizes.

Nos Estados Unidos, os tributos relacionados ao *Stamp Act* (1765), bem como sobre açúcar, chá e outros produtos importados, ao *Sugar Act* (1764) e ao *Townshend Act* (1767), pela sistemática arrecadatória bastante agressiva, geraram severas revoltas, como a *Boston Tea Party* (1773). Disso resultaria a declaração de independência, em 1776.

Tamanha a resistência ao Fisco, todos os coletores de impostos de Luís XVI tiveram o mesmo fim trágico, foram guilhotinados, como

---

[127] Artigo publicado em 27 de março de 2013.

anota Gabriel Ardant, no seu *Historie de l'Impôt*. Anatole France, no seu clássico *Os deuses têm sede* lembra com pesar que até mesmo Lavoisier fora à guilhotina, sob a acusação de Jean-Paul Marat de que seria coletor de impostos de Luís XVI. Ante sua defesa, o juiz revolucionário teria dito: "A França não precisa de gênios." Tamanha a fúria contra o Fisco, todos os coletores de impostos de então tiveram o mesmo fim.

No Brasil, dentre outros, tivemos a Inconfidência Mineira, como exemplo. Foram séculos de lutas e sofrimentos para que o princípio *"no taxation without representation"*, insculpido na *Magna Charta Libertatum*, de 1215, alcançasse afirmação como devido processo legal na exigência de tributos, como bem o viram Victor Uckmar ou mesmo Antonio Roberto Sampaio Dória.

No Brasil, o elemento nuclear da tributação deve ser o conceito constitucional de tributo, em torno ao qual gravitam todos os demais regimes e princípios do sistema tributário nacional. Daí a exigência de controles sobre a determinação dos tributos e suas espécies. A magnitude da importância da classificação dos tributos está, no dizer de Geraldo Ataliba (*Hipótese de incidência tributária*), em estipular "regimes próprios, específicos e exclusivos", os quais "constituem um esquema balizador da tributação, que engendra direitos públicos subjetivos do contribuinte".

Como proposta teórica, a construção de um conceito jurídico de tributo deve partir do garantismo constitucional e da efetividade dos direitos fundamentais.

Nossa Constituição instituiu um Sistema Tributário Nacional. Essa atitude normativa antecipa uma metodologia para conhecer e aplicar o Direito Tributário, que é o modelo de "sistema", vedadas análises atomísticas, isoladas ou desgarradas do todo que o compõe. Por isso, no Brasil, não podem as características tipológicas do tributo e suas espécies vir colhidas na legislação infraconstitucional, aleatoriamente, na medida em que se estaria por dilapidar a rigidez constitucional em matéria reservada à Constituição.

Não obstante essas ponderações, a doutrina ainda não se vê consolidada quanto à firme compreensão do tributo como conceito constitucional e seus efeitos. E isso se vê refletido até mesmo na jurisprudência do Supremo Tribunal Federal, na qual a insegurança jurídica evidencia-se pela falta de um conceito estável, mas principalmente quanto aos critérios de classificação das espécies e suas notas características. Basta uma rápida pesquisa nos seus acórdãos para ver que: I) os julgamentos não assumem como ponto de partida o conceito constitucional de tributo e, quando o fazem, admitem a definição do CTN como suficiente; II) sobre as espécies de tributos, há decisões que afirmam serem duas as espécies de tributos (i); em outras, três espécies; (ii) mas com variações – em alguns: impostos, taxas e contribuições; em outros: impostos, taxas e contribuição de melhoria; (iii) em alguns casos, aparecem quatro espécies (acrescenta-se o "empréstimo compulsório"); (iv) e em outros, cinco espécies. E quanto ao critério de diferenciação das espécies, o emprego do binômio hipótese de incidência e base de cálculo não se apresenta como algo uniforme.

Pois bem, estamos convictos em afirmar que o garantismo constitucional brasileiro reclama a definição de um conceito constitucional de tributo e que se deve concretizar no processo de aplicação dos tributos. Até porque, historicamente, o tributo sempre habitou o altiplano constitucional no nosso ordenamento.

Na Constituição de 1824, o tributo está no artigo 179, XV ("Ninguém será exempto de contribuir para as despesas do Estado em proporção dos seus haveres"), e foram muitos tipos e modelos, como relata Liberato de Castro Ferreira, no seu clássico *História financeira e orçamentária do Império no Brasil*.

Contudo, foi na Constituição de 1891 que se viram a classificação das taxas e impostos alçada ao plano constitucional e a atribuição destas exações à União e estados, segundo competências, no âmbito do federalismo instituído junto com a República pelo Decreto nº 1, de 1889. Se a forma foi a melhor, as preocupações de Rui Barbosa, no seu "Relatório do Ministro da Fazenda", de 1891, bem como as críticas de Victor Nunes Leal, ao *Coronelismo, enxada e voto*, de Oliveira Vianna, no seu *O Idealismo da Constituição*, ou de Raymundo Faoro, em *Os donos do poder*, não deixam dúvidas quanto aos desalinhos do sistema.

Este modelo foi aprimorado na Constituição de 1934, acrescida da autonomia tributária dos municípios, além do aparecimento da contribuição de melhoria, modalidade tributária tão bem estudada por Bilac Pinto, na sua obra datada de 1937.

Entretanto, uma cláusula geral dos tributos, ao lado das demais competências, bem como um alargamento de limitações ao poder de tributar, como o próprio *princípio de capacidade contributiva*, surgem com ênfase na Constituição de 1946, com contribuição segura do então deputado Aliomar Baleeiro.

Por isso, na Constituição de 1988 está depositado o acumular de experiências de nossos antepassados, na tensão contínua entre distribuições de competências tributárias no âmbito de um federalismo instituído pelo Decreto nº 1, de 1889, junto com a República.

Ante o constitucionalismo garantista brasileiro, que compreende o "tributo" como "norma jurídica" integrada ao Sistema Tributário como "regra de competência", sob a efetiva rigidez constitucional decorrente dos princípios do federalismo e dos direitos e garantias fundamentais, o rigor da técnica jurídica deve avançar segundo uma metódica preponderantemente jurídica.

Entende-se como "garantia" aquela norma constitucional que tenha a função de servir como instrumento de proteção dos princípios e seus valores, ao tempo que confere aos destinatários poderes para reclamar sua observância, na função de bloqueio.

Por isso, dizer que o conceito constitucional de tributo e a classificação de suas espécies têm a natureza de norma de competência ainda diz pouco. Há uma função de "garantia" de direitos fundamentais, como típica "limitação constitucional ao poder de tributar", logo, vinculante de todas as pessoas políticas, que não se pode olvidar.

Diante dessas breves considerações, o primeiro mito que se deve eliminar do estudo da tributação à luz de um modelo de Estado Democrático e Social de Direito é aquele segundo o qual o tributo é expressão de "poder", na forma de *jus imperii* ou similar, por se tratar de conceito constitucional que visa a limitar o poder de tributar. Feitas essas considerações, demonstra-se que somente em um sentido "vulgar", como observa Ferreiro Lapatza, pode-se qualificar o tributo como uma "prestação pecuniária coativa imposta pelo Estado".

Rubens Gomes de Sousa, em diálogo com Geraldo Ataliba e Paulo de Barros Carvalho, nos comentários ao CTN, coincidem na opinião de que toda e qualquer receita pública dirige-se para a mesma finalidade, que é a atividade financeira do Estado, que não seria, a exemplo da compulsoriedade, uma nota exclusiva dos tributos.

Ora, dizer que o tributo é exercício de *jus imperii* é um regresso aos fundamentos típicos do absolutismo, segundo um "direito de suprema necessidade", quando se empregavam as "razões de Estado" como sua justificativa legitimadora. Começa, então, a história do "tributo" como expressão da soberania, como obrigação exigida em função do *jus imperii* do Estado. Para melhor entendimento, vale recordar Bodin (*Os seis livros da República,* capítulo II do livro VI), para quem o direito de tributar ou de isentar os súditos decorreria da soberania, como uma manifestação desta, pelas leis e pelos privilégios. Para ele, o príncipe não precisaria especificar os casos em que o soberano deveria impor tributos ou conceder isenções, já que o poder de fazê-lo se imporia sobre qualquer outro.

Mais tarde, como mudança desse paradigma, no recém-surgido Estado de Direito francês, o tributo via-se justificado pelo consentimento ao tributo, já que agora seria o "povo" quem decidiria sobre quem deve pagar o tributo (i) e de que forma o tributo deveria ser apurado e pago (ii). A legalidade substituía, assim, a razão de Estado. Esta foi a grande conquista do século XIX em matéria de tributos, a uniformidade dos critérios, inerentes à generalidade e à capacidade contributiva.

Outra virada de legitimação veio com o Estado Democrático de Direito. No Estado Constitucional, o tributo deve ser qualificado pela Constituição. Por isso, diz muito bem Klaus Tipke: "No Estado de Direito material somente se legitimam os tributos se eles são formados justificadamente pela ordem valorativa constitucional." E, quando combinado com a feição "social", o tributo assume a função redistributiva, além de atender as necessidades públicas. Assim, no modelo do Estado Democrático e Social de Direito rompe-se com qualquer legitimação externa, para uma prevalência do conceito de tributo eminentemente constitucional. Neste, somente a força normativa da Constituição, no seu conjunto de competências e limitações constitucionais, fundamenta materialmente o tributo no Estado Democrático e Social de Direito.

A Constituição Financeira do Brasil abrange o financiamento do federalismo por um rígido modelo de discriminação constitucional de rendas, mediante distribuição de fontes (competências) e produto de arrecadação (distribuição de receita), segundo uma partilha do poder de tributar entre as unidades federativas, além da função redistributiva de riqueza, pelos sistemas de previdência e assistência social.

Como alertou Franco Gallo (*Le ragioni del fisco: Etica e giustizia nella tassazione*), nos dias atuais já não seria possível, sequer sob a teoria econômica, um sistema de tributos baseado em critérios sinalagmáticos. A teoria do benefício, equivalência, contraprestação (*benefit theory*) consistia em uma equivalência entre os impostos pagos pelo contribuinte e as prestações recebidas do Estado. Segundo essa doutrina, os tributos deveriam ser cobrados de acordo com os benefícios recebidos do produto da arrecadação. Diversamente, cabe aos tributos a função de financiar a despesa pública com base em justiça distributiva e segundo a capacidade contributiva, conforme a chamada teoria do sacrifício. Thomas Nagel e Liam Murphy (*O mito da propriedade*), igualmente, examinam esses fundamentos para chegarem a semelhantes conclusões quanto à finalidade econômica dos tributos.

Afastados da dimensão política ou daquelas econômicas e financeiras, nas quais o tributo é examinado pelo seu aspecto pragmático, na relação entre o pagamento do tributo com o poder ou com as necessidades coletivas, tem-se que conferir atenção ao tributo concebido pelo seu aspecto formal e material, em termos estritamente jurídicos.

A Constituição tributária equivale a uma série de regras, princípios e competências para fazer valer o próprio conceito de tributo e suas espécies, como parcela do âmbito material da Constituição. Nesse plano, o tributo é "norma" de competência, ainda que possua função de garantia, pelos limites que impõe ao legislador.

O Sistema Constitucional Tributário não pode prescindir de um conceito constitucional de tributo que permita determinar as notas típicas que autorizem a aplicação do regime constitucional e todos os princípios do garantismo tributário às suas espécies, a cada ato de exercício de competências.

A dimensão-síntese é aquela sistêmica, que compreende o tributo integrado aos direitos fundamentais e às competências do Estado, de modo a evidenciar uma função garantista contra arbítrios na sua aplicação e, ao mesmo tempo, a realização de uma justiça fiscal material, ao lado do financiamento do Estado e da coordenação da economia.

No Brasil, pode-se falar da existência de um conceito constitucional de tributo, obtido por indução, a partir da identificação dos regimes jurídicos de cada uma das espécies impositivas previstas na Constituição, e não apenas por dedução de um gênero para suas espécies, em virtude da forma organizativa das competências tributárias.

César García Novoa (*El concepto de tributo*) evidencia essa premissa, ao dizer: "*Un concepto constitucional de tributo podría llevarse a cabo a través de un método inductivo, a partir de las características particulares de una clasificación contenida en la legislación ordinaria.*" Assim, a partir dos regimes das espécies colecionadas no texto constitucional, para garantir a unidade do conceito constitucional de tributo, por *indução*, chega-se ao conceito de tributo, como normas de competência.

Por isso não poderia ser outra a conclusão: os regimes jurídicos de cada uma das espécies de tributos na Constituição, integrados pelos direitos fundamentais e normas de competências, definem a tipologia do conceito-gênero de "tributo" no nosso sistema, na sua função garantista.

Portanto, no seu mínimo de significação, o conceito de tributo na Constituição poderia ser assim enunciado: tributo é norma de competência que tem por objeto uma prestação obrigacional instituída por lei, submetida às limitações constitucionais tributárias, segundo os regimes de impostos, taxas ou contribuições, e cobrada mediante atividade administrativa vinculada.

De resto, à luz desse conceito, só há tributo quando os valores constitucionais que orientam os regimes de cada uma das espécies sejam respeitados, do contrário ter-se-á o "confisco", que é utilizar o tributo em contrariedade a esses fundamentos. Ou seja, qualquer receita que não atenda aos pressupostos do tributo na Constituição, das duas uma, ou será qualquer outro tipo de receita pública ou exação com "efeito de confisco", nunca "tributo". Eis sua função de garantia evidenciada, portanto.

Desta garantia de criação e aplicação dos tributos plenamente vinculados à Constituição material, deriva a vinculação do procedimento da legalidade ou dos atos administrativos, que é o *due process of law* por excelência em matéria tributária.

Somente assim soergue-se um Sistema Tributário eficiente, que assista as necessidades arrecadatórias do Estado, permita a redistribuição de riqueza e seja meio de ação da Economia, mas sob a égide da efetividade de direitos e liberdades de um Estado Democrático e Social de Direito. Destarte, pode-se volver, em paráfrase ao juiz Oliver Wendell Holmes Jr. (1928, *Panhandle Oil Co. v. State of Mississippi*), quando se reportava àquele Precedente de Marshall, que, enquanto existir Estado Democrático de Direito, e seus cidadãos e autoridades fazendárias assumirem o compromisso de concretizar seus princípios, o poder de tributar não se converterá em poder de destruir.

BOA-FÉ E CONFIANÇA SÃO ELEMENTARES NO DIREITO TRIBUTÁRIO[128]

A existência e funcionamento do ordenamento jurídico, por si só, oferece um estado de *confiança* mínima aos indivíduos, enquanto *fim* sistêmico a ser atingido pelos *meios* que lhe confere o sistema normativo. Contudo, a consolidação dessa confiabilidade dependerá, em muito, da graduabilidade da confiança e da convicção de segurança jurídica que se há de constituir ao longo do processo de positivação do Direito, como confiança *lato sensu* (*legalidade* – certeza; *ordenamento* – estabilidade)[129] ou como confiança *stricto sensu* (*experiência* – confiança).

São possibilidades de aplicação do princípio de confiança *stricto sensu*, entre outros, o impedimento de atos contraditórios (*venire contra factum proprium*), a *suppressio*, a vedação de aplicação de critérios novos a fatos passados, o silêncio ou a observância das práticas reiteradas da Administração, a confiança formada a partir das condutas transparentes e espontâneas do particular, a preservação dos

---

[128] Artigo publicado em 24 de abril de 2013.
[129] Cf. CALMES, Sylvia. *Du principe de protection de la confiance légitime en droits allemand, communautaire et français*. Paris: Dalloz, 2001, p. 156. Cf. Sanches, J. L. Saldanha. *Manual de Direito Fiscal*. Coimbra: Coimbra Editora, 2002, pp. 75-97. Ou como afirma Juha Raitio: "What does legal certainty mean? This question might be as broad and difficult as the question concerning the meaning of democracy, or the rule of law. The principle of legal certainty cannot be expressed by definitions alone, because it is an underlying general principle of law." (RAITIO, Juha. "Legal certainty, non-retroactivity and periods of limitation in EC law." Legisprudence. vol. 2, nº 1. Oxford: Hart Publishing, 2008, p. 1; para um estudo das suas significações na jurisprudência da Corte europeia, veja-se: RAITIO, Juha. *The principle of legal certainty in EC law*. Dordrecht: Kluwer, 2003. p. 125 e ss.).

direitos adquiridos com isenções, remissões, anistias ou transações, entre outras.[130]

O princípio da proteção da *confiança legítima* garante o cidadão contra modificações substanciais inesperadas, mas também contra aqueles casos cuja permanência de certas situações jurídicas, pelo decurso do tempo ou pela prática continuada da Administração, já não autoriza a revogação ou a anulação do ato administrativo,[131] para fazer valer uma legalidade incongruente com a confiabilidade adquirida. A Administração deve respeitar esse "estado de confiança legítima"[132] e, ao mesmo tempo, controlar os seus atos em conformidade com o respeito à confiança dos indivíduos na ação dos órgãos estatais.

A "confiança" é um estado psicológico. Por isso, para que ela possa ter eficácia jurídica, deverá revelar-se, objetivar-se de algum modo. Nesse esforço de determinação do seu conteúdo, deve-se afastar qual-

---

[130] A Lei italiana 212, de 27.07.2000, que instituiu o "Estatuto de Direito do Contribuinte", contempla, no art. 10, a tutela da confiança e da boa-fé como princípios gerais, com efeitos de redução de multas na aplicação de sanções administrativas: "1. I rapporti tra contribuente e amministrazione finanziaria sono improntati al principio della collaborazione e della buona fede."

[131] Não é novidade que foi exatamente no campo da tutela dos atos administrativos, do controle de nulidade, que vicejou o seu oposto, o da impossibilidade de anulação de certos atos administrativos, quando o louvor à boa-fé e à segurança jurídica preponderam na situação concreta. No modelo de "estado da confiança", a legalidade deve conviver ao lado da proteção à confiança. Cf. STF, QO Pet (MC) 2.900-RS, 2.ª T., rel. Min. Gilmar Mendes, DJ 01.08.2003, p. 142.

[132] O princípio da boa-fé, que há muito norteia o direito privado, deve pautar também as relações entre os particulares e o Poder Público. Nesse sentido, é a lição de Amelia Gonzales Méndez: "Se ha visto como, aunque el principio de buena fe tiene un origen privado, ha irradiado su influencia al campo de las relaciones jurídicas-públicas. Se ha observado cómo, aunque encuentra una sede natural de desenvolvimento en las relaciones contractuales, es también referido al ejercicio de cualquier derecho, y también, por extensión, al ejercicio de potestades. Y no se ve la razón por la cual el valor de confianza no sea amparable en un Estado social de Derecho a través de la invocación de la buena fe en cuya entraña se aloja desde su origen. Máxime cuando se señala que los casos en que es el ciudadano el que defrauda la confianza de la Administración juega la buena fe y no encuentra encaje el principio de confianza legítima" (González Méndez, Amelia. Buena fe... cit., p. 62. Cf. Manganaro, Francesco. Principio di buona fede e attività delle amministrazioni pubbliche. Napoli: Edizioni Scientifiche Italiane, 1995; Guimarães, Vasco Branco. A responsabilidade civil da administração fiscal emergente da obrigação de imposto. Belo Horizonte: Fórum, 2007, p. 54; Meloncelli, Alessandro. Affidamento e buona fede nel rapporto tributario. In: Fantozzi, Augusto; Fedele, Andrea (coord.). Statuto dei diritto del contribuente. Milano: Giuffrè, 2005, pp. 531-559).

quer vínculo fundado em simples "expectativa", "suposição" ou "esperança". Com esse propósito, em muitos casos, o Direito Positivo "tipifica" a exigência de confiança, quando serve de objeto para regulações específicas, como no caso de regras de *compliance* societárias ou financeiras,[133] mediante critérios de determinação previamente assentados na legislação. A *confiança legítima*, ora em estudo, não tem qualquer equivalência com essas modalidades regulatórias.

A boa-fé objetiva (*bona fides*) mantém íntima relação com a confiança (*fides*) e, por conseguinte, interagem intensamente, ainda que juridicamente possam comportar, em casos específicos, diferenciações eloquentes.[134] Deveras, a boa-fé, ao longo dos séculos, assumiu uma presença constante nas relações contratuais e daí sua expressiva aplicação, preferencialmente à confiança. Esta, porém, tal como a boa-fé objetiva, não se circunscreve aos limites do Direito Privado, mas assume a condição de verdadeiro princípio geral, aplicável a todos os ramos jurídicos.[135]

---

[133] Veja-se o Sarbanes-Oxley Act (Lei norte-americana de 23 de janeiro de 2002) e demais atos emanados do Securities and Exchange Comission – SEC. Como alerta a OECD, no seu estudo sobre os princípios da governança corporativa, "não existe um modelo único de bom governo das sociedades". Contudo, sabe-se que o bom governo das entidades societárias é um valor a ser perseguido, e que se apresenta como uma componente fundamental para o crescimento sustentado e ético da eficiência das economias de mercado, pela ampliação da confiança dos atores envolvidos, como instituições públicas, investidores, entidades financeiras, consumidores e a sociedade civil como um todo. No Direito brasileiro, mesmo antes dos problemas verificados no contexto americano, já se encontrava bem evoluído o regime de controle dos atos societários, pela efetividade dos atos emanados da Comissão de Valores Mobiliários (CVM), para adequada aplicação do inciso V, dos arts. 142 e 176, ambos da Lei 6.404/76. Entre outros, o importante estudo LUCCA, Newton de. *Da ética geral à ética empresarial*. São Paulo: Quartier Latin, 2009.

[134] Cf. PEPPE, Leo (org.). *Fides, fiducia, fidelitas. Studi di storia del diritto e di semantica storica*. Padova: Cedam, 2008; Cf. GONZÁLEZ MÉNDEZ, Amelia. *Buena fe y derecho tributario*. Madrid: Marcial Pons, 2001; MANGANARO, Francesco. *Principio di buena fede e attività delle amministrazioni pubbliche*. Napoli: Edizioni Scientifiche Italiane, 1995; GIACOMUZZI, José Guilherme. *A moralidade administrativa e a boa-fé da administração pública: o conteúdo dogmático da moralidade administrativa*. São Paulo: Malheiros, 2002; GARCÍA LUENGO, Javier. *El principio de protección de la confianza en el derecho administrativo*. Madrid: Civitas, 2002; CASTILLO BLANCO, Federico A. *La protección de confianza en el derecho administrativo*. Madrid: Marcial Pons, 1998.

[135] Como observa Karl Larenz: "A defesa da fidelidade e a manutenção da confiança formam o fundamento do tráfego jurídico e especialmente das relações jurídicas espe-

O princípio da boa-fé protege o contribuinte que conduz seus negócios, rendas ou patrimônio com transparência e diligência normal de um bom administrador ou de um homem probo. Por ter um conteúdo preponderantemente axiológico, sua aplicação depende da comparação de condutas objetivas: (a) a conduta adotada pelo contribuinte no caso concreto e (b) a conduta que seria praticada segundo as expectativas ordinárias em casos semelhantes, com o zelo requerido.

Somente pode externar confiança quem age conforme a legalidade ou vê-se afetado por modificação inopinada ou incoerente com a funcionalidade sistêmica do ordenamento jurídico. Por conseguinte, só há que se falar em "confiança" passível de proteção quando a credulidade do jurisdicionado confirma-se pela estabilidade, previsibilidade ou certeza da situação que julga legítima. Afora isso, a conduta contrária da Administração deve ser objetivamente demonstrada.

Em matéria tributária, por exemplo, a confiança legítima pode evidenciar-se pela prática de interpretação ou aplicação da lei pelo mesmo ou por vários contribuintes e que gera a expectativa de confiança em um agir legítimo e conforme a legalidade; pela coerência entre a forma de interpretação e transparência de informações; bem assim, pela cooperação e diligência do contribuinte nos atos requeridos, sem qualquer omissão ou resistência. Veja-se o caso das "práticas reiteradas da Administração".

Não poderia a Administração deixar de agir ao seu momento de aplicação do tributo para, anos mais tarde, alegar sua própria ineficiência ou erros de atuação administrativa, como motivo para o exercício de cobrança de multas[136] e juros. Impõem-se a proteção da boa-

---

ciais. Em razão disso, o princípio (da boa-fé) não é limitado às relações jurídicas obrigacionais, mas que se efetiva segundo entendimento hoje pacífico, como um princípio geral do Direito, aplicável sempre onde exista ou esteja preparada na relação jurídica especial. Diante desses requisitos, assim, também no Direito das Coisas, no Processo Civil e no Direito Público" (LARENZ, Karl. *Derecho de obligaciones*. Madrid: Revista de Derecho Privado, 1958, p. 148).

[136] A multa depende do ilícito cometido. O que a *suppressio* afasta é exatamente a ilicitude da conduta, pois "multa é prestação pecuniária compulsória instituída em lei ou contrato em favor de particular ou do Estado, tendo por causa a prática de um ilícito" (COÊLHO, Sacha Calmon Navarro. *Teoria e prática das multas tributárias: infrações tributárias e sanções tributárias*. 2ª ed. Rio de Janeiro: Forense, 1993, pp. 41 e 50. Cf. SANDULI, Maria Alessandra. *Le sanzioni amministrative pecuniarie – Principi sostanziali e procedimen-*

fé e a garantia contra esses acréscimos incabíveis. Como diz Menezes Cordeiro, a *suppressio*, em relação aos direitos patrimoniais amparados pela boa-fé, significa "a situação de direito que, não tendo sido, em certas circunstâncias, exercido durante um determinado lapso de tempo, não possa mais sê-lo por, de outra forma, se contrariar a boa-fé".[137] O exercício retardado de algum direito, acentua Menezes Cordeiro, não pode levar a desequilíbrios nas relações jurídicas.[138] Por isso, a segurança jurídica postula esta proibição para a exigibilidade de adicionais a título de sanções pecuniárias e juros.

Entre as chamadas "normas complementares", o art. 100 do CTN identifica as *práticas reiteradamente observadas pelas autoridades administrativas*. Essa é a previsão que mais se aproxima do instituto da *suppressio* em matéria tributária, na medida em que significa uma proibição para que a Administração, quando não tenha exercitado seu direito em certo período de tempo, com evidência de *estabilidade* duradoura, suficiente para aperfeiçoar o suporte fático da reiteração da *prática*, possa fazê-lo a qualquer tempo.

A noção de "prática *reiteradamente observada pelas autoridades administrativas*" mostra aparente dificuldade para sua adequada compreensão, especialmente sobre quantas práticas seriam suficientes a tanto (a estabilidade da *suppressio*). Seja como for, o que importa é vir o acatamento sucessivo dessas práticas pela autoridade fiscal, quer pela atuação do contribuinte seguindo um determinado modelo de agir, sempre conforme a lei (ainda que em uma expectativa de confiança legítima), em uma prática conhecida pelas autoridades e admitida; quer pela ação direta do Fisco, de acordo com uma específica linha interpretativa ou dando aplicação e tratamento fiscal a certa prática cuja reiteração confere-lhe força de "fonte do direito tributário".

Como exemplo de *práticas reiteradamente observadas pelas autoridades administrativas* pode-se citar o reconhecimento do domicílio fiscal do contribuinte em dada localidade municipal "A", na aplicação da sua legislação, segundo os critérios de apuração adotados para todos os

---

tali. Napoli: Jovene, 1983; também: OLIVEIRA, Régis Fernandes de. *Infrações e sanções administrativas*. São Paulo: Revista dos Tribunais, 1985, p. 114).
[137] CORDEIRO, Menezes. *Da boa-fé no Direito Civil*. Lisboa: Almedina, 2001. p. 797.
[138] CORDEIRO, Menezes. *Da boa-fé...* cit., p. 797.

demais munícipes, de forma pacífica e sem qualquer oposição; quando, em verdade, seu imóvel transpassava os limites fronteiriços de município vizinho "B" e deveria sujeitar-se à cobrança do IPTU por este, que igualmente sempre reconhecera o imóvel por localizado em "A" (por eleição de boa-fé do contribuinte). Perceba-se, pois, a diferença. Caso se verificasse uma espécie de "revisão" das linhas limítrofes entre "A" e "B" e fosse identificado entre ambos eventual equívoco de fronteiras, em atenção ao princípio da proteção de expectativa de confiança legítima, dever-se-ia garantir ao contribuinte o efeito *ex nunc* para qualquer nova cobrança, porquanto aplicável o art. 146 do CTN, na medida em que se aperfeiçoara a modificação de critério do lançamento. Contudo, na situação de simples dúvida e aceitação pacífica de "B", pode haver igualmente a aplicação da *suppressio*, segundo o tratamento do art. 100, III e parágrafo único, do CTN, caso seja provado que o contribuinte simplesmente recolhia o IPTU em favor do município em que julgava ser residente ("A"), ao reconhecimento dos efeitos da prática reiterada da Administração do município "B"; cabível a repetição do indébito em relação ao município "A". Dizer que a *eleição do domicílio* não interfere com a determinação da competência municipal não autoriza, por outra banda, afastar sua verificação para efeitos de confirmação da boa-fé do contribuinte na *eleição* de domicílio tributário (art. 127 do CTN), para preservar seu direito ao regime da *suppressio tributária*.

O direito do contribuinte de alegar o seu direito à estabilidade (*suppressio*), porém, não o afasta do dever de pagar o tributo devido, por ser oponível apenas à competência sancionatória e à exigibilidade de juros. Assim prescreve o parágrafo único do art. 100 do CTN: "*A observância das normas referidas neste artigo exclui a imposição de penalidades, a cobrança de juros de mora e a atualização do valor monetário da base de cálculo do tributo.*"[139] Nenhuma multa ou juro poderão ser exigidos quando

---

[139] A jurisprudência do STJ e o STF demonstram firme convicção de que o recolhimento de tributos baseado no entendimento fazendário assim concebido não implica o pagamento de multa ou juros, nas hipóteses de eventual mudança de entendimento ou mesmo de alteração do ato normativo publicado, porquanto agira, o contribuinte, em coerência quanto ao entendimento reconhecido pela própria Fazenda Pública. Veja-se, por exemplo: "1. Restando configurada a prática constante de atos pela Administração,

a transparência do agir do contribuinte é conhecida pela Administração; e tanto mais quando este exerce prática reiteradamente *observada pelas autoridades administrativas*, com estabilidade.

Pode-se dizer o mesmo sobre o atendimento a *obrigações acessórias*, como ocorre no caso de declarações aduaneiras e que, a partir de algum momento, as autoridades passam a entender que o tratamento deveria ser outro nos procedimentos adotados em sucessivos despachos aduaneiros (como ocorreu nas tantas confusões de regimes entre importações "por conta e ordem" e importações "por encomenda"). A aceitação reiterada pela fiscalização aduaneira da prática adotada pelo contribuinte, apresentada com lídima transparência, com inclusão na Declaração de Importação de todas as informações sobre a operação e seu efetivo destinatário, em diversas ocorrências sem qualquer oposição das autoridades aduaneiras, afirma-se como ato lícito, cuja observância afasta a *imposição de penalidades, a cobrança de juros de mora e a atualização do valor monetário da base de cálculo do tributo*, nos termos do art. 100, III e parágrafo único, do CTN.

Como o *risco* e a *insegurança* são simplesmente reduzidos, mas não integralmente eliminados pelo simples existir do "sistema" ou da "legalidade" que nele se integra, dada a complexidade das situações do mundo da vida que são colhidas como hipóteses de incidência das leis ou das vicissitudes às quais o ordenamento vê-se exposto, a "confiança funcional" assume o papel de promover a justiça nas situações concretas nas quais nem a legalidade nem a previsibilidade de validade do ordenamento foram capazes de garantir.[140]

A confiança é um *elemento de redução da complexidade*, como observa Luhmann,[141] ainda que não de modo suficiente para erradicar a insegurança, bastando-se com uma simples previsibilidade de condutas futuras, por meio de expectativas legítimas. Pela proteção da confiança,

---

há de se aplicar o preceito insculpido no art. 100, III e parágrafo único, do CTN, que exclui o contribuinte da imposição de penalidades, da cobrança de juros de mora e a atualização do valor monetário da base de cálculo do tributo." (REsp 162616/CE, 1.ª T., rel. min. José Delgado, j. em 02.04.1998).

[140] LUHMANN, Niklas. *La fiducia*. Trad. Luca Burgazzoli. Bologna: Il Mulino, 2002, p. 48; tradução espanhola também disponível: *Luhmann, Niklas. Confianza*. Barcelona: Anthropos, 2005, p. 57.

[141] LUHMANN, Niklas. *La fiducia* cit.

apurada segundo expectativas passadas e confirmadas no presente, o sistema constrói-se, não obstante a insegurança e a complexidade nele persistentes.

O *princípio da proteção de expectativa de confiança legítima* (ou princípio da confiança legítima) tem sido frequentemente arguido no Tribunal de Luxemburgo da União Europeia e sua menção já ultrapassa mais de dez por cento de todas as decisões desse Tribunal.[142] Herdado do Direito alemão, aparece como a *manifestação subjetiva da segurança jurídica da ordem jurídica* e tem recebido aplicação geralmente em casos de retroatividade de leis, erros de autoridades, crença legítima na aparência jurídica, motivação das decisões, contradições de atos administrativos, práticas reiteradas da Administração e mudanças de critérios de tratamento contra os administrados.

A confiança legítima na atuação dos órgãos do Estado tem sua fonte baseada não bem na manifestação de vontade, mas na própria condição de previsibilidade da ação daqueles órgãos. Protege-se, assim, a confiança do administrado perante a Administração quando o comportamento do primeiro está de acordo com parâmetros da boa-fé objetiva, mas com aplicação do *princípio de proteção das expectativas de confiança legítima.*[143]

À guisa de exemplo, a Lei Complementar 939, do estado de São Paulo, de 03.04.2003, que instituiu o "Código de direitos, garantias e obrigações do contribuinte no estado de São Paulo", previu, no

---

[142] Cf. Schonberg, Soren. *Legitimate expectations in administrative law.* Oxford: Oxford University Press, 2000.

[143] O STF sempre manteve presente o interesse em que fosse preservado o direito à boa-fé. Veja-se, por exemplo, trecho do voto do min. Leitão de Abreu: "A tutela da boa-fé exige que, em determinadas circunstâncias, notadamente quando, sob a lei ainda não declarada inconstitucional, se estabelecerem relações entre o particular e o poder público, se apure prudencialmente, até que ponto a retroatividade da decisão, que decreta a inconstitucionalidade, pode atingir prejudicando o agente que teve por legítimo o ato e, fundado nele, operou na presunção de que estava procedendo sob o amparo do direito objetivo." (STF, RE 79343, 2ª T., rel. min. Leitão de Abreu, j. 31.05.1977). Assim também, Pedro José Jorge Luiz Coviello: "Lo que ocurre es que la confianza legítima es una derivación de un valor, la seguridad jurídica, en el que se enfoca la situación específica del particular frente a la actuación de los poderes públicos, y que para su evaluación necesita la concurrencia de la buena fe de éste como componente insoslayable." (JORGE COVIELLO, Pedro José. *La protección de la confianza del administrado: derecho argentino y derecho comparado.* Buenos Aires: Abeledo-Perrot, 2004, p. 408).

inc. III do art. 5.º, como *garantia* do contribuinte: "A *presunção relativa da verdade nos lançamentos contidos em seus livros e documentos contábeis ou fiscais, quando fundamentados em documentação hábil.*" É inconteste que a Administração deve respeitar sempre o agir leal e transparente do contribuinte, evidenciado quando este fornece informações, não obstaculiza a fiscalização, presta declarações e demonstra a execução efetiva dos seus contratos, cuja "aparência" de fato jurídica pode trazer severos ônus.

Vale assinalar que o *princípio da proteção de expectativas de confiança legítima* não se vê dotado de autonomia em relação ao *princípio da segurança jurídica*. Tampouco reduz-se à condição de derivado do princípio de Estado de Direito, como ordinariamente se difundiu. O princípio da segurança jurídica requer a confiança dos jurisdicionados no bom funcionamento do Sistema Jurídico e esta confiança, por sua vez, apresenta-se como uma eficácia do princípio de certeza do direito ou da estabilidade do ordenamento, para exigir a recomposição do *estado de segurança*. Por conseguinte, sempre que se verificar alguma quebra de segurança jurídica, igualmente haverá afetação à expectativa de confiança legítima[144] quanto à *(i)* certeza ou acessibilidade,[145] *(ii)* à *estabilidade*[146] ou *(iii)* à confiança *stricto sensu*. Estas são as

---

[144] MARTINS-COSTA, Judith. "Almiro do Couto e Silva e a ressignificação do princípio da segurança jurídica na relação entre o Estado e os cidadãos." In: Ávila, Humberto (org.). *Fundamentos do Estado de Direito: estudos em homenagem ao professor Almiro do Couto e Silva*. São Paulo: Malheiros, 2005, pp. 120-148.

[145] "Se a solução é imprevisível, é que não há sistema, mas variação ou, pelo menos, incerteza e vacilação." (PONTES DE MIRANDA, Francisco C. *Sistema de ciência positiva do Direito*. t. IV. São Paulo: Bookseller, 2000, p. 206). De modo semelhante, Casalta Nabais, no que concerne à confiança legítima: "A ideia de protecção da confiança não é senão o princípio da segurança jurídica na perspectiva do indivíduo, ou seja, a segurança jurídica dos direitos e demais posições e relações jurídicas dos indivíduos, segundo a qual estes devem poder confiar em que tanto à sua actuação como à actuação das entidades públicas incidente sobre os seus direitos, posições e relações jurídicas, adoptada em conformidade com normas jurídicas vigentes, se liguem efeitos jurídicos duradouros." (*Nabais*, José Casalta. *O dever fundamental de pagar impostos*. Coimbra: Almedina, 1998, p. 395. Também: CARRAZZA, Roque Antonio. *Curso de Direito Constitucional Tributário*. 25ª ed. São Paulo: Malheiros, 2009, pp. 440-450). PFERSMANN, Otto. "Regard externe sur la protection de la confiance légitime en droit constitutionnel allemand." *Revue Française de Droit Administratif*, vol. 16, n° 2, pp. 236-245, Paris, 2000.

[146] "Na previsibilidade estão implícitas a aplicabilidade geral e efetiva, a continuidade da legislação, a irretroatividade, e não faltam outros requisitos, que se poderiam

funções diferenciadas da confiança legítima em relação ao princípio de segurança jurídica.

A confiança protegida é aquela que se vê provada nas suas repercussões jurídicas a partir de uma comparação entre o estado prévio de confiança e a ação ou reação estatal incoerente com aquele "estado de confiança" objetivamente evidenciado. Essa objetividade da confiança virá identificada pela "legitimidade" dos modos de manifestação, como transparência de atividades, acesso a informações, atuação conforme a pretensão alegada e outros, de sorte a justificar o "estado de expectativa de confiança legítima" ao longo do exercício do Direito ou na sua omissão.

E nada impede que a confiança legítima possa ser invocada nas relações que tenham como partes pessoas do federalismo, entre estados ou entre municípios, ou ainda entre União, estados ou municípios, nas suas relações intersubjetivas e de simetria.[147][19] Assegura-se o particular, como garantia de direitos fundamentais; mas protege-se a pessoa de direito público pela garantia do federalismo (segurança jurídica do federalismo).[148][20] A manifestação de vontade interestatal deve ampa-

---

lembrar" (PONTES DE MIRANDA, Francisco C. *Sistema de ciência...* cit., p. 207. Cf. ainda: Ferrari, Regina Maria Macedo Nery. "O ato jurídico perfeito e a segurança jurídica no controle da constitucionalidade". In: ROCHA, Cármen Lúcia Antunes (coord.). *Constituição e segurança jurídica: direito adquirido, ato jurídico perfeito e coisa julgada*, 2ª ed. Belo Horizonte: Fórum, 2005, pp. 209-259). (PÉREZ LUÑO, Antonio-Enrique. *La seguridad jurídica*. 2ª ed. Barcelona: Ariel, 1994, p. 120). César García Novoa prefere referir-se a esta hipótese como uma segurança "no" Estado, mediante a positividade do direito, ou "segurança através do Direito" (GARCÍA NOVOA, César. *El principio de seguridad jurídica en materia tributaria*. Madrid: Marcial Pons, 2000, p. 23). Cf. CANOTILHO, José Joaquim Gomes. *Direito Constitucional e teoria da Constituição*. 7ª ed. Coimbra: Almedina, 2003, p. 250; PIZZON, Thommas. *La sécurité juridique*. Paris: Defrénois, 2009, p. 5.

[147] Nesse sentido, igualmente, Celso Antônio Bandeira de Mello, para quem "os princípios da boa-fé, da lealdade e da confiança legítima, tanto como o da segurança jurídica, têm aplicação em todos os ramos do Direito e são invocáveis perante as condutas estatais em quaisquer de suas esferas: legislativa, administrativa ou jurisdicional" (BANDEIRA DE MELLO, Celso Antônio. "Segurança jurídica, boa-fé e confiança legítima". In: BENEVIDES, Maria Victoria de Mesquita; Bercovici, Gilberto; Melo, Claudineu de (org.). *Direitos humanos, democracia e república. Homenagem a Fábio Konder Comparato*. São Paulo: Quartier Latin, 2009, p. 221).

[148] Enfatiza Misabel Derzi que a confiança legítima é um princípio cuja eficácia alcança apenas as relações entre particulares e Estado, em repetidas oportunidades ao longo de sua instigante obra. Concorda-se com essa formulação no limite do entendimento

rar-se em confiabilidade, até porque a quebra de confiabilidade pode ter repercussões severas sobre a esfera jurídica dos contribuintes.

As cautelas aduzidas têm como finalidade evitar a subjetivação da segurança jurídica, a qual traz ínsitos seus perigos. Nos casos de sua aplicação, o juiz assume o papel de reforço da ordem jurídica, pela proteção da confiança, mas corre-se o risco do "justicialismo"[149] ou do "ativismo judicial",[150] o que deve ser necessariamente evitado. É bem verdade que a *inflação legislativa*, a variabilidade das decisões judiciais e os excessos administrativos atentam contra a desejável racionalização do ordenamento, a servir como estímulos para que os particulares recorram demasiado às garantias de segurança jurídica ou de proteção da confiança, o que se pode constituir em abertura para o arbítrio ou para o subjetivismo.[151] Dizê-lo, é certo, tampouco equivale a sugerir qualquer amesquinhamento ou reducionismo dos seus âmbitos normativos.

---

de que ao Estado é defeso recorrer à segurança jurídica e ao princípio da proteção da confiança legítima *stricto sensu* em seu favor quando em relação com particulares. A saber: "A confiança e a proteção da confiança não se colocam do ponto de vista do Estado, como ente soberano. Isso porque, nas obrigações *ex lege*, o Estado tem supremacia sobre os eventos/acontecimentos que ele mesmo provoca, ou seja: as leis, as decisões administrativas e as decisões judiciais na modelação e cobrança dos tributos." (DERZI, Misabel Abreu Machado. *Modificações da jurisprudência: proteção da confiança, boa-fé objetiva e irretroatividade como limitações constitucionais ao poder judicial de tributar*. São Paulo: Noeses, 2009, p. 328).

[149] HIRSCHL, Ran. *Towards juristocracy: The origins and consequences of the new constitutionalism*. United States: Harvard, 2004.

[150] Para um exame do ativismo judicial, compreendido como o exercício da função jurisdicional para além dos limites impostos pelo ordenamento, no propósito de garantir efeitos assecuratórios de direitos, geralmente fundados em típico realismo jurídico, a crítica oportuna e firme contida na obra: RAMOS, Elival da Silva. *Parâmetros dogmáticos do ativismo judicial em matéria constitucional*. São Paulo: USP, Tese de Titularidade, 2009.

[151] "Las exigencias (o expectativas) de certeza jurídica están cumplidas si: (a) puede evitarse la arbitrariedad y (b) el resultado coincide con el código valorativo, es decir, es 'correcto' en el sentido sustancial de la palabra. Evitar la arbitrariedad significa aproximadamente lo mismo que previsibilidad. Más aún, la previsibilidad puede ser definida por medio de la racionalidad. Todo procedimiento que satisface los criterios del discurso racional da como resultado decisiones previsibles." (AARNIO, Aulis. *Lo racional como razonable: un tratado sobre la justificación jurídica*. Madrid: Centro de Estudios Constitucionales, 1991, p. 82).

NOVAS MEDIDAS DE RECUPERAÇÃO DE DÍVIDAS TRIBUTÁRIAS[152]

O país tem assistido a múltiplas demandas de aumento da qualidade na prestação de serviços públicos, notadamente da educação e da saúde, ampliação da acessibilidade ao gozo de direitos sociais básicos, assim como dos benefícios de assistência social. Tudo isso equivale a aumento de despesas públicas. Para atender a essas necessidades, três saídas são possíveis: aumento de tributo, reestruturação dos créditos orçamentários, segundo revisão das prioridades, ou recuperação de dívidas.

Como não há espaço para aumento de tributos, impõe-se uma revisão profunda da forma de distribuição do volume de receitas ao longo do orçamento público. É chegado o tempo de se enfrentar a elaboração de uma lei complementar com reforma da lei geral de Direito Financeiro, cristalizada na Lei 4.320, de 1964.

Entretanto, há uma outra forma de rápido incremento das receitas públicas, que é a melhoria e celeridade na solução dos conflitos tributários, o que atormenta contribuintes, cria dificuldades de toda ordem ao desempenho das atividades econômicas, com suas excessivas exigências de garantias que se multiplicam e se sobrepõem, além de sanções gravíssimas, mas que também, por parte das Fazendas públicas, eterniza o passivo tributário, com prevalência dos expedientes processuais sobre a verdadeira finalidade, que é a percepção do crédito público, para atender às demandas sociais e estruturais do Estado.

Sabe-se que o passivo tributário, no Brasil, é altíssimo. Somente no âmbito dos tributos federais, chega a uma cifra superior a

---

[152] Artigo publicado em 17 de julho de 2013.

R$ 1,2 trilhão. Não obstante os esforços louváveis dos advogados públicos, a verdade é que a recuperação deste passivo de dívidas tributárias ainda é muito aquém do esperado. Estima-se que não supere os R$ 20 bilhões anuais. Culpa de uma lei superada e antiquada, que é a Lei 6.830, de 1980. Sozinha, ela não tem capacidade de oferta da celeridade esperada.

Por esse motivo, afora os únicos meios de solução de litígios hoje vigentes, o processo administrativo e a execução fiscal, afora os meios processuais ordinários (mandado de segurança e outros), algumas alternativas são importantes para serem refletidas, como a conciliação judicial, a transação e a arbitragem em matéria tributária. Diversos países alcançaram bons êxitos na redução dos seus passivos tributários, acomodando os princípios de indisponibilidade do patrimônio público e segurança jurídica dos contribuintes, com aqueles da eficiência e simplificação fiscal.

O princípio jurídico e técnico da *praticabilidade* da tributação impõe um verdadeiro dever ao legislador de busca dos caminhos de maior economia, eficiência e celeridade para viabilizar a imposição tributária, o que poderá ser alcançado com intensificação da participação dos administrados na gestão tributária e possibilidade de solução extrajudicial de conflitos entre a Administração e os contribuintes.

Sabe-se, muitos são os obstáculos teóricos e culturais a superar, tendo em vista conceitos e valores que merecem novos sopesamentos, diante do atual quadro de evolução técnica dos ordenamentos e renovação científica da doutrina. Há sempre o temor da corrupção, assim como o medo das autoridades administrativas em decidirem conflitos e que mais tarde, pelo simples fato da participação e assinatura dos atos, sejam alvo de penosos processos penais ou de improbidade administrativa. Entretanto, essas ressalvas devem ser motivo para impor rigores e controles, e não para se afastar o dever do adequado exame do emprego das formas jurídicas de solução dos conflitos.

Dentre todos, é o princípio da indisponibilidade do patrimônio público (tributo) o que maiores problemas de análise e de afetação comporta.

O que vem a ser, precisamente, "indisponibilidade do crédito tributário"? O princípio da indisponibilidade do patrimônio público e, no caso em apreço, do crédito tributário, desde a ocorrência do fato jurídico tributário, firmou-se como dogma quase absoluto do direito de estados ocidentais, indiscutível e absoluto na sua formulação, a tal ponto que sequer a própria legalidade, seu fundamento, poderia dispor em contrário. E como o conceito de tributo, até hoje não definido satisfatioriamente, acompanha também essa indeterminação conceitual da sua *indisponibilidade*, avolumam-se as dificuldades para que a doutrina encontre rumo seguro na discussão do problema.

Porquanto "tributo" e "indisponibilidade" não sejam conceitos lógicos, mas, sim, conceitos de Direito Positivo, variáveis segundo a cultura de cada nação, próprios de cada ordenamento. Será o direito Positivo a dar os contornos do que se queira denominar de "direito indisponível", inclusive suas exceções (direito inalienável *inter vivos*, direito intrasmitível *mortis causa*, direito irrenunciável, direito não penhorável etc.). Tome-se como premissa a inexistência, no direito de todos os povos, de um tal princípio universal de "indisponibilidade do tributo".

Berliri tentou responder a esta indagação ao fazer a diferença entre *"rapporto giuridico tributario"* e "obrigação tributária", definindo como indisponível apenas o primeiro. No Brasil, onde a Constituição Federal discrimina competências prévias, prescrevendo os tributos que cada pessoa pode criar, isso permitiria vislumbrar uma indisponibilidade absoluta da competência tributária; mas não do "crédito tributário" – previsto em lei – que pode ser disponível para a Administração, segundo os limites estabelecidos pela própria lei, atendendo a critérios de interesse coletivo, ao isolar (a lei) os melhores critérios para constituição, modificação ou extinção do crédito tributário, bem como de resolução de conflitos, guardados os princípios fundamentais, mui especialmente aqueles da igualdade, da generalidade e da definição de capacidade contributiva. Eis o que merece grande acuidade, para alcançar respostas adequadas aos temas de conciliação, transação, arbitragem e outros pactos na relação tributária, tomando como premissa a inexistência, no Direito, de um tal princípio universal de "indisponibilidade do tributo".

Assim, no campo da aplicação, nada impede que a lei possa qualificar, dentro de limites e no atendimento do interesse coletivo, os melhores critérios para constituição, modificação ou extinção do crédito tributário, inclusive os meios de resolução de conflitos, vinculativamente e com espaço para discricionariedade, no que couber, visando a atender a economicidade, celeridade e eficiência da Administração Tributária.

Temos para nós que o legislador detém, sim, liberdade constitucional para proceder à identificação de métodos alternativos para extinção do crédito tributário, mediante solução de controvérsias em matéria tributária, ao tempo em que, ao fazê-lo, deverá predispor, de modo claro, os limites que permitirão aos contribuintes e à Administração alcançarem bom êxito na resolução de conflitos que tenham como objeto matéria de fato de difícil delimitação ou cujas provas apresentadas não permitam a formação de um juízo consistente para identificar a proporção da ocorrência factual ou mesmo a correta quantificação da base de cálculo do tributo. Havendo dificuldades nesses processos lógicos de subsunção, poderia ser útil a utilização de algum desses mecanismos.

Basta pensar nos casos que impliquem inversão do ônus da prova, por presunções e similares, que geralmente garantem largo espaço de disponibilidade à Administração, relativamente aos direitos patrimoniais envolvidos, ao permitir que as autoridades cheguem a uma média ou a uma quantificação meramente presumida. É o que se vê nos casos de incidências com bases de cálculo presumidas ou dependentes de arbitramento, como "preço de mercado", "valor venal", "valor da terra nua", pautas de valores, definição de preços de transferência, definição de mercadorias, na qualificação de produtos, mediante tabela ordenada segundo a seletividade e essencialidade, custos e valor de bens intangíveis, hipóteses de cabimento de analogia e equidade etc.

A transação tributária tem como pressupostos o litígio e a vontade de transigir, mediante concessões recíprocas da Administração e dos contribuintes, mediante o acordo obtido.

O Código Tributário Nacional contempla a transação, no seu artigo 156, III, como meio de extinção do crédito tributário, aduzindo no art. 171, suas finalidades essenciais e requisitos:

> *A lei pode facultar, nas condições que estabeleça, aos sujeitos ativo e passivo da obrigação tributária celebrar transação que, mediante concessões*

mútuas, importe em determinação de litígio e consequente extinção de crédito tributário.
Parágrafo único. A lei indicará a autoridade competente para autorizar a transação em cada caso.

Como se vê, essa disposição normativa não pôs qualquer limite material para o exercício da transação. Por isso, o modo lógico de alcançar o acordo será sempre aquele que se evidencia por aproximação consensual e bilateral, mediante concurso de vontade das partes, com mútuo sacrifício de expectativas. Diante dessa circunstância, não pode a Administração pretender rever atos tributários que foram objeto de controle pelas autoridades competentes e extintos no âmbito da transação, como parte do litígio. A bilateralidade de vontade e o custo da cessão de interesses e prejuízos pessoais o proíbem.

A autonomia de que dispunha a Administração para rever unilateralmente os atos de lançamento cessa com a transação, que extingue o crédito tributário submetido ao Acordo, seja qual for a modalidade do seu objeto. No seu lugar, comparece a bilateralidade do acordo, decorrente do concurso de vontade dos transatores, como solução aos litígios existentes, mediante concessões mútuas. E exatamente por isso é que não assiste direito à Administração de alegar o direito de revisibilidade unilateral dos atos administrativos, pelos sacrifícios gerados pelo procedimento e pela adesão aos interesses do contribuinte.

No ato decisional do procedimento não há "contrato" entre o contribuinte e a Administração. O que se verifica é tão só a ponência, no sistema jurídico, de uma norma individual e concreta, típico ato administrativo, por meio do qual o contribuinte chega à solução do litígio em concurso de vontade com a Administração.

Fartos são os exemplos. Ajustes de pautas de valores, definição de preços de mercado, quando não se tenham elementos convincentes para aferir sua quantificação, valor de intangíveis, hipóteses de cabimento de analogia e equidade, no espaço autorizado pelo ordenamento (art. 108, do CTN), dentre outros, demonstram que há espaço para decisões arbitrais, transações ou conciliações judiciais, a depender do estágio de interferência do procedimento.

Em nenhum desses casos estar-se-ia abandonando o espaço da legalidade. Ao contrário, com a lei, criando condições para que se alcance uma posição de justiça sobre os elementos concretos da situação conflitiva, regula-se o modo adequado para a solução do conflito e a consequente extinção do crédito tributário sem demoras ou excessos de procedimentos.

Deveras, é difícil aceitar que a transação ou a arbitragem se possam prestar para discutir situações jurídicas formais ou adequadamente provadas, como bem salienta José Osvaldo Casás, em preciosa monografia, porquanto estejam em jogo questões de técnica jurídica e não questões de fato.

É preciso perder o medo da liberdade (vigiada) que se possa atribuir aos agentes da Administração, sempre presente nos conteúdos de normas tributárias, especialmente aquelas destinadas a reconhecer direitos para os contribuintes, como isenções, remissões, anistias, parcelamentos ou moratórias. Como bem conclui Raffaello Lupi: *"il 'concordato' non costituisce un 'atto dispositivo' del credito tributario, ma un compromesso sugli aspetti controversi della determinazione dell'imposta"*.[153] Os aspectos discutíveis, para os quais seja possível encontrar uma solução de compromisso, são os que revelam o conteúdo dos atos sujeitos a alguma hipótese de solução alternativa de controvérsia.

Preferíveis, sim, soluções individuais, caso a caso, do que as modalidades generalistas de generosos parcelamentos, sem atenção à situação típica de cada contribuinte, ou concessões de isenções que se aplicam indistintamente a todos. São formas de gastos tributários que poderiam ser perfeitamente evitados, com maior economia de resultado para o erário.

Formas alternativas para resolução de conflitos em matéria tributária podem ser desenvolvidas e aplicadas tanto de um modo *preventivo*, para aquelas situações antecedentes a contenciosos formalmente qualificados, como para as que se encontrem já na forma de lides, de modo *incidental*, servindo de objeto para processos administrativos ou judiciais em curso. No primeiro caso, temos diversas modalidades de procedimentos, alguns dos quais já adotados com plena eficácia, como é o caso do parcelamento (artigo 155A, CTN), denúncia espontânea (ar-

---

[153] LUPI, Raffaello. "Prime considerazione sul nuovo regime del concordato fiscale". *Rassegna Tributaria*, nº 4, a. XL. Roma: ETI, 1997, lug.-ago., p. 794.

tigo 138, CTN), consignação em pagamento (artigo 164, CTN), anistia (artigo 180, CTN); bem como outras experiências, como é o caso da *arbitragem*, presente no nosso ordenamento, mas limitadamente para os chamados "direitos disponíveis" (art. 1º, da Lei nº 9307/96). No outro, como alternativa para a solução de conflitos em andamento, parece-nos que a conciliação judicial, a mediação e a transação (administrativa, artigo 171, CTN) e outros pactos na relação tributária, seriam os instrumentos recomendáveis, dentro dos limites que a legislação possa impor.

O que importa é que, ao final, tenha-se um ato administrativo, unilateral, constitutivo de um direito de crédito para a Fazenda Pública, nos termos do acordo pactuado, segundo as previsões legais, mas que fica ainda dependente de extinção por parte dos contribuintes, nos termos da lei tributária que regula o procedimento de exigibilidade. Nada que ver com hipóteses de negócios contratuais ou coisa do gênero, até porque não há qualquer definitividade no crédito cumprido ao final, porque a disponibilidade limita-se à Administração, cabendo a revisão do ato dentro do prazo de prescrição.

Qualquer conflito em matéria tributária decorre da existência ou possibilidade de aplicação de normas tributárias, como atos denegatórios de solicitação à restituição ou compensação de tributo, reconhecimento de benefícios, medidas exoneratórias ou de pedidos de parcelamento, respostas insuficientes expedidas ao final do procedimento de consulta e, com maior evidência, para evitar a formação dos atos administrativos de lançamento e autos de infração, quando praticados com ilegalidade ou abuso de poder.

A *simplificação fiscal*, porém, vista como critério hermenêutico que se presta também a garantir os conteúdos axiológicos superiores do sistema tributário, especialmente para os fins da exigibilidade dos tributos, como elemento de influência sobre os procedimentos e técnicas de resolução de conflitos em matéria tributária, deve coincidir com o princípio da *indisponibilidade do patrimônio público* (crédito tributário), na tentativa de garantir compatibilização entre ambos, mas este não pode ser um obstáculo intransponível para a realização daquele valor. Seu fundamento é a garantia de segurança jurídica e a eficiência do patrimônio público, ao que formas alternativas de resolução de conflitos, empregadas à luz dos critérios democráticos de uma tributação justa, certa, rápida e econômica, podem contribuir adequadamente à ampliação dos seus efeitos.

Não se encontra em nenhum artigo da Constituição qualquer impedimento para a adoção de soluções pactícias em matéria tributária, cabendo à lei decidir fazê-lo, nos termos e limites que julgar satisfatórios.

O procedimento de arbitragem aplicado em matéria tributária, para ser adotado na exigência de créditos tributários ou mesmo na solução de conflitos em geral, teria que atender a todos os ditames de legalidade, como: a) previsão por lei, a definir a arbitragem como medida de extinção de obrigações tributárias e indicar seus pressupostos gerais, limites e condições; b) edição de lei ordinária pelas pessoas de direito público interno para regular, no âmbito formal, o procedimento de escolha dos árbitros, bem como a composição do tribunal arbitral, a tramitação de atos, e bem assim os efeitos da decisão e do laudo arbitral, além de outros (artigo 37, da CF); e c) que ofereça, em termos materiais, os contornos dos conflitos que poderiam ser levados ao conhecimento e decisão do tribunal arbitral (artigo 150, CF). A legalidade deve perpassar todo o procedimento, reduzindo o campo de discricionariedade e garantindo plena segurança jurídica na sua condução. Como visto, esta é uma questão que só depende de esforço político.

Sobre seus limites materiais, no âmbito de relações tributárias, a arbitragem poderia ser adotada para hipóteses de litígios fundados em questões de fato, mesmo que envolvendo aplicação do direito material; simples dúvidas sobre a aplicação da legislação tributária restaria como âmbito próprio para serem resolvidas por consultas fiscais; do mesmo modo que assuntos vinculados a matérias típicas de sujeição a julgamento sobre o direito material, como controle de inconstitucionalidade ou de legalidade, aplicação de sanções pecuniárias, dentre outras, continuariam sujeitos a controle exclusivo dos órgãos do processo administrativo ou judicial.

A principal característica da arbitragem é a atribuição do dever de sujeição das partes à decisão dos árbitros ou tribunal arbitral, a quem se submetem voluntariamente. Por isso, ao se ter como parte do litígio um órgão da Administração, a vontade desta há de ser externada por órgão competente, legalmente estabelecido, preferencialmente de composição coletiva, de sorte a garantir plena legitimidade da decisão, pela composição dos valores persistentes na garantia dos princípios de legalidade, indisponibilidade do crédito tributário (patrimônio público), moralidade, eficiência administrativa e isonomia tributária.

Quanto aos efeitos, o "compromisso arbitral" geraria eficácia vinculante para a Administração, que ficaria obrigada ao quanto fosse acordado e decidido no laudo arbitral, para os fins de lançamento e cobrança do crédito tributário. Para o contribuinte, teríamos como único efeito aquele de afastar o direito ao processo administrativo, ao assumir o compromisso de renunciar a qualquer espécie de recurso administrativo visando a discutir o conteúdo material da resolução alcançada. A Constituição, ao garantir o monopólio da jurisdição judicial, nos termos do artigo 5º, XXXV, não admitiria que tal impedimento pudesse ir além dos limites administrativos. Nenhuma espécie de autoexecutoriedade tampouco poderia ser reclamada pela Administração, objetivando superar a execução judicial de créditos tributários, na medida em que a arbitragem não substitui nem os atos de lançamento, nem os de cobrança ordinária do crédito tributário. Isso não impede, outrossim, que a lei defina o "laudo arbitral" como espécie de título executivo extrajudicial, para os fins de execução fiscal dos créditos ali definidos e liquidados.

Outro exemplo de arbitragem prevista em matéria tributária pode ser encontrado nos tratados internacionais, para evitar a dupla tributação internacional, firmados pelo Brasil mediante o chamado *procedimento amigável consultivo de eliminação de casos de bitributação,* inserto na segunda parte do parágrafo 3º do artigo 25, predisposto para resolução dos casos de *dupla tributação* internacional não previstos no texto convencional, com a devida eliminação das lacunas deste, através de uma relação direta de consulta entre os Estados. Trata-se de uma típica espécie de arbitragem em matéria tributária. Os sistemas fiscais, de um modo geral, têm-se mostrado suficientemente flexíveis para apresentar uma solução por meio de procedimento amigável e aplicar as determinações coligidas na sua conclusão. Todavia, os Estados não estão obrigados a chegar a uma "conclusão", eles apenas devem *esforçar-se* para chegar ao acordo. E mesmo este acordo, quando alcançado, fica vinculado às faculdades discricionárias das Administrações, para os fins do seu cumprimento.

O procedimento para a transação há de ser necessariamente conciliatório de conflito formalmente reconhecido, em curso de processo administrativo. Mais não será do que espécie de ato preparatório ou de revisão de lançamento tributário previamente praticado. O modo lógico de alcançar a decisão, por aproximação consensual e bilateral, mediante concurso de vontade das partes, com mútuo sacrifício de expectativas, não desnatura o resultado, qualificando-o como espécie de ato negocial.

Visto que a transação e a arbitragem estão permitidas no Direito brasileiro, ambas plenamente passíveis de serem adotadas como medidas de solução de conflitos em matéria tributária, no âmbito de procedimentos tipicamente administrativos, resta saber se haveria espaço para uma possível inserção de procedimento conciliatório preventivo no corpo do processo judicial, com idêntica finalidade, qual seja, resolver definitivamente o litígio de modo célere, prático, eficaz e econômico.

Uma alternativa que merece encômios, praticada atualmente no Direito italiano como solução de controvérsia em matéria tributária, é a chamada *conciliação judicial* (Lei 656, de 30 de novembro de 1994; D.L. 218, de 19 de junho de 1997), à semelhança do que ocorre nos domínios de outras matérias, como a Trabalhista ou de Direito de Família, que pode ser provocada no início de qualquer processo judicial, no âmbito de juízo singular, visando à composição da lide mediante acordo prévio, gerando efeitos vinculantes e definitivos para as partes, contribuinte e Administração, quando assim o confirme o recurso necessário. *Materialmente*, essa conciliação prévia não encontra qualquer restrição, podendo reportar-se a provas, matéria de fato ou de direito, bastando que se trate de tributos sobre os quais a *Comissione Tributaria* tenha domínio e o juiz seja competente para julgar; e *formalmente*, constitui-se como instituto eminentemente processual, ao pressupor um processo judicial em curso. Seguindo uma espécie de "incidente processual", é oportunidade que a lei confere às partes para que ponham fim ao conflito, previamente ao procedimento judicial. Tanto a Administração como o contribuinte podem propor a conciliação, inclusive solicitando audiência própria para este fim. Alcançando bom êxito, a Administração expede um "decreto de extinção do processo", com eficácia provisória de 20 dias, dentro dos quais o contribuinte poderá efetuar o pagamento e, consequentemente, promover a extinção da dívida tributária. Outro efeito adicional é reduzir a um terço o montante da sanção pecuniária eventualmente imposta ao contribuinte. Como fica demonstrado, não há maiores dificuldades para que se transponha para os demais processos existentes, em matéria tributária, essa rica experiência, aplicando-se critérios de transação ou conciliação para compor litígios em audiência própria para esse fim, alcançando, com isso, agilidade na percepção definitiva dos créditos tributários e evitando o desgaste de longos e morosos processos inúteis.

O fundamento dessas medidas de soluções alternativas de controvérsias tributárias é a confiança recíproca, amparada na boa-fé objetiva, no respeito ao *pacta sunt servanda* e no fundamento constitucional do ato jurídico perfeito (artigo 5º, XXXVI – *a lei não prejudicará o direito adquirido, o ato jurídico perfeito e a coisa julgada*).

Por conta daqueles fundamentos, a revisibilidade do conteúdo de transações é peremptoriamente proibida, por serem, estas, causas de *extinção do crédito tributário* (art. 156, III, do CTN). Ora, dizer que a transação "extingue" o crédito tributário nada tem que ver com o "pagamento" desta eventualmente decorrente. Decerto que tal menção no rol das causas extintivas das obrigações tributárias só tem cabimento se entendermos a transação no contexto de extinção da pretensão tributária sobre o quanto foi *concedido* pela Administração Tributária, com respeito às concessões (recíprocas) dos contribuintes. A legalidade constitucional (artigo 150, inciso I, da CF), aliada à impossibilidade de usar tributo com efeito de confisco (artigo 150, inciso IV, da CF), vedam que o procedimento de transação possa ser reaberto para qualquer tipo de revisão.

Não por menos, o Supremo Tribunal Federal fez editar sua primeira *Súmula Vinculante*, única aprovada por unanimidade, exatamente sobre um acordo em matéria tributária, em relação à transação realizada no caso do Fundo de Garantia por Tempo de Serviço. *In verbis*:

> *Súmula Vinculante 1 (FGTS) – Ofende a garantia constitucional do ato jurídico perfeito a decisão que, sem ponderar as circunstâncias do caso concreto,*

desconsidera a validez e a eficácia de acordo constante de termo de adesão instituído pela Lei Complementar nº 110/2001.

Neste, o *ato jurídico perfeito* (acordo do FGTS, conforme previsto na Lei Complementar nº 110/2006) foi alvo de diversas decisões judiciais editadas com o escopo de prejudicar sua manutenção, pelas mais desencontradas razões. A pacificação da jurisprudência, pelo STF, entretanto, não veio pela escolha entre uma ou outra, mas, sim, pelo banimento de qualquer ataque ao *pacta sunt servanda* e aos efeitos do Acordo, especialmente aquele de ser um típico "ato jurídico perfeito", após a adesão do contribuinte e o cumprimento de todos os atos necessários perante a Administração e o Judiciário.

Como demonstrado, a introdução de meios alternativos de controvérsias tributárias pode ser um auspicioso meio de ampliação das receitas tributárias no financiamento das necessidades públicas, pela recuperação dos créditos estagnados em processos que se eternizam. São formas que não encontram resistência constitucional. E qualquer dúvida pode ser solucionada previamente por Ação Declaratória de Constitucionalidade. E para afastar qualquer temor com vícios no procedimento, seja qual for o procedimento, faz-se mister que o espaço de discricionariedade limite-se o mais que possível ao texto legal, indicando precisamente o campo de atuação das autoridades competentes, as hipóteses de cabimento e outros elementos de mérito que mereçam demarcação prévia. E isto é também domínio de legalidade, por predeterminação normativa de conduta. Nenhuma quebra de legalidade ou de isonomia, portanto. Uma sugestão para análise dos projetos de lei em curso no Congresso Nacional, assim como para análise pelos estados e municípios que ainda não adotaram semelhantes medidas.

LIMITAÇÕES CONSTITUCIONAIS DOS DEPÓSITOS DE TRIBUTOS[154]

O depósito do montante do tributo devido, para os fins de suspensão da exigibilidade do crédito, atende às seguintes funções: i) *suspensão da exigibilidade do crédito tributário* para afastar o *solve et repete*; ii) *excludência da mora futura*; iii) na ausência de lançamento prévio, *função constitutiva do crédito tributário*, na forma de lançamento por homologação, para os fins de cobrança de eventual diferença; iv) *garantia do crédito tributário*; e v) *autovinculação administrativa* contra qualquer atividade contrária aos efeitos do depósito.

Nosso sistema jurídico contém rígidas limitações constitucionais e prescreve garantias irredutíveis aos contribuintes, com a finalidade de preservar a segurança jurídica nas relações tributárias. Cumpre sempre lembrar que a segurança jurídica é princípio expresso em nossa Constituição, no seu preâmbulo, no artigo 5º, *caput*, e em várias disposições autônomas. Trata-se de uma garantia *lato sensu* que permite a concretização dos direitos e liberdades fundamentais. Dentre estes, a preservação da confiança e da boa-fé. A *legalidade*, para realizar a *função certeza*, reclama a *confiança legítima* na atuação dos órgãos estatais, como corolário da segurança jurídica.

Uma das conquistas da segurança jurídica no Direito Positivo brasileiro foi a superação do emprego do princípio *solve et repete* em matéria de cobrança de tributos, o que se traduzia como uma expressão de privilégio da Administração pública de executividade dos atos tributários. No seu lugar, o Código Tributário Nacional (CTN), no ar-

---

[154] Artigo publicado em 6 de novembro de 2013.

tigo 151, introduziu mecanismos compatíveis com a preservação da capacidade arrecadatória, mas com garantia de uma fiscalidade comprometida com os direitos fundamentais dos contribuintes. Dentre estes, o *depósito do montante integral do tributo devido* assume posição de destaque.

Uma relação jurídica obrigacional une dois interesses qualificados pela natureza de créditos e débitos correlatos, a partir da ocorrência de determinado fato jurídico. Por isso mesmo, a relação jurídica tributária é uma unidade de direitos e deveres, sujeita ao regime jurídico tributário, definido sob a égide dos princípios constitucionais, cujo objeto consiste na entrega da prestação tributo. Em vista disso, o contribuinte tem o dever de entregar a prestação tributo, mas, ao mesmo tempo, encontra-se protegido por uma série de disposições jurídicas e, ademais, é titular de múltiplos direitos em relação ao sujeito ativo (direito de impugnar a cobrança do crédito, direito de depositar etc.).

Se empregado em matéria tributária, o *solve et repete*[155] satisfaria apenas um interesse da relação tributária, em detrimento das garantias asseguradas ao devedor. Mormente quando este tem seu débito sendo objeto de litígio judicial ainda não transitado em julgado, logo, coerente com o direito do artigo 5º, inciso LIV, da Constituição, segundo o qual "ninguém será privado de seus bens sem o devido processo legal". Por conseguinte, o cumprimento do depósito com observância dos ditames constitucionais visa a assegurar que a tributação preserve o direito de propriedade, até que se ultime o eventual litígio pendente.

Conforme o artigo 151 do CTN, o *depósito do montante integral do tributo devido* suspenderá a exigibilidade do crédito tributário e impedirá qualquer ato de cobrança do crédito tributário, incidência da mora, bem assim a inscrição do débito na dívida ativa e execução fiscal (função suspensiva). O quanto se considera "montante integral" dependerá da existência de ato prévio de "acertamento" do valor do tributo devido, quando efetuado pelo Fisco. No caso de depósito de valores relativos

---

[155] BILLARDI, Cristián J. *Solve et repete: crítica a su vigencia jurídica*. Buenos Aires: Ad-Hoc, 2006, pp. 127-128.

a lançamento por homologação ou de antecipação pelo contribuinte, sem prévio exame de autoridade tributária, "montante integral" será sempre o valor que o contribuinte declara. Neste caso, sequer se pode falar de "depósito parcial".

O montante do depósito, adicionalmente, traz consigo a *função excludente da mora*, ao tempo que o dinheiro queda-se à disposição da Justiça ou da própria Fazenda Pública. E, ao tempo que o montante do tributo devido fica à disposição do Fisco, tem-se a *função de autovinculação da Administração* para afastar a pretensão de qualquer autoridade para exigir o tributo, multa ou juro de mora, admitida unicamente a cobrança sobre eventual diferença a menor, com eficácia de prevenção da decadência.

Com efeito, quanto à *exclusão da mora*, a depender do momento temporal da sua ocorrência. Quando promovido antes do vencimento, o depósito afasta os efeitos da mora. Quando realizado após o vencimento do tributo, este deve ser acrescido da multa e dos juros de mora, para purgá-la e então suspender a exigibilidade do respectivo crédito tributário.

Para assegurar a exclusão da mora, ao lado da *função de garantia*, o artigo 9º, parágrafo 4º da Lei 6.830/1980, prescreve que "o depósito em dinheiro faz cessar a responsabilidade pela atualização monetária e juros de mora". E este vale tanto para o crédito já constituído ou com inscrição do débito na dívida ativa, quanto para o crédito pendente de constituição, e que se aperfeiçoa a partir do depósito, como lançamento por homologação.

O depósito judicial tem, por óbvio, a *função de garantia* do crédito tributário, porquanto o efeito da *suspensão da exigibilidade do crédito tributário* é dependente da entrega do *montante integral do tributo devido*.

De fato, quanto às consequências patrimoniais, qualquer depósito suspensivo da exigibilidade do crédito tributário tem um duplo efeito: serve como *garantia* da Fazenda Pública à disponibilidade e ao uso dos recursos, ao tempo que resguarda o contribuinte quanto à *atualização monetária e juros de mora*, na hipótese de *conversão do depósito em renda em favor da União*.

Feito o depósito, os valores deverão manter seu poder aquisitivo e remunerar o uso do capital no período correspondente. Nas palavras de Sacha Calmon:[156] "como os depósitos são administrados pelo Poder Público, a ele incumbe prover a sua atualização monetária". Por isso, nada mais natural do que cessar a *responsabilidade pela atualização monetária e juros de mora*, por se tratar de depósito do valor integral e em dinheiro, ao tempo que se apresenta o referido direito de uso do valor depositado pela Fazenda Pública.

A 1ª Seção do STJ já firmou seu entendimento a respeito do depósito judicial, como *faculdade* do contribuinte e, ao mesmo tempo, como *garantia* do Fisco, cuja destinação dependerá da decisão que põe fim ao litígio: "1. O depósito do montante integral, na forma do art. 151, II, do CTN, constituiu modo, posto à disposição do contribuinte, para suspender a exigibilidade do crédito tributário. Porém, uma vez realizado, o depósito opera imediatamente o efeito a que se destina, inibindo, assim, qualquer ato do Fisco tendente a haver o pagamento."[157] E isso porque todo depósito implica a perda da disponibilidade de recursos pelo contribuinte e o direito de uso imediato pela Fazenda Pública. Por isso, a partir da data do depósito, o montante integral do tributo devido passa à conta do Tesouro Nacional, nos termos da Lei 9.703/1998.

O depósito judicial, portanto, surte o efeito de suspender a exigibilidade do crédito tributário no montante correspondente ao valor depositado, com exclusão da mora e a constituição do crédito tributário, quando precedente a algum ato de ofício administrativo. Na falta de contestação administrativa ou do juiz competente, o depósito assume a função de autovinculação para afastar qualquer cobrança sobre os valores depositados, inclusive a título de mora, como reconhecem a legislação e a jurisprudência.

Na *função de garantia administrativa*, a instituição financeira depositária vê-se obrigada a remunerar o depósito judicial, na forma da lei, pelo acréscimo dos juros da taxa Selic, índice idêntico àquele utilizado para atualização do crédito tributário. Desde quando o repasse do depósito judicial à conta única do Tesouro Nacional foi declarado constitucional pelo STF, no julgamento da ADI 1.933/DF, esta tem sido

---

[156] COELHO, Sacha Calmon Navarro. *Curso de Direito Tributário brasileiro*. 9ª ed., Rio de Janeiro: Forense, 2008, p. 785.
[157] EDiv no REsp 227.835-SP, relator min. Teori Zavascki, j. em 09.11.2005.

uma das consequências dos referidos depósitos. Os depósitos judiciais passam à disponibilidade do erário, mesmo antes de proferida decisão definitiva. E, assim, na hipótese de trânsito em julgado de decisão definitiva favorável a Fazenda Pública, como o pagamento, os depósitos judiciais que antes estavam à disposição do juízo competente integram-se à conta única do Tesouro Nacional, ao serem definitivamente convertidos em renda.

Feito o depósito, os valores deverão tanto manter seu poder aquisitivo quanto remunerar o uso do capital no período correspondente. Compete à instituição financeira remunerar os depósitos judiciais calculados pelo mesmo índice utilizado para atualização do crédito tributário, nos termos do artigo 2-A, parágrafo 3º da Lei 9.703/1998. Consequentemente, cessa a *responsabilidade do contribuinte pela atualização monetária e juros de mora*, por se tratar de depósito do valor integral e em dinheiro (vide Súmula 112, do STJ), ao tempo que se apresenta o referido direito de uso do valor depositado pela Fazenda Pública enquanto perdura o litígio.

A Lei 12.099/2009 prevê que, mesmo após o repasse dos depósitos à conta única do Tesouro Nacional, estes deverão ser acrescidos dos juros (remuneratórios e moratórios) da taxa Selic (artigo 2º-A, parágrafo 2º, da Lei 9.703/1998: "após a transferência à conta única do Tesouro Nacional, os juros dos depósitos referidos no *caput* serão calculados na forma estabelecida pelo parágrafo 4º do artigo 39 da Lei 9.250, de 26 de dezembro de 1995"). De outra banda, no caso de *levantamento*, a estabilidade das relações impõe a atualização necessária dos valores depositados, como forma de preservar o poder aquisitivo da moeda, além do cômputo dos necessários juros remuneratórios, para compensar o contribuinte pelo tempo durante o qual se manteve desprovido dos recursos depositados. São razões de moralidade administrativa, naquilo que corresponde à boa-fé e à proteção da confiança legítima, que determinam a efetividade desses direitos.

Nesse particular, a suspensão da exigibilidade do crédito tributário gera uma expectativa de confiança legítima do contribuinte quanto à existência dos efeitos acima sobre o *depósito do montante integral do tributo devido*, afastada qualquer exigência adicional por parte da Fazenda Pública. Tem-se, assim, a *função de autovinculação administrativa do depósito*, para impedir qualquer ato de exigibilidade dos tributos suspensos ou seus consectários, como multa de mora ou de juros de mora, pela vinculação aos efeitos decorrentes da suspensão.

Pois bem, na espécie, decorrem dos depósitos pelo menos duas consequências de autolimitação administrativa: *a) autovinculação imediata*, que impede qualquer lançamento tributário sobre as parcelas depositadas e aceitas judicialmente como suficientes para gerar o efeito de suspensão da exigibilidade do crédito, sem qualquer exigência de complementação do depósito ou alguma alegação de insuficiência do valor depositado; e *b) autovinculação mediata*, que se aplica às autoridades, judiciais ou administrativas, que funcionam no processo administrativo de cobrança do crédito tributário, que devem aceitar aquela eficácia suspensiva, em virtude da condição de lançamento tributário sujeito à *homologação*, da qual pode decorrer a complementação do depósito ou o lançamento da diferença não depositada.

A conformidade ou a desconformidade de uma conduta em face da legislação tributária, inclusive do Fisco, no agir vinculado da tributação, deve ser examinada à luz do princípio hermenêutico da boa-fé do contribuinte. Se o *ato administrativo vinculado* tem a "função de concretizar e de estabilizar as relações jurídicas entre o Estado e o cidadão particular", como bem resume Hartmut Maurer, essa qualidade estabilizadora da relação jurídica entre administração e contribuinte propicia as bases de confiança na sua permanência quando adotado dentro de condições de legitimidade e certeza jurídica.

O direito à proteção de expectativas de confiança legítima implica o princípio de *autovinculação da administração pública* para assegurar ao administrado o controle devido sobre atos de distintas autoridades sobre uma mesma situação já tutelada pela Administração. Se os jurisdicionados têm o direito de confiar nos atos administrativos, os órgãos vinculam-se a esta imposição jurídica para erradicar a contradição entre decisões e assegurar a confiabilidade na atuação administrativa, permanentemente.

Por fim, vale assinalar que todo depósito tem uma *função constitutiva do crédito tributário*, quando preventivo de qualquer medida do Fisco e assume a condição de *lançamento por homologação*, para os fins de *controle* da administração, na forma do artigo 150, parágrafo 4º, do CTN.

Por isso, não pode prosperar qualquer pretensão fiscal de cobrança de *multa de mora* e *juros de mora* em lançamento tributário sobre quantia depositada que gera o efeito suspensivo da exigibilidade do crédito, e, nesta condição, mantém-se reconhecido *ad judicia*. Seria verdadeira afronta ao princípio constitucional de separação dos poderes qualquer investida da autoridade administrativa contra o depósito sem ordem judicial que reconheça o afastamento do efeito de suspensão da exigibilidade do crédito.

Todo *depósito do montante integral do tributo devido* efetuado pelo contribuinte, antes de qualquer lançamento de ofício ou de acertamento de liquidez do débito pela administração terá sempre o papel de "lançamento por homologação", na constituição do crédito tributário, para os fins da cobrança do crédito.

O depósito prévio a qualquer atuação administrativa assume as feições de ato de *acertamento* pelo contribuinte,[158] que aplica o direito e cria uma norma individual e concreta, logo, constitutiva do crédito tributário, como identificação do montante que julga ser o valor integral da "prestação pecuniária" devida.

Esse direito de crédito surge com a ocorrência do fato jurídico tributário, o qual, por ser dependente de formalização para obter os efeitos de exigibilidade, fica sujeito ao ato de aplicação do Direito definido como ato administrativo de "lançamento tributário".

Como ato de aplicação do Direito, o lançamento tributário, ato administrativo que é, tem como "motivo" a incidência das normas gerais e abstratas que veiculam critérios definidores de ocorrência do fato (subsunção) e do efeito de implicação para os fins de constituição de uma relação jurídica típica, de conteúdo patrimonial, definida como "obrigação tributária", quando da ocorrência do fato previsto na hipótese.

---

[158] Outra possibilidade de constituição do crédito tributário pelo cidadão-constituinte é o depósito judicial, quando se pretende discutir o crédito ou parte dele, nos moldes do art. 151, II, do Código Tributário Nacional." Cf. CAVALCANTE, Denise Lucena. *Crédito tributário: a função do cidadão-contribuinte na relação tributária*. São Paulo: Malheiros, 2004, p. 108; CARVALHO, Paulo de Barros. *Direito tributário, linguagem e método*, 3ª ed. São Paulo: Noeses, 2009, pp. 507-508; Passim, MACHADO, Hugo de Brito. "Depósito judicial e lançamento por homologação." *Revista Dialética de Direito Tributário*. v. 49. São Paulo: Dialética, 1999, pp. 53-54.

Em vista disso, até que advenha ato de controle das autoridades fiscais ou lançamento de ofício, prevalecerá o valor declarado pelo contribuinte e admitido pela autoridade judicial como suficiente para suspender a exigibilidade do crédito tributário. Assim, o saldo que porventura as autoridades fazendárias consideram não depositado é que deve ser objeto de lançamento de ofício, com acréscimo de multa e juros de mora.

Dito de outro modo, caberá ao Fisco, mediante ato de controle, apurar a correção do montante do depósito, a saber: i) requerer em juízo a *complementação do depósito*, como forma de assegurar os efeitos de suspensão da exigibilidade do crédito; e ii) promover o *lançamento de ofício da diferença não depositada*, preservada a suspensão da exigibilidade do crédito tributário depositado (com efeito equivalente de lançamento por homologação).

Por todos esses argumentos, o *depósito do montante integral do tributo devido* assume prevalência sobre o *solve et repete* em matéria de cobrança de tributos e o atendimento dos seus requisitos deverá ser examinado segundo a finalidade, o tipo de processo e as ações adotadas pelas partes e pelo juiz no curso processual. Ora, quando o juiz ou a Procuradoria, em nenhuma etapa do processo, argúem qualquer complementação do depósito, prevalecerá sempre o efeito de suspensão da exigibilidade do crédito tributário. Eventual diferença a menor, porém, poderá ser sempre exigida antes do decurso do prazo de decadência.

IGOR MAULER SANTIAGO

E AGORA, QUEM PAGA A CONTA DA GUERRA FISCAL?[1]

Sempre se soube serem inconstitucionais as isenções e os incentivos e benefícios fiscais em matéria de ICMS concedidos unilateralmente pelos estados, à revelia do Confaz (CF, art. 155, § 2º, XII, *g*; LC 24/75, arts. 1º e 2º).

Apesar disso, prevaleceu por muito tempo uma tolerância generalizada para com a guerra fiscal, cujos focos teriam sido debelados na origem se os estados atingidos ou as demais pessoas legitimadas (CF, art. 103) tivessem proposto ADIs tão logo editada cada medida irregular, e se o STF, nos relativamente raros casos em que provocado, tivesse sido ágil em decidir.

À omissão somava-se uma boa dose de cinismo, com os estados censurando nos outros as práticas que também adotavam (*"façam o que eu digo..."*), revogando diplomas às vésperas do julgamento da ADI contra eles proposta, para reeditá-los após a extinção desta por perda de objeto, e — este o tema da coluna de hoje — transferindo para o contribuinte o custo dos malfeitos alheios e da própria recusa em combatê-los de frente.

Esta situação de virtual anomia foi finalmente rompida pelo STF, que em 1º de junho de 2011 anulou incentivos irregulares por atacado e que, desde então, tem dado resposta rápida às ações sobre guerra fiscal.

A inflexão é bem-vinda e, malgrado alguma previsível resistência, parece ser definitiva.

---

[1] Artigo publicado em 18 de janeiro de 2012.

Porém, como os benefícios unilaterais — contra todas as probabilidades — vigoraram por longos anos, cumpre agora indagar quem deve suportar as perdas de arrecadação que deles decorreram, questão ainda não definida pelos Tribunais Superiores.

Nas hipóteses mais comuns, que envolvem apenas duas unidades federadas, a solução tem sido comumente buscada no artigo 8º da LC 24/75, segundo o qual o estado de destino fica autorizado a recusar ao adquirente os créditos que não correspondam a uma incidência efetiva do imposto, e o estado de origem fica obrigado a exigir do alienante o ICMS anteriormente dispensado de forma indevida.

Qualquer que seja o juízo sobre a validade de uma ou outra das sanções, é nítido que a sua aplicação simultânea, expressamente determinada pela lei, ofende o princípio constitucional da não cumulatividade (art. 155, § 2º, I).

De fato, e por ora falando apenas em tese, ou se exige a diferença de ICMS do vendedor, mas se mantêm íntegros os créditos do comprador, ou — pelo contrário — se estornam os créditos excedentes deste, mas nada mais se exige daquele.

Impor as duas medidas ao mesmo tempo leva a arrecadação total da cadeia de circulação do bem a um valor superior à multiplicação da alíquota pelo preço final de venda, retirando ao ICMS a sua característica essencial de imposto sobre o consumo.

Em julgados recentes, o STF (AC 2.611 — Medida Cautelar/MG, decisão monocrática da min. Ellen Gracie, DJe 28.06.2010) e o STJ (1ª Turma, REsp. nº 1.125.188/MT, rel. min. Benedito Gonçalves, DJe 28/05/2010; 2ª Turma, RMS nº 31.714/MT, rel. min. Castro Meira, DJe 19.09.2011) têm afirmado a impossibilidade de estorno, pelo estado de destino, dos créditos apropriados pelo adquirente.

Os precedentes são elogiáveis por diversas razões.

Primeiro, porque a ninguém é dado fazer justiça com as próprias mãos, invalidando normas de outros estados à revelia do Poder Judiciário e implementando à força essas deliberações (ofensa à separação dos Poderes e ao pacto federativo).

Segundo, porque a retaliação dirige-se contra pessoa diversa do autor da inconstitucionalidade, que é o estado de origem dos produtos incentivados (ofensa ao princípio da pessoalidade da sanção).

E terceiro, porque o incentivo irregular não traz qualquer perda arrecadatória direta para o estado de destino, bastando observar que — caso o vício não existisse — caber-lhe-ia, de toda forma, suportar créditos equivalentes ao produto do valor da operação pela alíquota interestadual aplicável. Se este seria o quadro caso o benefício inconstitucional não tivesse sido outorgado, outra não pode ser a situação na hipótese de este ser anulado, sob pena de ofensa ao sistema de partilha do ICMS entre os estados envolvidos em uma operação interestadual (com a irregularidade de um ente se transformando em pretexto para o aumento da arrecadação de outro).

Isso não conduz, entretanto, a nosso ver, à legitimidade da outra sanção imposta pelo artigo 8º da LC 24/75: exigência, pelo estado de origem, contra o alienante das mercadorias incentivadas, da parcela de imposto indevidamente dispensada em razão do incentivo irregular.

Autuações desse tipo começam a ser lavradas nos dias atuais, na esteira das decisões definitivas do STF, e parecem-nos fadadas ao insucesso.

De fato, embora seja quem sofreu a perda arrecadatória, o estado de origem — nas situações envolvendo duas unidades federadas — não é vítima, mas fautor, da guerra fiscal. Não há que ser ressarcido, e sim arcar com o ônus da inconstitucionalidade que perpetrou.

Com efeito, seria contrário à segurança jurídica (CF, art. 5º, *caput*) e à moralidade administrativa (CF, art. 37, *caput*) tal estado trair o contribuinte que iludira com a promessa de regimes tributários privilegiados (vedação de *venire contra factum proprium*).

E nem se alegue que a confiança deste último não seria digna de proteção, dada a manifesta invalidade do benefício de que fruiu.

A uma, porque tal defeito era temperado pelo já referido consenso tácito quanto à aceitabilidade da guerra fiscal, de resto intensamente praticada por todas as unidades da federação, tanto assim que desde o primeiro projeto de reforma tributária a ser discutido no Congresso (PEC 175/95) se prevê a convalidação retroativa dos incentivos irregulares em vigor.

A duas, porque contemplados não foram apenas os contribuintes que se deslocaram por sua conta e risco em busca do incentivo, mas também os que já estavam no estado infrator, sendo estranho — quando não francamente impossível, por falta de legítimo interesse econômico ou moral — exigir destes últimos que emigrassem para fugir do favor fiscal ou o impugnassem em juízo (logo eles, quando havia tantos outros legitimados a fazê-lo...).

A três, porque a hipótese atrai regra específica do CTN. Trata-se do artigo 146, segundo o qual

> a modificação introduzida, de ofício ou em consequência de decisão administrativa ou judicial — inclusive do STF, anotamos nós — "nos critérios jurídicos adotados pela autoridade administrativa no exercício do lançamento somente pode ser efetivada, em relação a um mesmo sujeito passivo, quanto a fato gerador ocorrido posteriormente à sua introdução.

Trata-se de modulação *avant la lettre* dos efeitos das decisões de inconstitucionalidade do Supremo, embora não só destas.

A quatro, porque a discussão vai além da irretroatividade/proteção da confiança, ancorando-se ainda no princípio da não cumulatividade, que dá ao contribuinte o direito de transferir para o elo seguinte da cadeia de circulação, até o consumidor final, o ônus do imposto que lhe é cobrado.

Pois bem: como, sem ofensa a este comando constitucional, exigir do vendedor complementação de imposto não-prevista na legislação da época do fato gerador, agora que não tem mais como trasladar para o adquirente o respectivo impacto econômico?

Tal cobrança, feita pelo próprio estado que concedera o incentivo, transforma este último em verdadeira armadilha, em nada amenizada pelo fato de as autuações às vezes se comporem apenas de principal, sem juros e multa (como se o dispositivo relevante fosse o art. 100, parágrafo único, e não o art. 146 do CTN).

A mesma conclusão — irresponsabilidade do particular pelos danos oriundos da guerra fiscal travada pelos estados — impõe-se nos esquemas triangulares, em que um estado A (das Regiões N, NE ou CO + Espírito Santo) atrai para o seu território empresa de um estado B (das Regiões S ou SE, salvo Espírito Santo), a fim de que adquira seus produtos das regiões desenvolvidas com alíquota interestadual de 7%

e os revenda para qualquer estado a 12%:[2] a diferença será objeto do incentivo irregular, salvo uma pequena parcela que será recolhida ao estado A.

Prejudicados, neste caso, serão os estados onde estabelecidos os fornecedores do contribuinte aliciado (aquele que se mudou para o estado A), visto que as vendas a ele destinadas, quando ainda estabelecido no estado B, proporcionariam àquelas unidades receita de 12%, em lugar dos 7% aplicáveis após a implementação do "planejamento tributário estatal".

A única diferença face às situações envolvendo apenas duas unidades federadas está em que o estado que concedeu o benefício e aquele por ele prejudicado serão diversos, cabendo a este último — a nosso sentir — voltar-se contra o primeiro em ação de indenização proposta originariamente no STF (CF, art. 102, I, *f*), mas nunca contra os fornecedores situados em seu próprio território, que não aderiram ao benefício, nenhuma vantagem tiraram dele e, ademais, não teriam como repassar a quem de direito o ônus econômico desta exigência tardia e descabida.

Esta a nossa conclusão, aliás bastante trivial: quem dá banquete paga a conta.

---

[2] As alíquotas interestaduais do ICMS estão previstas na Resolução nº 22/89 do Senado Federal.

JUIZ NÃO É COBRADOR DE IMPOSTOS, DEVE SER IMPARCIAL[3]

Em dezembro passado, o Supremo Tribunal Federal declarou a repercussão geral do RE 595.326/PE, que versa sobre a aplicação da EC 20/98 às sentenças trabalhistas proferidas antes da sua edição.

Como se sabe, essa emenda deu à Justiça do Trabalho competência para executar de ofício a contribuição sobre a folha de pagamentos e a contribuição do empregado decorrentes das sentenças que proferir (art. 114, § 3º, da Constituição, depois renumerado para art. 114, VIII, pela EC nº 45/2004).

A decisão assenta na premissa de que a constitucionalidade do mecanismo teria sido atestada no RE 569.056/PA,[4] cabendo agora discutir somente a possibilidade de sua aplicação retroativa.

Trata-se de premissa inexata, a nosso ver. A leitura do acórdão revela que este não fez mais do que limitar a execução de ofício às sentenças que impõem o pagamento de verbas trabalhistas, afastando-a daquelas que se resumem a reconhecer o vínculo de emprego em um dado período, sem qualquer consequência pecuniária.

Objetar-se-á que o tribunal não firmaria a interpretação da regra sem antes verificar a sua validade (*iura novit curia*), a qual seria, dessa forma, questão superada.

Não pensamos que seja assim. Desde logo, porque o tema não estava em debate naqueles autos, tendo a manifestação do relator a respeito — à qual se voltará adiante — valor de simples *obter dictum* não acompanhado ou rebatido por qualquer de seus pares.

---

[3] Artigo publicado em 15 de fevereiro de 2012.
[4] Pleno, rel. min. MENEZES DIREITO, DJe 12.12.2008.

Depois, porque não existe decisão tácita de constitucionalidade, especialmente no STF.

E, de toda forma, porque nada o impediria de rever a sua jurisprudência, como tem feito sempre que entende necessário (depósito recursal administrativo, crédito de IPI por insumos isentos etc.).

E parece-nos que o novo julgamento será uma excelente oportunidade para o exame aprofundado desta questão preliminar, por serem várias as cláusulas pétreas afrontadas pela execução judicial *ex officio*.[5]

Anote-se de saída que, também quanto às sentenças que obrigam ao pagamento de verbas trabalhistas de valor determinado, a apuração das contribuições previdenciárias pelo juiz *"é, sem dúvida, lançamento, posto que realizado, não pela autoridade administrativa, mas pela autoridade judicial, em processo jurisdicional"*.[6]

Com efeito, se muitas vezes é dispensável para o cumprimento espontâneo da obrigação tributária (exigibilidade), o lançamento faz-se quase sempre necessário — salvo o discutível caso dos créditos não contenciosos — para a exigência coativa daquela (executoriedade), dando início ao processo de constituição do título executivo da Fazenda Pública.

Pois bem: ao contrário do que se passa com os títulos executivos judiciais, formados após processo contraditório decidido de forma imparcial, e com a maioria dos outros títulos executivos extrajudiciais — dotados de menor grau de certeza, mas constituídos por declaração livre do devedor (cheques, notas promissórias, contratos firmados perante testemunhas etc.) — a certidão de dívida ativa tributária decorre de ato unilateral do credor.

A falta de consentimento do obrigado, que não seria mesmo de se esperar, é suprida pela oportunidade de impugnação administrativa do débito perante órgão paritário. Só então é que o tributo se reveste de presunção de certeza e liquidez forte o suficiente para autorizar a

---

[5] A sindicabilidade das emendas constitucionais é ponto pacífico na jurisprudência do STF desde a ADI nº 939/DF (Pleno, rel. min. Sydney Sanches, DJ 18.03.94, p. 5.165).
[6] MUZZI FILHO, Carlos Victor. *Tributos lançados pelo juiz (estudo sobre o lançamento jurisdicional)*. Dissertação de mestrado apresentada à UFMG em 2004, inédita, p. 113.

execução direta, com salto sobre o processo de conhecimento e constrição imediata dos bens do sujeito passivo.[7]

Por constituir passo incontornável no acertamento do tributo, o processo administrativo não pode ser suprimido, pena de ofensa ao devido processo legal (CF, art. 5º, LIV c/c art. 60, § 4º, IV).

Não se diga, como fez o relator do RE 569.056/PA no já referido *obter dictum*, que o simples fato de estar prevista em lei (ou melhor, em dispositivo inserido na Constituição por meio de emenda) bastaria para determinar a compatibilidade da execução de ofício com o devido processo legal.

Tal literalismo não faz justiça à jurisprudência da Corte, que desde muito tempo reconhece a existência do *substantive due process of law*, limite de razoabilidade e de justiça contraposto às leis restritivas de direitos, para que não resvalem no arbítrio (Pleno: ADI-MC nº 223/DF, ADI-MC nº 1.511/DF, AC nº 1.033-AgR-QO/DF).

E nem se pretenda que a supressão do processo administrativo seja compensada pela existência de pronunciamento judicial (do juiz do Trabalho) sobre a existência da dívida, etapa inicial da execução de ofício, e que a defesa que poderia ser produzida na esfera administrativa pode sê-lo também — e com vantagem — no âmbito judicial.

Primeiro porque, ao proceder ao lançamento e em seguida tomar a iniciativa da execução, o juiz — distanciando-se de sua inércia característica — não atua como tal, mas como agente administrativo, em ilícita miscigenação de funções (ofensa à separação dos Poderes – CF, art. 60, § 4º, III).

Segundo porque, tendo lançado e executado os créditos, perde a neutralidade necessária para julgar os embargos acaso opostos pelo contribuinte contra a "sua" execução, ficando este último desprovido da *"garantia plena de um julgamento imparcial, justo, regular e independente (fair trial)"* (Pleno, Ext. 633/China).

Terceiro porque, as disputas suscitadas nesses embargos nada terão que ver com as questões trabalhistas definidas na sentença, constituindo lide nova a interessar unicamente à União e ao particular, por

---

[7] Nesse sentido, CAMPOS, Ronaldo Cunha. *Ação de execução fiscal*. Rio de Janeiro, Aide, 1995, 1ª ed., p. 66.

isso atraindo a competência da Justiça Federal (CF, art. 109, I) — juiz natural que não pode ser substituído por autoridade com diversa especialização técnica.

Para completar, e aqui não se está mais a analisar a emenda, a disciplina legal de tais embargos atenta contra a ampla defesa (CF, art. 5º, LV), seja pelo reduzidíssimo escopo que lhes defere (cumprimento da decisão ou do acordo, quitação ou prescrição da dívida — CLT, art. 884, § 1º), seja ainda pelo exíguo prazo de cinco dias a que os submete (idem, *caput*).

Esse rebaixamento dos juízes, da sua hierática equidistância ao papel de pressurosos coadjutores da Administração Tributária, é de preocupar ainda mais quando se nota que a arrecadação "proporcionada" pelo Judiciário é hoje criteriosamente medida pelo CNJ, como se a taxa de sucesso de uma das partes em litígio constituísse indício de eficiência do aparato judiciário.

Assim, no relatório *Justiça em Números de 2010* aprende-se que a Justiça Estadual "arrecadou" em execuções fiscais o equivalente a 9,2% de suas despesas totais, proporção que sobe para 17,5% na Justiça do Trabalho, considerando apenas a execução de ofício das contribuições previdenciárias, e para impressionantes 170,2% na Justiça Federal.

Ficam as perguntas:

— a Justiça seria menos eficiente se, por culpa dos outros Poderes, parte expressiva dos créditos executados fosse improcedente, não gerando arrecadação expressiva?
— um juiz para quem sejam distribuídas mais execuções insubsistentes do que viáveis — ou que tenha orientação mais favorável ao contribuinte — será considerado menos produtivo, para fins de merecimento e quiçá correicionais?

Melhor nem continuar...

Nem toda inovação é benfazeja. Nem todo conservadorismo é malsão.

Conservemos a imparcialidade de nossos juízes.

TRIBUTAÇÃO NÃO PERDOA NEM VÍTIMAS DE CRIMES[8]

Diversos estados norte-americanos tributam a posse de drogas ilícitas. O possuidor, mediante garantia de anonimato, deve adquirir junto ao Fisco selos correspondentes à substância e à quantidade detidas e afixá-los ao produto. A quitação do tributo não o exime da pena por porte ou tráfico de entorpecentes, mas o não pagamento sujeita-o adicionalmente ao crime de sonegação fiscal.[9]

No Brasil, uma tal exação não seria concebível, seja em face do conceito de tributo, que o distingue da sanção de ato ilícito (CTN, artigo 3º), seja diante do princípio da moralidade administrativa (CF, artigo 37, *caput*), que veda ao estado tirar proveito de condutas por ele mesmo proscritas.[10]

No máximo, e não sem vigorosa oposição doutrinária e jurisprudencial,[11] admite-se a exigência de Imposto de Renda sobre os ganhos oriundos de atividades ilícitas,[12] já que (a) o seu confisco integral (CP, artigo 91, II, *b*; Lei das Contravenções Penais, artigo 1º) pressupõe a

---

[8] Artigo publicado em 14 de março de 2012.
[9] SOARES, Tiago Santos: *A tributação do ato ilícito e a sua aplicação no Direito norte-americano*. Monografia de graduação apresentada à UFMG em 2007. Ver também: *CNN Money*. America's wackiest taxes. http://money.cnn.com/2005/02/18/pf/taxes/strangetaxesupdate/
[10] O artigo 118, II, do CTN, em nossa leitura, refere-se apenas aos atos inválidos por preterição de forma ou por ilegitimidade do agente (o condenado por crime falimentar que exerce o comércio malgrado a proibição, v.g.), mas não aos atos intrinsecamente ilícitos.
[11] MARTINS, Ives Gandra da Silva. RT 712:118. STJ, 6ª Turma, HC nº 55217/RR, rel. min. NILSON NAVES, DJ 25.09.2006.
[12] STF, 1ª Turma, HC nº 77.530/RS, rel. min. Sepúlveda Pertence, DJ 18.09.98; STJ, 5ª Turma, HC nº 83.292/SP, rel. min. Felix Fischer, DJ 18.02.2008.

rigorosa demonstração, nem sempre factível, de sua origem espúria e que, (b) de toda maneira, esse vício dificilmente poderia ser oposto pelo contribuinte à pretensão tributária, certo como é que ninguém pode se valer da própria torpeza.

Muito bem: se é parcimonioso na tributação dos perpetradores de ilicitudes, com os quais acertadamente evita confraternizar, o Brasil já não adota o mesmo cuidado técnico no tratamento das respectivas vítimas, a quem nega qualquer simpatia.

Três exemplos o comprovam.

Primeiro, o da exigência de IPI sobre cargas roubadas no trajeto entre a indústria e o estabelecimento do adquirente.

No REsp. 734.403/RS (rel. ministro Mauro Campbell, DJe 6/19/2010), que cuidava do roubo de cigarros, a 2ª Turma do STJ deu ganho de causa à União, aos fundamentos de que:

> (a) o fato gerador do IPI é *a saída do produto industrializado do estabelecimento industrial ou equiparado, seja qual for o título jurídico de que decorra*; (b) *o roubo ou furto de mercadorias é risco inerente à atividade do industrial*; e, (c) tomando por premissa a conclusão a que queria chegar (de que há tributo devido no caso em exame), *o prejuízo sofrido individualmente pela atividade econômica desenvolvida não pode ser transferido para a sociedade sob a forma do não pagamento do tributo devido*.

Pensamos que a disputa merece solução diferenciada segundo se trate de venda CIF ou FOB, visto que é a tradição que opera a transferência de titularidade dos bens móveis, e que é esta última (e não a simples saída física) o fato gerador ordinário dos impostos sobre a produção e o consumo.

Tratando-se de venda FOB, em que a tradição ocorre no estabelecimento do vendedor, o furto/roubo em rota será posterior à aquisição da propriedade pelo comprador, não tendo qualquer efeito sobre a sua obrigação de pagar o preço (*res perit domino*) e sobre o dever do fabricante de recolher o imposto. Correto o acórdão.

Tratando-se de venda CIF, porém (tradição no estabelecimento do comprador, por conta e risco do vendedor), a conclusão do julgado parece-nos inadequada, por impor ao industrial o pagamento de IPI em relação a fato gerador não ocorrido, exigência que será reiterada quanto à segunda carga que ele — sem novo recebimento de preço — terá de destinar ao adquirente para dar o devido cumprimento ao contrato.

Ao contrário do que pareceu à Corte, o afastamento do imposto relativamente à carga roubada não acarretaria socialização do risco inerente à atividade do fabricante.

De fato, este não busca ser ressarcido pelo estado do custo de produção das mercadorias que perdeu por falha do aparato oficial de segurança, mas apenas — tendo já suportado sozinho tal prejuízo — não ser ainda obrigado a pagar tributo sobre ele.

O segundo exemplo é o da exigência, contra as distribuidoras, de ICMS pela energia elétrica que lhes é furtada (ou que é desviada antes de chegar ao seu estabelecimento, nas situações em que atua como substituta tributária das geradoras) por meio dos chamados "gatos".

O argumento é sempre o mesmo: o fato gerador é a saída da energia do estabelecimento da distribuidora (ou da geradora, na hipótese de substituição), não importando se foi ou não recebida pelo adquirente.

O equívoco é claro, pois (a) a tradição (fato gerador do ICMS) exige entrega e recebimento e (b) o substituto tributário para trás só pode responder pelo tributo incidente sobre as mercadorias que recebeu e logrou revender, sob pena de assunção definitiva do respectivo ônus econômico, contra a não cumulatividade e o artigo 128 do CTN.

A jurisprudência na matéria é novamente desfavorável à vítima do malfeito. De fato, no REsp 110.284/SP (rel. ministro José Delgado, DJ 10/3/97), que discutia a exigência de ICMS sobre as saídas de álcool, então presumidas mediante índice técnico a partir da quantidade de cana-de-açúcar adquirida pela usina, a 1ª Turma do STJ deixou assentado que o

> *furto de determinada quantidade de litros de álcool (...) não influi na caracterização do fato gerador do tributo, já ocorrido na operação anterior de saída de cana-de-açúcar do estabelecimento produtor, vale dizer, o ICM incide sobre a totalidade do material adquirido (cana-de-açúcar) e não sobre o álcool com ela produzido.*

O último exemplo diz respeito à obtenção fraudulenta de serviços de telefonia, por clonagem ou fraude de subscrição.

Tem-se a clonagem quando um aparelho é clandestinamente programado para realizar chamadas utilizando os códigos de um celular devidamente habilitado, de forma a que a cobrança recaia sobre o titular deste último.

Na fraude de subscrição, uma pessoa não identificada, induzindo a operadora em erro (estelionato), contrata serviços de telefonia em nome e à revelia de um terceiro (uso de documentos furtados, por exemplo).

Autor dos ilícitos é o fraudador, e vítimas são o titular da linha clonada ou a pessoa cujo nome foi indevidamente utilizado e, principalmente, a operadora, a quem ao fim incumbirão todos os custos da prestação dos serviços obtidos mediante fraude.

Com efeito, esta última não poderá cobrar do primeiro as tarifas correspondentes às ligações indevidamente feitas à custa deste, ou terá de devolvê-las em dobro, com juros e correção, caso as tenha recebido (Regulamento do Serviço Móvel Pessoal, Anexo à Resolução Anatel 477/2007, artigos 68, 71 e 78).

A esta altura, não causará surpresa saber que os Fiscos estaduais exigem ICMS sobre essas tarifas não recebidas, ou recebidas mas devolvidas em dobro.

Mais grave é perceber que o STJ referenda tal pretensão no que toca à clonagem, lançando mão do sólito argumento de que *"a inadimplência e o furto por 'clonagem' fazem parte dos riscos da atividade econômica, que não podem ser transferidos ao Estado."* (STJ, 2ª Turma, REsp 1.189.924/MG, rel. ministro Humberto Martins, DJe 7/6/2010).

Mutatis mutandis, é como autorizar a cobrança de ICMS sobre o preço das mercadorias furtadas de uma loja — o que, pelo visto no primeiro caso acima, pode não estar longe de acontecer...

Para além dos argumentos técnicos invocados em cada item — e de outros que não o foram *brevitatis causa* — eminentes princípios constitucionais parecem-nos ter sido violados em todas as situações, como a capacidade contributiva (artigo 145, parágrafo 1º), o não confisco (artigo 150, IV) e a razoabilidade (artigo 5º, LIV).

Em situações adversas, consola-nos afirmar que os sonhos não são tributados.

No Brasil, porém, os pesadelos já o são.
Evolução posterior:

No Recurso Especial 1.203.236/RJ, a 2ª Turma do STJ afastou a exigência de IPI sobre carga furtada antes de sua entrega ao adquirente (relator ministro Herman Benjamin, DJe 30.08.2012).
No Recurso Especial 1.306.356/PA, a 2ª Turma do STJ afastou a incidência de ICMS sobre a energia elétrica furtada antes de sua entrega ao consumidor final.

DISCUTIR TRIBUTOS É DIREITO EM RISCO DE EXTINÇÃO[13]

O direito de acesso ao Judiciário — previsto na Constituição Federal, no artigo 5º, inciso XXXV — não se satisfaz com a mera possibilidade de que qualquer do povo proponha as ações necessárias à defesa de seus direitos e as veja decididas em prazo razoável. Esta perspectiva formalista decerto é essencial e não admite retrocesso, mas está longe de ser suficiente.

Materialmente, a realização da garantia exige, pelo menos, (a) que não haja óbices sub-reptícios ao exercício do direito de ação; (b) que a pessoa que recorre ao Judiciário para resistir a uma exigência não tenha tratamento pior do que a que simplesmente a descumpre; e (c) que, nesse caso, a procedência do pedido seja eficaz para afastar os danos que resultariam da concretização do ato combatido.

Pois bem: o Direito Tributário tem sido ora instrumento, ora campo fértil para a violação de cada um dos requisitos acima.

Comecemos pelo primeiro (inexistência de restrições oblíquas ao acesso ao Judiciário), onde os exemplos são mais numerosos.

As custas judiciais não se limitam aos processos tributários, objeto desta coluna, mas merecem rápida menção por terem, elas próprias, natureza fiscal.

O STF condiciona à fixação de um limite a validade de seu cálculo como um porcentual do valor da causa, mas parece se contentar com qualquer teto, não curando da respectiva razoabilidade. Assim é que, na ADI 3.826/GO (Pleno, rel. min. Eros Grau, DJe 20.08.2010), placitou

---
[13] Artigo publicado em 11 de abril de 2012.

tabela que chegava a mais de R$ 18 mil, e que hoje as custas da Justiça paulista extrapolam os R$ 50 mil, montantes indiscutivelmente superiores ao custo de uma ação judicial[14] e que constituem entrave econômico ao acesso à jurisdição.

Ultraje específico ao direito de ação *do contribuinte* é imposto pelo artigo 163 do CTN,[15] que disciplina a imputação do pagamento. Anote-se desde logo a sua insuperável incompatibilidade com o artigo 164, inciso I,[16] que rege o pagamento por consignação.

Este último dá ao contribuinte com mais de um débito vencido perante o mesmo Fisco o direito de pagar primeiro o que preferir (sujeitando-se ao risco de execução dos demais), enquanto o outro dá ao Fisco, na mesma situação, o poder de imputar a quantia recebida à dívida que tenha prioridade segundo os critérios ali estabelecidos.

A antinomia resolve-se pela invalidação do artigo 163, precisamente por ofensa ao artigo 5º, inciso XXXV, da Constituição, e também aos seus incisos LIV e LV (devido processo legal, ampla defesa e contraditório). De fato, ao carrear para a satisfação de um débito os recursos originalmente destinados à satisfação de outro — cujo inadimplemen-

---

[14] À falta de estatísticas específicas, invoca-se a título ilustrativo estudo do Ipea datado de 04.01.2012 sobre o custo das execuções fiscais movidas pela PGFN na Justiça Federal, que chegou ao valor individual médio de R$ 5.606,67 (Comunicado nº 127 – Custo e tempo do processo de execução fiscal promovido pela Procuradoria-Geral da Fazenda Nacional – PGFN; disponível em http://agencia.ipea.gov.br/images/stories/PDFs/comunicado/120103_comunicadoipea127.pdf

[15] "Art. 163. Existindo simultaneamente dois ou mais débitos vencidos do mesmo sujeito passivo para com a mesma pessoa jurídica de direito público, relativos ao mesmo ou a diferentes tributos ou provenientes de penalidade pecuniária ou juros de mora, a autoridade administrativa competente para receber o pagamento determinará a respectiva imputação, obedecidas as seguintes regras, na ordem em que enumeradas:

I — em primeiro lugar, aos débitos por obrigação própria, e em segundo lugar, aos decorrentes de responsabilidade tributária;

II — primeiramente, às contribuições de melhoria, depois às taxas e por fim aos impostos;

III — na ordem crescente dos prazos de prescrição;

IV — na ordem decrescente dos montantes."

[16] "Art. 164. A importância de crédito tributário pode ser consignada judicialmente pelo sujeito passivo, nos casos:

I — de recusa de recebimento, ou subordinação deste ao pagamento de outro tributo ou de penalidade, ou ao cumprimento de obrigação acessória; (...)"

to talvez se estribasse em boas razões de defesa —, o instituto promove a cobrança insidiosa do primeiro, retirando ao particular o direito de contestá-lo em juízo, e deixa em aberto o segundo, ao qual o contribuinte não se opõe (tanto que o pagou).

Do vício não sofre a imputação do pagamento em matéria civil, marcada pela sensível diferença de competir *ao devedor*, e não ao credor (Código Civil, artigos 352 a 355).

Isso para não falar no Cadin do estado de São Paulo.

Visando a impedir que o contribuinte com condições de garantir o débito ficasse sem certidão de regularidade fiscal entre o fim do processo administrativo e a propositura da execução fiscal (quando, caucionando o juízo, volta a fazer jus ao documento — CTN, artigo 206), a jurisprudência passou a admitir a antecipação de penhora em ação cautelar, *sem suspensão da exigibilidade do tributo* — louvável medida de preservação do acesso ao Judiciário, pois doutro modo, premido pela necessidade da certidão, o particular poderia ser levado a parcelar a dívida, abrindo mão da faculdade de discuti-la.

A solução — hoje investida da autoridade de recurso repetitivo (STJ, 1ª Seção, REsp 1.123.669/RS, rel. min. Luiz Fux, DJe 01.02.2010), embora muitas vezes afrontada pelas instâncias inferiores — alcança também o Cadin Federal (STJ, 1ª Seção, REsp 1.137.497/CE, repetitivo, rel. min. Luiz Fux, DJe 27.04.2010), mas é inócua contra o paulista, que só trata como regulares os débitos *com exigibilidade suspensa* (Lei estadual 12.799/2008, artigo 8º).

A regra leva a situações absurdas.

Primeiro, o contribuinte que pretenda discutir o tributo só será liberado do Cadin Estadual se obtiver liminar ou tutela antecipada e, à falta destas, se fizer depósito integral — o que restaura na prática, e por lei estadual (contra o artigo 22, inciso I, da Constituição), a regra processual do artigo 38 da Lei 6.830/1980, que erige o depósito em condição de procedibilidade da ação anulatória de débito fiscal, há décadas invalidada pelo STF por ser atentatória ao direito de ação (STF, 1ª Turma, RE 103.400/SP, rel. min. Rafael Mayer, DJ 10.12.1984).

Em segundo lugar, o débito em execução garantida, ainda que por carta de fiança, permanecerá ativo no Cadin Estadual até o trânsito em julgado dos embargos, pois a esta altura não há mais que se falar em *suspensão da exigibilidade* do tributo, mas somente em suspensão do curso da execução fiscal, o que é coisa diversa.

Há maior punição por litigar com o Estado do que esta?

Ofensa ao segundo requisito acima enumerado tem-se no âmbito do chamado Refis da Crise. O contribuinte que contesta o tributo não precisa ter o mesmo tratamento daquele que o recolhe de forma espontânea e tempestiva. À falta de causa suspensiva, por exemplo, ficará sujeito aos encargos moratórios, que não incidem contra este último. Mas também não pode receber tratamento pior do que o dispensado àqueloutro que não paga e nem discute, optando por ficar inerte.

Pela redação original do artigo 32, parágrafo 1º, da Portaria Conjunta PGFN/SRF 6/2009, a dívida garantida por depósito que fosse incluída no parcelamento primeiro sofreria as reduções aplicáveis ao pagamento à vista, e só depois seria cotejada com o valor depositado, sendo o restante liberado para o particular.

Modificado pela Portaria Conjunta PGFN/SRF 10/2009, o dispositivo passou a limitar a aplicabilidade das reduções às multas e juros *depositados pelo contribuinte*, atribuindo ao Fisco toda a remuneração creditada pelo banco entre a data do depósito e a de seu levantamento.

Em suma: o contribuinte que depositou em juízo 200 de principal, 40 de multa de mora e 100 de juros levantará — admitindo-se que a Selic tenha sido de 100% no período, de sorte que o depósito tenha dobrado de valor — 40 de multa de mora (redução de 100% sobre o valor originalmente depositado) e 45 de juros (redução de 45% sobre a mesma base).[17] Do total corrigido de 680, *o particular receberá 85*, e a União, 595.

E aquele que não discutiu e nem depositou, mas aplicou na mesma data o valor em fundo de igual remuneração, pagará 200 de principal (pois este não se altera no tempo — Lei 9.249/1995, artigo 1º), 0 de multa de mora e 110 de juros (reduções idênticas às aplicadas no parágrafo anterior), *apropriando-se de 370*.

A disparidade em detrimento do contribuinte de melhor conduta é inaceitável, apontando para a invalidade da nova redação do artigo

---

[17] Os índices de redução vêm previstos no art. 1º, § 3º, I, da Lei nº 11.941/2009.

32, parágrafo 1º, da Portaria Conjunta PGFN/SRF 6/2009, também por contrariedade ao artigo 5º, inciso XXXV, da Constituição.

Outro foi, entretanto, o entendimento do STJ, como se nota no REsp 1.251.513/PR, sujeito ao regime dos recursos repetitivos (1ª Seção, rel. min. Mauro Campbell Marques, DJe 17.08.2011).

O terceiro dos requisitos está em jogo em caso recentemente noticiado pela imprensa (decisão ainda não disponível), onde o STJ determinou a subida, para melhor exame, do recurso especial de um estado que fora inadmitido na origem.

Trata-se de saber se o contribuinte que destaca o ICMS em suas faturas e o deposita em juízo, saindo vencedor na ação em que combatia a incidência, fica impedido pelo artigo 166 do CTN[18] de proceder ao seu levantamento.

A resposta óbvia é não, pois o comando se aplica apenas à recuperação do indébito, e depósito não é pagamento (nesse sentido: STJ, 1ª Turma, REsp 547.706/DF, rel. min. Luiz Fux, DJ 22.03.2004). *Odiosa restringenda.*

E esta é a resposta correta também à luz da Constituição, pois a solução oposta retiraria à ação judicial, mesmo em caso de procedência, a aptidão para neutralizar os efeitos do ato contra o qual se volta.

Com efeito, a prevalecer este entendimento, ter-se-á a situação singular em que, ganhando ou perdendo a ação, o contribuinte perderá os depósitos de ICMS (ou de IPI) feitos em seu curso.

Eventual ordem de devolução dos valores aos consumidores finais que os suportaram, quiçá contáveis aos milhões, além de virtualmente inexequível pelo seu destinatário (o autor da ação? a instituição financeira? o Judiciário?), serviria de desestímulo ao contribuinte, que não se animaria a enfrentar anos de discussão para em grande medida beneficiar terceiros — o seu ganho ficaria restrito aos fatos geradores ocorridos após o trânsito em julgado, se é que a lei perduraria até lá —, sendo ademais punido pela demora do processo (quanto mais longín-

---

[18] "Art. 166. A restituição de tributos que comportem, por sua natureza, transferência do respectivo encargo financeiro somente será feita a quem prove haver assumido o referido encargo, ou, no caso de tê-lo transferido a terceiro, estar por este expressamente autorizado a recebê-la."

quo o encerramento do feito, mais distante estará a sua parcela de satisfação pessoal), demora a que não necessariamente terá dado causa.

A destinação dos depósitos à Fazenda Pública vencida será um convite a novas irregularidades e à chicana nos raros processos em que vierem a ser guerreadas.

As portas do Judiciário estão sempre abertas. Mas é preciso não puxar o tapete dos que se dispõem a cruzá-las.

Evolução posterior:

O Recurso Especial 1.377.781/MG, em que se discutia a aplicabilidade do artigo 166 do CTN aos depósitos judiciais, foi julgado favoravelmente ao contribuinte pela 1ª Seção do STJ (relator ministro Napoleão Nunes Maia Filho, DJe 04.02.2014).

O DIREITO FUNDAMENTAL DE ECONOMIZAR IMPOSTOS[19]

É logicamente insolúvel, no campo da política fiscal, a disputa entre os que privilegiam a segurança e os que preferem a isonomia, aqueles repelindo qualquer tributação extralegal, e estes justificando-a sempre que formas jurídicas diversas revistam substâncias econômicas assemelhadas.

Idealmente, porém (e sabemos que o mundo ideal não existe), esta interminável disputa ideológica não deveria espraiar-se para o Direito, pois a lei cristaliza a posição prevalecente em um dado momento, tendo autonomia frente às paixões dos que defendiam ou combatiam a sua aprovação.

E, embora a lei seja apenas o ponto de partida para a produção da norma, o processo que leva daquela a esta não é voluntarista, antes sujeitando-se a cânones hermenêuticos bem definidos. Ou, como adverte o ministro Marco Aurélio, com apoio em Bandeira de Mello: *"no exercício gratificante da arte de interpretar, descabe 'inserir na regra de direito o próprio juízo – por mais sensato que seja – sobre a finalidade que conviria fosse por ela perseguida'"*.[20]

Exemplo desta postura superior, e por isso mesmo rara, deu o ministro Pertence, ao referendar a tributação dos servidores públicos inativos (EC 41/2003): *"expresso com este voto minha tranquila convicção jurídica, embora deva confessar que poucas vezes, nesta Casa, chegar a um convencimento haja contrariado tão frontalmente a minha vontade de concluir diversamente"*.[21]

---

[19] Artigo publicado em 13 de junho de 2012.
[20] STF, Pleno, RE nº 166.772/RS, rel. min. Marco Aurélio, DJ 16.12.94.
[21] STF, Pleno, ADI nº 3.128/DF, rel. para o acórdão Min. Cezar Peluso, DJ 18.02.2005.

E o que diz o nosso Direito Positivo sobre a matéria em exame?

De saída, e para ficarmos apenas no capítulo tributário, tem-se que a Constituição veda a exigência de tributos não previstos na lei (art. 150, I), define rigidamente o fato gerador dos impostos e de diversas contribuições (arts. 153, 155, 156 e 195) e erige a isonomia em limitação ao poder de tributar (título da Seção em que figura o art. 150, II), e não em fundamento autônomo daquele, invocável pelo Estado para a correção dos efeitos alegadamente indesejados da lei que ele mesmo editou.

Descendo para o CTN, deparamo-nos com a vedação expressa à tributação por analogia (art. 108, § 1º), temperada pela autorização ao legislador — mas não ao intérprete, sujeito à proibição há pouco referida — para, nos limites de sua competência (art. 110), ampliar o campo de incidência de um tributo por meio da equiparação, para fins fiscais, de diferentes institutos privados (art. 109).

Antes de prosseguirmos, rápidas definições se fazem necessárias.

Designa-se *evasão fiscal* a conduta do contribuinte que, por meios ilícitos, tenta eximir-se total ou parcialmente da satisfação de obrigação tributária já nascida ou ainda por nascer.

Elisão fiscal, de outro lado, é a supressão ou redução de tributo pelo impedimento da incidência da respectiva norma instituidora ou pela atração de regra benéfica, a partir da liberdade de conformação dos negócios jurídicos reconhecida pela lei privada (CC, art. 104).

Num e noutro caso, portanto, a intenção do contribuinte é a mesma (pagar menos ou não pagar nada), o que demonstra a total irrelevância deste elemento na diferenciação das categorias.

A elisão, a nosso ver, é espécie do gênero *planejamento tributário*, que abrange também as situações em que a vantagem perseguida, embora de índole tributária, não consiste na mitigação de um dever fiscal.

Imagine-se a compra, por pessoa jurídica, de um CDB prestes a vencer-se. O adquirente paga ao aplicador original o valor atual do título, com os juros remuneratórios já incorridos, retendo o IRRF correspondente[22] e quitando-o por compensação com créditos acumulados de

---

[22] IN/RFB nº 1.022/2010, arts. 37, §§ 1º e 2º, e 39, I, e § 1º, I e IV.

IRPJ que detenha.[23] No vencimento da aplicação, recebe do banco o valor bruto desta até o momento da aquisição (pois o IRRF já foi pago), sofrendo retenção apenas quanto aos juros incidentes de então até o resgate.

Em suma, o negócio – do qual não decorrerá qualquer redução de IRPJ – proporcionará ao adquirente, que atrai para si responsabilidade tributária que doutro modo não teria, a troca por dinheiro de créditos tributários de realização difícil ou mesmo impossível (empresa inoperante).

Voltando à *elisão fiscal*, é inevitável concluir que, se o fato gerador da norma tributária não se verificou (ou se a hipótese da norma benéfica deveras ocorreu), a imposição do dever fiscal (ou a exclusão do benefício) só poderia fazer-se – sendo certo que estamos no campo da licitude – por analogia (ou por restrição do campo de aplicação da lei), uma e outra fundadas em norma geral antielisiva que tornasse inoponíveis ao Fisco as estruturas jurídicas adotadas com o fim exclusivo de economizar tributos.

Ocorre que tal norma não existe entre nós, e seria inconstitucional se existisse. Ao contrário, o CTN veda a tributação por analogia e, no sempre invocado artigo 116, parágrafo único, só permite ao administrador desconsiderar os atos ou negócios *"praticados com a finalidade de* dissimular *a ocorrência do fato gerador do tributo"*. Atos simulados, portanto, o que demonstra tratar-se de regra antievasiva, e não antielisiva, como testemunham Alberto Xavier,[24] Sacha Calmon[25] e tantos outros.

Para suprir a inexistência de uma tal franquia para a administração, os defensores da interpretação econômica têm apelado para as mais diversas figuras, resgatadas do exterior ou de outros ramos do ordenamento: fraude à lei, abuso de direito, ato anormal de gestão, *business purpose test*...

Consiste a fraude à lei, prevista no artigo 166, IV, do Código Civil, na prática de atos aparentemente lícitos com o fim de driblar proibição ou imposição veiculadas em lei imperativa (divórcio para burlar a

---

[23] IN/RFB nº 900/2008, art. 26, § 9º.
[24] *Tipicidade da tributação, simulação e norma antielisiva*. São Paulo: Dialética, 2001.
[25] *Evasão e elisão fiscal. O parágrafo único do art. 116 do CTN e o Direito Comparado*. Rio de Janeiro: Forense, 2006.

vedação de doação entre cônjuges, seguido de novo casamento). Ora, a norma tributária não é imperativa, mas condicional: o pagamento é obrigatório, uma vez ocorrido o fato gerador, mas a prática deste é facultativa, em especial quanto aos impostos.

Bem por isso, já em 1958, Homero Prates advertia contra os *"intérpretes apressados, inclusive juízes e tribunais"*, que *"continu[a]m a confundir lamentavelmente os atos propriamente simulados, em prejuízo de terceiros ou em fraude da lei e regulamentos, de caráter fiscal, do Direito Tributário, com os atos* in fraudem legis *– que constituem violações agravadas de normas obrigatórias ou proibitivas, de ordem pública"*.[26]

O abuso de direito, disciplinado no artigo 187 do Código Civil, ocorre quando o destinatário atende à letra da lei, mas *"excede manifestamente os limites impostos pelo seu fim econômico ou social, pela boa-fé ou pelos bons costumes"* (recusa arbitrária de autorização para o casamento, para não sairmos do Direito de Família).

E qual seria o direito objeto de abuso? Para os corifeus desta tese, o direito de livre organização dos negócios do particular, pois a adoção de formas inusuais atenderia ao único objetivo de economizar tributo. Ora, a nosso ver, a busca de redução fiscal lícita – todas estas teorias assentam em tal premissa, sem a qual o caso seria de evasão, admitindo solução singela – antes realiza do que contraria o direito de livre disposição dos próprios bens, que se volta à maximização dos ganhos, certo como é que não existe um dever legal de opção pelas vias mais onerosas.

Não que o Estado deva adotar atitude passiva diante da quebra de igualdade e as perdas arrecadatórias que o planejamento tributário sem dúvida acarreta. Pode reagir, mas pelo meio juridicamente apropriado: normas antielisivas específicas para cada situação identificada, com efeitos *ex nunc*, cuja edição é autorizada pelo já referido artigo 109 do CTN.

Quanto aos institutos estrangeiros – e mesmo à norma geral antielisiva, onde adotada –, a jurisprudência dos diversos países revela que acabam por atingir quase exclusivamente casos que, no Brasil, seriam classificados como de simulação.

---

[26] *Atos simulados e atos em fraude da lei*. São Paulo e Rio de Janeiro: Livraria Freitas Bastos, 1958, p. 322.

O mesmo vale para os exemplos invocados pelos arautos da fraude à lei e do abuso de direito (constituição de oito empresas com idênticos sócios, atividade e endereço para gozar do lucro presumido, v.g.).

Parece-nos que um estudo aprofundado da simulação – e sobretudo da simulação absoluta – dispensaria boa parte da complicação desnecessária que se produziu na doutrina tributária brasileira nos últimos anos.

Deveras, o simples fato de a declaração de vontade ter atendido às formalidades legais não afasta a pecha de simulação, quando a ela não subjaza nenhuma vontade real. Foi a redução da simulação à falsidade – cujo equívoco é denunciado por José Beleza dos Santos[27] – que levou alguns a buscarem fora os instrumentos que o Direito Tributário já ofertava para reprimir situações que a todos pareciam inaceitáveis.

Mas vontade real tampouco se reduz a propósito negocial extratributário, pois a economia fiscal é oponível ao Fisco mesmo quando não seja um efeito acidental e quase indesejado das decisões empresariais do contribuinte, como anota, não sem ironia, a decisão noticiada semana passada neste espaço por Roberto Duque Estrada ("Três boas notícias chegam dos Tribunais de Brasília").[28]

---

[27] "A simulação é um vício de formação dos atos jurídicos, a falsidade é um defeito da prova documental; a primeira supõe uma divergência intencional entre a vontade real e a declaração, a segunda uma falta de conformidade entre as declarações feitas quando o instrumento se lavrou e as que no documento se exararam..." (A simulação em Direito Civil. São Paulo: Lejus, 1999, p. 74).

[28] Carf, 1ª Seção, Processo nº 10680.724392/2010-28, rel. para o acórdão conselheiro Carlos Eduardo de Almeida Guerreiro, j. em 11.12.2012.

A INTERMINÁVEL QUESTÃO DO LOCAL DE PAGAMENTO DO ISS[29]

Na mitologia grega, Sísifo é condenado pelos deuses a empurrar um bloco de mármore montanha acima somente para, atingido o topo, vê-lo rolar até a base, e assim sucessivamente, eternidade adentro.

Eis como se sente o advogado diante de algumas questões tributárias que nunca se estabilizam, como a responsabilidade dos administradores pelas dívidas fiscais da empresa, tratada neste espaço por Gustavo Brigagão, a possibilidade de denúncia espontânea de tributo declarado pelo contribuinte ou o direito a créditos de IPI pela aquisição de insumos isentos.

Quando tudo parece pacificado, a discussão é subitamente devolvida à estaca zero, impondo-lhe esforços renovados e não raro infrutíferos.

Nesse antipanteão merece lugar de honra o debate sobre o local de pagamento do ISS.

Visando a prevenir conflitos de competência entre os municípios (CF, art. 146, I), a lei complementar de normas gerais fixa os parâmetros para a identificação do sujeito ativo do imposto em cada caso.

Primeiro se tinha o Decreto-Lei 406/68, que atribuía o poder tributário de forma praticamente exclusiva ao município onde estabelecido o prestador, excetuando apenas os casos de construção civil e de exploração de rodovias mediante pedágio, nos quais a cobrança competia ao(s) município(s) onde executada a obra ou por onde passasse a estrada objeto de concessão ou de permissão ao particular (art. 12).

---

[29] Artigo publicado em 8 de agosto de 2012.

Dando remédio injurídico ao problema real da transferência simulada de prestadores de serviços para municípios de baixa tributação — depois atacado pela EC 37/2002, que autorizou a lei complementar a fixar alíquota mínima para o ISS e, subsidiariamente, definiu-a em 2% (CF, art. 156, § 3º, I; ADCT, art. 88, I) —, o STJ firmou nessa época posição pela competência invariável do município onde prestado o serviço, qualquer que fosse a natureza deste.

Exemplo desse entendimento são os Embargos de Divergência no REsp. 130.792/CE (1ª Seção, rel. para o acórdão min. Nancy Andrighi, DJ 12.06.2000), em que o tribunal, sem declarar a inconstitucionalidade do artigo 12, *a*, do Decreto-Lei 406/68, negou-lhe aplicação, em procedimento que depois veio a ser repelido pela Súmula Vinculante 10 do STF.[30]

Subjazia a tal jurisprudência a afirmação de um princípio constitucional da estrita territorialidade dos tributos, defendido entre outros por Roque Carrazza,[31] que impediria a incidência, sobre o serviço executado em um município, da lei daquele outro onde situado o estabelecimento prestador.

Ora, a extraterritorialidade é fenômeno jurídico corriqueiro, que se manifesta na seara tributária, *v.g.*, pela incidência do Imposto de Renda em bases universais. No âmbito interno, vem disciplinada desde 1966 pelo artigo 102 do CTN, estando longe de constituir novidade.

Não por outro motivo, a regra do estabelecimento prestador foi reiterada pelo artigo 3º da Lei Complementar 116/2003 – com mais exceções, é certo, e com a novidade da definição de serviços oriundos do exterior ou a ele destinados, os primeiros tributados, e os últimos isentos.[32]

Estes, em síntese, os elementos de conexão adotados pela Lei Complementar 116/2003:

— local do estabelecimento prestador: critério genérico, aplicável de forma residual sempre que não haja disposição específica para o serviço considerado;

---

[30] "Viola a cláusula de reserva de plenário (CF, artigo 97) a decisão de órgão fracionário de tribunal que, embora não declare expressamente a inconstitucionalidade de lei ou ato normativo do poder público, afasta sua incidência, no todo ou em parte."
[31] *Revista de Direito Tributário*, vol. 48, p. 210-211.
[32] A isenção heterônoma assenta no art. 156, § 3º, II, da Constituição.

— local da prestação do serviço: critério aplicável aos serviços referidos nos incisos II, III, IV, V, VI, VII, VIII (relativamente à decoração, preponderá o local do resultado, pois os serviços do decorador realizam-se tanto dentro quanto fora do imóvel a ser decorado), IX, XII, XIII, XIV, XV, XVII, XVIII, XIX e XXII do art. 3º da Lei Complementar nº 116/2003;
— local dos bens a que se refere o serviço: critério aplicável em parte ao serviço contemplado no inciso XVI do art. 3º da Lei Complementar nº 87/96 (vigilância ou monitoramento de bens, quando imóveis);
— domicílio do tomador do serviço: critério aplicável aos serviços mencionados nos incisos I (serviços importados), XVI (vigilância ou monitoramento de pessoas ou de bens móveis) e XX (cessão de mão de obra) do art. 3º da Lei Complementar nº 116/2003;
— local da fruição do resultado do serviço: critério aplicável aos serviços de planejamento, organização e administração de feiras (inciso XXI do art. 3º da Lei Complementar nº 116/2003) e — juntamente com o do local da prestação — aos serviços exportados. De fato, a interpretação *a contrario sensu* do art. 2º, parágrafo único, do mesmo diploma conduz à conclusão de que são exportados tanto os serviços executados no exterior quanto aqueles que, executados no Brasil, gerem resultados no estrangeiro.

Após a Lei Complementar 116/2003, o STJ tem declarado aceitar o critério do estabelecimento prestador, sendo *leading case* o REsp. 1.117.121/RJ (1ª Seção, rel. min. Eliana Calmon, DJe 29.10.2009), julgado sob o regime dos recursos repetitivos.

O acórdão, todavia, consubstancia nova infringência, pela Corte, da norma legal a que afirma agora se dobrar. Tratava-se de definir o município competente para tributar serviços de engenharia (análise e elaboração de projetos, fiscalização de obras, assistência técnica etc.) ligados a uma futura prestação de serviços de construção civil.

Pois bem: se estes últimos são tributáveis no local da execução, o mesmo não vale para os primeiros, que — salvo a fiscalização de obras, também listada no artigo 3º, III, da lei complementar — não são citados em qualquer dos incisos veiculadores das exceções, recaindo por isso mesmo na regra geral do estabelecimento prestador.[33]

---

[33] É ver a letra da lei:
"Art. 3º O serviço considera-se prestado e o imposto devido no local do estabelecimento prestador ou, na falta do estabelecimento, no local do domicílio do pres-

Apesar disso, a Corte os submeteu a uma pretensa *vis attractiva* dos serviços de construção, declarando-os também tributáveis no município do canteiro de obras. Confira-se a ementa, no particular:

> 3. Mesmo estabeleça o contrato diversas etapas da obra de construção, muitas das quais realizadas fora da obra e em município diverso, onde esteja a sede da prestadora, considera-se a obra como uma universalidade, sem divisão das etapas de execução para efeito de recolhimento do ISS.

A conclusão não se justifica nem mesmo caso uns e outros sejam contratados em um mesmo instrumento (o que não ocorria no *leading case*, como se nota dos documentos que acompanham a petição inicial), desde que com remunerações em separado.

Isso porque a hipótese seria de contratos coligados, meramente justapostos, e não de contrato misto, figura híbrida e incindível que deriva da combinação de elementos de duas ou mais avenças.

E os contratos coligados preservam independentes os respectivos regimes jurídicos, inclusive tributários.[34] Com efeito, se é verdade que *"os princípios gerais de Direito Privado utilizam-se para pesquisa da definição,*

---

tador, exceto nas hipóteses previstas nos incisos I a XXII, quando o imposto será devido no local:
(...)
III — da execução da obra, no caso dos serviços descritos no subitem 7.02 e 7.19 da lista anexa;
Lista de serviços anexa à Lei Complementar nº 116, de 31 de julho de 2003:
7.02 — Execução, por administração, empreitada ou subempreitada, de obras de construção civil, hidráulica ou elétrica e de outras obras semelhantes, inclusive sondagem, perfuração de poços, escavação, drenagem e irrigação, terraplanagem, pavimentação, concretagem e a instalação e montagem de produtos, peças e equipamentos (exceto o fornecimento de mercadorias produzidas pelo prestador de serviços fora do local da prestação dos serviços, que fica sujeito ao ICMS).
7.03 — Elaboração de planos diretores, estudos de viabilidade, estudos organizacionais e outros, relacionados com obras e serviços de engenharia; elaboração de anteprojetos, projetos básicos e projetos executivos para trabalhos de engenharia.
(...)
7.19 — Acompanhamento e fiscalização da execução de obras de engenharia, arquitetura e urbanismo."

[34] Nesse sentido: GOMES, Orlando, *Contratos*, 13ª ed. Rio de Janeiro: Forense, 1994, p. 104-105, e PONTES DE MIRANDA. *Tratado de Direito Privado*, tomo 3. Campinas: Bookseller, 2000, p. 207-217.

do conteúdo e do alcance de seus institutos, conceitos e formas, mas não para definição dos respectivos efeitos tributários" (CTN, art. 109), não menos certo é que a distorção das figuras privadas para fins fiscais há de fazer-se pelo legislador (exegese *a contrario sensu* do CTN, artigo 108, parágrafo 1º, que nega tal poder ao administrador).

E o legislador não só não equiparou a engenharia à construção para fins tributários, como fez questão de mantê-las separadas, excepcionando apenas esta última da regra de pagamento do ISS no local do estabelecimento.

Para os serviços de engenharia, a bem dizer, qualquer desses elementos de conexão levaria à mesma conclusão, pois são executados nas dependências do contribuinte (local da prestação = local do estabelecimento prestador), e não alhures.

O que apenas não se admite é a instituição ilegal da ficção de que o seriam no lugar onde será realizada a obra neles baseada — noutras palavras, impor-lhes o elemento de conexão *local do resultado,* adotado pelo legislador para outros serviços, mas não para estes.

Nesse ponto, releva observar que a inobservância aos critérios impostos pela lei complementar representa violação ao artigo 146 da Constituição, que o STF, em julgados recentes, tem considerado direta, e não reflexa (Pleno, RE nº 556.664/RS-RG, rel. min. Gilmar Mendes, DJe 14.11.2008; Pleno, RE nº 562.276/PR, rel. min. Ellen Gracie, DJe 10.02.2011).

Assim, a necessária correção de rumos pode ser feita tanto pelo STJ quanto pelo STF, em controle difuso ou concentrado (ADPF).

Camus[35] alerta que o mito de Sísifo só é trágico porque o herói sabe da inutilidade de seu esforço. Mas esta clarividência, ao contrário de o torturar, consuma a sua vitória sobre o destino inexorável: *"a luta em direção aos cumes basta, ela própria, para preencher um coração de homem. Deve-se imaginar Sísifo feliz".*

As questões referidas nesta coluna, por serem jurídicas, nunca se pacificarão em definitivo. Enquanto isso, cabe-nos carregar as nossas pedras, com a alegria de contribuir, ainda que de forma transitória, para o convencimento dos tribunais.

Talvez não dê para pretender mais, mas com certeza não se pode deixar por menos.

---

[35] CAMUS, Albert, *Le mythe de Sisyphe: essai sur l'absurde.* Paris: Gallimard, 1942, p. 163-168.

FISCO USA ATOS DE POLÍCIA PARA AUMENTAR TAXAS[36]

Mesmo tendo erigido as contribuições em espécie tributária autônoma,[37] o Supremo Tribunal Federal cuidou de despojá-las de qualquer singularidade que pudessem reivindicar face aos impostos: caráter sinalagmático (paga-se sem a certeza de uma contraprestação: entesouramento das receitas de Cide;[38] ou por vantagem já auferida: contribuição previdenciária dos servidores inativos),[39] referibilidade (paga-se em benefício de terceiros: extensão às empresas urbanas da contribuição para o Incra),[40] ou o que mais fosse.[41]

Resta a distingui-las pouco mais do que o nome, pois a decantada vinculação do produto arrecadado: (a) pode falhar, como na DRU (ADCT, artigo 76); (b) ocorre também nos empréstimos compulsórios (CF, artigo 148, parágrafo único: seriam eles contribuições?); e (c) verifica-se por exceção mesmo nos impostos (CF, artigos 167, parágrafo 4º, 198, parágrafo 2º, e 212, p.ex.).

---

[36] Artigo publicado em 5 de setembro de 2012.
[37] STF, Pleno, RE nº 138.284/CE, rel. min. Carlos Velloso, DJ 28.08.92.
[38] STF, Pleno, ADI nº 2.925/DF, rel. para o acórdão min. MARCO AURÉLIO, DJ 04.03.2005.
[39] STF, Pleno, ADI nº 3.128/DF, rel. para o acórdão min. Cezar Peluso, DJ 18.02.2005.
[40] STF, 2ª Turma, AgRg no Ag. nº 761.127/MG, rel. min. Ellen Gracie, DJe 14.05.2010. A matéria será revista pela Corte, dada a superação, no RE nº 630.898 RG/RS (rel. min. Dias Toffoli, DJe 28.06.2012), da anterior decisão que lhe negava repercussão geral (RE nº 578.635 RG/RS, rel. min. Menezes Direito, DJe 17.10.2008).
[41] Tais particularidades seriam esbatidas apenas nos casos excepcionais em que a Constituição elege o fato gerador das contribuições sem compromisso com a ideia de pertinência a um grupo: CSLL, PIS, Cofins, etc., sem por isso deixarem de ser a regra (GRECO, Marco Aurélio. *Contribuições: uma figura sui generis*. São Paulo: Dialética, 2000, p. 242-243).

Seja como for, as sucessivas concessões pretorianas fizeram das contribuições um tributo frouxo, um autêntico salvo-conduto para virtualmente toda pretensão arrecadatória da União.[42]

Avanços semelhantes têm sido intentados pelos diversos Fiscos em direção às taxas, como mostram exemplos recentes.

O fato gerador desse tributo é a prestação *efetiva* de serviço público específico e divisível, fruído pelo particular ou posto à sua disposição (neste último caso, quando de utilização compulsória), ou o *efetivo* exercício do poder de polícia (CF, artigo 145, II; CTN, artigo 79, I, *b*).

Descabida, pois, a cobrança de taxa pela mera utilização de bem público, como declarado pelos Tribunais Superiores quanto à exação pelo uso do espaço urbano por concessionárias de serviços públicos (STF, Pleno, RE nº 581.947/RO, rel. min. Eros Grau, DJe 27.08.2010;[43] STJ, 2ª Turma, RMS nº 12.081/SE, rel. min. Eliana Calmon, DJ 10.09.2001).

Descabida, ainda, a exigência de taxa pela prestação potencial de serviço, antes que haja dispêndio específico de recursos públicos em favor do particular. É o caso da taxa pela utilização potencial do serviço de extinção de incêndio, cuja convalidação pela jurisprudência consideramos equivocada (STF, Pleno, RE nº 206.777/SP, rel. min. Ilmar Galvão, DJ 30.04.99; STJ, 1ª Turma, RMS nº 21.607/MG, rel. min. José Delgado, DJ 03.08.2006).

Com efeito, uma coisa é a utilização potencial de serviço deveras realizado, que legitima, p.ex., o lançamento de taxa de coleta de lixo contra o proprietário de imóvel fechado. Outra, a prestação apenas potencial do próprio serviço, que nem a Constituição nem o CTN admitem como fato gerador de taxa — donde concluirmos que a *taxa de incêndio* dissimula imposto sobre a propriedade imobiliária, que os estados não podem instituir.

Ilegítima, da mesma maneira, a imposição de taxa de polícia por fiscalização (a) potencial, (b) desnecessária ou (c) impossível, quer se trate de impossibilidade de fato ou de direito.

Sobre o primeiro ponto, é certo que o STF considera a existência de órgão fiscalizador em regular funcionamento como bastante para

---

[42] Os estados e municípios só as instituem em hipóteses bem determinadas.
[43] Ver especialmente os votos dos min. Ricardo Lewandowski e Marco Aurélio.

justificar a exigência da taxa, dispensando o estado de provar que vistoriou cada um dos estabelecimentos visados (STF, 1ª Turma, RE nº 115.213/SP, rel. min. Ilmar Galvão, DJ 06.09.91). Isso não equivale, no entanto, a admitir fiscalização potencial, mas simplesmente a reconhecer que há casos em que esta dispensa a visita porta a porta, podendo ser *efetivamente* praticada a distância, por meio de imagens de satélite (controle ambiental) ou por mecanismos mais simples (observação de fachadas, na fiscalização de publicidade).

Atendidas tais condições — existência de estrutura estatal ativa e suficiente para o fim pretendido, e possibilidade de controle remoto da conduta do particular — a presunção em prol do estado se instaura, desde que ademais a fiscalização seja possível e necessária. Neste estrito contexto, e tratando-se de atividade permanente, há espaço também para a incidência periódica do tributo.

Desnecessária, *v.g.*, é a reiteração anual da fiscalização de equipamentos urbanos imóveis (postes, orelhões, abrigos em pontos de ônibus etc.). Uma vez regularmente instalados, e enquanto não houver mudanças na legislação de regência, é intuitivo que permanecerão dentro dos padrões, não se justificando a renovação do gravame.

Impossível, no plano dos fatos, é a fiscalização de ato inexistente. Tome-se a taxa de fiscalização de instalação de equipamentos de telecomunicação (TFI), criada pela Lei 5.070/66. A teor do Anexo à Resolução Anatel 255/2001, esta seria devida inclusive na renovação da licença de funcionamento da empresa telefônica — ato de natureza cadastral que não acarreta nova instalação de equipamento algum e que, portanto, não pode dar azo a cobrança de nova taxa de fiscalização *de instalação*.

Impossível, no plano jurídico, é a fiscalização por uma pessoa política, com imposição de taxa, de atividade cuja disciplina é reservada a outra, certo como é que a competência tributária para a instituição de taxas está atrelada à competência administrativa para a prática dos atos que lhes servem de fato gerador (CTN, artigo 80).

Tomem-se as taxas de controle das atividades minerárias recentemente instituídas pelo Amapá (Lei estadual 1.613/2011), por Minas Gerais (Lei estadual 19.976/2011) e pelo Pará (Lei estadual 7.591/2011).

Ora, os recursos minerais são bens da União (CF, artigo 20, IX), à qual incumbe, privativamente, disciplina-los por lei (CF, artigo 22, XII) e conceder a particulares os direitos de sua pesquisa e lavra (CF, artigo 176, parágrafo 1º).

Aos estados e municípios, sem prejuízo da União, cabe apenas *"registrar, acompanhar e fiscalizar* as concessões *de direitos de pesquisa e exploração de recursos ... minerais em seus territórios"* (CF, artigo 23, XI), e não o exercício das atividades concedidas, como agora se pretende. Trata-se de ato cartorial que até poderia ensejar a cobrança de taxa que lhe cobrisse os custos, os quais não guardam qualquer relação com a quantidade de minério extraído, critério ilegitimamente adotado pelas leis estaduais.[44]

Com isso se passa das questões relativas ao fato gerador das taxas — discutidas até agora — àquelas atinentes à sua quantificação.

Sujeitando-se ao princípio da retributividade, e não ao da capacidade contributiva (que o artigo 145, parágrafo 1º, da Constituição vincula aos impostos), as taxas devem limitar-se (a) para cada contribuinte, ao custo dos atos estatais que lhe são destinados (STF, Pleno, ADI nº 2.551-MC-QO/MG, rel. min. Celso De Mello, DJ 20.04.2006) e, (b) em sua arrecadação, ao custo global da prestação do serviço ou da manutenção do aparato fiscalizador considerado (STF, Pleno, RE nº 232.393/SP, rel. min. Carlos Velloso, DJ 05.04.2002).

É certo que a aferição desses valores, com a precisão de reais e centavos, revela-se impraticável. Mas admiti-lo não equivale a dar um cheque em branco ao legislador, que — por força do princípio do não confisco — deve obediência ao custo aproximado, verossímil, dos atos estatais; no dizer do STF, à *"equivalência razoável entre o custo real dos serviços e o montante a que pode ser compelido o contribuinte a pagar"* (Pleno, Rp. nº 1.077/RJ, rel. min. Moreira Alves, DJ 28.09.84).

Nessa busca, respeitados os limites do razoável, tem-se admitido a fixação da taxa e das custas judiciais segundo o valor da causa, da taxa de coleta de lixo na proporção da área do imóvel e da taxa de controle e fiscalização ambiental da Lei 10.165/2000 — cujo projeto elaboramos, ao lado dos amigos Sacha Calmon e Eduardo Maneira — considerando-

---

[44] Curiosamente, as leis deixam de instituir a única taxa para que teriam competência: a de registro, nos cadastros estaduais que todas criam, de acompanhamento das concessões de pesquisa, lavra, exploração e aproveitamento de minérios nos respectivos territórios.

se o porte do estabelecimento e o grau de poluição ou de utilização de recursos naturais da atividade por ele exercida.⁴⁵

Mas nada justifica o fato, que testemunhamos há pouco, de uma empresa ser autuada em mais de R$ 250 milhões a título de uma taxa federal de polícia (e isso só de principal, sem contar as multas e os juros) ou referenda a declarada expectativa do Amapá, de Minas Gerais e do Pará de arrecadarem R$ 150 milhões, R$ 500 milhões e R$ 800 milhões por ano com as suas respectivas taxas minerárias, pois em nenhum desses casos o gasto público sequer passa perto de tais extravagâncias.

E nem cabe falar em extrafiscalidade, porque a limitação ao custo dos atos estatais impede a extrapolação do tributo para fins regulatórios e porque não raro — caso da mineração — a competência para legislar sobre a atividade pertence a pessoa diversa daquela que taxa os seus aspectos ancilares (aqui, o registro), à qual não sobra espaço para opinar sobre a conveniência ou a oportunidade de seu exercício.

Há 30 anos, Geraldo Ataliba antevia *"o caos e a negação da ordem jurídica [n]o dia em que o estado, não podendo ou não querendo mais elevar os impostos, começar a inventar atos de polícia e multiplicá-los e repeti-los, só com o intuito de receber as respectivas taxas"*.⁴⁶

A tanto foram relegadas as contribuições, e a batalha neste *front* está perdida. O que será das taxas, agora que se implementa a triste profecia?

---

⁴⁵ De notar que o valor máximo da exação não passa de R$ 2.250,00, dos quais até 60% podem ser compensados com taxa estadual congênere efetivamente paga, muito longe dos abusos de que agora cuidaremos – Anexo IX e art. 17-P da Lei nº 6.938/81, na redação dada pelo citado diploma.

⁴⁶ *Estudos e pareceres de Direito Tributário*, vol. 3. São Paulo: RT, 1980, p. 242.

OS PARADOXOS DO DIREITO PENAL TRIBUTÁRIO BRASILEIRO[47]

"O Antigo Regime está inteiro aí: uma regra rígida, uma prática mole; assim é o seu caráter."[48]

Com as devidas adaptações, a crítica de Tocqueville continua válida para o Direito brasileiro atual: temos uma severa lei de licitações, mas dela excepcionamos a Petrobras,[49] a Copa do Mundo, as Olimpíadas e o PAC;[50] instituímos tributos, multas e juros escorchantes, mas somos pródigos em anistias e parcelamentos especiais; multiplicamos os crimes, mas vulgarizamos o princípio da insignificância e os casos de prescrição...[51]

Não se trata aqui de conjurar todos esses enternecimentos — que são devidos em alguns casos, e mesmo insuficientes em outros —, e sim de constatar que gostamos de parecer mais duros do que somos, e até do que deveríamos ser.

Em suma: via de regra pecamos por falta, às vezes por excesso, mas sempre por meio de um jogo de esquivas que torna o nosso sistema jurídico perigosamente ininteligível e disfuncional.

A coluna de hoje cuidará dessa aporia no campo do Direito Penal Tributário.

Comecemos pelos excessos de rigor. Tome-se o artigo 168-A, parágrafo 1º, II, do Código Penal, que equipara à apropriação indébita pre-

---

[47] Artigo publicado em 3 de outubro de 2012.
[48] TOCQUEVILLE, Alexis de. *L'Ancien Régime et la Révolution*. Paris: Gallimard, 1967, p. 140.
[49] Lei nº 9.478/97 (art. 67) e Decreto nº 2.745/98.
[50] Lei nº 12.462/2011. A inclusão do último fez-se pela Lei nº 12.688/2012.
[51] A ponto de se ter chegado à prescrição com base "na pena em concreto hipotética", oxímoro depois rechaçado pela Súmula nº 438 do STJ.

videnciária a conduta daquele que deixa de "recolher contribuições devidas à Previdência Social que tenham integrado despesas contábeis ou custos relativos à venda de produtos ou à prestação de serviços".

Ora, qual tributo não repercute no custo dos produtos ou serviços comercializados pelo agente econômico que o paga? O alcance do dispositivo é muito maior que o do artigo 166 do CTN, limitado ao repasse jurídico dos tributos indiretos, raiando à pura e simples criminalização da inadimplência.

Mesmo a apropriação indébita previdenciária, em sua formulação original (artigo 168-A, *caput*, do Código Penal), exige temperamento, visto ser fictícia a própria retenção — na prática, o empregador opera com duas obrigações autônomas: o salário líquido e a contribuição, das quais a primeira normalmente tem preferência em caso de escassez de recursos. Acertadas, assim, as decisões que aplicam a tais situações-limites a exclusão da ilicitude (estado de necessidade) ou da culpabilidade (inexigibilidade de conduta diversa).

Resta saber se essa prudência judicial se repetirá quanto à nova lei de lavagem de dinheiro (Lei 9.613/1998, alterada pela 12.683/2012). Trata-se de indagar se, com a revogação da lista taxativa de crimes antecedentes, a sonegação fiscal se incorporou a tal categoria.[52] Discordando da cara Heloísa Estellita,[53] entendemos que não, por termos como certo: (a) que a sonegação fiscal não gera riqueza nova para o contribuinte, apenas mantendo de forma ilícita em suas mãos a parcela que deveria ter transferido ao Estado; e, ademais, (b) que os valores correspondentes ao tributo sonegado não provêm, "direta ou indiretamente, de infração penal", mas de fato gerador necessariamente lícito (CTN, artigo 3º). Nesse ponto, estamos na tranquilizadora companhia de Misabel Derzi.[54]

---

[52] Eis a nova redação do tipo penal:
"Art. 1º Ocultar ou dissimular a natureza, origem, localização, disposição, movimentação ou propriedade de bens, direitos ou valores provenientes, direta ou indiretamente, de infração penal."
[53] "Lavagem de capitais, exercício da advocacia e risco." Consultor Jurídico, 27.09.2012. http://www.conjur.com.br/2012-set-27/heloisa-estellita-lavagem-capitais-exercicio-advocacia-risco
[54] "Alguns aspectos ainda controvertidos relativos aos delitos contra a ordem tributária." In *Revista Brasileira de Ciências Criminais*, ano 8, nº 31, p. 201-216, jul./set. 2000.

Uma última demasia reside na criminalização do erro do contribuinte ou da sua discordância com a exegese fazendária das leis fiscais. No lançamento por homologação, como é sabido, incumbe ao particular identificar e interpretar os dispositivos de lei aplicáveis aos fatos que pratica. E isso praticamente por sua conta e risco, pois o único subsídio oficial com que pode contar é o moroso e parcial procedimento de consulta.

Nesse quadro, é possível que erre de boa-fé e é certo que — mesmo tendo razão, o que só se saberá ao fim do processo administrativo ou judicial de discussão da dívida— será posto na condição de inadimplente. O recurso à intimidação penal é descabido em qualquer dos casos (os crimes tributários só se punem na modalidade dolosa: Código Penal, artigo 18, parágrafo único), mas tem sido moeda corrente no âmbito de planejamentos tributários não convalidados ou de discussões tão singelas quanto a da correta classificação contábil de certos bens, para efeito de creditamento do ICMS.

Até aqui, quem desconhecesse os meandros do assunto pensaria que temos um sistema penal tributário draconiano, implacável. Mas aí intervém o principal fator de seu amolecimento, que de quebra desmarcara a sua verdadeira razão de ser: a extinção da punibilidade pelo pagamento do tributo sonegado.

Deixando de lado a resenha histórica, saltamos direto para o artigo 34 da Lei 9.249/1995, ainda vigente, que condiciona o benefício à quitação à vista, efetuada antes do recebimento da denúncia. A Lei do Refis (Lei 9.964/2000, artigo 15) suspendeu a punibilidade quanto aos tributos incluídos no programa antes do mencionado ato processual, extinguindo-a após a satisfação da última parcela. Forte na retroação benigna e na inaplicabilidade de condição impossível, o STF estendeu os favores aos optantes pelo Refis já denunciados quando da entrada em vigor do diploma.[55]

A Lei do Paes (Lei 10.684/2003, artigo 9º) foi ainda mais generosa, ao vincular a suspensão da punibilidade a qualquer parcelamento e ao suprimir a exigência de que a adesão antecedesse o recebimento da denúncia. Aplicando-se inclusive aos parcelamentos ordinários, a

---

[55] STF, 1ª Turma, RE nº 409.730/PR, rel. min. Marco Aurélio, DJ 29.04.2005.

flexibilização do marco temporal decerto valia também para o pagamento à vista.[56]

A evolução, apesar da leniência crescente, barrou construções ainda mais arrojadas, como a que equiparava o parcelamento à novação, com o condão de extinguir de imediato o débito originário — e, junto com ele, o crime de que fosse objeto. A tese chegou a prevalecer no STJ,[57] mas foi abandonada por errônea (a moratória é causa de suspensão, e não de extinção do crédito tributário) e pelos paradoxos cruzados a que expunha o contribuinte e o Fisco: aquele abraçava a novação para fins penais e a repelia enquanto empecilho à rediscussão judicial de débitos confessados, e este —em atitude não menos incoerente — aferrava-se às posições opostas em cada um desses debates.

Recentemente, a Lei 12.382/2011 (ao incluir um parágrafo 2º ao artigo 83 da Lei 9.430/1996) restringiu um pouco o favor legal, restaurando a condição de que o parcelamento, para suspender a punibilidade, seja pedido antes do recebimento da denúncia. Entendemos que assim voltou a ser também para a quitação à vista, dado que a supressão do limite temporal nesse campo se fizera por analogia com o artigo 9º da Lei do Paes, agora tacitamente revogado.

Esta a linha seguida no anteprojeto de Código Penal (artigo 348, parágrafo 4º), que inova ao reconhecer a suspensão da punibilidade também em virtude de ação que combata o lançamento, desde que com garantia idônea (artigo 348, parágrafo 6º).

Em síntese, temos uma legislação e uma prática penais que vão muito além da persecução da falsidade material ou ideológica, compensadas por uma válvula de escape consistente no pagamento ou no parcelamento da dívida, tudo a demonstrar que a finalidade do sistema penal tributário não é punir o verdadeiro fraudador (o qual, podendo comprar a própria liberdade, mantém a tranquilidade de apostar que não será flagrado), mas reforçar os mecanismos de arrecadação.

Não vamos ao ponto de sustentar que a extinção da punibilidade pelo pagamento seja inconstitucional. A isonomia não é ferida, pois a oportunidade é aberta a todos, e o valor a pagar, via de regra, será

---

[56] STF, 1ª Turma, HC nº 81.929/RJ, rel. para o acórdão min. Cezar Peluso, DJ 27.02.2004.
[57] STJ, 3ª Seção, RHC nº 11.598/SC, rel. min. Gilson Dip, DJ 02.09.2002.

proporcional à capacidade de cada um. Mas parece-nos que é inoportuna e deseducadora, pelo menos num ambiente em que a persecução penal se dirigisse unicamente contra a fraude.

Uma derradeira palavra sobre o vínculo entre os processos tributário e penal. A teor da Súmula Vinculante 24 do STF — nem sempre respeitada pela própria Corte... —,[58] a ação criminal só pode ser proposta após o fim do processo administrativo em que se discutem a existência e o valor da dívida.

Pensamos que o entendimento é correto, pois não se pode falar em sonegação antes de saber-se se há tributo, e, a bem da verdade, tímido. A nosso ver, a denúncia deveria aguardar o trânsito em julgado da ação judicial referente ao débito, pois só aí se terá tido a plena cognição dos fatos (porque os Tribunais administrativos são resistentes a perícias) e do direito (porque não julgam constitucionalidade), e só assim se afastará em definitivo o risco de condenação criminal pela evasão de tributo depois declarado inexistente.[59]

A agilização por que tem passado o processo civil garantirá que esse necessário aprimoramento não sirva a fins protelatórios.

Sempre soubemos distinguir os bons dos maus. A revolução de que necessitamos consistiria em inverter a lógica atual, de dureza excessiva contra os primeiros e de paternalismo em direção aos outros.

---

[58] STF, 1ª Turma, HC nº 108.037/ES, rel. min. Marco Aurélio, DJ 01/02/2012.
[59] A solução hoje oferecida pelo Código de Processo Penal é insuficiente. Pelo seu art. 92, a ação cível incidental só suspende de forma automática o processo penal se for relativa ao estado das pessoas. Quanto às outras matérias, a suspensão é facultativa e temporalmente limitada (art. 93).

DECISÕES REFLETEM MAL-ESTAR ATÁVICO FACE AOS JUROS[60]

N*ummus nummum parere non potest* (o dinheiro não pode gerar dinheiro). Baseada neste lema, de inspiração anterior à sua própria fundação, a Igreja Católica, por dezoito séculos, proscreveu os juros — entretanto largamente praticados por seus seguidores, para não falarmos dos seus hierarcas.

O judaísmo tem relação menos conflituosa com a matéria (Deuteronômio 23, 19-20), como depois também o protestantismo, em especial a partir de Calvino, mas os adeptos dessas religiões só muito tarde se fixaram no Brasil, tendo antes sido expulsos do Rio de Janeiro em 1567 (os franceses de Villegaignon), do Maranhão em 1615 (os franceses de Daniel de la Touche) e de Pernambuco em 1654 (os holandeses de Maurício de Nassau, dentre os quais os judeus que partiram para construir Nova York).

Ficamos, assim, fundamente impregnados pela culpa católica em relação aos juros, enxergando-os ora como um merecido castigo para quem os paga, ora como um ganho ilegítimo para quem os recebe.

Essas considerações, comumente vinculadas aos juros remuneratórios, parecem-nos aplicáveis também aos juros de mora, objeto desta coluna.

De fato, só aquela ambiguidade explica as disparidades no tratamento legal e judicial dos juros **(i)** exigidos do contribuinte pelo inadimplemento de seus tributos e **(ii)** devidos a esse pela demora na satisfação do crédito que tenha contra outro particular ou contra o Estado.

---

[60] Artigo publicado em 7 de novembro de 2012.

Comecemos pela segunda parte. No Recurso Especial 1.227.133/RS (rel. para o acórdão Min. César Ásfor Rocha, DJe 19 de outubro de 2011, *repetitivo*), cujo conteúdo foi depois explicitado no REsp 1.089.720/RS (rel. min. Mauro Campbell Marques, pendente de publicação), a 1ª Seção do STJ decidiu que os juros de mora recebidos pelo empregado constituem indenização de *lucros cessantes*, sujeitando-se por isso ao IR, salvo se recebidos no âmbito de rescisão contratual (quando operaria a isenção do artigo 6º, inciso V, da Lei 7.713/1988[61] c/c o artigo 55, inciso XIV, do RIR/99)[62] ou, se recebidos em qualquer contexto, incidirem sobre verba isenta (quando operaria a isenção do artigo 55, inciso XIV, do RIR/99).

A decisão parece-nos desacertada. Enquanto os juros remuneratórios decorrem do uso temporário e consentido por uma pessoa do capital de outra (do qual são frutos), os juros de mora correspondem à recomposição do *dano* causado por aquele que não paga a dívida no vencimento.

O seu caráter de indenização do dano emergente, e não de eventuais lucros cessantes, é ponto pacífico na doutrina,[63] aliás decorrendo

---

[61] "Art. 6º Ficam isentos do Imposto de Renda os seguinte rendimentos percebidos por pessoas físicas:
(...)
V – a indenização e o aviso prévio pagos por despedida ou rescisão de contrato de trabalho, até o limite garantido por lei, bem como o montante recebido pelos empregados e diretores, ou respectivos beneficiários, referente aos depósitos, juros e correção monetária creditados em contas vinculadas, nos termos da legislação do Fundo de Garantia do Tempo de Serviço."

[62] "Art. 55. São também tributáveis (Lei nº 4.506, de 1964, art. 26, Lei nº 7.713, de 1988, art. 3º, § 4º, e Lei nº 9.430, de 1996, arts. 24, § 2º, inciso IV, e 70, § 3º, inciso I):
(...) XIV – os juros compensatórios ou moratórios de qualquer natureza, inclusive os que resultarem de sentença, e quaisquer outras indenizações por atraso de pagamento, exceto aqueles correspondentes a rendimentos isentos ou não tributáveis."
Veja-se que a isenção da Lei nº 7.713/88 só abrange a indenização, o aviso prévio e o FGTS, não se estendendo de forma indiscriminada às verbas remuneratórias. Assim, a confirmar-se a informação do site do STJ de que *"a isenção abarca tanto os juros incidentes sobre as verbas indenizatórias e remuneratórias quanto os juros incidentes sobre as verbas não isentas"*, terá havido exegese ampliativa da regra do Rir, forma inconsciente de remediar-se o desprezo à radical intributabilidade dos juros de mora, posição que defendemos adiante no texto.

[63] "Juros moratórios não se infligem por lucro dos demandantes, mas por mora dos solventes." (PONTES DE MIRANDA. *Tratado de Direito Privado*, tomo 24. Campinas: Bookseller, p. 50)

da literalidade dos artigos 1.061 do antigo Código Civil e 404, parágrafo único, do atual.[64]

E assim é qualquer que seja a natureza da verba sobre a qual incidem. Originando-se de acidente indesejado pelo credor (para quem melhor seria receber no vencimento, e não com atraso), os juros de mora não são frutos do capital, não merecendo a qualificação de acessórios que lhe seguem a sorte.[65]

Dessa forma, segundo pensamos, são sempre intributáveis pelo IR (e, para as empresas, pela CSLL), haja ou não regras de isenção, e qualquer que seja o alcance destas — conclusão que não se altera frente ao artigo 16, parágrafo único, da Lei 4.506/1964,[66] tacitamente revogado pelo CTN (artigo 43) e pelo Código Civil de 2002 e não recepcionado pela Constituição de 1988.

Foi o que decidiu o STF em assentada administrativa versando sobre juros de mora sobre a diferença de URV devida aos seus servidores

---

"Quando compensatórios, os juros são os frutos do capital empregado e nesse sentido é que melhor assenta o conceito acima formulado. Quando moratórios, constituem indenização pelo prejuízo resultante do retardamento culposo." (RODRIGUES, Sílvio. *Direito Civil*, vol. 2. São Paulo: Saraiva, p. 258)

[64] "Art. 1.061. As perdas e danos, nas obrigações de pagamento em dinheiro, consistem nos juros da mora e custas, sem prejuízo da pena convencional."
"Art. 404. As perdas e danos, nas obrigações de pagamento em dinheiro, serão pagas com atualização monetária segundo índices oficiais regularmente estabelecidos, abrangendo juros, custas e honorários de advogado, sem prejuízo da pena convencional.
Parágrafo único. Provado que os juros da mora não cobrem o prejuízo, e não havendo pena convencional, pode o juiz conceder ao credor indenização suplementar."

[65] Segundo o art. 60 do antigo Código Civil, "entram na classe das coisas acessórias os frutos, produtos e rendimentos".

[66] "Art. 16. serão classificados como rendimentos do trabalho assalariado todas as espécies de remuneração por trabalho ou serviços prestados no exercício dos empregos, cargos ou funções referidos no artigo 5º do Decreto-Lei número 5.844, de 27 de setembro de 1943, e no art. 16 da Lei número 4.357, de 16 de julho de 1964, tais como:
I – Salários, ordenados, vencimentos, soldos, soldadas, vantagens, subsídios, honorários, diárias de comparecimento;
II – Adicionais, extraordinários, suplementações, abonos, bonificações, gorjetas;
III – Gratificações, participações, interesses, percentagens, prêmios e cotas-partes em multas ou receitas;
(...)
Parágrafo único. Serão também classificados como rendimentos de trabalho assalariado os juros de mora e quaisquer outras indenizações pelo atraso no pagamento das remunerações previstas neste artigo."

(Decisão nº 323.526, de 21 de fevereiro de 2008).[67] No controle difuso, porém, negou a repercussão geral do tema (RE nº 611.512/SC, rel. min. Ellen Gracie, DJe 23 de novembro de 2010), apesar de seu evidente cariz constitucional (extensão dos artigos 153, inciso III, e 195, inciso I, alínea c, da Carta), o que, somado às aludidas decisões do STJ, cristaliza o tratamento diferenciado dos servidores da Corte frente a todos os demais trabalhadores do Brasil.

Uma pergunta se impõe, e com ela entramos no segundo assunto de hoje: se os juros de mora fossem indenização de lucros cessantes, o que justificaria a sua exigência pelo Estado, que não tem finalidade lucrativa?

Pois é certo que esse os exige, e nem sempre com moderação.

Pense-se nos juros de mora tributários impostos pelo estado de São Paulo. Anteriormente fixados em 1% ao mês (Lei estadual 6.374/1989, artigo 96), depois alterados para a Selic (idem, na redação das Leis estaduais 10.175/1998 e 10.619/2000), foram por fim elevados para 0,13% ao dia (*47,45% ao ano!* — idem, na redação da Lei estadual 13.918/2009), com possibilidade de redução por ato executivo, desde que respeitado o piso da Selic.

Entre setembro e dezembro de 2010, o Executivo adotou a taxa de 0,10% ao dia (*36,5% ao ano!*).[68] De janeiro de 2011 a abril de 2012, trocou-a pela taxa de desconto de duplicadas, que em janeiro de 2012 correspondia a *40,91% ao ano*.[69]

---

[67] No mesmo sentido, agora em sede judicial, a decisão do presidente do STF, min. Marco Aurélio, na ACO nº 369/SP (DJ 13.11.2002). Ver igualmente a OJ-SDI1-400 do TST, *verbis*:
"Imposto de Renda. Base de cálculo. Juros de mora. Não integração. Art. 404 do Código Civil brasileiro. (DEJT divulgado em 02, 03 e 04.08.2010). Os juros de mora decorrentes do inadimplemento de obrigação de pagamento em dinheiro não integram a base de cálculo do Imposto de Renda, independentemente da natureza jurídica da obrigação inadimplida, ante o cunho indenizatório conferido pelo art. 404 do Código Civil de 2002 aos juros de mora."

[68] Resoluções SF nº 02/2010 e nº 11/2010.

[69] Resolução SF nº 98/2010. A denominação técnica é *"taxa média prefixada das operações de crédito com recursos livres preferenciais para taxa de juros — desconto de duplicadas, divulgada pelo Banco Central do Brasil"*. Para o seu valor, ver https://www3.bcb.gov.br/sgspub/consultarvalores/consultarValoresSeries.do?method=consultarValores

Por fim, a partir de maio de 2012, elegeu, sem caráter retroativo, a taxa de aquisição de bens, equivalente a cerca de 1% ao mês.[70]

A inconstitucionalidade da lei é clara, por ofensa aos princípios da proporcionalidade, da razoabilidade e do não confisco. Com efeito, enquanto as multas (todas elas, e só elas) punem, os juros de mora — mais uma vez — indenizam o prejuízo experimentado por aquele que não recebeu o seu crédito no momento azado.

E qual é o dano sofrido pelo Fisco em razão do não recebimento tempestivo dos seus tributos?

A resposta é simples: ante o princípio da continuidade do serviço público, os recursos não recebidos no momento oportuno devem ser buscados alhures. Isto é: a inadimplência tributária obriga o Fisco a tomar empréstimos e a pagar juros (agora remuneratórios) que de outro modo não pagaria. Este — o valor dos juros vertidos aos mutuantes — o dano oriundo da impontualidade do contribuinte, a ser reparado pelos juros de mora.

Segundo excelente parecer elaborado por LCA – Soluções Estratégicas em Economia e juntado aos autos do Incidente de Inconstitucionalidade nº 01203240520128260000, em que o TJ/SP enfrentará a questão, são três as fontes principais de financiamento dos estados brasileiros: a União (com taxas anuais de 6% a 7,5% + IGP-DI, o que soma de 14,5% a 16,1% ao ano), o BID e o Bird (com taxas de 0,99% a 1,7% ao ano) e o BNDES (com taxas totais de 6,7% a 7,7% ao ano).

Dessa maneira, ainda que o estado de São Paulo se financiasse apenas junto à fonte mais cara, a sua taxa de juros de mora tributários jamais poderia atingir os absurdos patamares a que a elevou a legislação em exame.

Finaliza o parecer por explicar que, embora a taxa de desconto de duplicatas possa ser adequada para o mercado a que se direciona, não cabe transplantá-la sem mais para o campo tributário, em que são diversos os níveis de volatilidade e os riscos de não recebimento (basta lembrar os privilégios, as garantias e as preferências do crédito tribu-

---

[70] Resolução SF nº 31/2012. A denominação exata é *"taxa média prefixada das operações de crédito com recursos livres referenciais para taxa de juros aquisição de bens, divulgada pelo Banco Central do Brasil"*.

tário), cabendo acrescentar que as taxas de mercado embutem alguns dos tributos incidentes sobre os agentes econômicos que as recebem, o que obviamente não se aplica ao Fisco (beneficiário que é de ampla imunidade).

Indagamo-nos — sem resposta até agora — se a Fazenda paulista paga espontaneamente iguais juros de mora em sede de repetição do indébito, como orienta a jurisprudência do STJ (1ª Seção, REsp. nº 1.111.189/SP, rel. min. Teori Zavascki, DJe 25.05.2009, repetitivo).

Outro sintoma da impiedade dispensada ao contribuinte no tema é a decisão que o STJ se encaminha para tomar nos EREsp. nº 839.962/MG. Pelo placar parcial de seis votos a um, a 1ª Seção — numa interpretação literal e *a contrario sensu* do art. 63 da Lei nº 9.430/96 —[71] está a afirmar que incidem juros de mora durante todo o período de vigência da liminar ou da antecipação de tutela suspensiva da exigibilidade do crédito tributário depois confirmado.

A decisão é tecnicamente insustentável, pois mora, na lição sempre segura de ORLANDO GOMES[72], *"pressupõe crédito líquido, certo e judicialmente exigível"*, e o que aqui se tem é justamente o oposto: crédito inexigível por força de provimento judicial.

Dir-se-á que, de uma forma ou de outra, houve demora no pagamento, disso advindo dano para o Fisco. Pode ser, embora se trate de perda oriunda de um ato do próprio credor (a decisão judicial), o que não deixa de ter um peso considerável.

Ademais, a ser como diz o STJ, por que o particular não faz jus a juros de mora entre as datas da expedição e do vencimento do precatório (STF, RE nº 591.085-QO-RG/MS, rel. min. Ricardo Lewandowski, DJe

---

[71] "Art. 63. Na constituição de crédito tributário destinada a prevenir a decadência, relativo a tributo de competência da União, cuja exigibilidade houver sido suspensa na forma dos incisos IV e V do art. 151 da Lei nº 5.172, de 25 de outubro de 1966, não caberá lançamento de multa de ofício.

§ 1º. O disposto neste artigo aplica-se, exclusivamente, aos casos em que a suspensão da exigibilidade do débito tenha ocorrido antes do início de qualquer procedimento de ofício a ele relativo.

§ 2º. A interposição da ação judicial favorecida com a medida liminar interrompe a incidência da multa de mora, desde a concessão da medida judicial, até 30 dias após a data da publicação da decisão judicial que considerar devido o tributo ou contribuição."

[72] *Obrigações*. Rio de Janeiro: Forense, 1996, 11ª ed., p. 167 e 168.

20.02.2009), se aí tem decisão a seu favor, aliás passada em julgado — e não contrária, caso do Fisco enquanto pendia a liminar suspensiva da exigibilidade do tributo?

Aldo Schiavone, no monumental *Ius: la invención del derecho en Occidente*,[73] mostra como o Direito Romano surgiu da religião arcaica e trilhou longo caminho até erigir-se em saber autônomo.

É chegada a hora de nos libertarmos dos preconceitos papistas contra os juros, dando a César o que é de César, mas garantindo ao cidadão o que é seu.

Evolução posterior:

No Incidente de Inconstitucionalidade 0170909-61.2012.8.26.0000, a Corte Especial do Tribunal de Justiça de São Paulo declarou a invalidade da taxa de juros de mora fixada pela Lei estadual 13.918/2009 (Relator para o acórdão desembargador Paulo Dimas Mascaretti, DJ 26.03.2013).
Nos Embargos de Divergência em Recurso Especial 839.962/MG, a 1ª Seção do STJ declarou que a liminar e a antecipação de tutela não obstam a incidência de juros de mora contra o contribuinte (relator ministro Arnaldo Esteves Lima, DJe 24.04.2013).

---

[73] Buenos Aires: Adriana Hidalgo editora, 2009.

BRASIL PUNE CONTRIBUINTE QUE INVESTE EM EDUCAÇÃO[74]

Tarquínio, o Soberbo, último rei de Roma, criminalizou a iniciativa do seu antecessor de tributar cada um segundo as suas possibilidades.[75]

No Brasil não chegamos a tanto, mas sequer no Imposto de Renda das pessoas físicas — o tributo mais bem aparelhado para captá-la — levamos a sério a capacidade contributiva.

Exemplo disso é o ínfimo limite de abatimento das despesas com educação, objeto da recente ADI nº 4.927, que elaborei por honrosa delegação do Conselho Federal da OAB.

Segundo a alínea *b* do inciso II do art. 8º da Lei nº 9.250/95, são dedutíveis da base de cálculo do IRPF os pagamentos feitos a instituições de ensino, do infantil à pós-graduação, passando pela educação profissional.

Na forma dos itens 7 a 9 do mesmo inciso, tais descontos ficam sujeitos ao teto individual (para o contribuinte e cada um de seus dependentes) de R$ 3.091,35 para o IRPF 2012/2013, R$ 3.230,46 para o IRPF 2013/2014 e R$ 3.375,83 para o IRPF 2014/2015.

Dois são os déficits desse sistema:

– a sua insuficiência objetiva, por não contemplar atividades essenciais à formação e ao aprimoramento intelectual e profissional do cidadão, como a aquisição de material didático, as aulas particulares e os cursos de idiomas, de artes e pré-vestibulares;

---

[74] Artigo publicado em 3 de abril de 2013.
[75] BILHON, J. F. *De l'Administration des Revenus Publics Chez les Romains.* Paris: Guilleminet, An XI (1803), p. 26-27.

— a sua insuficiência quantitativa, por estabelecer — quanto às rubricas autorizadas — limite de dedução claramente irrealista.

A ação direta, distribuída à ministra Rosa Weber, volta-se apenas contra o segundo ponto, dadas as dificuldades de execução de julgado que reconheça inconstitucionalidade por omissão.

Pois bem: a Constituição dá a máxima importância à educação, a qual define como direito social (art. 6º), direito de todos e dever do Estado, da família e da sociedade (arts. 205 e 227) e atribuição comum das três ordens de governo (art. 23, V).

O art. 208, porém, limita à educação básica o dever de prestação universal e gratuita (inciso I), não prevendo mais do que a *"progressiva universalização do ensino médio gratuito"* (inciso II), e nem isso em relação ao ensino superior (inciso V) e ao profissionalizante (art. 214, IV).

Apesar dos rigores da Carta — responsabilidade do administrador em caso de não oferecimento da educação básica (art. 208, § 2º) —, ninguém ignora que este mínimo não chega a ser plenamente cumprido.

Donde a significativa participação das instituições particulares na educação brasileira: 36% do contingente das creches, 24% das pré-escolas, mais de 12% do ensino fundamental, 56% do profissionalizante[76] e mais de 70% do superior.[77]

É também sabido que, com honrosas exceções, a instrução pública não universitária sofre de um déficit qualitativo em comparação com a particular, o que é comprovado por dados oficiais do Ministério da Educação.[78]

---

[76] http://download.inep.gov.br/educacao_basica/censo_escolar/resumos_tecnicos/resumo_tecnico_censo_educacao_basica_2011.pdf, acesso em 20.03.2013.
[77] Os dados do ensino superior são de 2003.
MARTINS, Elói Senhoras, TAKEUCHI, Kelly Pereira e TAKEUCHI, Katiuchia Pereira. A análise estrutural do ensino superior privado sob perspectiva, p. 3. Disponível em http://www.aedb.br/seget/artigos06/418_EnsinoSuperiorPrivado.pdf, acesso em 17.03.2013.
McCOWAN, Tristan. "O crescimento da educação superior privada no Brasil: implicações para as questões de equidade, qualidade e benefício público." *In* Archivos analíticos de políticas educativas, vol. 13, nº 27, abril de 2005, p. 3. Disponível em http://epaa.asu.edu/epaa/v13n27/, acesso em 17.03.2013.
[78] http://sistemasideb.inep.gov.br/resultado/, acesso em 17.03.2013.

Ciente da dupla insuficiência, quantitativa e qualitativa, do serviço público, a Constituição franqueia o setor à iniciativa privada (art. 209) e garante a liberdade de escolha do cidadão (art. 206, III).

Segundo excelente estudo de Andréa Zaitune Curi, Naércio Aquino Menezes Filho e Ernesto Martins Faria sobre o ensino médio em escolas privadas paulistas, o custo anual médio das que obtiveram nota maior ou igual a 60% na prova objetiva do Enem de 2006 superava os R$ 19.300,00; o daquelas com nota entre 50% e 60% era de R$ 11.700,00; e mesmo o daquelas com nota inferior a 50% beirava os R$ 7.000,00.[79]

Dentre as 10 escolas com melhores notas nacionais no Enem de 2011, apenas uma era pública. Dentre as particulares, as mensalidades para o 3º ano do ensino médio iam de R$ 780,00 a R$ 3.552,00, numa média de R$ 1.588,00.

Os números do ensino superior, embora menores, situam-se também muito acima do teto de dedução atualmente em vigor.[80]

Em prova adicional de que reconhece a incapacidade do Estado, na atual quadra histórica, para satisfazer de forma direta e integral a demanda por instrução, a Constituição imuniza a impostos sobre o patrimônio, a renda e os serviços às instituições educacionais sem fins lucrativos que atendam aos requisitos da lei (art. 150, VI, c), exoneração que em alguns casos alcança as contribuições para a seguridade social (art. 195, § 7º).

Essas franquias tributárias — que seriam odiosas se a opção pela rede particular pudesse ser considerada um capricho — constituem sinalização inequívoca do constituinte quanto às prestações negativas que impõe ao Poder Público em favor da educação.

De fato, sendo a um tempo decorrência e pressuposto da dignidade humana, e por isso enformando o mínimo vital, o direito à educação tem eficácia imediata e ambivalente: seja a positiva, de que aqui não se trata, seja a paralisante das regras que o amesquinhem,[81] inclusive de índole tributária.

---

[79] A relação entre mensalidade escolar e proficiência no Enem. In http://www.anpec.org.br/encontro2009/inscricao.on/arquivos/000-c5eb653b0963602b4037e0ae9e07493.pdf , p. 10, acesso em 10.03.2013.

[80] Ver artigos citados na nota 3.

[81] BARROSO, Luís Roberto. *O novo Direito Constitucional brasileiro: Contribuições para a construção teórica e prática da jurisdição constitucional no Brasil*. Belo Horizonte: Fórum, 2012, p. 305-315 e 326.

Donde a conclusão de Carlos Leonetti[82] no sentido de que as despesas com educação particular são necessárias e involuntárias, exigindo dedução da base de cálculo do IRPF.

Além de ofensivo ao conceito de renda (dedução do mínimo vital), à capacidade contributiva, ao não confisco, ao direito fundamental à educação e à dignidade humana, o estabelecimento de limites de dedução irrealistas fere ainda a razoabilidade, que, como aduz Humberto Ávila,[83] *"exige a harmonização das normas com as suas condições externas de aplicação"*.

Bem por isso, em decisão pioneira, a Corte Especial do TRF da 3ª Região declarou a inconstitucionalidade do teto de dedução em foco (Arguição de Inconstitucionalidade Cível nº 0005067-86.2002.4.03.6100/SP, rel. des. federal Mairam Maia, DJe 14.05.2012).

Quanto aos gastos com a instrução de dependentes, malferido está ainda o princípio da proteção da família (art. 206 e ss.). É que, ao tempo em que impõe limites simbólicos para a dedução das despesas de educação realizadas no âmbito do lar comum, a Lei nº 9.250/95 autoriza — com total acerto, aliás — o desconto ilimitado dos pagamentos de pensão alimentícia (art. 8º, II, *f*), dentro da qual, a teor do art. 1.694, *caput*, do Código Civil, devem figurar as quantias necessárias à educação do alimentando.

Cabe demonstrar, por fim, os impactos financeiros de decisão do STF que elimine o teto de dedução dos gastos com educação, de forma a autorizar o seu abatimento integral (como, aliás, se faz para as despesas médicas).

No exercício de 2011 (ano-base 2010), o último para o qual tais informações estão disponíveis,[84] 23,96 milhões de contribuintes apresentaram declaração de IRPF.

Os rendimentos tributáveis elevaram-se a R$ 946,24 bilhões, e as deduções realizadas foram de R$ 232,50 bilhões, o que — feitas todas as

---

[82] *O Imposto sobre a Renda como instrumento de justiça social no Brasil*. Barueri: Manole, 2003, p. 194.
[83] *Teoria dos princípios: da definição à aplicação dos princípios jurídicos*, 5ª ed. São Paulo: Malheiros, 2006, p. 143-144.
[84] http://www.receita.fazenda.gov.br/publico/estudoTributarios/estatisticas/GrandesNumerosDIRPF2011.pdf, acesso em 15.03.2013.

contas (IR-fonte + saldo a pagar — saldo a restituir) — levou a um IRPF total de R$ 81,11 bilhões.

Os gastos com instrução declarados foram de R$ 31,37 bilhões, mas o teto legal limitou a dedução a R$ 15,46 bilhões. Houve, assim, R$ 15,91 bilhões em despesas com educação que não puderam ser abatidas.

Admitindo-se que todo este valor tenha sido tributado à alíquota máxima de 27,5%, conclui-se que a redução de arrecadação decorrente da procedência da ADI não superaria os R$ 4,37 bilhões em 2010 (se o pedido se estendesse a períodos pretéritos, o que não é o caso), valor parcíssimo ante os investimentos públicos em educação — da ordem de R$ 213,15 bilhões naquele ano[85] — e da relevância social da matéria, mas que acarreta ônus elevados para aqueles a quem o abatimento é negado.

Um exercício hipotético o comprova. Tome-se um servidor público federal com dois filhos em uma escola particular cuja anuidade seja de R$ 10.000,00, sem outras fontes de renda, sem outros dependentes e sem gastos com saúde.

Segue o cálculo do seu IRPF 2012/2013, com e sem o limite de dedução das despesas com instrução, caso os seus rendimentos totais no ano tenham sido de R$ 75.000,00:[86]

Situação 1: atendido o teto dos gastos com educação:

---

[85] (http://portal.inep.gov.br/c/journal/view_article_content?groupId=10157&articleId=85039&version=1.4, acesso em 15.03.2013)

[86] O desconto padrão por dependente é de R$ 1.974,72 (Lei nº 9.250/95, art. 8º, II, c, 6). A possibilidade de dedução plena dos pagamentos à Previdência Social oficial está prevista na alínea d do mesmo dispositivo. Para os servidores federais não incluídos no Funpresp, esta contribuição é de 11% (Lei nº 10.887/2004, art. 4º, I).

A fórmula para o cálculo do IRPF 2012/2013 é a seguinte:

Tabela Progressiva Anual — IRPF 2013		
Base de cálculo em R$	Alíquota%	Parcela a deduzir do imposto em R$
até 19.645,32	-	-
de 19.645,33 até 29.442,00	7,5	1.473,40
de 29.442,01 até 39.256,56	15	3.681,55
de 39.256,57 até 49.051,80	22,5	6.625,79
acima de 49.051,80	27,5	9.078,38

— **Base de cálculo:** 75.000,00 — 3.949,44 (desconto-padrão com os dois dependentes) — R$ 8.250,00 (contribuições previdenciárias) — R$ 6.182,30 (teto das despesas de educação) = R$ 56.618,26

— **IRPF devido:** R$ 56.618,26 x 27,5% — R$ 9.078,38 = R$ 6.491,64

Situação 2: plena dedutibilidade dos gastos com educação:

— **Base de cálculo:** 75.000,00 — 3.949,44 (desconto-padrão com os dois dependentes) — R$ 8.250,00 (contribuições previdenciárias) — R$ 20.000,00 (despesas de educação) = R$ 42.800,56

— **IRPF devido:** R$ 42.800,56 x 22,5% — R$ 6.625,79 = R$ 3.004,33

A diferença é de R$ 3.487,31, ou aproximadamente 60% de um salário mensal do contribuinte.

Caso o rendimento anual fosse de R$ 150.000,00, mantidas as demais condições, o IRPF devido seria de R$ 24.847,88 na situação 1 e R$ 21.048,02 na situação 2, uma diferença de R$ 3.799,86, algo em torno de 1/3 de um salário mensal do contribuinte.

Caso os filhos fossem três, o IRPF devido seria, *ceteris paribus*:

— para o contribuinte com rendimentos totais de R$ 75.000,00: R$ 5.098,52 na situação 1 contra R$ 942,32 na situação 2 (a diferença representa cerca de 70% de um salário mensal do contribuinte);

— para o contribuinte com rendimentos totais de R$ 150.000,00: R$ 23.454,77 na situação 1, contra R$ 17.754,97 na situação 2 (a diferença beira os 50% de um salário mensal do contribuinte).

Como fica claro, as diferenças são sempre expressivas para as faixas de rendimentos consideradas, e as perdas são maiores para os cidadãos com menores rendimentos e/ou com maior número de dependentes, precisamente aqueles que revelam menor capacidade econômica.

Enquanto isso, o Salgueiro foi autorizado pelo Ministério da Cultura a captar, mediante incentivos fiscais,[87] R$ 4,9 milhões para o seu desfile de 2013.[88]

É assim: escola, no Brasil, para dar direito a dedução integral de Imposto de Renda, só mesmo escola de samba.

---

[87] Dedução — contra o IRPJ devido, desde que não superado o teto de 4% do imposto — de 30% (patrocínio) ou 40% (doação) dos valores aplicados no projeto, mais dedução integral dos mesmos valores da base de cálculo do tributo (RIR/99, art. 475, *caput* e §§ 1º, 2º e 4º).

[88] http://veja.abril.com.br/blog/radar-on-line/tag/lei-rouanet/

UNIÃO E ESTADOS DESACREDITAM A NÃO CUMULATIVIDADE[89]

Segundo o parágrafo 12 do artigo 195 da Constituição, introduzido pela Emenda Constitucional 42/2003, cabe à lei definir os setores para os quais o PIS e a Cofins serão não cumulativos.

Embora sucinto, o dispositivo não é destituído de significado. Toda expressão constitucional tem um sentido intrínseco que cumpre desvelar. Entender o contrário equivale a negar rigidez ao texto supremo.

A não cumulatividade visa a prevenir a reiteração da incidência de tributo plurifásico, o que pode ser obtido compensando-se, contra o produto da alíquota pela base de cálculo "cheia", o montante de tributo suportado nas entradas geradoras de créditos (método imposto contra imposto).

Técnica alternativa é a da base contra base. Trata-se de deduzir da base de cálculo o valor dos dispêndios geradores de créditos, aplicando-se a alíquota sobre a diferença assim obtida.

Em qualquer desses sistemas, cabe distinguir entre os regimes "do crédito físico" e "do crédito financeiro", que concernem (i) aos dispêndios cujo ônus tributário poderá ser deduzido do tributo calculado sobre a base de cálculo "cheia" (imposto contra imposto) ou (ii) às despesas que serão abatidas no processo de apuração do valor tributável (base contra base).

Tem-se crédito físico quando são admitidas somente as entradas de insumos, isto é, dos bens tributados que se integram ao produto final ou ao resultado material do serviço tributado, e dos bens ou serviços

---
[89] Artigo publicado em 1º de maio de 2013.

tributados que se consomem na produção do primeiro ou na execução do segundo.

Este critério — carente de toda lógica, entre outros motivos, porque exclui os bens do ativo imobilizado, tão essenciais quanto os insumos — vicejou a partir de uma interpretação literalista dos comandos veiculadores da não cumulatividade para o IPI e o ICMS e pode ser aceito, sob protesto, apenas nos tributos incidentes sobre bens ou serviços determinados (caso dos impostos referidos), nos quais é possível identificar com precisão, dentre o conjunto dos fatores produtivos, aqueles que foram submetidos à mesma exação e que se incorporaram ou consumiram na forma descrita no parágrafo anterior.[90]

Deveras, não é concebível uma tal segregação, quase à pinça, no âmbito de tributos de feitio universal, que gravem todas as receitas do particular e incidam sobre todas as aquisições relevantes para o desempenho de sua atividade.

Por sua vez, no regime do crédito financeiro (que também pode, em tese, aplicar-se a impostos como o ICMS e o IPI), consideram-se todos os dispêndios sujeitos ao tributo e imprescindíveis à atividade econômica por ele onerada — por "atividade econômica" entendendo-se a produção ou a venda de bens e a prestação de serviços, mas também a geração de outras utilidades não enquadradas em qualquer desses conceitos, como a intermediação financeira e a locação de bens móveis ou imóveis.

A imprescindibilidade pode ser entendida em sentido restrito — atingindo exclusivamente os bens e serviços e demais utilidades essenciais à atividade operacional do contribuinte, como insumos, bens do ativo (inclusive intangíveis), custos imobiliários dos estabelecimentos operacionais etc. — ou em sentido lato, para contemplar também os bens, serviços e utilidades necessários à atuação normal da empresa como um todo, caso das despesas imobiliárias com áreas administrati-

---

[90] O STF reconhece a constitucionalidade do regime do crédito físico vazado na Lei Complementar nº 87/96 (ADI-MC nº 2.325/DF, Pleno, rel. min. Marco Aurélio, DJ 06.10.2006).
Mesmo aqui, porém, é inválida a restrição à tomada de créditos por insumos, caso da energia elétrica empregada nos serviços de comunicação (STJ, 1ª Seção, REsp. nº 842.270/RS, rel. para o acórdão min. Castro Meira, DJe 26.06.2012).

vas, do material de escritório, dos programas de controle contábil ou fiscal etc.

Nesta última hipótese, os limites da não cumulatividade se aproximarão (excluídas as despesas não atingidas pelo tributo não cumulativo, como os pagamentos de empregados) da definição de despesas dedutíveis para efeito de Imposto de Renda, extensão que tem sido recentemente advogada em matéria de PIS e Cofins.[91]

Tal leitura ampliativa parece-nos ser a mais consentânea com a Constituição, seja para evitar a dupla tributação de certas receitas (na pessoa do fornecedor e na do adquirente a que se vedam os créditos respectivos), seja porque — salvo abusos que devem ser combatidos, inclusive por presunções relativas (compra de veículos para diretores, por exemplo) — nenhuma empresa faz dispêndios que não julgue necessários à sua atividade, julgamento que, não se tendo extrapolado os campos da licitude e da razoabilidade, não pode, sem ofensa ao direito de livre organização dos negócios privados, ser menoscabado pela lei tributária.

Pois bem: as Leis nº 10.637/2002 e 10.833/2003, que disciplinam o PIS e a Cofins não cumulativos, autorizam créditos quanto aos seguintes dispêndios:[92]

i) bens adquiridos para revenda;
ii) bens e serviços utilizados como insumo na prestação de serviços e na produção de bens destinados à venda, inclusive combustíveis e lubrificantes;
iii) aluguéis de prédios, máquinas e equipamentos, pagos a pessoa jurídica, utilizados nas atividades da empresa;
iv) valor das contraprestações de operações de arrendamento mercantil de pessoa jurídica, exceto de optante pelo simples;
v) máquinas, equipamentos e outros bens incorporados ao ativo imobilizado, adquiridos ou fabricados para locação a terceiros ou para utilização na produção de bens destinados à venda ou na prestação de serviços;

---

[91] Nessa linha, entre outros, MOREIRA, André Mendes. *A não cumulatividade dos tributos*, 2ª ed. São Paulo: Noeses, 2012, p. 466.

[92] A relação da Lei nº 10.865/2004 (PIS/Cofins Importação) é necessariamente mais sintética, por referir-se unicamente a produtos e serviços que podem ser importados, o que não é o caso de diversas das rubricas contempladas nos outros dois diplomas.

vi) edificações e benfeitorias em imóveis de terceiros, quando o custo, inclusive de mão de obra, tenha sido suportado pela locatária;
vii) bens recebidos em devolução, cuja receita de venda tenha integrado faturamento do mês ou de mês anterior, e tributada;
viii) energia elétrica consumida nos estabelecimentos da pessoa jurídica;
ix) energia elétrica e energia térmica, inclusive sob a forma de vapor, consumidas nos estabelecimentos da pessoa jurídica;
x) vale-transporte, vale-refeição ou vale-alimentação, fardamento ou uniforme fornecidos aos empregados por pessoa jurídica que explore as atividades de prestação de serviços de limpeza, conservação e manutenção.

Diante do alcance universal do PIS e da Cofins e do significado que aí adquire a não cumulatividade, entendemos que uma tal enumeração de despesas geradoras de créditos só pode ser entendida como exemplificativa.

Com efeito, de um lado, a lista refere-se apenas a algumas atividades (comércio – item i; prestação de serviços e indústria – item ii; e locação de equipamentos – item v),[93] deixando de fora a intermediação financeira, a locação de imóveis ou de bens móveis distintos de equipamentos, a cessão de direitos etc.

De outro, alude somente a insumos empregados na indústria ou na prestação de serviços (item ii, reiterado de forma específica no item x), sem contemplar os outros tipos de atividades acima referidos; aos dispêndios com a fabricação ou aquisição de bens do ativo imobilizado destinados a aluguel, à produção de bens para venda ou à prestação de serviços pelo próprio contribuinte (item v), mas não ao emprego em atividade comercial deste ou ao desenvolvimento de outras atividades; às despesas com imóveis de terceiros (itens iii e vi), mas não com imóveis próprios; não faz qualquer referência a material de embalagem e assim por diante.

Não há como pretender atribuir-se caráter taxativo a amontoado tão errático de previsões e de lacunas.

E há mais: não satisfeita com a feição altamente limitativa da lista de dispêndios geradores de créditos, a Receita Federal do Brasil tem

---

[93] Foram omitidas novas referências às mesmas atividades em outros itens.

atuado no sentido de dar exegese restritiva ao conceito de "insumo" nela veiculado, como se verifica em inúmeras soluções de consultas.[94]

Para nós, insumo é tudo aquilo que se integra ao produto final ou ao resultado material da atividade tributada, ou que se consome na produção do primeiro (os ditos produtos intermediários) ou na execução da segunda: a energia elétrica que alimenta os computadores utilizados na atividade bancária, para citar apenas um exemplo.

Registramos, ademais, que a essencialidade do insumo pode ser de natureza ontológica (imprescindibilidade material para a obtenção do resultado) ou jurídica (imposição legal ou regulamentar do uso de certos bens ou serviços, como o material de limpeza em indústrias alimentícias).

Dessa maneira, embora não restrinjamos toda a questão da não cumulatividade à noção de insumo — pois há vários dispêndios essenciais à atividade, e logo geradores de créditos, que não se encaixam neste conceito, caso dos uniformes (inclusive equipamentos de proteção), da alimentação e do transporte dos trabalhadores, dos serviços de vigilância e limpeza do estabelecimento, das despesas com imóveis próprios, dos *royalties* pelo uso de marcas ou patentes, dos pagamentos por bens ou serviços não utilizados em regime de *take-or-pay*, do transporte de produtos acabados até o ponto de venda[95][96] etc. —, pensamos que aquela noção exige definição larga, não só no âmbito do PIS/Cofins, mas também no do ICMS e do IPI.

Nessa linha, entendemos que nenhum produto essencial à atividade produtiva *stricto sensu*, que não constitua bem do ativo imobilizado, pode ser tido por material de uso e consumo, como têm pretendido os

---

[94] Ver, p.ex., a Solução de Divergência nº 12/2007, que exclui do conceito de insumo as graxas, pinos e tarraxas, e a Solução de Consulta nº 333/2010, que nega tal qualificação a material de laboratório destinado a emprego em testes de qualidade de matérias-primas e do produto final (tubos de ensaio, pipetas, provetas, copos *becker*, reagentes químicos e outros).

[95] Para todos esses casos, há soluções de consultas da RFB negando o creditamento com base unicamente na estraneidade de tais bens, serviços e utilidades à ideia de insumo.

[96] Registramos a acertada decisão da 1ª Seção do STJ no REsp. nº 1.215.773/RS (rel. para o acórdão min. César Ásfor Rocha, DJe 18.09.2012) que admitiu a tomada de créditos de PIS e Cofins em relação ao frete de veículos entre a fábrica e a concessionária, apesar de a lei falar apenas em frete "na operação de venda".

vários Fiscos, por exemplo, quanto aos lubrificantes de equipamentos, aos reagentes químicos necessários ao controle da produção e aos refratários empregados na indústria siderúrgica.

Embora a questão permaneça controvertida, alguns avanços têm sido notados, como os acórdãos do Tribunal Regional Federal da 4ª Região[97] e da Câmara Superior de Recursos Fiscais do Conselho Administrativo de Recursos Fiscais (Carf)[98] que conceituam insumos para o PIS e a Cofins como todos os produtos e serviços inerentes à produção.

Cabe ainda mencionar o Recurso Especial 1.246.317/MG, ora em curso na 2ª Turma do STJ, que versa o direito de créditos de PIS/Cofins por material de limpeza e desinfecção e por serviços de dedetização aplicados no ambiente produtivo. O julgamento está suspenso por pedido de vista do ministro Herman Benjamin, mas já conta com os votos favoráveis dos ministros Mauro Campbell Marques, Castro Meira e Humberto Martins.

A não cumulatividade anda com pouco crédito com o Fisco e com o legislador. Que não lhe falte o aval do Judiciário.

---

[97] TRF da 4ª Região, 1ª Turma, Apelação nº 0000007-25.2010.404.7200/SC, rel. juiz federal convocado Leandro Paulsen, DJe 04.07.2012.
[98] 3ª Turma, PTAs nº 13053.000211/2006-72 e 13053.000112/2005-18.

BAHIA ATUALIZA MILAGRE DA MULTIPLICAÇÃO DOS PEIXES[99]

Há quem critique o chamado cálculo "por dentro" do ICMS. Não comungamos da censura, por não enxergarmos qualquer vício nesse método. O fato é que operações com porcentuais dão resultados diferentes, conforme o sentido em que se realizem. Assim, por exemplo, 100 − 10% = 90, mas 90 + 10% = 99 (e não 100).

A nosso ver, toda celeuma se deve à incompreensão disso: um comerciante sujeito à alíquota de 18% que deseje apropriar-se do valor líquido de 100 deve acrescentar-lhe 21,95% (e não 18%), porque 121,95 − 18% = 100 (e 118 − 18% = 96,76).

Nos tributos sobre produtos e serviços, a opção pelo cálculo "por dentro" ou "por fora" constitui em regra livre opção do legislador, valendo notar que ambas as técnicas conduzem, por vias diversas, a idênticos resultados.[100]

No caso do ICMS, para encerrar a discussão — de resto, já resolvida pelo STF no Recurso Extraordinário 212.209/RS (Pleno, relator para o acórdão ministro Nelson Jobim, julgado em 23 de junho de 1999) — o primeiro critério foi positivado pela Emenda Constitucional 33/2001.[101]

---

[99] Artigo publicado em 29 de maio de 2013.
[100] Uma alíquota hipotética de 1000% no IPI, por exemplo (valor líquido de 100 e imposto igual a 1.000), corresponderia a uma alíquota de 90,91% no ICMS.
[101] Que introduziu a seguinte alínea ao regramento constitucional do ICMS:
"Art. 155, § 2º, XII – cabe à lei complementar:
(...)
i) fixar a base de cálculo, de modo que o montante do imposto a integre, também na importação do exterior de bem, mercadoria ou serviço."

Pois bem: em 8 de maio de 2013, ao decidir os Embargos de Divergência no Recurso Especial 1.190.858/BA, a 1ª Seção do STJ miscigenou aqueles dois sistemas, inovando de forma preocupante em nosso Direito Tributário.

Tratava-se de definir a base de cálculo a ser adotada na cobrança de ICMS sobre fatos pretéritos que o particular, no momento de sua ocorrência, por erro considerou intributáveis.

O contribuinte sustentava que o lançamento deveria considerar o preço por ele praticado, na forma do artigo 13 da Lei Complementar nº 87/96.[102] Já o Fisco baiano, dizendo-se fundado na regra que determina o cálculo por dentro do ICMS,[103] pretendia que a base fosse maior, correspondendo ao valor que o empresário supostamente teria cobrado, caso estivesse, no momento da celebração do negócio, ciente da incidência do imposto.

Nos debates que antecederam a decisão, lembrou-se história atribuída a Aliomar Baleeiro: iniciando uma caminhada pela orla carioca, o jurista se deparou com um stand de rua em que o quilo do peixe era anunciado a um determinado preço. Ao passar pela mesma banca na volta para casa, notou que o preço já era bem menor (um caso clássico de liquidação de fim de feira). Irônico, inquiriu o feirante:

— Tirou o ICM? (Eram velhos tempos.)

E ouvir como resposta:

— Não, senhor. O ICM está sempre dentro do peixe.

A frase do peixeiro, plena de sabedoria jurídica, causou um efeito oposto ao que seria de se esperar, e a Corte deu ganho de causa ao Fisco, ao argumento de que, na situação em análise, "o peixe, ao que parece, foi desidratado".

A decisão não nos parece acertada.

Destacado ou não, o que é providência de simples controle, o ICMS, onde devido, está sempre embutido no preço.

---

[102] Ver especialmente os incisos I e III.
[103] "Art. 13, § 1º. Integra a base de cálculo do imposto, inclusive na hipótese do inciso V do *caput* deste artigo:
I – o montante do próprio imposto, constituindo o respectivo destaque mera indicação para fins de controle." (Lei Complementar nº 87/96)

Tratando-se de preços livres — ou mesmo administrados, desde que observadas as balizas estabelecidas pela autoridade competente —, não compete ao Poder Público interferir nas decisões privadas, em busca de maior arrecadação.

O empresário assume todos os riscos, inclusive fiscais, ligados a tais decisões. Mas apenas a elas, não podendo ver-se atribuída receita que na verdade não teve.

No caso em exame, a receita efetiva foi 100. O estado adicionou-lhe um valor fictício a título de ICMS. E, para completar, fê-lo de maneira a que essa parcela inexistente embutisse o imposto sobre ela pretendido, de forma a chegar a um preço arbitrado de 121,95.[104]

Em suma, o ICMS está ao mesmo tempo por fora e por dentro, como os elos do nó borromeano. É, para continuarmos na Bahia, "o avesso do avesso do avesso do avesso".

Ao abonar esse paradoxo, o STJ contrariou as suas excelentes decisões anteriores sobre o tema. Deveras, no Recurso Especial 1.111.156/SP (relator ministro Humberto Martins, DJe 22.10.2009, *repetitivo*), a 1ª Seção repeliu a tentativa de exigir-se ICMS sobre o preço que teriam mercadorias gratuitas (dadas em bonificação), caso houvessem sido vendidas. O entendimento acerca da intributabilidade de valores não recebidos, correspondentes a descontos incondicionados, encontra-se inclusive sumulado (Súmula 457).

Na mão oposta, mas sempre fiel à ideia de que o preço cobrado é imutável, haja ou não ICMS, a 4ª Turma do STJ livrou o fornecedor de indenizar o adquirente contra o qual destacou o imposto, que depositou em juízo, depois que o primeiro ganhou a ação em que combatia a incidência tributária, e o Fisco estornou os créditos aproveitados pelo último (Agravo Regimental no Agravo em Recurso Especial 122.928/RS, relator ministro Luís Felipe Salomão, DJe 14.02.2013).[105]

O *gross up* só é admitido naquelas poucas hipóteses em que se presume que o ônus do tributo calculado "por dentro" será suportado pelo *solvens*, casos do ICMS-importação (pois é evidente que o exporta-

---

[104] O exemplo, como todos os demais desta coluna, leva em conta a alíquota de 18%.
[105] A decisão vai além e registra, com total acerto, que o adquirente deveria ter-se voltado contra o Estado, contestando o estorno de seus créditos, a nosso ver obstado pelo artigo 146 do CTN.

dor estrangeiro não o considera na formação do seu preço) e do artigo 725 do Regulamento do Imposto de Renda.[106]

Não, porém, nas situações ordinárias, em que vigora a presunção inversa de que o ônus incumbirá ao destinatário ou, o que é a mesma coisa, de que o tributo está embutido no valor da operação privada. Trata-se, é sabido, de presunção absoluta, que não admite argumentação ou prova em contrário.

Conta-se que, com cinco pães e dois peixes, Jesus deu de comer a cinco mil homens, fora as mulheres e crianças, e ainda restaram doze cestos cheios.[107] Em outra ocasião, com sete pães e "alguns peixinhos", alimentou mais de quatro mil pessoas, e a sobra foi de sete cestos.[108]

Pela matemática do Fisco baiano, a cada nove peixes tirados das águas, dois teriam de cair do céu.[109] Os milagres já não são o que eram. Mas continuam a nos desafiar a razão.

---

[106] "Art. 725. *Quando a fonte pagadora assumir o ônus do imposto devido pelo beneficiário*, a importância paga, creditada, empregada, remetida ou entregue será considerada líquida, cabendo o reajustamento do respectivo rendimento bruto, sobre o qual recairá o imposto, ressalvadas as hipóteses a que se referem os artigos 677 e 703, parágrafo único."

[107] Mt 14, 13-21; Mc 6, 31-44; Lc 9, 10-17; Jo 6, 5-15.

[108] Mt 15, 32-39; Mc 8, 1-9.

[109] O *gross up*, viu-se acima, é de 21,95 para cada unidade de preço igual a 100. Assim, a cada 4,5 itens reais, tem-se praticamente um fictício (21,95 x 4,5 = 98,775) — ou, em números inteiros, nove para cada dois.

RESOLUÇÃO 13 É CORTINA DE FUMAÇA NA GUERRA DOS PORTOS[110]

A convite dos professores Octávio Fischer e Fábio Artigas Grillo, estive há uns dias no tradicional Instituto de Direito Tributário do Paraná para falar sobre o tema "ICMS: Inconsistências da Resolução 13 do Senado Federal e de sua Regulamentação."

O título da palestra, que já adiantava um juízo desfavorável quanto às regras a analisar, valeu-me como uma provocação: destacar também os seus aspectos positivos, permitindo a mim mesmo e à audiência a obtenção de conclusões menos peremptórias.

Mas o fato é que não os encontrei, tendo-me ao contrário convencido de que a Resolução 13/2012 do Senado Federal é uma resposta tímida, desiludida, insincera e arbitrária para a guerra fiscal no âmbito do ICMS.

Antes de prosseguir, importa expor os seus contornos essenciais. Como se sabe, o artigo 155, parágrafo 2º, inciso IV, da Constituição dispõe que "resolução do Senado Federal, de iniciativa do presidente da República ou de um terço dos senadores, aprovada pela maioria absoluta de seus membros, estabelecerá as alíquotas aplicáveis às operações e prestações, interestaduais e de exportação".[111]

Exercitando tal competência, o Senado editou a Resolução 22/89, que fixou a alíquota interestadual padrão em 12%, reduzindo-a para 7%[112] nas operações e prestações originárias das regiões Sul e Sudeste para as regiões Norte, Nordeste, Centro-Oeste e o Espírito Santo.

---

[110] Artigo publicado em 24 de julho de 2013.
[111] A referência às exportações deixou de fazer sentido após a Emenda Constitucional 42/2003, que as imunizou ao imposto.
[112] O índice de 8% valeu apenas para o próprio ano de 1989.

A Resolução 13/2012, por seu turno, impõe alíquota de 4% nas operações interestaduais com *bens importados* (os serviços não são tratados), quaisquer que sejam os estados de origem e de destino, *exceto* (quando se aplicará a sistemática da Resolução 22/1989):

> i) para os bens que, após industrialização no país (transformação, beneficiamento, montagem, acondicionamento, reacondicionamento, renovação ou recondicionamento), tenham conteúdo de importação menor que 40%; ou
> ii) mesmo que esta condição não seja atendida (isto é, conteúdo de importação superior a 40%):
> ii.1) para os bens sem similar nacional, listados pelo Conselho de ministros da Câmara de Comércio Exterior (o que foi feito pela Resolução Camex 79/2012);
> ii.2) para os bens produzidos na forma dos processos produtivos básicos aplicáveis à Zona Franca de Manaus e aos setores de informática e automação; e
> ii.3) para o gás natural.

Falou-se acima que a Resolução 13/2012 é uma resposta tímida à guerra fiscal, e isso se justifica porque, da ampla gama de questões que o tema suscita, aquela se ocupa apenas da chamada guerra dos portos, que consiste na outorga de incentivos irregulares quanto ao ICMS incidente na importação e na posterior remessa interestadual de mercadorias, de modo a atrair o seu ponto de desembarque (não necessariamente por via marítima, aliás) para o território do estado infrator.

A guerra dos portos constitui, é verdade, variável especialmente nociva da moléstia, por não se limitar a promover o deslocamento de empresas de um para outro estado da federação, indo ao ponto de estimular a desindustrialização do país por meio do favorecimento às importações.

Mas não é a modalidade quantitativamente dominante e tampouco é "mais inconstitucional" do que as outras, a ponto de justificar remédio à parte, que as deixe de fora.

A terapêutica prescrita é também desiludida, na medida em que renuncia aos objetivos de impedir ou fulminar juridicamente os incentivos ilícitos — tarefa de que o Poder Público parece confessar-se incapaz —, dando-se por satisfeita com a simples redução do seu poder de sedução econômica.

Noutras palavras, admite-se que os benefícios irregulares continuarão a ser concedidos, e apenas se reduz a margem de manobra que para tanto têm os Estados: dos antigos 12% ou 7% para meros 4%, na esperança de que sejam considerados pouco demais para compensar a alteração do local de entrada das mercadorias no território nacional.[113]

Outras soluções haveria, mais amplas e mais altaneiras, dentre as quais (a) a fusão de todos os tributos sobre o consumo (ISS, ICMS, IPI, PIS e Cofins) em um grande IVA, arrecadado pela União ou pelos estados e depois repartido entre todos os entes federados; (b) a adoção, mantida a autonomia do ICMS, do princípio da arrecadação integral na origem, com repasse — via uma câmara de compensação nacional — de toda ou quase toda a receita ao estado de destino da mercadoria ou do serviço (critério mais consentâneo com a lógica do tributo, por deixar em cada estado o imposto suportado pelos seus próprios habitantes); ou mesmo, sem alterações na disciplina atual do imposto, (c) a edição de súmula vinculante contra a guerra fiscal, com o pronto ajuizamento de reclamações pelo procurador-geral da República, em caso de transgressão, e o seu imediato julgamento pelo Supremo Tribunal Federal.[114]

As duas primeiras propostas, há muito suscitadas, não passam de quimeras na atual quadra de profunda e justificada desconfiança entre os entes federados.

Pior do que tímida e desiludida, a Resolução 13/2012 é insincera no seu declarado propósito de combater a guerra dos portos, o que transparece da lista de exceções que traz à sua própria aplicação.

Tais exceções, vale lembrar, antes que à sua redução, conduzem ao agravamento do ICMS interestadual, na medida em que atraem a

---

[113] Anote-se não estar descartada a possibilidade de contestação – com o defeituoso arsenal hoje disponível – de regras unilaterais acaso voltadas a mitigar nova alíquota. O Convênio ICMS 123/2012 afasta todos os benefícios autorizados pelo Confaz para as mercadorias agora enquadradas na Resolução 13/2012, salvo quando se trate de isenção ou de incentivo que leve a alíquota interestadual efetiva a menos de 4%.

[114] Constituição Federal, artigo 103-A, parágrafo 3º; Lei 8.038/90, artigo 13, *caput*.

incidência da Resolução 22/1989 (isto é, dos tradicionais 7% ou 12%, em vez dos novéis 4%).

Trata-se, assim, de restaurar a antiga margem de manobra para a outorga de benefícios unilaterais voltados (i) à atração de indústrias de transformação, definidas pela exigência de conteúdo nacional superior a 60%, (ii) à atração do ponto de entrada (típica guerra dos portos) de produtos sem similar nacional ou fortemente incentivados pela União (caso da informática), ou ainda (iii) à venda de gás natural, cujo local de ingresso no território nacional dificilmente poderia ser alterado.

Em todos esses casos, a resolução parece considerar a guerra fiscal, e mesmo a guerra dos portos, como aceitável. Dir-se-á que uma e outra são vedadas pelo artigo 155, parágrafo 2º, inciso XII, alínea "g", da Constituição e pela Lei Complementar 24/1975. Mas desde quando isto é empecilho para a sua prática?

Dissemos, por último, que a resolução é arbitrária. De fato, temo-la por inconstitucional, mas não pelas razões apontadas pelo Espírito Santo na Ação Direta de Inconstitucionalidade 4.858/DF, confiada à relatoria do ministro Ricardo Lewandowski. São elas:

> a) extrapolação da competência do Senado para a fixação de alíquotas interestaduais, que seria limitada à repartição linear do ICMS entre os estados, vedada a busca de finalidades extrafiscais. Para o autor da ação, a resolução avançaria sobre a disciplina do comércio exterior[115] e constituiria regulamentação do dispositivo constitucional relativo à forma como os estados devem conceder incentivos fiscais,[116] matérias que exigiriam tratamento por *lei*, e não por simples resolução senatorial. Não pensamos que seja o caso, já que se cuida apenas de regular o comércio *interno* de mercadorias importadas (e não propriamente o comércio exterior), e ainda porque a Constituição é lacônica ao atribuir poder ao Senado para fixar as alíquotas interestaduais, não proibindo a persecução de objetivos econômicos, sobretudo ligados à prevenção de ilícitos federativos — campo sensível que pode e deve ser protegido por mais de um instrumento (*in casu*, a lei complementar e a resolução);

---

[115] Constituição Federal, artigo 22, inciso VIII.
[116] Constituição Federal, artigo 155, parágrafo 2º, inciso XII, alínea "g".

b) violação ao artigo 152 da Constituição, segundo o qual "é vedado aos estados, ao Distrito Federal e aos municípios estabelecer diferença tributária entre bens e serviços, de qualquer natureza, em razão de sua procedência ou destino". Primeiro porque a proibição dirige-se aos estados e municípios individualmente considerados (os quais, em lugar de querer tal diferenciação, aqui a combatem), mas não ao Senado. E depois porque o intuito da regra é impedir a concorrência tributária no seio da federação, sendo irônica a sua invocação em favor da continuidade da guerra dos portos;

c) impossibilidade de diferenciação de alíquotas do ICMS senão em razão da essencialidade do produto. A seletividade é irrelevante neste debate, já que, para o consumidor final, a carga tributária é sempre a mesma, qualquer que seja a alíquota interestadual. Isso sem falar que a Resolução 22/1989 diferencia as alíquotas em razão da origem e do destino (observação que reforça também a conclusão sustentada na letra "b" acima), e não da essencialidade;

d) ofensa à separação dos Poderes, face à delegação legislativa em favor da Camex e do Confaz, este no que respeita à definição de critérios para o cálculo do conteúdo de importação. Embora efetivamente haja alguma margem de liberdade do Confaz, pois diferentes parâmetros podem conduzir a resultados diversos, com efeito sobre a alíquota interestadual aplicável,[117] temos que o caráter ancilar das competências atribuídas a tais órgãos (à Camex cabe nada mais do que *listar* os produtos sem similar nacional, poder que entendemos ser plenamente vinculado) milita em desfavor do argumento.

A arbitrariedade da Resolução 13/2012 para nós está alhures: aplicando-se inclusive quando não há incentivo algum, agrava a acumulação de créditos pelo contribuinte que importa mercadorias para revender em mais de um estado — atividade lícita e da maior relevância. De fato, este suportará o ICMS-importação da unidade onde estabelecido e, nas vendas interestaduais, terá débito apenas de 4% (visto que não procedeu a qualquer industrialização). A Lei Complementar 87/1996 dá tratamento especial — nem sempre atendido na prática — aos cré-

---

[117] Como demonstra, na primeira parte de seu excelente artigo, Alberto da Câmara Lima Falcão aqui: http://www.conjur.com.br/2013-jul-13/alberto-falcao-solucao-guerra-portos-provoca-distorcoes

ditos acumulados pelos exportadores,[118] mas nada diz quanto aos dos importadores, que caem vala comum da livre decisão, e da previsível omissão, dos Estados.[119] [120]

Para obviar este prejuízo, o empresário teria de instalar-se em todos os estados onde tem clientes, importando em cada qual a exata quantidade a ser ali revendida, o que aumenta os seus custos, retira-lhe vantagens de escala e, principalmente, contraria a neutralidade do imposto e o princípio da unidade econômica do território nacional, enaltecido desde Baleeiro.[121]

Isso para não falarmos da extrema complexidade das obrigações acessórias criadas pelo Convênio ICMS 38/2013 para o controle do conteúdo de importação.

Tem-se, em conclusão, que a Resolução 13/2012 causa grandes incômodos a contribuintes inocentes (os que não gozam de qualquer incentivo irregular) para atacar, somente em pequena parte (a guerra dos portos e nem toda ela), distorções criadas por estados infratores da Constituição.

Em batalhas navais, cortinas de fumaça são lançadas para obnubilar a percepção dos movimentos e das intenções da armada. A estratégia, agora se vê, vale também para a guerra dos portos.

---

[118] Artigo 25, parágrafo 1º.
[119] Artigo 25, parágrafo 2º.
[120] De notar, *en passant*, que é nesta linha (generalização de uma alíquota interestadual muito reduzida) que vão as discussões atuais sobre a reforma do ICMS, a qual não será completa sem a previsão de uma forma efetiva e rápida de realização de quaisquer créditos acumulados.
[121] Constituição Federal, artigo 150, inciso V.

ADICIONAL DO FGTS ESTÁ EXTINTO E DISPENSA REVOGAÇÃO[122]

Nenhum povo dá tanta importância como nós à diferenciação das espécies tributárias. Quantos livros têm sido escritos e quantas inimizades não nasceram dos embates entre tricotomistas (que reconduzem qualquer tributo a imposto, taxa ou contribuição de melhoria) e quinquipartistas (que erigem as contribuições especiais e os empréstimos compulsórios em espécies tributárias autônomas), para citarmos apenas duas das correntes em que se dividem os estudiosos? E quem consegue recensear os critérios arcanos que conduzem à fragmentação de cada uma dessas linhas em seitas também irreconciliáveis (contribuições provocantes e provocadas,[123] contribuições autênticas ou meros impostos com receita vinculada, destinação do produto arrecadado na norma de competência ou no mandamento da regra impositiva)?

Enquanto isso, na vida real, a indistinção reina: instituem-se taxas bilionárias, sem nenhum vínculo com o custo da atuação estatal, contribuições são entesouradas para sempre ou exigidas de quem já alcançou o benefício que financiam..., tudo na maior naturalidade, com as bênçãos de juristas ilustres e o beneplácito do Judiciário.

A este tema, que já versamos em coluna anterior ("Fisco usa atos de polícia para aumentar taxas"), liga-se em parte o debate que hoje se trava a respeito da Lei Complementar 110/2001.

Como se sabe, esta instituiu duas contribuições: a primeira (artigo 1º), de 10% dos depósitos devidos ao Fundo de Garantia do Tempo de

---

[122] Artigo publicado em 21 de agosto de 2013.
[123] ATALIBA, Geraldo. *Hipótese de incidência tributária*, 5ª Ed. São Paulo: Malheiros, p. 163.

Serviço durante a vigência do contrato de trabalho, exigível quando da despedida sem justa causa do empregado; e a segunda (artigo 2º), exigível mensalmente, da ordem de 0,5% da remuneração mensal devida a cada empregado.

Esta última tinha vigência limitada a 60 meses (artigo 2º, parágrafo 2º), tendo expirado em dezembro de 2006.[124] Trata-se agora de definir até quando pode ser exigida a primeira, a que a lei não impôs prazo fixo.

O tema vem sendo tratado em nível legislativo, com a aprovação seguida do veto, este ainda pendente de exame pelo Congresso Nacional, do Projeto de Lei Complementar 200/2012, que extingue a exação a partir de 1º de junho de 2013.

As sucintas razões de veto apoiam-se na suposta ofensa à Lei de Responsabilidade Fiscal, dada a falta de estimativa do impacto orçamentário-financeiro e de indicação das medidas compensatórias, bem como no prejuízo — avaliado em R$ 3 bilhões por ano — a programas sociais e de infraestrutura financiados pelo FGTS, nomeadamente o chamado Minha Casa, Minha Vida.

Temos para nós que a discussão está desfocada, havendo sérias razões constitucionais e legais a apontar para a caducidade do gravame desde fevereiro de 2012, com direito dos contribuintes à recuperação dos valores pagos a partir de então.

De fato, a receita de uma contribuição é — pelo menos em teoria — vinculada à despesa que deu causa à sua instituição.[125] Como, em geral, essas necessidades são perenes (financiamento da educação, da seguridade social, dos sindicatos, das entidades representativas das profissões regulamentadas, da renovação da marinha mercante e da indústria naval, entre tantas outras), não é comum cogitar-se do período de vigência desses tributos.

---

[124] Nas ADI nº 2.556/DF e 2.568/DF (Pleno, rel. min. Moreira Alves, DJ 08.08.2003), o STF declarou a inexigibilidade dos tributos no ano de 2001, por se tratar de contribuições sociais gerais (sujeitas à anterioridade anual), e não de contribuições destinadas à seguridade social (submetidas apenas à espera de 90 dias, como predicava o artigo 14 da Lei Complementar 110/2001).

[125] Constituição, artigo 149, *caput* ("como instrumento de sua atuação nas respectivas áreas").

Aqui, porém, tem-se situação peculiar, já que as contribuições da Lei Complementar 110/2001 foram criadas para cobrir uma despesa específica da União: a recomposição, determinada pelo Supremo Tribunal Federal, das contas vinculadas de FGTS atingidas pelos expurgos inflacionários dos Planos Verão e Collor I,[126] rombo então orçado em R$ 42 bilhões.

É o que decorre da Exposição de Motivos do projeto que resultou na sua edição, onde se anota que "a cobertura de um passivo de tamanha magnitude, correspondente a quase 4% do total do produto gerado no país, não é uma tarefa fácil. Uma possibilidade seria que o Tesouro Nacional o assumisse e repassasse ao FGTS o montante de recursos necessários."

Expostos os inconvenientes macroeconômicos e sociais que viam nessa solução, prosseguem os ministros da Fazenda e do Trabalho, dirigindo-se ao presidente da República:

> Foi exatamente para evitar tais desdobramentos que Vossa Excelência (...) promoveu com as centrais sindicais e confederações patronais que participam do Conselho Curador do FGTS um processo de negociações que viabilizasse o pagamento do montante devido aos trabalhadores.
> (...) A proposta daí resultante pode ser resumida da seguinte forma:
> — contribuição social devida nos casos de despedida sem justa causa, destinada ao FGTS, de 10% dos depósitos referentes ao Fundo;
> — criação de uma contribuição social de 0,5% sobre a folha de salários das empresas não participantes do Simples, destinada ao FGTS (...);
> — utilização de parte das disponibilidades hoje existentes no FGTS;
> — deságio de 10% a 15%, concedido pelos trabalhadores com complementos de atualização monetária cujos valores estejam acima de R$ 1.000,00;
> — contrapartida do Tesouro Nacional correspondente a R$ 6 bilhões.

E finalizam ressaltando que "a urgência solicitada se deve à necessidade de que os recursos das contribuições que ora se propõem criar sejam coletados pelo FGTS no mais breve período de tempo, a fim de que os trabalhadores possam receber a complementação de atualiza-

---

[126] STF, Pleno, RE nº 226.885/RS, rel. min. Moreira Alves, DJ 13.10.2000.

ção monetária nos prazos propostos na anexa minuta de projeto de lei complementar".

A correspondência biunívoca entre as contribuições e a recomposição das contas vinculadas de FGTS reduzidas pelos expurgos vem expressa também no texto da lei, sendo de ressaltar:

> a) o artigo 4º, que condiciona o pagamento em favor do trabalhador — a fazer-se até 1º de janeiro de 2007, para os credores das maiores importâncias — à efetiva vigência da segunda contribuição até setembro de 2006 (inciso II) e à subsistência da primeira após esta data (inciso III);[127] e
>
> b) o artigo 12º, que responsabiliza o Tesouro Nacional pelo pagamento das diferenças negativas acaso registradas entre a receita das contribuições e os valores necessários ao cumprimento dos acordos nas datas fixadas.

Implementada a finalidade que a lei se impôs — o que a própria Caixa Econômica Federal, gestora do FGTS, afirma ter ocorrido em fevereiro de 2012 —, a contribuição perde a razão de ser e o supedâneo constitucional, extinguindo-se sem a necessidade de revogação. O direcionamento de sua receita para outras finalidades equivale à criação de nova contribuição — pois, como dito, a destinação do produto arrecadado é da essência de seu regime jurídico —, o que não pode se fazer sem aprovação de nova lei, com as formalidades e as consequências daí advindas (inclusive o respeito à anterioridade).

Em rigor, a conclusão independe do mergulho na infinita complexidade do regime constitucional das contribuições, satisfazendo-se com razões de nível legal. Basta lembrar, com Serpa Lopes,[128] que "de dois modos a lei pode ter existência temporária: a) quando traz, preordenada, a data da expiração de sua vigência; b) quando se consuma o

---

[127] O marco não foi alterado pela decisão tomada nas ADIs referidas na nota 2 acima, pois o artigo 4º refere-se à data de publicação da lei complementar ("até o sexagésimo terceiro mês a partir da data de publicação desta Lei Complementar" e "a partir do sexagésimo quarto mês da publicação desta Lei Complementar"), e não ao início de sua vigência.

[128] *Comentário teórico e prático da lei de introdução ao Código Civil*. Rio de Janeiro: Livraria Jacintho Editora, 1943, vol. 1, p. 57.

seu próprio escopo ou objeto...", sendo do último tipo o artigo 1º da Lei Complementar 110/2001 (e do primeiro o artigo 2º, como é evidente).

O déficit no patrimônio do FGTS foi a circunstância, referida na lei,[129] a cujo específico enfrentamento esta se voltou, e não mero fato acidental que inspirou a instauração do processo legislativo — encaixando-se "no primeiro caso" em que, leciona Carlos Maximiliano,[130] "os dispositivos extinguem-se com as circunstâncias que lhes deram vida".

Descabido, portanto, falar-se em mensuração do impacto orçamentário e em medidas compensatórias da *perda de arrecadação*, porque esta veio de par com a extinção da despesa correspondente.

Não se trata aqui de propor a judicialização da política, mas o seu exato oposto: a despolitização de debate que pode e deve ser dirimido pelo Judiciário, à luz unicamente da boa técnica jurídica.

* * *

Este artigo, mais do que os anteriores feito em horas insones, vai para o meu pequeno Rafael, em homenagem ao seu quinto dia de vida.

---

[129] O realce, de fundamental importância, é de Tércio Sampaio Ferraz Jr. *Introdução ao estudo do Direito: técnica, decisão e dominação*, 4ª ed. São Paulo: Atlas, 2003, p. 205.
[130] *Hermenêutica e aplicação do Direito*, 19ª ed. Rio de Janeiro: Forense, 2001, p. 295.

CABE À OAB CRIAR PESSOA JURÍDICA INDIVIDUAL PARA ADVOGADO[131]

Segundo o artigo 150, *caput* e parágrafo 1º, inciso II, do Regulamento do Imposto de Renda (RIR), são empresas individuais — equiparadas para fim de tributação da renda a pessoas jurídicas — as pessoas físicas que, em nome individual, explorem qualquer atividade econômica, civil ou comercial, consistente na venda de bens ou serviços.

Da equiparação estão excluídas, porém, as pessoas físicas que se dedicam a "profissões, ocupações e prestação de serviços não comerciais", e nomeadamente às de "médico, engenheiro, advogado, dentista, veterinário, professor, economista, contador, jornalista, pintor, escritor, escultor e (...) outras que lhes possam ser assemelhadas" (parágrafo 2º, incisos I e II).

Combater tais exclusões pela via judicial, além de demorado, pode ser infrutífero, como demonstra o precedente da Ação Direta de Inconstitucionalidade 1.643, em que o Supremo Tribunal Federal declarou não ser ofensiva à isonomia a regra que exclui do Simples as profissões liberais.[132]

O impasse encontra solução, a nosso ver, na Lei 12.441, de 2011, que inseriu o artigo 980-A ao Código Civil[133] e introduziu no Direito

---

[131] Artigo publicado em 16 de outubro de 2013.
[132] Pleno, relator ministro Maurício Corrêa, DJ 14.03.2003.
[133] "Art. 980-A. A empresa individual de responsabilidade limitada será constituída por uma única pessoa titular da totalidade do capital social, devidamente integralizado, que não será inferior a 100 (cem) vezes o maior salário-mínimo vigente no país.

§ 1º. O nome empresarial deverá ser formado pela inclusão da expressão 'Eireli' após a firma ou a denominação social da empresa individual de responsabilidade limitada.

brasileiro a Empresa Individual de Responsabilidade Limitada (Eireli), pessoa jurídica de Direito Privado unipessoal.

Nesta coluna, trataremos especificamente do caso da advocacia, a atividade mais regulamentada dentre as referidas acima, mas as soluções propostas estendem-se para quase todas as listadas no artigo 150 do RIR.[134]

Entendem alguns que o artigo 980-A do Código Civil é inaplicável à profissão, tendo em vista: (a) o caráter empresarial da Eireli, que é vedado à advocacia, na forma dos artigos 966, parágrafo único, do Código Civil[135] e 16, *caput*, da Lei 8.906, de 1994 — Estatuto da Advocacia e da OAB (EAOAB);[136] (b) o caráter limitado da responsabilidade patrimonial da Eireli, que seria incompatível com o artigo 17 do EAOAB;[137] e (c) o caráter especial do EAOAB, que não foi revogado pelo Código Civil ou pela Lei 12.441, de 2011.

Embora algumas dessas premissas sejam acertadas, temos que a conclusão não se sustenta.

---

§ 2º. A pessoa natural que constituir empresa individual de responsabilidade limitada somente poderá figurar em uma única empresa dessa modalidade.
§ 3º. A empresa individual de responsabilidade limitada também poderá resultar da concentração das quotas de outra modalidade societária num único sócio, independentemente das razões que motivaram tal concentração.
§ 4º. VETADO
§ 5º. Poderá ser atribuída à empresa individual de responsabilidade limitada constituída para a prestação de serviços de qualquer natureza a remuneração decorrente da cessão de direitos patrimoniais de autor ou de imagem, nome, marca ou voz de que seja detentor o titular da pessoa jurídica, vinculados à atividade profissional.
§ 6º. Aplicam-se à empresa individual de responsabilidade limitada, no que couber, as regras previstas para as sociedades limitadas."

[134] Com exceção daquelas de natureza pública, como as de tabelião e notário, citadas do inciso IV do parágrafo 2º. Tampouco cuidaremos aqui dos limites entre a prestação subordinada (sujeita à legislação trabalhista) e a autônoma de serviços intelectuais, tema do artigo 129 da Lei 11.196, de 2005.

[135] "Art. 966, parágrafo único. Não se considera empresário quem exerce profissão intelectual, de natureza científica, literária ou artística, ainda com o concurso de auxiliares ou colaboradores, salvo se o exercício da profissão constituir elemento de empresa."

[136] "Art. 16. Não são admitidas a registro, nem podem funcionar, as sociedades de advogados que apresentem forma ou características mercantis, que adotem denominação de fantasia, que realizem atividades estranhas à advocacia, que incluam sócio não inscrito como advogado ou totalmente proibido de advogar. (...)"

[137] "Art. 17. Além da sociedade, o sócio responde subsidiária e ilimitadamente pelos danos causados aos clientes por ação ou omissão no exercício da advocacia, sem prejuízo da responsabilidade disciplinar em que possa incorrer."

A Eireli é figura acessível a qualquer indivíduo capaz — o que decorre da natureza universal do Código Civil — e está apta a desenvolver quaisquer atividades, empresariais ou civis, como se verifica do parágrafo 5º do artigo 980-A, que fala em serviços de *qualquer natureza*; excluem-se apenas as atividades que exigem forma societária específica, como as bancárias.

Embora a pessoa jurídica individual (que não é sociedade, como se nota do artigo 44 do Código Civil)[138] não conste, por razões óbvias, do EAOAB, consideramos errôneo afirmar-se a incompatibilidade daquela com este. De fato, não conflita com as leis anteriores, gerais ou especiais, que preveem as figuras A e B a lei posterior que introduz de maneira genérica o instituto C como alternativa extra para a formalização jurídica de uma mesma situação de fato.

Trata-se, nesse caso, não de conflito (a ser dirimido pelos critérios de hierarquia, cronologia e especialidade), mas de cúmulo normativo. O tema, pouco explorado na doutrina, mereceu a atenção de Carlos Maximiliano, para quem "pode ser promulgada nova lei, sobre o mesmo assunto, sem ficar tacitamente ab-rogada a anterior", caso daquela que estende a casos novos o campo de aplicação de diploma preexistente.[139]

Há precedentes no campo tributário, bastando recordar-se o efeito da criação da cisão de sociedades — figura inexistente no Decreto-Lei 2.627, de 1940, e inaugurada pela Lei 6.404, de 1976 — sobre a disciplina da responsabilidade tributária por sucessão.

O artigo 132 do Código Tributário Nacional,[140] que é de 1966, obviamente não lhe fazia referência. E até hoje não há norma geral que

---

[138] "Art. 44. São pessoas jurídicas de Direito Privado:
(...)
II — as sociedades;
(...)
VI — as empresas individuais de responsabilidade limitada. (Incluído pela Lei nº 12.441/2011) (...)"

[139] *Hermenêutica e aplicação do Direito*. 19ª ed. Rio de Janeiro: Forense, 2001, p. 292.

[140] "Art. 132. A pessoa jurídica de Direito Privado que resultar de fusão, transformação ou incorporação de outra ou em outra é responsável pelos tributos devidos até à data do ato pelas pessoas jurídicas de Direito Privado fusionadas, transformadas ou incorporadas. (...)"

a contemple, a tanto não equivalendo o artigo 5º, inciso II, do Decreto-Lei 1.598/77, seja por ter nível de lei ordinária,[141] seja por reger unicamente o Imposto de Renda.

Apesar disso, doutrina e jurisprudência admitem tranquilamente a responsabilidade das empresas-filhotes pelos tributos devidos pela cindida, ao argumento de que, sendo forma adicional de mutação empresarial, deve ter o mesmo tratamento jurídico daquelas previstas no artigo 132.[142] [143]

Isso também o que fez a Lei 12.441, de 2011, que não revogou qualquer dispositivo do Código Civil ou do EAOAB e que, emendando expressamente o primeiro, estendeu de forma tácita ao segundo a situação nova que deu à luz.

Sendo certo que cabe à OAB o registro do advogado individual e da sociedade de advogados (EAOAB, artigos 8 a 17) e que compete ao seu Conselho Federal disciplinar os casos omissos no Estatuto (EAOAB, artigo 54, XVIII), temos que incumbe a este último adaptar, por Provimento, as regras da Eireli às especificidades legais da advocacia.

Tais adaptações não afetam os contornos essenciais do artigo 980-A do Código Civil, estando por isso mesmo ao alcance da entidade de classe. De fato, trata-se simplesmente (a) de substituir a expressão Eireli, na parte final da denominação da pessoa jurídica, por "Advogado Pessoa Jurídica Individual", "AIPJ" ou termo similar (parágrafo 1º); e (b) de dispor que o registro far-se-á na OAB (parágrafo 6º), ficando mantidas as demais regras, a saber: (i) capital mínimo (*caput*); (ii) unicidade da inscrição principal (parágrafo 3º), admitidas as suplementares; (iii) possibilidade de conversão de sociedade de advogados em "Advogado Pessoa Jurídica Individual" (parágrafo 4º); (iv) aplicabilidade subsidiária das regras próprias às sociedades limitadas (parágrafo 6º).

A abertura legal para tais ajustes assenta, repita-se, no parágrafo 5º do artigo 980-A do Código Civil, que nega o cariz unicamente mercan-

---

[141] A exigência de lei complementar para a veiculação de normas gerais de Direito Tributário data da Constituição de 1967 (artigo 19, parágrafo 1º).
[142] CALMON, Sacha. *Curso de Direito Tributário brasileiro*. 10ª ed. Rio de Janeiro: Forense, 2009, p. 660.
[143] STJ, 1ª Turma, Recurso Especial 852.972/PR, relator ministro Teori Zavascki, DJe 08.06.2010.

til da Eireli ao permitir-lhe a prestação de serviços de qualquer natureza – inclusive civis, portanto.

A singeleza do instituto, combinada com a sua finalidade inclusiva (permitir a qualquer pessoa física a atuação sob o manto da personalidade jurídica), leva-nos a concluir que não se repete aqui a lógica das sociedades por ações, que têm caráter empresarial pelo simples fato de adotarem esta forma jurídica, não importa qual seja a sua atividade.

A menção restritiva à *empresa* individual e a nome *empresarial* constitui, a nosso sentir, um caso clássico de *minus dixit* do legislador. Até porque, como lembra José Tadeu Neves Xavier,[144] as sociedades limitadas — cujas regras disciplinam subsidiariamente a Eireli — podem exercer tanto atividades empresariais como civis, como se verifica da conjugação dos artigos 983 e 1.052 a 1.087 do Código Civil.[145]

Esta também a visão da Receita Federal do Brasil, que na Nota Cosit 446, de 2011, recomenda que o registro da Eireli seja feito na Junta Comercial, quando o seu objeto for empresarial, ou no Registro Civil das Pessoas Jurídicas, na hipótese contrária.

Tampouco impede a extensão do artigo 980-A à advocacia a disposição do artigo 17 do EAOAB. O que se tem é o conflito de regra geral nova (a resposabilidade limitada do Advogado Pessoa Jurídica Individual quanto às obrigações em geral) com regra específica preexistente, que prevalece em seu campo de incidência próprio (a responsabilidade ilimitada por danos ao cliente).

A interpretação histórica reforça a conclusão, ao recordar o veto ao parágrafo 4º do artigo 980-A, segundo o qual "somente o patrimônio social da empresa responder[ia] pelas dívidas da empresa individual de responsabilidade limitada, não se confundindo em qualquer situação

---

[144] "Reflexões sobre a Empresa Individual de Responsabilidade Limitada (Eireli)." In *Revista de Direito Privado*, vol. 54. São Paulo: Thomson Reuters – *Revista dos Tribunais*, abril a junho de 2013, p. 225.

[145] "Art. 983. A sociedade empresária deve constituir-se segundo um dos tipos regulados nos arts. 1.039 a 1.092; a sociedade simples pode constituir-se de conformidade com um desses tipos, e, não o fazendo, subordina-se às normas que lhe são próprias.
Parágrafo único. Ressalvam-se as disposições concernentes à sociedade em conta de participação e à cooperativa, bem como as constantes de leis especiais que, para o exercício de certas atividades, imponham a constituição da sociedade segundo determinado tipo."

com o patrimônio da pessoa natural que a constitui, conforme descrito em sua declaração anual de bens entregue ao órgão competente".

O comando afastaria de plano e em definitivo as hipóteses legais de *disregard*, como anotou a Presidência da República em suas razões de veto, e quiçá impedisse também a aplicação da pessoa jurídica individual à advocacia, por colocar o cliente em situação de fragilidade incompatível com o princípio da responsabilidade por culpa. O fato de ter sido vetada afasta essa dificuldade.

O "Advogado Pessoa Jurídica Individual", sendo pessoa jurídica de pleno direito, submeter-se-á ao regime tributário destas independentemente da equiparação vedada pelo artigo 150 do Regulamento do Imposto de Renda. Isso o que afirmou, em relação aos médicos, a própria Receita Federal do Brasil na Solução de Consulta 131, de 2013.

Pensamos, ademais, que a figura não traz desvantagens em tema de ISS, pois o artigo 9º, parágrafo 1º, do Decreto-Lei 406/68[146] determina a tributação *per capita* "quando se tratar de prestação de serviços sob a forma de trabalho pessoal do próprio contribuinte", o que continuará a ser o caso.

Em suma, parece-nos que está ao alcance do Conselho Federal da OAB — obtida, por segurança, a anuência do Fisco federal quanto à interpretação aqui proposta — mitigar a carga tributária dos milhares de advogados que atuam individualmente.

---

[146] Que continua em vigor: STJ, 1ª Seção, EREsp. nº 724.684/RJ, rel. min. JOSÉ DELGADO, DJe 24.11.2008.

ROBERTO DUQUE ESTRADA

É IMPERIOSA A REVISÃO DA LEI DE TRIBUTAÇÃO INTERNACIONAL[1]

A razão da escolha de um tema ligado à tributação internacional para a coluna de estreia nesse espaço mensal está na importância que a matéria tem ganhado ao longo dos últimos anos, conforme revelam a intensa produção legislativa[2] e o consequente aumento de processos administrativos e judiciais a esse respeito.

Tal fato não pode deixar de ser visto como reflexo direto da inserção do Brasil como um dos principais atores no mercado global, seja na condição da grande exportador de matérias-primas, seja na condição de receptor de investimentos nos mercados financeiro e de capitais e nas (urgentes) obras de infraestrutura, seja na condição de importante investidor em terceiros países através das multinacionais brasileiras.

O marco inicial dessa produção legislativa pode-se identificar na edição da Lei 9.249, de 26 de dezembro de 1995, que, rompendo com uma antiga tradição das regras de tributação pelo Imposto de Renda então adotadas no país, veio substituir o princípio da territorialidade pelo princípio da universalidade (*world wide income*).

Desse modo os *limites objetivos* que a tributação da renda observava — "o lucro proveniente de atividades exercidas parte no país e parte no exterior *somente será tributado na parte produzida no país*" (art. 268 do

---

[1] Artigo publicado em 11 de janeiro de 2012.
[2] Referimo-nos especialmente às normas de preços de transferência (Lei nº 9.430/96), de tributação diferenciada dos países de tributação favorecida e dos regimes fiscais privilegiados e às normas de subcapitalização (Lei nº 12.249/10), de tributação de ganhos de capital de residentes no exterior (Lei nº 10.833/03), entre outras.

RIR/80) — deixaram de ter relevância para fins tributários, elegendo-se como conexão necessária e suficiente para autorizar a tributação brasileira o *elemento subjetivo da titularidade da renda*.

A partir de então, os rendimentos obtidos pelas atividades exercidas por empresas brasileiras diretamente ou através de filiais e sucursais sem personalidade jurídica no exterior, que antes estavam fora do alcance da tributação brasileira, por se referirem a renda produzida fora do território nacional, passaram a poder ser tributados pelo Brasil.

Assim, por exemplo, passaram a poder ser tributados no Brasil os juros de uma aplicação financeira realizada por uma pessoa jurídica brasileira em títulos da dívida pública norte-americana, os rendimentos de contratos de prestação de serviços de engenharia executados no Iraque, os ganhos de capital obtidos na venda de uma fazenda situada no Uruguai etc.

Ocorre que a Lei 9.249/95 não se limitou a tributar os rendimentos obtidos pela atividade direta exercida no exterior, estendendo seus tentáculos para alcançar também os lucros obtidos por sociedades estrangeiras. Com efeito, o artigo 25 da Lei 9.249/95 veio encampar um modelo de *tributação extraterritorial*, ao estabelecer que os lucros obtidos por sociedades controladas e coligadas no exterior de pessoas jurídicas brasileiras deveriam ser *adicionados ao lucro líquido* dessa última, na proporção da sua participação, independentemente da sua efetiva distribuição.

Assim, por exemplo, os lucros obtidos por uma empresa domiciliada na Argentina, controlada ou coligada de uma empresa brasileira, passaram a estar sujeitos ao Imposto de Renda brasileiro por ocasião da sua mera apuração, mesmo que não sejam distribuídos ao controlador brasileiro como dividendos, destinando-se à capitalização ou ao reinvestimento.

Tal regra é contrária ao *princípio da universalidade* o qual, conquanto permita, sem sombra de dúvida, a tributação dos dividendos eventualmente distribuídos pelas sociedades estrangeiras, não autoriza, de forma alguma, a tributação extraterritorial de renda alheia, com total desconsideração da personalidade jurídica do titular do lucro.

Na verdade, a lei brasileira adotou um regime de *transparência fiscal internacional*, eis que o lucro de pessoa jurídica estrangeira será tributado integralmente, antes do desconto dos impostos locais, por adição direta ao lucro da empresa nacional. Mas tal transparência é apenas *parcial*, uma vez que a mesma lei proíbe a compensação no Brasil dos prejuízos e perdas eventualmente apurados pelas empresas estrangeiras (art. 25, § 5º da Lei nº 9.249/95).

Não se desconhece que há em inúmeros países legislações que também submetem à tributação automática lucros de controladas estrangeiras independentemente da sua distribuição. São as chamadas leis do tipo CFC, acrônimo da expressão inglesa *Controlled Foreign Corporation*, que tem sua origem nas normas da legislação norte-americana de 1963 ("*Subpart F*"). Tais normas, no entanto, não alcançam a totalidade dos lucros de controladas e coligadas em quaisquer países, antes se limitam a alcançar rendimentos passivos (juros, aluguéis, *royalties*) obtidos em países de nula ou muito baixa tributação.

Trata-se, na verdade, de normas antielisivas que têm por objetivo impedir o diferimento da tributação de certas categorias de rendimentos. Tal diferimento seria obtido com a deslocalização, para uma jurisdição de baixa ou nula tributação, da titularidade à percepção de que, caso recebidos pela pessoa jurídica domiciliada no país de tributação regular, por assim dizer, seriam nele automaticamente gravados, ao passo que sendo atribuídos a uma pessoa jurídica distinta, domiciliada num outro país, apenas poderão ser tributados no primeiro quando da distribuição dos dividendos.

A lei brasileira, todavia, não é do tipo CFC, pela singela razão de que não é excepcional e sim geral, aplicando-se indistintamente a todas e quaisquer controladas no exterior, independentemente do local de sua sede e da natureza dos rendimentos obtidos.

São inúmeras as discussões jurídicas a respeito da validade jurídica do sistema de tributação em questão, sendo impossível discorrer com a necessária profundidade, analisando todos os ângulos de argumentação, nesse curto espaço, sem cansar demasiadamente o leitor.[3]

Apenas para se ter noção da complexidade da matéria, está sendo travada na Ação Direta de Inconstitucionalidade 2.588-DF, ainda

---

[3] Para maiores desenvolvimentos sobre a matéria cfr. XAVIER, Alberto. *Direito Tributário Internacional do Brasil*, 7ª edição, Rio de Janeiro, 2010.

em curso de julgamento no Supremo Tribunal Federal, a discussão a respeito da (in)compatibilidade desse sistema com o fato gerador do Imposto de Renda consagrado no artigo 43 do Código Tributário Nacional (CTN), que exige a efetiva aquisição da disponibilidade econômica ou jurídica da renda.

No âmbito do Superior Tribunal de Justiça começam a ser proferidas decisões a respeito da ilegalidade das disposições de atos administrativos (nomeadamente a Instrução Normativa 213/02) que, inovadoramente e *contra legem* (o art. 25, § 6º da Lei nº 9249/95), preveem a incidência da tributação sobre o resultado positivo da equivalência patrimonial. São exemplos dessas decisões os RESps 1.211.882-RJ e 1.236.779-PR.

Na esfera administrativa, o Conselho Administrativo de Recursos Fiscais (Carf) tem se debruçado a respeito da compatibilidade ou não do regime de tributação em questão com disposições de tratados contra a dupla tributação celebrados pelo Brasil com os países de domicílio das subsidiárias, tratados esses que têm prevalência de aplicação *ex vi* do artigo 98 do CTN. Há inúmeras decisões do Carf a respeito da matéria, que adotam distintas linhas de interpretação, das quais citamos como referência os Acórdãos 107-07.532, 108-08.765, 101-95.802, 101-97.070, 1101-00.365 e 1402-00.391.

No domínio específico dos tratados contra a dupla tributação, é interessante observar que o próprio sistema acabou por deflagrar um legítimo movimento de proteção das empresas brasileiras contra a aplicação da lei interna pela opção de investimentos diretos ou pela localização de *holdings* em países que celebraram referidos os tratados com o Brasil.

Isto porque os referidos tratados, que seguem o Modelo da OCDE, contemplam regra (art. 7º) segundo a qual os lucros obtidos por uma empresa situada num Estado apenas são tributáveis nesse Estado. Referida regra, que outorga competência tributária exclusiva para o país de domicílio da pessoa jurídica, tem por finalidade assegurar a estabilidade das relações entre Estados soberanos frente às respectivas e legítimas pretensões de tributação das operações internacionais.

Ao longo do ano, em outras colunas, teremos a oportunidade de voltar aos temas, comentando decisões específicas sobre as questões.

Queremos nesse espaço inicial chamar a atenção para o efeito perverso de desestímulo ao investimento brasileiro no exterior pelas nossas multinacionais que o modelo atual implica.

O regime de tributação em vigor é um desincentivo ao investimento brasileiro no exterior quando submete ao Imposto de Renda no Brasil os lucros não distribuídos de empresas controladas no exterior que são menos onerados pelo Imposto de Renda local ou imposto similar (quando existente).

Tome-se como exemplo um investimento em país de menor nível de desenvolvimento. Há inúmeras empresas brasileiras investindo na África (Angola, Moçambique, Guiné etc.), nas Américas do Sul e Central (Bolívia, Equador, Nicarágua, El Salvador etc.) em países que — precisamente para atrair investimentos — concedem isenções de imposto temporárias totais ou parciais. Fará algum sentido que o Brasil se aproprie da renúncia fiscal legítima daqueles Estados soberanos, tributando pelo IRPJ e CSLL combinados de 34%, os lucros isentados, quando é certo que um dos fatores essenciais para a viabilidade econômica do projeto reside justamente na exoneração fiscal? É evidente que não faz qualquer sentido. Trata-se, sem sombra de dúvida, de um grave entrave à expansão das multinacionais brasileiras, principalmente quando investem em países de menor grau de desenvolvimento.

Agora imaginem se o Estado alemão impusesse a tributação automática dos lucros obtidos por uma empresa brasileira, controlada de empresa alemã, situada na área de atuação da Sudam ou da Sudene, beneficiando-se, assim, de uma redução de IRPJ e adicionais. Seria razoável que esse benefício fiscal legitimamente concedido pelo Estado brasileiro fosse apropriado pelo governo alemão, quando os lucros obtidos foram (no caso da parcela isenta por determinação legal) reinvestidos no empreendimento pela pessoa jurídica brasileira? É óbvio que faltaria razoabilidade ao sistema. Por isso alguns autores[4] têm considerado que o regime brasileiro, caso fosse encarado como uma medida antielisiva, violaria o princípio da proporcionalidade, dado o efeito devastador que produz ao tratar igualmente situações diferenciadas.

---

[4] Cf. BIANCO, João Francisco. *Transparência fiscal internacional*, São Paulo 2007, p. 80 e ss.

Tudo o que acima se expôs aponta no sentido da necessidade imperiosa de revisão e reformulação do modelo atual de tributação dos lucros de empresas controladas no exterior, de modo a adequá-la às práticas internacionalmente aceitas, de modo a que o quadro legislativo sirva como incentivo e não desincentivo à expansão dos investimentos brasileiros no exterior.

HOJE EM DIA TUDO SE RESOLVE COM INSTRUÇÃO NORMATIVA[5]

Retornando de breves férias, tive a satisfação de ler os artigos de meus amigos Igor Mauler Santiago, Gustavo Brigagão e Heleno Torres. Cada um dedicou-se a temas atuais e relevantes do Direito Tributário e acredito que não poderíamos ter começado melhor esse projeto, fazendo da coluna Consultor Tributário um espaço semanal de debate jurídico de alto nível científico.

Nesse espaço, Igor alertou-nos do perigo de "sobrar" para o contribuinte a conta da "guerra fiscal" entre os estados, guerra sem trégua e, pelo visto, sem data para terminar; Gustavo denunciou o absurdo interpretativo em matéria de benefícios de ICMS no âmbito do Repetro e a grande insegurança jurídica para o setor do petróleo e do gás natural que tais interpretações têm provocado; Heleno brindou-nos com um belo artigo a respeito do princípio da não discriminação, chamando a atenção para a necessidade do intérprete da Lei Maior trilhar o caminho da razão em busca da concretização dos direitos nela assegurados com razoabilidade e proporcionalidade.

De nossa parte, demonstramos o *nonsense* da legislação em matéria de lucros no exterior, que tributa nas mãos de empresas nacionais os lucros de empresas estrangeiras, no momento da mera apuração, independentemente da efetiva distribuição. Trata-se de uma legislação que desconsidera a personalidade jurídica de empresas domiciliadas em terceiros países de forma genérica, isto é, não importando o local

---

[5] Artigo publicado em 8 de fevereiro de 2012.

de domicílio, tributam-se da mesma forma os lucros de empresas domiciliadas em países tão distintos quanto as Ilhas Cayman e Cuba, os Estados Unidos e Angola, a Holanda e a Bolívia.

Trata-se de uma legislação que tributa os lucros das empresas estrangeiras sem distinguir consoante a natureza dos mesmos, isto é, não importa se os lucros provêm de juros, de aluguéis, da licença de uso de software ou da exploração de atividades comercial, industrial ou financeira. Todos os lucros, sem exceção, são tributados quando da sua apuração no exterior. É a verdadeira "globalização" dos poderes de tributação do Fisco brasileiro!

Como já alertamos na coluna anterior, nossa legislação representa um gravíssimo ônus para o empresário brasileiro, já que priva o empreendedor de se beneficiar de alíquotas mais baixas praticadas nos países das investidas, seja em razão das próprias leis internas gerais, seja em razão de medidas específicas de desoneração para a atração de investimentos. Mas o que é pior, se por um lado tributa os lucros de empresas estrangeiras como se fossem lucros de empresas nacionais, por outro lado não permite a compensação das perdas ou prejuízos. Ou seja, o Estado brasileiro só quer ser "sócio" nos lucros das empresas estrangeiras.

Os defensores dessa legislação têm sustentado que o Brasil não tributa o lucro da empresa estrangeira, mas sim o lucro da sócia brasileira, do qual o lucro da empresa estrangeira é parte integrante, em razão do método da equivalência patrimonial, de aplicação obrigatória a investimentos em controladas e coligadas, *ex vi* do artigo 248 da Lei 6.404/76.

Discordamos veementemente dessa assertiva e na coluna de hoje iremos demonstrar que a tributação do "resultado positivo da equivalência patrimonial" não tem qualquer embasamento legal.

O método da equivalência patrimonial é uma técnica contábil adotada pela legislação societária para avaliação de investimentos em controladas e coligadas, que registra no patrimônio das investidoras as mutações patrimoniais ocorridas no patrimônio das investidas.[6]

A referência ao "resultado positivo da equivalência patrimonial" como base para incidência do Imposto de Renda é uma criação da Ad-

---

[6] Para maiores desenvolvimentos sobre o tema, Cf. XAVIER, Alberto. *Direito Tributário Internacional do Brasil*, 7ª Ed., Rio de Janeiro, 2010, p. 404 e ss.

ministração Fiscal, que surgiu no artigo 7º, parágrafo 1º da Instrução Normativa 213/02.[7]

A leitura da LEI — em caixa alta — pode ser cansativa, mas faz-se necessária para demonstrar que em seu texto não há autorização para tributar o resultado positivo da equivalência patrimonial.

Assim dispõe o artigo 25 da Lei 9.249/95 em sua íntegra:

> Art. 25. Os lucros, rendimentos e ganhos de capital auferidos no exterior serão computados na determinação do lucro real das pessoas jurídicas correspondente ao balanço levantado em 31 de dezembro de cada ano.
> § 1º Os rendimentos e ganhos de capital auferidos no exterior serão computados na apuração do lucro líquido das pessoas jurídicas com observância do seguinte:
> I — os rendimentos e ganhos de capital serão convertidos em reais de acordo com a taxa de câmbio, para venda, na data em que forem contabilizados no Brasil;
> II — caso a moeda em que for auferido o rendimento ou ganho de capital não tiver cotação no Brasil, será ela convertida em dólares norte-americanos e, em seguida, em reais;
> § 2º Os lucros auferidos por filiais, sucursais ou controladas, no exterior, de pessoas jurídicas domiciliadas no Brasil serão computados na apuração do lucro real com observância do seguinte:
> I — as filiais, sucursais e controladas deverão demonstrar a apuração dos lucros que auferirem em cada um de seus exercícios fiscais, segundo as normas da legislação brasileira;
> II — os lucros a que se refere o inciso I serão adicionados ao lucro líquido da matriz ou controladora, na proporção de sua participação acionária, para apuração do lucro real;
> III — se a pessoa jurídica se extinguir no curso do exercício, deverá adicionar ao seu lucro líquido os lucros auferidos por filiais, sucursais ou controladas, até a data do balanço de encerramento;

---

[7] "Art. 7º A contrapartida do ajuste do valor do investimento no exterior em filial, sucursal, controlada ou coligada, avaliado pelo método da equivalência patrimonial, conforme estabelece a legislação comercial e fiscal brasileira, deverá ser registrada para apuração do lucro contábil da pessoa jurídica no Brasil. § 1º Os valores relativos ao resultado positivo da equivalência patrimonial, não tributados no transcorrer do ano-calendário, deverão ser considerados no balanço levantado em 31 de dezembro do ano-calendário para fins de determinação do lucro real e da base de cálculo da CSLL."

IV — as demonstrações financeiras das filiais, sucursais e controladas que embasarem as demonstrações em reais deverão ser mantidas no Brasil pelo prazo previsto no art. 173 da Lei nº 5.172, de 25 de outubro de 1966.
§ 3º Os lucros auferidos no exterior por coligadas de pessoas jurídicas domiciliadas no Brasil serão computados na apuração do lucro real com observância do seguinte:
I — os lucros realizados pela coligada serão adicionados ao lucro líquido, na proporção da participação da pessoa jurídica no capital da coligada;
II — os lucros a serem computados na apuração do lucro real são os apurados no balanço ou balanços levantados pela coligada no curso do período-base da pessoa jurídica;
III — se a pessoa jurídica se extinguir no curso do exercício, deverá adicionar ao seu lucro líquido, para apuração do lucro real, sua participação nos lucros da coligada apurados por esta em balanços levantados até a data do balanço de encerramento da pessoa jurídica;
IV — a pessoa jurídica deverá conservar em seu poder cópia das demonstrações financeiras da coligada.
§ 4º Os lucros a que se referem os §§ 2º e 3º serão convertidos em reais pela taxa de câmbio, para venda, do dia das demonstrações financeiras em que tenham sido apurados os lucros da filial, sucursal, controlada ou coligada.
§ 5º Os prejuízos e perdas decorrentes das operações referidas neste artigo não serão compensados com lucros auferidos no Brasil.
§ 6º Os resultados da avaliação dos investimentos no exterior, pelo método da equivalência patrimonial, continuarão a ter o tratamento previsto na legislação vigente, sem prejuízo do disposto nos §§ 1º, 2º e 3º.

A leitura da LEI confirma que a tributação no Brasil incide sobre os "lucros auferidos por controladas, no exterior, de pessoas jurídicas domiciliadas no Brasil", lucros esses que "(...) serão *adicionados* ao lucro líquido da (...) controladora, na proporção de sua participação acionária, para apuração do lucro real" (art. 25, § 2º).

A leitura da LEI revela que a disciplina do artigo 25, parágrafo 2º não modifica, nem interfere no tratamento aplicável aos "resultados da avaliação dos investimentos no exterior, pelo método da equivalência patrimonial", que "(...) continuarão a ter o tratamento previsto na legislação vigente, sem prejuízo do disposto nos §§ 1º, 2º e 3º".

O tratamento em questão está disciplinado no parágrafo único do artigo 23 Decreto-Lei 1.598/77, com a redação dada pelo artigo 1º, IV do Decreto-Lei 1.648/78, segundo o qual "não serão computados na determinação do lucro real as contrapartidas de ajuste do valor do investimento ou de amortização de ágio ou deságio na aquisição, nem os ganhos ou perdas de capital derivados de investimentos em sociedades estrangeiras coligadas ou controladas que não funcionem no país".

Assim, nos termos da LEI, os resultados de avaliação dos investimentos no exterior pelo método da equivalência patrimonial, isto é, as "contrapartidas de ajuste do valor do investimento em sociedades estrangeiras controladas", não são computados na determinação do lucro real.

A IN 213/02 inovou radicalmente, elegendo uma nova hipótese de incidência e, por conseguinte, uma nova base de cálculo para o imposto, qual seja: o resultado positivo da equivalência patrimonial (art. 7º, § 1º).

A IN 213/02 contrariou a LEI, que apenas permite a tributação do "lucro" da controlada no exterior (art. 25, § 2º), nunca, jamais, tendo feito qualquer referência ao "resultado positivo da equivalência patrimonial" no sentido de se poder identificá-lo como hipótese de incidência do tributo.

Muito pelo contrário, o artigo 25, parágrafo 6º da Lei 9.249/95 é expresso em determinar que "os resultados da avaliação dos investimentos no exterior, pelo método da equivalência patrimonial, continuarão a ter o tratamento previsto na legislação vigente, sem prejuízo do disposto nos parágrafos 1º, 2º e 3º" e referido tratamento é exatamente o oposto daquele adotado pela IN 213/02. Com efeito, o resultado positivo da equivalência patrimonial de investimentos em controladas no exterior está total e absolutamente exonerado de tributação nos termos da legislação vigente.[8]

Certo ou errado, razoável ou não, o objeto da tributação legalmente previsto é o lucro da controlada no exterior e só este. Nunca, ja-

---

[8] Referido tratamento era corretamente reconhecido pela Instrução Normativa nº 38/96, cujo art. 11º dispunha que "a contrapartida do ajuste de investimento no exterior, avaliado pelo método da equivalência patrimonial, não será computada na determinação do lucro real".

mais, o resultado positivo da avaliação do investimento pelo método da equivalência patrimonial.

Arvorar como objeto da tributação uma realidade que a própria lei determinou não fosse nela considerado, como o resultado positivo da equivalência patrimonial, representa forçar a realidade normativa para lhe imprimir um significado e alcance que não tem. Tal assimilação jamais foi feita pela LEI, representando inovação de mero ato administrativo, em violenta afronta ao princípio da legalidade da tributação (art. 150, I da CF/88).

Tamanha ilegalidade não passou despercebida pelo ministro Castro Meira no voto-vista proferido no Recurso Especial 1.211.882-RJ:

> Portanto, a IN 213/02, ao determinar que o balanço patrimonial positivo da empresa controlada ou coligada no estrangeiro seja adicionado ao lucro líquido da controladora no Brasil para efeito de determinação do lucro real do período, viola o princípio da legalidade, extrapolando o conteúdo da norma regulamentada, especificamente o artigo 25 da Lei 9.249/95. "Por fim, o parágrafo 6º da Lei 9.249/95 não infirma as conclusões aqui adotadas.
>
> Com efeito, o dispositivo em tela determina que "os resultados da avaliação dos investimentos no exterior, pelo método da equivalência patrimonial, continuarão a ter o tratamento previsto na legislação vigente, sem prejuízo do disposto nos parágrafos 1º, 2º e 3º". "A legislação vigente" a que se refere a norma, expressamente, veda a utilização do método da equivalência patrimonial para determinação do lucro real da empresa controladora ou coligada no Brasil.

Oxalá possa o Poder Judiciário prosseguir corrigindo tamanhas ilegalidades, para que não se precise repetir a pergunta lançada no título dessa coluna: Para que servem as leis, se tudo hoje se resolve com uma instrução normativa?

Saudades do mestre Geraldo Ataliba, intransigente defensor da garantia constitucional da legalidade da tributação, veemente e corajoso crítico das arbitrariedades da Administração, que sequer os regulamentos considerava dignos de leitura e que reservava apenas e tão somente às LEIS a atenção do jurista.

Infelizmente, por excesso de tolerância, preguiça ou mesmo acomodação, não se dá mais o devido respeito às leis. Não se leu **a Lei**

9.249/95, não se viu (ou não se quis ver) que ela **proíbe expressamente que se tribute o resultado positivo da equivalência patrimonial**. Que o Poder Judiciário restaure a verdade da LEI, expurgando do ordenamento jurídico a gravíssima ilegalidade cometida pela IN 213/02.

A CSLL E OS TRATADOS CONTRA A DUPLA TRIBUTAÇÃO[9]

Agora que o ano começa, dizem alguns após a folia momesca. Março se inicia, o ano se inicia, mas certas polêmicas, entra ano, sai ano, continuam as mesmas. A questão que abordaremos hoje é uma daquelas em relação às quais não se nos afigura haver qualquer razoabilidade em persistir sendo polêmica, mas o certo é que continua havendo pronunciamentos de órgãos da Administração Fiscal no sentido de que as regras dos tratados contra a dupla tributação celebrados pelo Brasil não abrangem a contribuição social sobre o lucro líquido (CSLL), tributo instituído pela Lei 7.689/88.

Referimo-nos à Solução de Consulta 23, de 14 de janeiro de 2008, relativa ao Tratado celebrado com a Dinamarca e aos seguintes Acórdãos das Delegacias de Julgamento da Receita Federal do Brasil (DRJs): (i) Acórdão 06-33.704, de 27 de setembro de 2011, da 1ª Turma da DRJ em Curitiba (Áustria); (ii) Acórdão 16-30.569, de 29 de março de 2011, da 1ª Turma da DRJ em São Paulo (Argentina e Holanda); e (iii) Acórdão 12-29.601, de 30 de março de 2010, da DRJ no Rio de Janeiro (Holanda).

Todos esses pronunciamentos consideraram que as normas convencionais restritivas do poder de tributar do Brasil — por atribuírem competência tributária exclusiva para o outro Estado — não alcançariam a CSLL.

A prevalecer o entendimento em questão, a eliminação da dupla tributação ficará restrita ao Imposto de Renda das Pessoas Jurídicas

---

[9] Artigo publicado em 7 de março de 2012.

(IRPJ), que incide na alíquota de 25%, persistindo a dupla tributação sobre os 9% devidos a título de CSLL. Ou seja, da tributação total de 34%, quase 30% (os 9% de CSLL) serão tributados duas vezes.

Os motivos enunciados para sustentar a recusa do cumprimento dos acordos foram dois. Um de ordem cronológica — a CSLL foi instituída após a entrada em vigor dos tratados (exceto no caso da Holanda) — outro de ordem semântica — os tratados se aplicam apenas a "impostos" e não a "contribuições".

Arvorar os motivos em questão para recusar a eliminação plena da dupla tributação, com o devido respeito, é falta de boa-fé na interpretação das convenções contra a dupla tributação, que deixa uma nódoa de mesquinhez na imagem externa do Brasil, extremamente negativa para um país com as pretensões que o nosso diz ter no plano internacional.

Com efeito, as convenções contra a dupla tributação em matéria de impostos sobre a renda aplicam-se, em princípio, aos tributos que revestem aquela natureza substancial, independentemente da sua denominação, da pessoa de direito público que é seu titular ou do método adotado para a sua cobrança.

À luz destes critérios gerais — indicados pelo artigo 2º da Convenção Modelo da OCDE —, os Estados elaboram uma *lista* dos tributos *atuais* a que o tratado se aplica, lista meramente declaratória.[10]

Por parte do Brasil, todas as convenções definem a regra que se aplica ao imposto federal sobre a renda, constando disposição expressa nos termos da qual a convenção "(...) também será aplicável a quaisquer impostos idênticos ou substancialmente semelhantes que forem posteriormente introduzidos, seja em adição aos impostos já existentes, ou em sua substituição" (Artigo 2º, § 2º).

---

[10] É precisamente o que afirmam os comentários à Convenção Modelo OCDE, *verbis*: "Esse parágrafo lista os impostos em vigor no momento da assinatura da Convenção. A lista não é exaustiva. Ela serve para ilustrar os parágrafos anteriores do Artigo. A princípio, entretanto, será uma lista completa dos impostos incidentes em cada Estado no momento da assinatura e cobertos pela Convenção". No texto original: "This paragraph lists the taxes in force at the time of signature of the Convention. The list is not exhaustive. It serves to illustrate the preceding paragraphs of the Article. In principle, however, it will be a complete list of taxes imposed in each State at the time of signature and covered by the Convention". (*Model Tax Convention on Income and on Capital*, Paris, 2005, p. 70).

Deve-se desde logo recusar a motivação semântica, segundo a qual os tratados seriam inaplicáveis à CSLL por se tratar de uma *contribuição* e não de um *imposto*, em razão da terminologia adotada no artigo 2º, parágrafo 2º.

Ora, a expressão "imposto" adotada na versão em português dos tratados deve ser compreendida no sentido mais amplo de *tributo* — gênero do qual os impostos são espécies — eis que corresponde à tradução da expressão original em inglês (*tax*), de abrangência amplíssima, constante da versão em língua inglesa que, aliás, prevalecerá em caso de divergência de interpretação.

Assim, é à luz das regras acima indicadas que se deve buscar a solução da questão e isso passa tão somente pela análise da natureza da CSLL de "imposto idêntico ou substancialmente semelhante" ao IRPJ.

A CSLL foi instituída pela Lei 7.689/88 com fundamento no artigo 195, I, "a" da Constituição Federal que confere à União Federal o poder de instituir tributos destinados ao financiamento da seguridade social.

De harmonia com a Constituição brasileira, a expressão "contribuição" visa designar realidades que, embora tenham a natureza substancial de impostos, como é o caso da CSLL, são instituídas com uma *finalidade específica,* sendo as suas receitas *vinculadas* a essa finalidade.

Esta é a interpretação do Supremo Tribunal Federal, explicitada pelo ministro Ilmar Galvão, no voto proferido no RE 146.733-99, segundo o qual "a especificidade da destinação do produto da arrecadação do tributo em causa é que, obviamente, lhe confere o caráter de contribuição", acrescentando que "(...) obviou-se a duplicidade de meios com vistas à arrecadação dos dois tributos, já que têm eles [o IRPJ e a CSLL], praticamente, fonte de referência comum, o balanço anual das empresas. A Constituição não veda essa providência posta em prática em prol do interesse público."[11]

A similitude entre o IRPJ e a CSLL também foi sempre apontada pela doutrina brasileira. Veja-se a didática lição de Sampaio Dória:

> "(...) ditas contribuições parafiscais, originadas principalmente a partir da década de 1930, ora denominadas contribuições sociais,

---
[11] RE nº 146.733-9; Tribunal Pleno; relator ministro Moreira Alves; DJU 06.11.92.

revestem, de forma inequívoca, nas dobras da Constituição de 1998, o caráter de verdadeiros tributos.
De fato, ora são impostos, tributos não vinculados, que não se traduzem em prestação de serviço público ao contribuinte. Ora, taxas, tributos vinculados, se de modo contrário se comportam. (...)
Distinguem- se formalmente tais contribuições do imposto e da taxa, como ficou esclarecido, pela sua destinação a um fim específico, ligado à seguridade social.
Ora, diante desse quadro, se *a contribuição social é um imposto, quando incide sobre lucros, então equipara-se ao imposto da renda, ou melhor, a um adicional deste, cujas bases de cálculo são, igual e precisamente, seus lucros.* (grifo nosso)[12]

O caráter da CSLL de "tributo adicional" ao IRPJ também foi constatado por Hugo de Brito Machado e Hugo Brito de Machado Segundo:

Visto que as contribuições têm fato gerador e base de cálculo, como os impostos, sendo apenas outro o critério de aferição de sua constitucionalidade, resta claro que podem ser consideradas, em determinados casos, adicionais destes. Deve-se ter em mente, para tanto, que um tributo se identifica com adicional de outro essencialmente pelo fato de terem os dois o mesmo fato gerador. O que constitui a essência do adicional é a identidade entre o seu fato gerador e o fato gerador do título preexistente, como se verifica, induvidosamente, com a Contribuição Social sobre o Lucro e o Imposto de Renda das Pessoas Jurídicas. (...) Irrelevante, outrossim, é o fato de ser distinto o produto de arrecadação do IRPJ e da CSL. Essa destinação diversa, embora determinante da natureza da contribuição social, não lhe retira a condição de adicional de impostos, determinada pela identidade de fato gerador.[13]

Da identidade de natureza entre a CSLL e o IRPJ resulta que a legislação reguladora deste último deve considerar-se aplicável *subsidiariamente*, em tudo quanto não tenha sido objeto de disciplina específica

---

[12] DÓRIA, Antônio Roberto Sampaio. "A incidência da Contribuição Social prevista na Constituição de 1988 sobre lucros com isenção condicionada de imposto de renda. Inconstitucionalidade", in *Revista de Direito Tributário*, nº 50, São Paulo, 1989, p. 22.
[13] *Isenções Regionais do Imposto de Renda e a Contribuição Social sobre o Lucro*. In *Revista Dialética de Direito Tributário*, nº 65, São Paulo 2001, p. 54.

estabelecida por lei e que respeita exclusivamente à primeira (cf. art. 4º da Lei n.º 7.689//88 e arts. 28 a 30 da Lei n.º 9.430/96).

É precisamente em razão dessa *identidade* que o Poder Executivo, na proposta de reforma tributária apresentada ao Congresso Nacional em 28 de fevereiro de 2008, com vistas à simplificação do sistema tributário, propôs a incorporação da CSLL ao IRPJ, conforme se lê na Exposição de Motivos do projeto de emenda à Constituição:

> Outra importante simplificação que está sendo proposta é a incorporação da contribuição Social sobre o Lucro Líquido (CSLL) ao Imposto de Renda das Pessoas Jurídicas (IRPJ), dois tributos que têm a mesma base: o lucro das empresas. Para tanto propõe-se a revogação da alínea "c" do inciso I do art. 195, da Constituição, sendo que os ajustes decorrentes da incorporação poderão ser feitos através da legislação infraconstitucional que rege o Imposto de Renda.

Ora, não parece razoável o mesmo Poder Executivo, com uma "face", propor ao Congresso Nacional, em nome da "simplificação", a unificação do IRPJ e da CSLL justamente por serem tributos com a mesma base de incidência e, ao mesmo tempo, com outra "face", descumprir acordo internacional, recusando ao contribuinte o direito à eliminação da dupla tributação na parcela imputável à CSLL, porque o tributo — que incide sobre a mesma base — se chama contribuição e não imposto.

Decerto, cientes dessa atitude do Brasil, os negociadores estrangeiros têm insistido para fazer incluir disposições nas novas convenções que esclareçam a sua aplicação também à CSLL.

Foi o que sucedeu com Portugal no Tratado de 2001 (Decreto nº 4012, de 13 de novembro de 2001), cujo art. 2º, nº 1, alínea "a" estabelece: "Fica entendido que nos impostos visados no art. 2º, nº 1, alínea *a)*, está compreendida a Contribuição social sobre o Lucro Líquido (CSL), criada pela Lei nº 7.689, de 15 de dezembro de 1988."

Idêntica disposição consta do art. 1º do Protocolo ao Tratado com o Paraguai (Decreto-Legislativo n.º 972, de 16 de dezembro de 2003): "Nos impostos abrangidos no artigo 2, parágrafo 1, "a", está compreendida a Contribuição Social sobre o Lucro Líquido (CSLL), criada pela Lei nº 7.689, de 15 de dezembro de 1988."

Em 31 de dezembro de 2007, foi publicado o Decreto nº 6.332 que promulgou Convenção Adicional ao Tratado com a Bélgica (Decreto nº 72.542/73), na qual se fez constar do art. XII do Protocolo ao Tratado que: "Fica entendido que os impostos visados no artigo 2, parágrafo 2, *b)*, compreendem a Contribuição Social sobre o Lucro Líquido (CSLL), criada pela Lei nº 7.689, de 15 de dezembro de 1988."

Mais recentemente, o item "a" do Protocolo ao Tratado com Trinidad e Tobago (Decreto-Legislativo nº 1, de 4 de janeiro de 2011) acolheu disposição análoga, segundo a qual: "Para fins do parágrafo 1 do Artigo 2, a expressão 'Impostos Brasileiros' compreende também a Contribuição Social sobre o Lucro Líquido (CSLL), instituída pela Lei nº 7.689, de 15 de dezembro de 1988."

As citadas disposições contidas nos protocolos anexos aos tratados com Portugal, Paraguai, Bélgica e Trinidad e Tobago têm caráter *meramente declaratório interpretativo*, visando apenas *esclarecer* a real extensão do artigo 2º e não *ampliar* o âmbito de aplicação do tratado.

E tanto isto é verdade que o texto dos protocolos dispõe que *"fica entendido* que nos impostos visados no art. 2º, nº 1, alínea *a) está compreendida* a Contribuição Social sobre o Lucro Líquido". Fosse a intenção do tratado acrescer ou estender a sua aplicação à CSLL, teria previsto que "as disposições do art. 2º, nº 1, alínea *a)* aplicam-se *também* à CSLL" em lugar de utilizar-se do termo *"está compreendida* a Contribuição Social sobre o Lucro Líquido".

O caso da Bélgica é um precedente de grande relevância, pois ao contrário de Portugal, Paraguai e Trinidad Tobago, trata-se de convenção celebrada *antes* da instituição da CSLL, tendo o governo brasileiro declarado perante um Estado soberano, sua contraparte num acordo, que a interpretação oficial do Brasil é no sentido de que a CSLL está abrangida pelo tratado.

Não se pode admitir que uma "interpretação" oficial possa ser válida para um país (por exemplo, Bélgica) e desconsiderada para outros (por exemplo, Argentina, Dinamarca, Holanda e Áustria), como se verificou ter ocorrido. Trata-se de uma intolerável discriminação internacional, favorecendo uns em detrimento de outros, que deve ser prontamente corrigida pelo Poder Executivo.

Que nesse ano de 2012 que se reinicia pós-Carnaval, possa ser, de uma vez por todas, encerrada esta polêmica despida de fundamento razoável, que apenas serve para deixar uma nódoa de mesquinhez na imagem do Brasil no cenário internacional.

BRASIL DEVE OBEDECER
REGRAS FISCAIS DO JOGO[14]

As águas do fim de março nos levaram Chico Anysio – o homem de mil faces — e Millôr Fernandes — simples (mente) genial. Figuras humanas incrivelmente talentosas, inteligências ímpares, marcadamente presentes na formação de diversas gerações de brasileiros, que tiveram a oportunidade de, no seu dia a dia, com eles se divertirem, refletirem e aprenderem.

A vida segue — esse breve intervalo que é nossa existência — e há muito ainda o que fazer. Como bradou L. F. Veríssimo em sua coluna de *O Globo* no último domingo: "Chega! Chico Anysio e Millôr, um depois do outro. Ninguém está achando graça".

É por isso que, nesse mês de abril que começa mais pobre e sem graça, vamos nos dedicar a boas notícias.

Parece estar chegando ao fim, depois de doze anos, a polêmica judicial instalada pelo Ato Declaratório (Normativo) número 1, de 5 de janeiro de 2000, lamentável manifestação de autoritarismo fiscal do Brasil.

O site do Superior Tribunal de Justiça informa que no último dia 23 de março o Tribunal:

> (....) começou a decidir se é possível a aplicação de convenções bilaterais para deixar de recolher na fonte o Imposto de Renda sobre valores que empresas brasileiras pagam por prestação de serviço de empresas estrangeiras que não têm estabelecimento permanente no Brasil".

---

[14] Artigo publicado em 4 de abril de 2012.

A questão é objeto do Recurso Especial 1.161.467 e tem como relator o ministro Castro Meira para quem, segundo o mesmo site, "a tese (da Fazenda Nacional) é engenhosa, mas não convence. Para o ministro, as interpretações da Fazenda Nacional levam ao absurdo de equiparar "lucro das empresas estrangeiras" (termo que consta das Convenções Brasil-Canadá e Brasil-Alemanha, aplicáveis ao caso) com "lucro real das empresas estrangeiras" – termo usado para definir o lucro líquido do exercício, já ajustado pelos cálculos permitidos na legislação tributária. O ministro esclareceu que "essa tese acolhe a bitributação internacional como regra de convenções que objetivam justamente coibi-la".

Para a perfeita compreensão do assunto em debate no STJ é necessário um breve retrospecto, voltando ao ano de 1999, quando a polêmica começou.

Em janeiro de 1999, foi editada a Lei 9.779, cujo artigo 7º estabeleceu o seguinte:

> Os *rendimentos* do trabalho, com ou sem vínculo empregatício, e os *da prestação de serviços*, pagos, creditados, entregues, empregados ou remetidos a residentes ou domiciliados no exterior, sujeitam-se à incidência do Imposto de Renda na fonte à alíquota de 25%.

Assim, de acordo com a *lei interna,* os rendimentos da prestação de serviços pagos a residentes no exterior sujeitam-se à tributação pelo Imposto de Renda na fonte de 25%. Referida disposição legal foi consolidada pelo Decreto 3.000, de 26 de março de 1999, ("RIR/99"), constando do seu artigo 685, II, "a".

Sucede, porém, — e isso sempre fora ponto pacífico para a doutrina especializada — que nas relações com prestadores de serviços domiciliados em países que celebraram tratados contra a dupla tributação com o Brasil a incidência estabelecida pela *lei interna* ficaria derrogada (artigo 98 do Código Tributário Nacional).

Isto porque, em todas as convenções contra a dupla tributação que seguem o Modelo OCDE (como é o caso das celebradas pelo Brasil), os rendimentos decorrentes da prestação de serviços, por serem elementos componentes do "lucro" das empresas, só podem ser tributados pelo Estado de residência do prestador de serviços.

A única exceção à *competência tributária exclusiva* do Estado de residência ocorre quando os serviços são prestados através de um estabelecimento permanente (por exemplo, uma filial) situado no país de domicílio do contratante dos serviços. Nesse caso — e apenas nesse caso — em razão de uma conexão mais intensa com o país onde os serviços são prestados é que os tratados autorizam a tributação. Mas, mesmo assim, não será uma tributação analítica, por retenção na fonte sobre os rendimentos, mas sim uma tributação sintética, sobre o "lucro" do estabelecimento, já que poderão ser deduzidos todos os custos suportados pela unidade prestadora para consecução de sua atividade.

A leitura do artigo 7º, parágrafos 1 e 3 do Tratado Brasil-Equador (Decreto 95.717, de 11 de fevereiro de 1988), que tomamos como exemplo, ajuda a compreender o que se afirmou:

> 1. Os lucros de uma empresa de um Estado Contratante **só são tributáveis nesse Estado**, a não ser que a empresa exerça sua atividade no outro Estado contratante por meio de um estabelecimento permanente aí situado. Se a empresa exercer sua atividade na forma indicada, seus **lucros são tributáveis no outro Estado, mas unicamente na medida em que forem atribuíveis a esse estabelecimento permanente**. (....)
> 3. No cálculo dos **lucros de um estabelecimento permanente é permitido deduzir as despesas que tiverem sido feitas para a consecução dos objetivos do estabelecimento permanente**, incluindo as despesas de direção e os encargos gerais de administração assim realizados. (destaque nosso)

Para aqueles menos familiarizados com os tratados contra a dupla tributação é importante esclarecer certos conceitos. Há o Estado de residência (por exemplo, Brasil) e o Estado da fonte (por exemplo, Equador). Os tratados contêm normas de reconhecimento de competência tributária para referidos Estados que poderão ser *exclusivas* ou *cumulativas*.

São exemplos clássicos de competência tributária exclusiva, os lucros de empresas em geral, os lucros de empresas de transporte internacional, as remunerações públicas. São exemplos clássicos de competência tributária cumulativa, os rendimentos de aluguéis de imóveis, os dividendos e os juros.

Em caso de atribuição de *competência tributária exclusiva*, a eliminação da dupla tributação obtém-se, obviamente, pela concentração do poder de tributar em apenas um dos Estados em presença. Somente um dos dois países terá competência para tributar.

Nos casos de atribuição de *competência tributária cumulativa*, ambos os países podem tributar. O Estado da fonte pode tributar pelo Imposto de Renda na fonte (geralmente fixando-se alíquotas máximas), cabendo ao Estado de residência o dever de eliminar a dupla tributação mediante a aplicação de um dos métodos previstos nas convenções para o efeito.

E quais são esses métodos? Em linhas gerais, são dois: (i) o *método do crédito*, em que o imposto retido pelo Estado da fonte é compensado contra o imposto devido no Estado de residência sobre os mesmos rendimentos; e (ii) o *método da isenção*, em que os rendimentos tributados pelo Estado da fonte pelo mecanismo da retenção estão isentos de uma nova tributação no Estado de residência.

Os Estados de residência apenas estão obrigados a eliminar a dupla tributação nos casos de competência cumulativa. Nos casos de competência exclusiva, não há lugar para qualquer obrigação de eliminação da dupla tributação, porque se espera que o Estado da fonte cumpra as regras do tratado, deixando a competência tributária ser exercida em termos exclusivos pelo Estado de residência.

Feitos esses esclarecimentos conceituais, vejamos agora um exemplo do que se passaria em uma prestação de serviços de engenharia consultiva por uma empresa domiciliada no Brasil (Estado de residência) para um contratante domiciliado no Equador (Estado da fonte).

Em nosso exemplo, a empresa brasileira presta serviços de consultoria relacionados à construção de uma ponte no Equador. Os trabalhos são executados na sede da empresa no Brasil, por engenheiros seus empregados, sem haver qualquer presença física no Equador que pudesse caracterizar a existência de um estabelecimento permanente naquele país.

Como há tratado contra a dupla tributação, o contratante equatoriano, quando fizer a remessa do preço, não deverá (ainda que haja lei no Equador assim prevendo) promover qualquer retenção de imposto, eis que à hipótese aplica-se o artigo VII do Tratado Brasil-Equador que confere ao Brasil competência exclusiva para tributar os lucros da empresa residente no Brasil.

A *ratio* da norma é muito simples de compreender: só se poderá saber se foi obtido lucro com aquela prestação de serviços após o confronto, no país de residência do prestador (Brasil), de todas as receitas e despesas incorridas para execução daquele empreendimento.

É o que nos ensina Alberto Xavier:

> "As razões pelas quais o artigo 7º, no que concerne às prestações internacionais de serviços, reserva a competência tributária exclusiva ao país de domicílio do prestador, vedando a tributação na fonte pelo país em que se localiza o beneficiário, resultam de o fenômeno ter natureza substancialmente idêntica à de uma importação de bens ou mercadorias. Quanto a estas jamais se confundiu o pagamento do preço da coisa importada com renda, pelo que nunca se pretendeu a incidência de Imposto de Renda relativamente ao valor da importação. Na verdade, uma coisa é "renda" — que corresponde a uma remuneração de um fator de produção —, outra coisa é "pagamento de capital", que corresponde a uma transação que envolve troca de bens que integravam previamente o patrimônio das partes em presença. O produto da venda de bens não é renda, mas receita bruta operacional. A renda — a haver — resultará da diferença entre as receitas das vendas e os custos ou perdas necessários à produção dos bens vendidos, consistindo no lucro líquido tributável."[15]

Assim, caso um determinado país — o Equador — descumprisse o tratado e promovesse a retenção do imposto, o Fisco brasileiro iria recusar-se a reconhecer o crédito daquele tributo para fins de apuração do Imposto de Renda devido pela empresa brasileira, uma vez que, nos termos das regras do tratado, apenas e tão somente o Brasil poderia tributar referidos rendimentos.

Por isso foi surpreendente a "virada de mesa" do Brasil que, rasgando as regras dos tratados que celebrou, lançou uma das medidas mais

---

[15] Cf. *Direito Tributário Internacional do Brasil*, 7ª edição, 2010, Rio de Janeiro, ed. Forense p. 567-568.

autoritárias e xenófobas jamais vistas: o Ato Declaratório (Normativo) nº 1, de 5 de janeiro de 2000, segundo o qual:

> I — As remessas decorrentes de contratos de prestação de assistência técnica e de serviços técnicos sem transferência de tecnologia sujeitam-se à tributação de acordo com o art. 685, inciso II, alínea "a", do Decreto nº 3.000, de 1999.
> II — Nas Convenções para eliminar a Dupla Tributação da Renda das quais o Brasil é signatário, esses rendimentos classificam-se no artigo Rendimentos não Expressamente Mencionados, e, consequentemente, são tributados na forma do item I, o que se dará também na hipótese de a convenção não contemplar esse artigo.
> III — Para fins do disposto no item I deste ato consideram-se contratos de prestação de assistência técnica e de serviços técnicos sem transferência de tecnologia aqueles não sujeitos à averbação ou registro no Instituto Nacional da Propriedade Industrial — INPI, e Banco Central do Brasil.

Dizemos **"virada de mesa"** porque alguns meses antes da edição do malfadado Ato Declaratório já tinham sido divulgadas Soluções de Consulta[16] afirmando categoricamente que "não incide o Imposto de Renda na fonte sobre os pagamentos a empresa francesa que não possua estabelecimento permanente no Brasil, em decorrência da prestação se serviços técnicos que não se enquadrem no conceito de *know how*".

Nesse ponto cabe um breve parêntesis para explicar a exceção do *know how*. O Brasil tradicionalmente adota em suas convenções regra nos termos da qual os pagamentos de serviços técnicos e de assistência técnica, por serem conexos a uma transferência de tecnologia, seguem o regime de tributação dos royalties que, no caso específico dos tratados brasileiros, também podem ser tributados pelo Estado da fonte.[17]

Fechado o parêntesis, retomemos. Dizemos **"rasgando as regras"** porque, como se viu, é extreme de dúvidas que os rendimentos da prestação de serviços são componentes dos lucros da empresa estrangeira

---

[16] Cf. Decisão 9E97F007 da 9ª Região Fiscal (Tratado Brasil-França) e Decisão 274/98 da 7ª Região Fiscal (Tratado Brasil-Canadá).
[17] Nos termos das *"Non-member countries positions"* à Convenção Modelo OCDE *"Brazil, Gabon, Ivory Coast and Tunisia reserve the right to include fee for technical assistance and technical services in the definition of* 'royalties'."

e não há outra hipótese de classificação que não a de submetê-los ao regime de competência exclusiva do artigo 7º.

A pretensão de classificá-los como "rendimentos não expressamente mencionados" e, na falta dessa classificação, tributá-los da mesma forma, com o devido respeito, não passa de uma atitude autoritária de uma "criança mimada" que não quer jogar conforme as regras do jogo, criando regras próprias à sua conveniência.

A cláusula de "rendimentos não expressamente considerados" é residual e prevê a atribuição de competência cumulativa para hipóteses marginais, como é o caso de prêmios ganhos em loterias, anuidades de Previdência Social, pagamentos de manutenção a parentes.[18]

Chamamos a medida de **autoritária** porque, simplesmente, não há qualquer vestígio dos seus fundamentos. O Ato Declaratório (Normativo) foi outorgado, tal como um Ato Institucional, apresentando, com eficácia normativa, uma interpretação dita oficial, engendrada dentro das repartições, desprovida (ou ao menos não revelada, o que significa o mesmo) de fundamentação jurídica.

Ao fim, dizemos **xenófoba** porque com a tributação praticada, o Brasil simplesmente dificulta – porque torna muito onerosa – a contratação de serviços junto a residentes no exterior por empresas brasileiras a preços razoáveis, de mercado, porque é evidente que o prestador estrangeiro domiciliado em país que celebrou tratado com o Brasil terá que repercutir no preço o ônus de um imposto na fonte irrecuperável no seu país de residência.

Imaginem por um momento se os trinta países que celebraram tratado com o Brasil começassem a retaliar, emitindo atos não fundamentados para declarar com eficácia normativa "interpretações" que mudam as "regras do jogo". Será que o Brasil toleraria tais práticas? Penso que não.

Cabe urgentemente ao Brasil rever sua posição se quer ser um "ator" de relevância no cenário mundial. Se quiser ser respeitado, há que obedecer as regras do jogo. Oxalá se confirme o voto do ministro Castro Meira e a decisão do Superior Tribunal de Justiça no Recurso Especial 1.161.467 sirva como lição para o Brasil voltar a jogar conforme as regras do jogo.

---

[18] Cf. Alberto Xavier, op. cit., p. 569.

TRÊS BOAS NOTÍCIAS CHEGAM DOS TRIBUNAIS DE BRASÍLIA[19]

Chegam três boas notícias de Brasília. Boas notícias de Brasília!?!? Parece um contrassenso em "dias de Cachoeira" que possam vir de Brasília boas notícias. Mas é a mais pura verdade.

A primeira vem do Superior Tribunal de Justiça (STJ), a segunda do Supremo Tribunal Federal (STF) e a terceira e última do Conselho Administrativo de Recursos Fiscais (Carf).

A primeira e a segunda dizem respeito a temas que foram objeto de nossas colunas na ConJur, já a terceira diz respeito a uma temática extremamente relevante, sobre a qual certamente ainda nos pronunciaremos nesse espaço mensal dedicado ao Direito Tributário.

A primeira e a segunda, que vêm do Poder Judiciário, respeitam a questões de tributação internacional, tema que nos é tão caro e que deveria ser tratado com mais equilíbrio e menos voracidade arrecadatória por parte das nossas autoridades fiscais. A terceira é uma resposta de um órgão de Estado aos desmandos impostos aos particulares por autos de infração lavrados por fiscalizações que mais parecem talibãs doutrinados nas madraças do Paquistão, com base em uma cartilha dogmática de algum mulá fundamentalista.

Nossos leitores já devem estar curiosos, mas como são bem informados, creio que as pistas dadas já lhes permitem saber (ou ao menos ter uma ideia) das três boas notícias de Brasília. Então, sem mais delongas, vamos a elas.

---

[19] Artigo publicado em 6 de junho de 2012.

A primeira boa notícia vem do STJ. Foi concluído no último dia 17 de maio o julgamento do Recurso Especial 1.161.467-RS, tendo todos os ministros da 2ª Turma, sem exceção, acolhido o voto do ministro Castro Meira, que decretou a ilegalidade do Ato Declaratório Normativo SRF 1/2000.

O tema foi objeto da nossa coluna do mês de abril ("O Brasil deve respeitar as regras fiscais do jogo") na qual procuramos demonstrar o absurdo da interpretação oficial da Administração Fiscal brasileira veiculada naquele normativo. Uma interpretação em total e absoluto desacordo com as disposições dos tratados contra a dupla tributação firmados pelo Brasil e com as práticas internacionais.

Com esta decisão o STJ confirmou o princípio internacionalmente aceite que, à luz dos tratados contra a dupla tributação que seguem o Modelo OCDE, os rendimentos da prestação de serviços são apenas tributáveis pelo Estado de residência, em razão de ter sido restringida, nesse particular, a competência tributária do Estado da fonte.

Assim, os rendimentos dessa natureza, quando pagos por um residente no Brasil (Estado da fonte) a um prestador de serviços domiciliado em país que celebrou tratado contra a dupla tributação com o Brasil (Estado de residência) não poderão estar sujeitos à tributação pelo Imposto de Renda na fonte no Brasil.

Espera-se que o STJ reitere nos próximos julgamentos a interpretação consagrada no voto do ministro Castro Meira e, com isso, possa "pacificar" o entendimento sobre a matéria, desonerando definitivamente os serviços prestados por residentes no exterior de uma tributação indevida que, no final das contas, apenas representa um ônus adicional para o importador de serviços brasileiro.

A segunda boa notícia vem do STF e nos foi dada pelo ministro Joaquim Barbosa.

O ministro Joaquim Barbosa suscitou a repercussão geral no Recurso Extraordinário 611.586-PR que foi acolhida pelo tribunal, nos termos do acórdão publicado no último dia 2 de maio.

O recurso extraordinário em questão versa sobre a constitucionalidade do artigo 74 da MP 2.158-35/01, matéria que seguia em discussão na ADI 2.588, de triste desfecho.

Dizemos triste desfecho porque se trata de uma ação direta de inconstitucionalidade versando sobre tema da mais alta relevância, cujo julgamento já perdura inconcluso, há mais de 10 anos. Acresce que na ADI em causa foram proferidos votos por quatro ministros que já deixaram o STF, inclusive a ministra relatora, sendo certo que tal ação muito provavelmente será encerrada sem efeitos *erga omnes*.

Com a repercussão geral abre-se uma oportunidade para a nova composição da Corte revisitar o tema, apreciando-o a partir de relevantes perspectivas, muito bem apontadas pelo ministro Joaquim Barbosa:

> (...) essa controvérsia lida com dois valores constitucionais relevantíssimos. De um lado, há a adoção mundialmente difundida da tributação em bases universais, aliada à necessidade de se conferir meios efetivos de apuração e cobrança à Administração Tributária. Em contraponto, a Constituição impõe o respeito ao fato jurídico tributário do Imposto de Renda, em garantia que não pode ser simplesmente mitigada por presunções ou ficções legais inconsistentes.

Em nossa primeira coluna ("É imperiosa a revisão da lei de tributação internacional") chamamos atenção para o fato de que a adoção do princípio da universalidade da tributação não permite a desconsideração da personalidade de pessoas jurídicas em terceiros países, sejam elas controladas ou coligadas, e que é um grave erro de perspectiva afirmar que a lei brasileira é uma medida antiabuso, pelo simples fato de que se trata de uma norma que se aplica a toda e qualquer subsidiária controlada ou coligada, pouco importando a natureza (passiva ou ativa) dos rendimentos obtidos ou do local onde está sediada a pessoa jurídica (país com tributação normal ou paraíso fiscal).

Chamamos igualmente atenção, agora em nossa coluna de fevereiro ("Hoje em dia tudo se resolve com instrução normativa"), que a solução engendrada pela Administração Fiscal de encontrar no "resultado positivo da equivalência patrimonial" a necessária "disponibilidade" jurídica ou econômica da renda exigida pela lei complementar (art. 43 do CTN) é uma **falsa solução** que esbarra em dois grandes obstáculos.

O primeiro obstáculo está no próprio parágrafo 6º do artigo 25 da Lei 9.249/95 que categoricamente proíbe a tributação desse resultado, logo, a IN 213/2002 que prevê tal tributação é manifestamente ilegal.

O segundo obstáculo está em que a equivalência patrimonial é um *método contábil* previsto na lei societária para *avaliação de investimentos*,[20] mas não um *método tributário de medição de acréscimos patrimoniais*. O recurso ao resultado positivo da equivalência patrimonial como base da tributação não passa de um recurso a uma ficção legal para justificar a tributação, o que é absolutamente proibido pela Constituição.

Outro ponto relevante — que abordamos na coluna de janeiro de 2012 — diz respeito à perda de competitividade de nossas multinacionais imposta por uma tributação extraterritorial desmesurada, que avança potencialmente sobre renúncias tributárias legítimas de terceiros Estados, muitas vezes menos desenvolvidos.

Esta questão não passou despercebida ao olhar de um *citoyen du monde* como o ministro Joaquim Barbosa:

> (...) é imprescindível contextualizar a tributação quanto aos seus efeitos sobre a competitividade das empresas nacionais no cenário internacional, à luz dos princípios do fomento às atividades econômicas lucrativas geradoras de empregos e de divisas.

É com um espírito globalizado e moderno e, como sempre, atento à afirmação das garantias constitucionais, que se espera que o STF julgue o RE 611.586-PR, colocando uma pá de cal na questão, com a decretação da inconstitucionalidade da tributação automática, ou seja, independente da efetiva distribuição dos lucros de controladas e coligadas de empresas brasileiras no exterior. Que tais lucros possam ser tributados de forma equilibrada e racional, à medida da sua distribuição, observando-se os parâmetros adotados em todos os países. Chega de o Brasil sempre ser uma equivocada exceção.

Finalmente, a derradeira boa-nova. A 1ª Turma Ordinária da 1ª Câmara da 1ª Seção do Carf proferiu em 11 de abril passado (mas apenas disponível em maio) um acórdão que ficará para os anais daquele órgão, como um exemplo de maturidade jurídica e repúdio total e ab-

---

[20] Lei nº 6.404/76, art. 248. "No balanço patrimonial da companhia, os investimentos em coligadas ou em controladas e em outras sociedades que façam parte de um mesmo grupo ou estejam sob controle comum **serão avaliados** pelo método da equivalência patrimonial, de acordo com as seguintes normas:"

soluto a concepções dogmáticas, que mais parecem importadas das madraças de Peshawar ou de Islamabad.

Trata-se do Acórdão 1101-00.708 que deu integral provimento a recurso voluntário manifestado pelo contribuinte no sentido de anular exigência fiscal formalizada contra certa pessoa jurídica para glosar a dedução da amortização do ágio na aquisição de investimento.

Escapa aos limites dessa coluna adentrar no mérito da discussão do tema "ágio", ao qual dedicaremos em breve uma coluna.

O que importa hoje aplaudir é a consistência jurídica do acórdão que recusa a cantilena que vem se repetindo, sem dó nem piedade, pelo Fisco, quando resolveu eleger como alvo preferencial contribuintes que, por algum momento, praticaram atos de reorganização societária objetivando tirar proveito de um comando legal – o artigo 7º da Lei 9.532/97 – que autoriza a dedução fracionada do ágio na aquisição de investimentos com fundamento (o ágio) nas perspectivas de rentabilidade futura.

Reza a cartilha que são "operações suspeitas", que devem ser acoimadas de ilegítimas, as operações que envolvam a figura do ágio, sempre que houver (i) incorporações reversas; (ii) aquisições que não envolvam o pagamento de preço em dinheiro; (iii) fenômenos aquisitivos dentro do mesmo grupo econômico; (iv) ágios fundamentados em rentabilidade futura etc.

Sucede que nenhum desses traços de suspeição – parece que se está de volta aos tempos de Lombroso, buscando o "criminoso" pela aparência física – se encontra formulado, nem expressa, nem implicitamente, na lei que rege a matéria.

O que o Acórdão 1101-00.708 fez foi simples e diretamente reconhecer que o que o auto de infração acoimava de abuso de direito não tinha base legal e que a legalidade, enquanto garantia assegurada pela Constituição, não se comprazia com tamanho disparate.

Leiam-se os seguintes trechos da ementa do acórdão em questão:

> É a *legislação tributária que define os efeitos fiscais*. As distinções de natureza contábil (feitas apenas para fins contábeis) não produzem efeitos fiscais. O fato de não ser considerada adequada a contabilização do ágio, surgido em operação com empresas do mesmo grupo, não afeta o registro do ágio para fins fiscais.

Não há base no sistema jurídico brasileiro para o Fisco afastar a incidência legal, sob alegação de entender estar havendo abuso de direito. O conceito de abuso de direito é louvável e aplicado pela Justiça para a solução de alguns litígios. Não existe previsão de o Fisco utilizar tal conceito para efetuar lançamentos de ofício, ao menos até os dias atuais. O lançamento é vinculado à lei, que não pode ser afastada sob alegações subjetivas de abuso de direito.

Em Direito Tributário não existe o menor problema em a pessoa agir para reduzir sua carga tributária, desde que atue por meios lícitos (elisão). A grande infração em tributação é agir intencionalmente para esconder do credor os fatos tributáveis (sonegação).

Desde que o contribuinte atue conforme a lei, ele pode fazer seu planejamento tributário para reduzir sua carga tributária. O fato de sua conduta ser intencional (artificial), não traz qualquer vício. Estranho seria supor que as pessoas só pudessem buscar economia tributária lícita se agissem de modo casual, ou que o efeito tributário fosse acidental". (grifo nosso)

Não se poderia dizer melhor!

O Carf voltou nesse acórdão a ser um verdadeiro "Conselho de Contribuintes", denominação, aliás, que nunca deveria ter perdido.

O Estado não se pode esquecer que não existe sem contribuintes e que a justa medida da lei, nada mais, nada menos que a lei, é a única garantia de previsibilidade da ação estatal, da segurança jurídica, da tranquilidade dos corretos e do sono dos justos.

Que venham mais boas notícias de Brasília!

RETORNO ÀS TRADIÇÕES NO JULGAMENTO DO PLANO VERÃO[21]

Há alguns meses tive a honra de ser convidado pelos ilustres colegas e professores tributaristas mineiros Valter Lobato e Márcio Lima para proferir aula inaugural do curso de especialização em matéria de Imposto de Renda do Instituto de Altos Estudos em Direito (IAED).

Por sugestão dos professores, o tema da aula — que coincidentemente estará sendo ministrada nesta quarta-feira — é "O Imposto de Renda na Constituição e no Código Tributário Nacional. Existe um conceito de renda no texto constitucional?"

A sugestão foi prontamente acatada, sem pestanejar, essencialmente por razões sentimentais, já que assim teria a oportunidade de revisitar matéria que foi o tema da minha monografia de conclusão do curso de Direito na PUC-RJ, há quase 20 (vinte) anos.

Retirada a poeira do estudo guardado no armário, recordei com prazer lições sobre o tema de grandes mestres do Direito Tributário que já não mais estão entre nós, como Rubens Gomes de Souza, Aliomar Baleeiro, José Luiz Bulhões Pedreira, Henry Tilbery e Gilberto de Ulhôa Canto.

Também pude reler dois estudos primorosos sobre o tema,[22] escritos por Misabel Abreu Machado Derzi e Alberto Xavier, mestres de cuja

---

[21] Artigo publicado em 29 de agosto de 2012.
[22] Cf. DERZI, Misabel Abreu Machado, *Os conceitos de renda e de patrimônio (efeitos da correção monetária insuficiente no Imposto de Renda,* ed. Del Rey, Belo Horizonte, 1992; e XAVIER, Alberto. "A correção monetária das demonstrações financeiras no exercício de 1990. BTN ou IPC?". *In* Imposto de Renda (Estudos) nº 20, ed. Resenha Tributária, São Paulo, junho/1991.

relação de amizade tenho a alegria de privar e que, indubitavelmente, são duas das maiores autoridades intelectuais do Direito Tributário brasileiro.

Com todos esses mestres aprendemos que a formulação pelo artigo 43 do Código Tributário Nacional (CTN) do conceito de renda previsto na Constituição como um "acréscimo patrimonial" impede que leis ordinárias avancem para além das fronteiras rigidamente demarcadas pela lei complementar fazendo incidir o imposto sobre o patrimônio dos contribuintes e não sobre uma renda a ele (patrimônio) acrescida.

Relendo a monografia, recordei que foram estudados dois casos que, à época, estavam em franca ebulição nos tribunais: (i) a inconstitucionalidade das medidas provisórias e leis de conversão que determinaram a manipulação artificial dos índices de correção monetária do balanço em 1990 (Plano Collor); e (ii) a inconstitucionalidade da tributação exclusiva na fonte das aplicações financeiras de renda fixa prevista no artigo 36 da Lei 8.541/92.

Em ambos os casos discutia-se a validade constitucional da legislação que previa a incidência do Imposto de Renda sobre realidades que não representavam um efetivo acréscimo patrimonial.

No caso do Plano Collor, medidas provisórias editadas pelo Executivo obrigaram que a correção monetária das demonstrações financeiras se fizesse com base em índices artificialmente manipulados, expurgados da inflação medida pelo IPC, que era o índice de referência previsto nas leis anteriores. Esse expurgo ocasionou para muitos contribuintes uma redução significativa da despesa dedutível que deveria ser lançada na conta especial de correção monetária provocando, consequentemente, um pagamento maior de Imposto de Renda.

No caso das aplicações financeiras de renda fixa, o regime de tributação exclusiva na fonte, isto é, sem a possibilidade de compensação, conduzia a um excesso de tributação, já que impedia a consideração de todas as variações patrimoniais positivas e negativas da pessoa jurídica na apuração do lucro tributável.

O regime de tributação exclusiva na fonte das aplicações financeiras foi revogado por leis supervenientes que retornaram ao regime de antecipação. Já o expurgo do Plano Collor foi reconhecido oficialmente e "remediado" com a Lei 8.200/91 que "devolveu", em seis "suaves" prestações, os valores que indevidamente tinham sido subtraídos dos particulares.

Referida devolução fracionada do excesso de tributação, na forma preconizada pelo artigo 3º, I da Lei 8.200/91, foi considerada constitucional pelo Supremo Tribunal Federal (STF) que, por apertada maioria, entendeu constituir-se "(...) como favor fiscal ditado por opção política legislativa" (RE 201.465-6/MG).

Conquanto o julgamento do STF estivesse limitado à apreciação da constitucionalidade da devolução fracionada preconizada pela Lei 8.200/91, especialmente sobre se a mesma configuraria um "empréstimo compulsório", considerações trazidas no voto do relator para acórdão, o então ministro Nelson Jobim, produziram um grande impacto na orientação que tradicionalmente vinha sendo seguida pelos tribunais em matéria de correção monetária das demonstrações financeiras.

O ministro Jobim conduziu seu voto (fl. 394) no sentido de sustentar que "o CTN conceitua renda como o *produto do capital, do trabalho ou da combinação de ambos*", acrescentando que "a partir dessa conceituação, o CTN passa a prever no artigo subsequente (art. 44), três modalidades de base de cálculo do IR: a) o montante real; b) o montante arbitrado; e, c) o montante presumido da renda ou dos proventos tributáveis". Prosseguindo em seu voto, o ministro Jobim (fls. 395/399) examina a legislação do Imposto de Renda para constatar que "(...) o conceito de *lucro real tributável* é puramente legal e decorrente exclusivamente da lei, que adota a técnica da enumeração taxativa". Assim, no pensamento do ministro Jobim, seria descabida a pretensão de dedução da inflação efetiva, sem permissão legal, para apuração do lucro real. O contribuinte não teria direito, mesmo num ambiente altamente inflacionário, de adotar na correção do balanço (e, conseguintemente, na apuração do *quantum* devido a título de Imposto de Renda) índices de inflação (nomeadamente o IPC) que não houvessem sido conspurcados pelos expurgos promovidos pelo Poder Executivo.

A orientação seguida pelo STF em referido precedente, como já se disse, acabou por influenciar os demais tribunais, notadamente o Superior Tribunal de Justiça (STJ), que veio reverter uma jurisprudência até então pacífica no sentido de que assistiria aos contribuintes o direito inequívoco de eliminar os efeitos dos expurgos inflacionários, realizando a correção monetária do balanço com base na variação do IPC.

Com efeito, anteriormente à decisão em questão, a 1ª Seção do STJ havia pacificado entendimento no sentido de que a correção monetária das demonstrações financeiras deveria ser feita com base na variação do IPC, seja no ano de 1990 (Plano Collor) (cf. RESP 133.069/SC), seja no ano de 1989 (Plano Verão) (cf. Aga 415.048/DF, RESP 448.043/SP e Earesp 436.059/RJ).

Posteriormente, o STJ passou a considerar que

> o Supremo Tribunal Federal, ao julgar o RE 201.465/MG, DJ de 17/10/2003, rel. p/ Acórdão o ministro Nelson Jobim, pacificou o entendimento segundo o qual inexiste o direito do contribuinte a índice de correção monetária nas demonstrações financeiras, devendo prevalecer os índices impostos por lei. (ED em RESP 649.719/SC)

A mudança de entendimento do STJ repercutiu não só em casos envolvendo o Plano Collor e a Lei 8.200/91, como também nos casos versando sobre o chamado Plano Verão, pacote econômico baixado pelo governo em 1989 que, dentre outras providências, escamoteou a inflação medida pelo IPC em janeiro de 1989, fixando artificial e arbitrariamente a OTN em NCz$ 6,92, o que representava uma inflação infinitamente inferior àquela medida pelo IPC.

Tenha-se presente que a discussão jurídica enfrentada pelo STF no precedente da Lei 8.200/91 é distinta da do Plano Verão. No primeiro, discutia-se se uma lei que previu a "devolução" fracionada do excesso de tributação teria instituído um empréstimo compulsório inconstitucional; no segundo, discutia-se a compatibilidade das leis ordinárias que determinaram a manipulação dos índices de inflação com o conceito de renda consagrado no artigo 43 do CTN.

Acresce — e isso não pode deixar de ser realçado — que o voto do ministro Jobim incidiu em gravíssima omissão já que, em momento algum, examinou o inciso II do artigo 43 do CTN, disposição de lei complementar que formula o conceito de renda como "acréscimo patrimonial".

Leia-se o *caput* do artigo 43 do CTN e seus dois incisos:

O imposto, de competência da União sobre a renda e proventos de qualquer natureza, tem como fato gerador a aquisição da disponibilidade econômica ou jurídica:
I — *de renda*, assim entendido o produto do capital, do trabalho ou da combinação de ambos;
II — de proventos de qualquer natureza, assim entendidos *os acréscimos patrimoniais não compreendidos no inciso anterior.*" (grifo nosso)

Lendo e relendo o voto vencedor não há uma única linha que examine a questão em face do conceito de "acréscimo patrimonial", o conceito-chave, primordial, que estabelece o limite de atuação do legislador ordinário para a tributação pelo Imposto de Renda. O legislador ordinário pode ficar aquém da permissão de tributar todo e qualquer acréscimo patrimonial, tipificando apenas certas espécies de aumento; mas não pode definitivamente tributar, a título de Imposto de Renda, situações em que não ocorra uma variação patrimonial positiva.

O repúdio à tributação pelo Imposto de Renda de realidades que não configurem um efetivo acréscimo patrimonial sempre foi a orientação tradicionalmente acolhida pela jurisprudência, como bem ilustra o diálogo abaixo transcrito, travado entre os ministros do STF no julgamento do RE 201.465/MG, quando do aparte do então ministro Carlos Velloso:

O SENHOR MINISTRO MARCO AURÉLIO (PRESIDENTE e RELATOR) — Apenas uma explicação quanto ao meu voto, no que aludi aos parâmetros constitucionais.
A Carta da República refere-se ao tributo incidente sobre a renda, e temos a noção notória do que entendido como renda. Logicamente, não se podem considerar, no caso, os efeitos da inflação, porque, então, a "renda" estaria majorada. Cheguei à indexação por via indireta, ante a definição de renda, a natureza jurídica do próprio tributo. Caberia até lembrar uma regra, para mim simplesmente pedagógica, prevista no Código Tributário Nacional:

Lei nº 5.172
Art. 110. A lei tributária não pode alterar a definição, o conteúdo e o alcance de institutos, conceitos e formas de Direito Privado, utilizados, expressa ou implicitamente, pela Constituição Federal, pelas

Constituições dos estados, ou pelas Leis Orgânicas do Distrito Federal ou dos municípios, para definir ou liminar competências tributárias.
(......)
O SR. MINISTRO CARLOS VELLOSO — A Constituição Federal, no art. 146, III, **a**, determina que a lei complementar — leia-se Código Tributário Nacional — estabelecerá o fato gerador dos impostos. O Código Tributário Nacional, cumprindo a determinação constitucional, estabelece:
Art. 43. O imposto, de competência da União, sobre a renda e proventos de qualquer natureza tem como fato gerador a aquisição da disponibilidade econômica ou jurídica.
O SENHOR MINISTRO MARCO AURÉLIO (PRESIDENTE e RELATOR) — Acréscimo patrimonial.
O SR. MINISTRO NELSON JOBIM — Continue lendo.
O SR. MINISTRO CARLOS VELLOSO — Sim.
I — de renda, assim entendido o produto do capital, do trabalho ou da combinação de ambos;
II — de proventos de qualquer natureza, assim entendidos os acréscimos patrimoniais não compreendidos no inciso anterior.
Sempre, pois, deve ocorrer acréscimo patrimonial, ingresso de algo no patrimônio do contribuinte.
O SR. MINISTRO NELSO JOBIM — V.Ex ª precisa ler o art. 44.
O SR. MINISTRO CARLOS VELLOSO — Um instante, ministro. (.....)
O SR. MINISTRO CARLOS VELLOSO − Deve ocorrer o ingresso de algo no patrimônio de alguém. A Corte Suprema brasileira já decidiu vezes bastas que correção monetária não é acréscimo.
O SENHOR MINISTRO MARCO AURÉLIO (PRESIDENTE e RELATOR) — Não é *plus*.
O SR. MINISTRO CARLOS VELLOSO — Exatamente. Tributar lucro inflacionário — aquilo que não existe — atenta contra a Constituição, porque viola a definição ou conceito de fato gerador de Imposto de Renda.
(.....)
O SR. MINISTRO CARLOS VELLOSO — No antigo Tribunal Federal de Recursos, decidíamos pela impossibilidade de se tributar lucro inflacionário, ou seja, aquilo que se obtém mediante a correção da moeda. Esta sempre foi uma jurisprudência pacífica dos tribunais brasileiros, retratada, aliás, no acórdão recorrido e nos acórdãos dos tribunais regionais federais. No TRF da 4ª Região há um voto, de altíssima qualidade, do hoje ministro Ari Pargendler.

A leitura do trecho acima não deixa margem para dúvidas de que o entendimento tradicional da jurisprudência sempre foi no sentido de que a correção monetária das demonstrações financeiras em uma economia indexada (como sucedia nos anos de 1989 e 1990) não poderia realizar-se com base em índices de inflação expurgados, sob pena de violação do conceito de renda adotado pela Constituição e definido pelo CTN.

A boa notícia é que se encontra aberta a oportunidade para o STF reafirmar a sua orientação tradicional na matéria.

Quem nos trouxe a boa nova foi o colega Fábio Martins de Andrade em didático artigo publicado na ConJur em 26 de junho passado ("O julgamento do Plano Verão no Supremo Tribunal Federal"), que informa ter o Tribunal Pleno retomado o julgamento dos recursos extraordinários 208.526 e 256,304 com o voto do ministro Cezar Peluso, que

> reconheceu expressamente que o conceito de renda, cuja moldura é traçada pela Constituição da República, foi indevidamente extrapolado com a interferência arbitrária na própria base de incidência do Imposto de Renda da Pessoa Jurídica. Além disso, entendeu que tal expurgo viria permitir — de modo inconstitucional — a incidência do IRPJ sobre patrimônio, e não sobre a renda.

Esperamos sinceramente que o STF mantenha-se fiel à sua jurisprudência tradicional, reconhecendo a inconstitucionalidade das leis do Plano Verão que determinaram o expurgo de inflação e tornando efetiva a garantia de que o Imposto de Renda só pode incidir sobre efetivos acréscimos patrimoniais.

Guardamos para o fim uma clássica e emblemática lição do ministro Luiz Galotti, em voto proferido no RE 71.758/GB, há 40 (quarenta) anos, mais precisamente em 14 de junho de 1972, que citamos na monografia porque bem sintetiza nosso pensamento sobre o tema:

> É certo que podem interpretar a lei, de modo a arredar a inconstitucionalidade. Mas interpretar interpretando e, não, mudando-lhe o texto e, menos ainda, criando um imposto novo, que a lei não criou. Como sustentei muitas vezes ainda no Rio, *se a lei pudesse chamar* de compra o que não é compra, de importação o que não é importação,

de exportação o que não é exportação, *de renda o que não é renda*, ruiria todo o sistema tributário inserido na Constituição. Ainda há poucos dias, numa carta ao eminente ministro Prado Kelly, a propósito de um discurso de Milton Campos, eu lembrava a frase de Napoleão: *"Tenho um amo implacável, que é a natureza das coisas"*.

O retorno às tradições é garantia de que as leis ordinárias não extrapolarão o núcleo essencial dos fatos geradores previstos na Constituição, de que o sistema tributário será mantido incólume, assegurando-se previsibilidade, certeza e estabilidade às relações entre os particulares e o Estado.

O PAPEL DO CARF NA DEFESA DO PRINCÍPIO DA LEGALIDADE[23]

Entre os dias 30 de setembro e 5 de outubro realizou-se em Dublin, na Irlanda, a Conferência Anual da "International Bar Association" (IBA), um congresso que reuniu aproximadamente cinco mil advogados de diversos países do mundo. Diversidade é a palavra que melhor define essa profícua semana de eventos jurídicos e sociais, que nos proporcionou o convívio com colegas de profissão dos mais variados países. Um verdadeiro *melting pot* multicultural, representantes de países de "A a Z", como delegações olímpicas, transitam pelos corredores, participam dos painéis, interagem nos eventos sociais: Albânia, China, França, Guatemala, Holanda, Israel, Líbano, Portugal, Rússia, Singapura, Uganda... Conhecemos e reencontramos colegas desses países e de muitos outros mais. Um lugar especial reserva-se para os colegas brasileiros, alguns já amigos de anos que a rotina impede de estarmos mais próximos, bons companheiros desses dias dublinenses.

Nesse ano, tivemos novamente a oportunidade de participar de uma das mesas de debates organizada pelo Comitê Tributário. Intitulado *The Limits of Tax Planning* ("Os limites do planejamento fiscal"), o painel contou com representantes de Alemanha, Brasil, Espanha, Estados Unidos, Inglaterra, Irlanda, Japão e México, e nos permitiu interessantes reflexões a respeito da forma com que as administrações fiscais dos países representados vêm lidando com a questão, como os contri-

---

[23] Artigo publicado em 24 de outubro de 2012.

buintes se têm defendido das medidas adotadas e como os tribunais têm julgado causas envolvendo o "planejamento fiscal".

Não deixa de ser pesaroso, no entanto, reconhecer que impera em todos esses países uma preocupante sensação de insegurança jurídica.

É inegável que há uma diretriz comum, seja nos países de *common law*, seja nos países de Direito romano-germânico, que os particulares devem ser livres para organizar seus negócios e não estão obrigados a fazê-lo da forma fiscalmente mais onerosa.[24] Igualmente comum a todas as jurisdições é a ideia de que o exercício desse direito ou liberdade encontra certos limites. Alguns, com ordenamentos constitucionais mais rígidos, exigem o rompimento das fronteiras da licitude, apenas aceitando a simulação como limite à liberdade fiscal.[25] Outros, sem Constituição escrita ou com constituições menos garantistas em matéria fiscal, aceitam a tributação dos negócios indiretos por analogia, seja pela invocação de uma vaga, imprecisa e, principalmente, mutável, "vontade do legislador",[26] seja pela aplicação de doutrinas do tipo *step transaction* ou *substance over form* ou das Gaar (*general anti-avoidance rules*).

Sucede que, na prática (e a experiência brasileira é paradigmática nesse sentido), qualquer operação ou negócio que envolva uma econo-

---

[24] Veja-se, por exemplo, no Reino Unido, onde há tempos é assente que "*taxpayers are free to arrange their affairs as they choose and are not obliged to pay the greatest possible amount of tax*" (Inland Revenue Commissioners v. Duke of Westminster (1935) 19 TC 490).

[25] Como, em nossa opinião, é o caso do Brasil. Na Alemanha — talvez dos países o mais rigoroso no respeito às garantias individuais — os "planejamentos" adotados são reconhecidos como válidos e não há margem para acusações levianas de simulação e fraude. Mas, após se tornarem conhecidos, os atos ou negócios jurídicos utilizados para obter efeitos equivalentes aos dos atos ou negócios tributados, são *a posteriori* tipificados através das chamadas cláusulas especiais antielisivas (*special anti-avoidance rules*), o que nos parece uma prática mais consentânea com o primado da segurança jurídica.

[26] No Reino Unido já se sustentou que saber se a vontade do Parlamento foi ou não respeitada perquire-se pelo teste do "*too good to be true*": "*In arriving at a view as to whether the transaction is contrary to the intentions of Parliament, the bank should not only consider a purposive construction of the legislation but should also consider whether Parliament can realistically have intended to give the proposed result.... The question of whether the tax results are contrary to the intentions of Parliament can be answered in practice by asking whether the tax consequences of a proposed transaction are too good to be true.*" (HMRC Guidance notes on the voluntary Code of Practice on Taxation for Banks).

mia tributária tem sido objeto de questionamento pelos cada vez mais poderosos aparatos estatais, sedentos por incrementar suas fontes de financiamento.

Os contribuintes estão inseguros, pois não podem mais economizar em impostos sem estarem expostos à tenaz oposição dos Fiscos que — por qualquer argumento ou doutrina (não se preocupe, algum será achado) — irão considerar a operação ou negócio praticado ineficaz, não oponível, irregular, simulado, abusivo, entre outras acusações tendentes a uma única e exclusiva finalidade: tributar aquilo que não está previsto em lei como tributável.

No Brasil, a insegurança é cada dia mais e mais angustiante. Angústia pela nebulosa zona de incerteza que paira sobre o particular quando resolve planejar a realização de um negócio que envolva, de alguma forma, a oportunidade de obter uma economia tributária, isto é, quando resolve optar por um caminho alternativo "mais barato" para realização de seu negócio.

O particular pode planejar suas férias, comprando com antecedência a passagem aérea, reservando o hotel; pode planejar a construção ou reforma da sua casa, acessando linhas de crédito que permitam alongar o pagamento dos materiais e serviços; pode praticar o planejamento familiar, decidindo o número de filhos que deseja ter; enfim, pode (e deve) planejar os eventos da sua vida.

E todo o planejamento — em um mundo capitalista — envolve, naturalmente, a redução dos custos para a obtenção dos resultados perseguidos, o que permitirá a ampliação do leque de oportunidades.

E por que se tornou um "crime hediondo" falar-se em planejamento tributário no Brasil?

Os "planejamentos", dito assim, com as sílabas bem marcadas, são vistos como "patologias" que serão "curadas" pelos sábios próceres da capacidade contributiva com a panaceia de doutrinas alienígenas.

Sucede que muitos desses "planejamentos" foram induzidos, estimulados, queridos, pela norma legal. Exemplos frisantes são os mais recentes e emblemáticos casos julgados pelo Carf envolvendo a dedutibilidade da amortização do ágio: Caso Telemar (Acórdão 1301-000.711), Caso Santander (Acórdão 1402-000.802) e Caso Gerdau (Acórdão 1101-000.708).

O artigo 7º da Lei 9.532/97 é categórico em assegurar à pessoa jurídica que absorver patrimônio de outra, em virtude de incorporação, fusão ou cisão, na qual detenha participação societária adquirida com ágio, com fundamento no valor de rentabilidade futura, o direito de deduzir fiscalmente, em cinco anos, a amortização do ágio.

Note-se bem, a lei não fez qualquer restrição a respeito da modalidade de negócio pela qual se deu a aquisição da participação, isto é, seja por compra e venda, permuta ou subscrição de capital, o que importa é a ocorrência de um fenômeno aquisitivo que envolva o registro de "ágio". Também é absolutamente irrelevante para a lei que a empresa adquirente do investimento com ágio tenha sido criada especialmente para a operação de aquisição, qualificando-se como "empresa veículo" e de existência efêmera.

Independentemente da total e absoluta ausência de restrições legais, pulularam autuações questionando o direito do particular a tal dedução, ora sob a alegação de que a utilização de uma empresa veículo configuraria simulação e/ou abuso de direito, ora sustentando que a lei não acolheria os ágios criados "internamente", entre empresas do mesmo grupo, apenas autorizando a dedução de ágios decorrentes de aquisições por compra e venda entre empresas não vinculadas.

Nesses três casos a resposta do Carf foi categórica em defesa dos contribuintes.

No que concerne à questão da empresa veículo, concluiu o conselheiro Valmir Sandri, relator do Caso Telemar (Acórdão 1301-000.711):

> (...) entendo, sem sombra de dúvida, não ter ocorrido, quer simulação, quer abuso de direito e/ou planejamento tributário em desacordo com a lei, *mas tão somente a prática de conduta abarcada e induzida pelo ordenamento jurídico, por intermédio das regras estipuladas pelos artigos 7º e 8º da Lei nº 9.532/97*, sem qualquer prejuízo para a Fazenda Pública que pudesse caracterizar economia ilícita de imposto, pois a escolha de outras soluções legais e diretas com a incorporação produziria idêntica consequência tributária com relação à amortização de ágio feita por intermédio da empresa veículo". (grifo nosso)

No Caso Santander (Acórdão 1402-000.802) a posição adotada foi rigorosamente idêntica.

No Caso Gerdau (Acórdão 1101-000.708), o Carf assim afastou a interpretação restritiva do Fisco quanto ao âmbito de aplicação da lei às operações de compra e venda: "Tanto faz que a aquisição decorra de uma compra, ou decorra da aceitação que a subscrição seja feita por entrega de quotas/ações, recebidas por valor acima do valor patrimonial. A aquisição é gênero, do qual a compra ou a troca, por exemplo, são espécies. (...) Pretender dizer que só ocorre aquisição se houver a compra da participação é um grave equívoco, baseado em uma alteração arbitrária e sem fundamento do conceito de aquisição. (...)."

O ponto mais importante do Caso Gerdau foi a (re)afirmação do princípio da legalidade como garantia individual e limite da atuação do Fisco, com total repúdio à doutrina do abuso de direito em matéria tributária, conforme se lê abaixo nas passagens transcritas do voto do conselheiro Carlos Eduardo de Almeida Guerreiro: "Ora, *não existe na legislação tributária nacional a previsão de lançamento de ofício com base no afastamento de lei por entender que houve abuso de direito*. Ao contrário, o lançamento se rege pelo *princípio da estrita legalidade* e é atividade vinculada à lei. Ademais, não tem o Executivo o poder de afastar a lei, mas sim de executá-la. Portanto, não há base no sistema jurídico brasileiro para o Fisco afastar a incidência legal, sob alegação de entender estar havendo abuso de direito. (...) Em Direito Tributário não existe o menor problema em a pessoa agir para reduzir sua carga tributária, desde que atue por meios lícitos. Inclusive, é de se esperar que as pessoas façam isso, sendo recriminável exatamente a conduta oposta. (...) Enfim *desde que o contribuinte atue conforme a lei, ele pode fazer seu planejamento tributário para reduzir sua carga tributária*. O fato de sua conduta ser intencional (artificial), não traz qualquer vício. Estranho seria supor que as pessoas só pudessem buscar economia tributária lícita se agissem de modo casual, ou que o efeito tributário fosse acidental. (...) (grifo nosso)

Ao assim decidir o Carf reitera e confirma que no Brasil o princípio da legalidade da tributação, constante do artigo 150, I da CF/88, segundo o qual é vedado "(...) exigir ou aumentar tributo sem lei que o estabeleça", consagra uma *garantia individual do cidadão*, como, aliás, resulta da própria formulação expressa do *caput* do mesmo art. 150: "Sem prejuízo de *outras garantias asseguradas* ao contribuinte (...)".

Trata-se de uma verdadeira "garantia" na acepção estrita deste conceito, que é a de um direito subjetivo de caráter *instrumental* em relação a outro ou outros direitos subjetivos que se destinam a proteger.[27]

O princípio da legalidade garante o direito de propriedade e o direito de liberdade econômica, direitos essenciais preexistentes em relação ao Estado de Direito e à Constituição, garante-nos a liberdade de planejamento, de escolha, de opção pelo caminho a trilhar.

* * *

Pena que às vezes nem todos nossos planos se concretizem.

Homenagem à memória de Felipe Bordovsky, 11 anos, que, sábado passado, tão cedo nos deixou. Colega de escola de meu filho desde muito pequeno, um menino "espoleta", surfista nato, alegre, moleque, cheio de vida e, de repente, do nada, foi contaminado por uma bactéria e partiu.

A lembrança de Felipe-menino-livre inspira a luta pela liberdade do particular diante do Estado.

---

[27] Cf. CANOTILHO, Gomes. *Direito Constitucional e Teoria da Constituição* (3ª ed.), Coimbra, 1999, 372 p.

NÃO HÁ SEGURANÇA JURÍDICA SEM DECISÕES ESTÁVEIS[28]

Qualquer consultor em matéria tributária, entre dezembro de 2002 e outubro de 2009, quando indagado por clientes se uma pessoa jurídica, no período base de sua extinção, em virtude de cisão, fusão ou incorporação, poderia compensar integralmente o saldo de prejuízos fiscais acumulados, isto é, sem observar o limite de 30% de redução do lucro líquido, teria respondido afirmativamente à questão e classificado como muito remota a probabilidade de perda em eventual discussão administrativa.

O consultor tributário fundamentaria sua resposta na jurisprudência consolidada da Câmara Superior de Recursos Fiscais (CSRF), inaugurada pelo Acórdão CSRF/01-04.258, de 1º de dezembro de 2002, da relatoria do conselheiro Celso Alves Feitosa, assim ementado:

> Compensação prejuízo fiscal e base negativa — No caso de incorporação, uma vez vedada a transferência de saldos negativos, não há impedimento legal para estabelecer limitação, diante do encerramento da empresa incorporada.

Na sequência de referido julgado, em que ficaram vencidos apenas dois conselheiros,[29] foi proferido, *por unanimidade*, o Acórdão CSRF/01-05.100, de 19 de outubro de 2004, da relatoria do conselheiro José Henrique Longo, com a seguinte ementa que, de tão categórica, é quase uma súmula:

---

[28] Artigo publicado em 21 de novembro de 2012.
[29] Como se lê do Acórdão: "(...) Por maioria de votos, NEGAR provimento ao recurso, nos termos do relatório e voto que passam a integrar o presente julgado. Vencidos os conselheiros Cândido Rodrigues Neuber e Verinaldo Henrique da Silva."

IRPJ — Compensação de prejuízo — Limite de 30% — Empresa incorporada — *À empresa extinta por incorporação não se aplica o limite de 30% do lucro líquido na compensação do prejuízo fiscal.*

O voto do relator é elucidativo quanto aos fundamentos jurídicos e ao grau de consolidação da linha de orientação em causa no âmbito do Conselho de Contribuintes:

> Em face da incorporação e da impossibilidade de compensar posteriormente o saldo de prejuízo na incorporadora, não havia outra opção senão a de compensar integralmente seu prejuízo. Esse raciocínio já está pacificado neste Conselho de Contribuintes. A norma (Lei 9.095/95, art. 15), ao impor a "trava" na compensação, não pretendeu tolher o direito do contribuinte de não recolher IRPJ sobre a recuperação do capital, correspondente ao lucro após prejuízo. Pretendeu sim uma arrecadação mínima, se apurado lucro líquido, com a limitação de utilização do prejuízo acumulado. Em contrapartida, extinguiu o prazo de aproveitamento do prejuízo (de 04 anos), para que o contribuinte pudesse compensar integralmente seu saldo de prejuízo fiscal, ainda que em muitos anos. Desse modo, e considerando que à empresa incorporadora é vedado o aproveitamento do saldo de prejuízo fiscal da empresa incorporada (Decreto-Lei 2.341/87, arts. 32 e 33), deixa de existir a premissa de inexistência de limitação de aproveitamento do prejuízo com os lucros futuros, o que compromete a legitimidade da trava do prejuízo. A Câmara Superior de Recursos Fiscais pronunciou-se a respeito dessa matéria no acórdão CSRF/01-04.258, no sentido de permitir o aproveitamento integral do prejuízo fiscal, na hipótese tal qual a sob exame — último período base por incorporação.

Sete anos depois, no entanto, o consultor tributário e seus clientes são golpeados por uma súbita e imprevisível mudança da linha de orientação da CSRF: o que era pacífico tornou-se tormentoso; o risco de perda, que era remoto, passou a ser provável; naquilo em que se confiava não se pode mais acreditar; da tranquilidade passou-se ao temor.

A reviravolta ocorreu no dia 2 de outubro de 2009, quando a 1ª Turma da CSRF, pelo voto de qualidade, proferiu o Acórdão 9101-00.401 (apenas formalizado em 17 de agosto de 2010), decidindo "(...) que o limite de 30% para compensação de prejuízos de períodos anteriores também é aplicável nos ajustes ao lucro real do balanço de encerramento das atividades da empresa (....)"

A modificação da linha de orientação que se tornara reiterada, pacífica, podendo-se chamar de tradicional, não se nos afigura razoável do ponto de vista jurídico nem, muito menos, desejável do ponto de vista institucional.

Não se nos afigura razoável do ponto de vista jurídico porque a linha de orientação tradicionalmente adotada pela CSRF se baseava em uma interpretação equilibrada e ponderada das normas referentes à compensação de prejuízos fiscais.

Com efeito, como se lê da percuciente síntese formulada no voto do conselheiro José Henrique Longo, a linha de orientação tradicional assenta no entendimento segundo o qual a *norma especial* do artigo 33 do Decreto-Lei 2.341/87 — que excepciona os saldos de prejuízos fiscais acumulados da sucessão a título universal que é característica própria das operações de fusão, cisão e incorporação de sociedades (arts. 227, 228 e 229, § 1º da Lei nº 6.404/76) — é incompatível com as finalidades do *regime geral* previsto nas Leis 8.981/95 e 9.065/95: a garantia de uma arrecadação mínima pela aplicação do limite de 30%, sem retirar do contribuinte o direito de compensar integralmente seus prejuízos ao longo dos anos.[30]

Entendeu-se que a aplicação cumulativa das normas geral (limite de 30%) e especial (inexistência de sucessão no saldo de prejuízos fiscais em operações de reorganização societária) aos casos de extinção da pessoa jurídica corresponderia à *desconsideração definitiva* — e já não mais temporária — da parcela dos prejuízos não compensada (70%) pela impossibilidade de sua compensação futura.

A interpretação tradicional da CSRF harmonizava as normas em questão ao definir que não poderia subsistir, simultaneamente, uma

---

[30] Este racional está estampado na Exposição de Motivos da Medida Provisória nº 998/95, reedição das Medidas Provisórias 947/95 e 972/95, posteriormente convertida na Lei nº 9.065/95: "Arts 15 e 16 do Projeto: decorrem de Emenda do relator, para restabelecer o direito à compensação de prejuízos, embora com as limitações impostas pela Medida Provisória nº 812/94 (Lei nº 8.981/95). Ocorre hoje *vacatio legis* em relação à matéria. A limitação de 30% garante uma parcela expressiva da arrecadação, *sem retirar do contribuinte o direito de compensar*, até integralmente, num mesmo ato, se essa compensação não ultrapassar o valor do resultado positivo."

dupla limitação: a limitação quantitativa de 30% ficaria afastada naqueles casos em que fosse aplicável a limitação contida no artigo 33 do Decreto-Lei 2.341/87.

Sem pretender desmerecer os argumentos jurídicos em sentido contrário, não se pode perder de vista que aqueles que sustentavam a linha de orientação tradicional foram sempre tidos como mais robustos e acolhidos, se não pela unanimidade, por uma maioria expressiva dos membros do Conselho de Contribuintes, tanto que vinham prevalecendo até o malfadado julgamento da CSRF de 2 de outubro de 2009.

A mudança de orientação, da forma como se deu, sete anos depois e pelo recurso ao voto de qualidade, não é desejável do ponto de vista institucional. Abalada fica a confiança que os particulares depositaram na CSRF/Conselho de Contribuintes (atual Carf) que, sem qualquer sombra de dúvida, é um órgão de Estado pluralista e democrático, respeitado e admirado pelos operadores do Direito Tributário.

Ora, nunca é demais lembrar que a CSRF é o órgão máximo da Administração Judicante, que uniformiza a jurisprudência e dita a interpretação da lei fiscal. A CSRF é maior, mas muito maior, que as individualidades que a compõem e não pode mudar sua jurisprudência ao sabor do vento que sopra, para atender desígnios sabe-se lá de onde, aproveitando-se de um quorum de oportunidade.

Sua interpretação remansosa e pacífica da lei tributária, indiscutivelmente pública e seguida pelos particulares, representa uma *prática reiterada das autoridades administrativas*. Assim sendo, a súbita reversão da orientação tradicional — no mínimo — não poderá importar na aplicação de penalidades, na imposição de juros moratórios, nem na atualização do valor monetário da base de cálculo do tributo, *ex vi* do parágrafo único do artigo 100 do Código Tributário Nacional (CTN).

Com efeito, foi exatamente para proteger o contribuinte da aplicação, de surpresa, de novas medidas que o CTN veio estabelecer no parágrafo único do artigo 100 que "a observância das normas referidas neste artigo exclui a imposição de penalidade, a cobrança de juros de mora e a atualização do valor monetário da base de cálculo do tributo".

A dispensa da exigência de penalidade justifica-se facilmente pelo fato de o contribuinte ter cumprido a lei tal como interpretada pelo órgão máximo da Administração Judicante. A dispensa da exigência dos juros de mora reside também na circunstância de o contribuinte ter cumprido a sua obrigação nos precisos termos da mesma lei, pelo que de mora não se pode falar. Enfim, a não exigência de atualização de valor monetário da base de cálculo funda-se nos princípios fundamentais do Estado de Direito, entre os quais o da proteção da confiança e da previsibilidade da ação estatal, contrários a pretensões patrimoniais exigidas de surpresa.

O alcance do parágrafo único do artigo 100 do CTN foi objeto de aprofundada análise no clássico *Direito Tributário brasileiro* de Aliomar Baleeiro, revisto e complementado por Misabel Abreu Derzi:

> São vários os dispositivos do Código que consagram a irretroatividade dos atos administrativos favoráveis ao contribuinte (arts. 100, parágrafo único, art. 105, art. 146 e art. 156, IX). Um deles, o art. 100, a rigor, admite a retroação, mas atenua-lhe os efeitos. (...)
> O parágrafo único do artigo 100 fixa a norma segundo a qual a observância pelos contribuintes dos atos normativos referidos poderá beneficiá-los (jamais criar para eles encargos novos). Na hipótese de a Administração ter errado na interpretação da lei ou mudado de orientação, substituindo-a por outra, os contribuintes ficam obrigados, por força do princípio da legalidade (obrigação *ex lege*), ao pagamento do tributo, mas sem os consectários dos juros, das multas e da correção monetária.
> Sacha Calmon Navarro Coelho faz entroncar a regra do parágrafo único do artigo 100 do CTN no princípio da proteção da confiança dos atos administrativos em matéria fiscal.
> Para proteger os contribuintes da inconstância das orientações baixadas pela Administração fiscal, mediante os variados instrumentos de que dispõe, foi redigido, com grande sabedoria, o art. 100 do CTN e seu importantíssimo parágrafo único, de incomensurável serventia na clínica fiscal.
> Noutras palavras, se o contribuinte age de conformidade com a orientação do Fisco, acatando os atos administrativos normativos mencionados no art. 100, pouco importando a nomenclatura oficial, fica totalmente livre de multas, juros e correção monetária. (...).[31]

---

[31] Curso de Direito Tributário brasileiro, 2ª ed., Rio de Janeiro 1999, 543 p.

Desejamos sinceramente que a CSRF corrija o rumo e retorne à posição tradicional nos próximos julgamentos sobre a matéria, fazendo do Acórdão 9101-00.401 um incidente isolado, um erro do passado. É chegada a hora de recuperar a confiança dos contribuintes na estabilidade das suas decisões.

Mas, se assim não o fizer, que, ao menos, reconheça aos contribuintes que, de boa-fé, acreditaram nas suas decisões sobre a matéria o direito à aplicação da regra do parágrafo único do artigo 100 do CTN, cancelando as exigências de multa, juros e correção monetária.

Isso é o mínimo que se espera de um órgão de Justiça Fiscal.

AS BATALHAS TRIBUTÁRIAS
NO SUPREMO EM 2013[32]

Difícil escrever a coluna desse mês que encerra 2012, um ano de muitas perdas e alguns ganhos.

Há exatamente uma semana, o prédio onde moro pegou fogo. Meu apartamento sobreviveu ao incêndio, que começou no andar de cima (o fogo sobe), mas não escapou da água que apagou as chamas (a água desce).

Como sucede toda a semana que antecede a coluna, naquela fatídica quarta-feira 12/12/12 (confesso já andava meio impaciente com o ridículo alarde da coincidência numérica), voltava do escritório pensando sobre o que escrever. Por se tratar da coluna de encerramento do ano, queria fechá-lo com "chave de ouro" e buscava ideais originais, mas as ideias não vinham e só me lembrava do que uma vez li na coluna de Veríssimo em *O Globo*: quem disse que escrever é prazeroso está muito enganado, prazeroso é terminar e poder ler o que se escreveu.

Já em casa, ainda matutando o tema da coluna, veio o anúncio do incêndio. Tudo muito rápido. Foi o tempo de reunir a família, pegar a cadelinha que já se escondia embaixo da cama e sair de casa. Da rua, nós, moradores reunidos, felizmente sãos e salvos, todos bastante apreensivos, torcíamos pelos bombeiros, torcíamos pelo fim rápido, torcíamos para acordar do pesadelo.

O fogo enfim foi apagado; vencidas as chamas é hora de recomeçar. Mas os dias que se seguiram têm sido difíceis. Cada morador, com seu

---
[32] Artigo publicado em 19 de dezembro de 2012.

dano pessoal, busca consolar-se porque "podia ter sido pior". Realmente, poderia ter sido muito pior. Nenhuma vida foi perdida.

Mas 2012 não deixará de ser um ano marcado por perdas. Quando pensarmos em 2012, inevitavelmente nos lembraremos das perdas de ícones nacionais: Oscar Niemeyer, Millôr Fernandes, Chico Anysio, Décio Pignatari, Ivan Lessa, Joelmir Beting, Hebe Camargo, Wando, entre outras personalidades que contribuíram com seus talentos para escrever a História do Brasil no século XX.

Dirão muitos que a maioria dos citados eram pessoas de idade avançada e que o encerramento de suas temporadas entre nós já se prenunciava. É verdade. Não discordo. Mas suas saídas de cena apenas comprovam que a profecia maia estava mesmo certa: um "mundo" simbólico de fato chegou ao fim em 2012.

Mas se foi um ano de perdas (e poderíamos listar muitas outras mais),[33] também foi um ano de ganhos. O maior deles: o julgamento da Ação Penal 470 (Mensalão) pelo Supremo Tribunal Federal, concluído no dia 17 de dezembro de 2012.

O julgamento desse processo da forma como se deu, reafirmando-se a independência dos Poderes, expurgando-se o fantasma da impunidade, é um exemplo que nos anima a não nos apequenarmos diante do aparato estatal que, lamentavelmente, como desvenda diariamente o noticiário policial, foi aparelhado e infiltrado para satisfazer interesses pessoais e/ou político-partidários.

No julgamento do mensalão o Supremo Tribunal Federal exerceu plenamente sua função de guardião da moralidade, da decência, da dignidade, dos verdadeiros valores republicanos, daquilo que a população espera que seus ministros vislumbrem como o âmago da Constituição que foram incumbidos de defender.

Concluído o julgamento do mensalão, o Supremo deverá iniciar ou retomar uma série de julgamentos envolvendo questões em matéria tributária, muitas delas já abordadas aqui nessa Coluna.

Em uma rápida pesquisa no site do STF verifica-se, por exemplo, que já está afetado ao Plenário, sob a relatoria do ministro Joaquim Barbosa, o RE 611.586/PR no qual se discute a constitucionalidade do

---

[33] Não paro de pensar nas crianças de Connecticut.

regime de tributação automática dos lucros de controladas e coligadas no exterior. Trata-se de um tema de enorme repercussão no Brasil e no exterior, porque envolve a definição dos limites das pretensões tributárias do Brasil sobre lucros de empresas domiciliadas em Estados soberanos (muitos de baixo grau de desenvolvimento) cuja destinação sequer chegou a ser decidida pelos acionistas.

A Fazenda Nacional já fez de tudo para assegurar a manutenção desse regime de tributação extraterritorial que nasceu viciado por total e absoluta desproporcionalidade. Já editou instrução normativa *contra legem* invocando o artigo 43 do CTN (a IN 38/96); já propôs lei "consertando" provisoriamente o desacerto (Lei 9.532/97); já emendou o CTN (parágrafo 2º do artigo 43 introduzido pela LC 104/2001) buscando pretenso suporte para chamar de presunção uma ficção legal (artigo 74 da MP 2.158-35/01); já promoveu tributação retroativa de lucros não disponibilizados (parágrafo único do artigo 74 da MP 2.158-35/01); e, por fim, inovou o ordenamento jurídico através de uma instrução normativa (a IN 213/02) que introduziu a tributação do resultado de equivalência patrimonial quando a própria lei que visava "interpretar" dispõe de forma radicalmente distinta.[34]

Também se espera que seja de uma vez por todas concluído o julgamento dos REs 208.526/RS e 256.304/RS, que versam sobre o direito dos contribuintes ao reconhecimento dos efeitos do expurgo de correção monetária promovido pelo Poder Executivo em janeiro de 1989 (Plano Verão), assegurando-lhes que o IRPJ e a CSLL incidam apenas sobre efetivos acréscimos patrimoniais.[35]

Em matéria de tributos federais, ainda estão pendentes de solução:

> (i) a questão de saber se é ou não constitucional estabelecer-se um limite quantitativo (30%) à dedução de prejuízos fiscais acumulados (RE 591.340/SP);

---

[34] Cf. nossa coluna de 8/2/2012: "Hoje em dia tudo se resolve com instrução normativa" e nossa coluna de 6/6/2012: "Três boas notícias chegam dos tribunais de Brasília."

[35] Cf. nossa coluna de 29/8/2012: "Retorno às tradições no julgamento do Plano Verão."

(ii) a validade da restrição à dedução da CSLL da base de cálculo do IRPJ — restrição essa que só confirma a CSLL como um adicional do IRPJ[36] — (RE 582.525/SP);
(iii) qual a extensão do conceito de "faturamento" das instituições financeiras para fins de determinação da base de cálculo do PIS e da Cofins (RE 609.096/RS);
(iv) a validade da incidência do PIS e da Cofins sobre o valor da transferência de créditos de ICMS (RE 606.107/RS);
(v) a validade da incidência do PIS e da Cofins sobre as componentes do faturamento imputáveis ao ICMS (ADC 18-5/DF e RE 240.785/MG) e ao ISS (RE 592.616/RS);
(vi) a validade do estabelecimento de limite temporal ao crédito de PIS/Cofins sobre a aquisição de bens destinados ao ativo fixo estabelecido pelo artigo 31 da Lei 10.865/05 (RE 599.316/SC);
(vii) questões pertinentes ao regime de tributação aplicável às cooperativas em matéria de PIS e Cofins (REs 672.215/CE e 597.315/RJ);
(viii) validade da inclusão do ICMS na base de cálculo do PIS/Cofins incidente sobre as importações (RE 559.607/SC).

Estes são apenas alguns casos que reputamos mais emblemáticos envolvendo tributos federais, pinçados de um longo rol de processos indicados como merecedores de apreciação pelo STF em razão da repercussão geral das matérias constitucionais neles versadas.

Há, ainda, uma extensa lista de processos em matéria de ICMS, que são merecedores de destaque

(i) a discussão a respeito da "guerra dos portos"[37] (RE 628.075/RJ);
(ii) a discussão a respeito do critério — material ou financeiro — do aproveitamento de créditos sobre aquisições de bens do ativo fixo (RE 662.976/RS);
(iii) a questão de saber se pode incidir ICMS sobre o fornecimento de água (RE 607.056/RJ);
(iv) a validade da cobrança de ICMS sobre "demanda contratada" de energia elétrica (RE 593.824/SC);
(v) a problemática da cobrança do ICMS nas operações de importação de bens em arrendamento mercantil (RE 540.829/SP);

---

[36] Em nossa coluna de 7/3/2012 estudamos a identidade de natureza desses tributos para fins de aplicação dos tratados contra a dupla tributação.
[37] Cf. a coluna de Gustavo Brigagão de 14/11/2012: "Será que teremos mesmo paz na 'guerra dos portos?"

(vi) a definição do Estado competente para tributar pelo ICMS as operações de importação de bens destinados à industrialização por encomenda em Estado distinto daquele onde se situa o importador (ARE 665.134/MG).

No âmbito municipal, se nos afiguram muito relevantes as discussões a respeito da (i) seletividade do IPTU antes da Emenda Constitucional 29/2000 (RE 666.156/RJ); (ii) incidência do ISS sobre o licenciamento de *software* (RE 688.223/PR);[38] (iii) incidência do ISS sobre os contratos de franquia (RE 603.136/RJ); (iv) incidência do ISS sobre locação de bens móveis (AI 766.684/SP); e (v) o ISS das operadoras de planos de saúde (RE 651.703/PR).

A população deve estar atenta para essas verdadeiras batalhas que se seguirão no STF envolvendo os Fiscos federal, estaduais e municipais e os contribuintes e deve dele exigir, tal como ocorreu no Mensalão, julgamentos maduros, isentos, livres das influências e pressões estatais e, principalmente, que não se sensibilizem com as Cassandras que discursarão sobre as calamidades que abaterão os governos caso um ente público se saia perdedor em qualquer uma dessas batalhas.

Que as batalhas sejam travadas nas "quatro linhas" do campo jurídico, que prevaleça o Direito sobre a voracidade de arrecadação, pois nelas há muito a perder para os particulares, há muito em jogo: os patrimônios das empresas e de seus acionistas, os custos tributários que serão repercutidos nos preços cobrados aos consumidores de bens e serviços, a competitividade das empresas nacionais, o custo das estruturas administrativas das empresas, o preço dos bens, serviços e, fundamentalmente, das tecnologias a serem importadas.

Esperamos que o Supremo louve a proporcionalidade e zele pelos patrimônios aviltados pelos estrondosos custos tributários, pela ganância arrecadatória de um Estado que se pretende cada vez maior e que, não esqueçamos, jamais existiria não fossemos nós. A criatura não pode devorar o criador. O Supremo sabe disso.

Um Feliz Natal e um Próspero Ano-Novo aos amigos da Conjur. Muito obrigado pela oportunidade de assinar a coluna Consultor Tributário ao lado de tão ilustres companheiros. Esse foi definitivamente um GANHO em 2012.

---

[38] Cf. Conjur de 17/12/2012: "STF julgará cobrança de ISS sobre cessão de software."

UMA CHANCE DE CORRIGIR NOSSA TRIBUTAÇÃO INTERNACIONAL[39]

No sábado dia 2 de fevereiro, enquanto os blocos já agitavam as ruas cariocas na semana que antecedia o Carnaval, e a Bahia celebrava o dia de Iemanjá, lá estávamos nós — quatro brasileiros — em Haia, tendo a honra de participar do evento de comemoração dos 75 anos de fundação da International Fiscal Association (IFA).[40]

A IFA foi fundada em janeiro de 1938 no Palácio da Paz,[41] em Haia, às vésperas da anexação da Áustria pela Alemanha nazista (o *Anschluss* foi em março) e das demais hostilidades que detonariam a Segunda Guerra Mundial. Daí a escolha do local para a celebração de seu septuagésimo quinto aniversário.

Dedicada ao estudo e aperfeiçoamento do Direito Tributário Internacional e das finanças públicas, a IFA hoje conta com aproximadamente 12.500 membros distribuídos por 108 países, contando com "filiais" (IFA Branches) em 63 deles.

De início, um tanto eurocêntrica, a IFA tem cada vez mais se preocupado em integrar os países em desenvolvimento, o que se revela e confirma pelo fato de ser atualmente presidida pelo mexicano Manuel Tron, que deixará o cargo em 2013, ao fim do Congresso Anual, a ser realizado na última semana de agosto em Copenhague, assumindo em seu lugar o indiano Porus Kaka.

---

[39] Artigo publicado em 20 de fevereiro de 2013.
[40] Para obter mais informações sobre a organização, recomendo uma visita ao site www.ifa.nl.
[41] O *Vredespaleis* — Palácio da Paz — é onde estão sediados a Corte Internacional de Justiça e o Tribunal Permanente de Arbitragem.

A importância do Brasil na IFA tem sido cada vez maior, tanto que o Rio de Janeiro foi escolhido como sede do Congresso Anual de 2017. O evento, que é a "olimpíada" do Direito Tributário, conta com cinco mil participantes de inúmeros países e a Associação Brasileira de Direito Financeiro (ABDF)[42] — a IFA Branch no Brasil — já está trabalhando intensamente na sua preparação.

Para aqueles que ainda não a conhecem, a ABDF é uma tradicionalíssima associação de tributaristas, representante da IFA e do *Instituto Lationoamericano de Derecho Tributario* — ILADT, no Brasil, e tem atualmente como presidente o professor Sacha Calmon e como diretor secretário-geral nosso colega colunista Gustavo Brigagão a quem publicamente agradecemos por nos ter aberto a oportunidade de participar do evento em representação da ABDF, juntamente com os colegas de profissão André Carvalho e João Dácio Rolim, membros da diretoria da associação. O quarto representante do Brasil em Haia era uma brasileira, Ana Cláudia Utumi, diretora da ABDF em São Paulo, que vem exercendo há três anos, com maestria e dedicação, as funções de membro do Comitê Científico Permanente (Permanent Scientific Committee — PSC) da IFA.[43]

O evento contou com palestras e mesas de debate integradas pelos maiores especialistas em Tributação Internacional.[44] Lá estava Kees van Raad — o celebrado professor da Universidade de Leiden — que nos brindou com uma palestra a respeito da evolução dos tratados contra a dupla tributação e o papel desempenhado pelas organizações internacionais (Liga das Nações, OCDE, ONU) na concepção dos respectivos modelos. O professor Van Raad também identificou as questões que mais têm despertado polêmica atualmente no domínio dos tratados e quais os mecanismos que considerava apropriados para suas resoluções: algumas se solucionariam com mudanças pontuais ao texto do

---

[42] Para obter mais informações sobre a organização, recomendo uma visita ao site www.abdf.com.br.
[43] O nosso colega colunista professor Heleno Torres é membro do Comitê Executivo da IFA, mas, por compromissos profissionais, não pôde comparecer ao evento de Haia.
[44] Seguindo a ordem do programa: Kees van Raad, Hugh Ault, Jacques Malherbe, Augusto Fantozzi, Philip Baker, Richard Vann, David Rosenbloom, Porus Kaka, Liselott Kana, Krister Andersson e Manuel Tron. Também apresentaram trabalhos os doutorandos do IBFD Bob Michel, Emily Fett e Sandra Fernandes.

tratado; já outras dependeriam de acordos multilaterais e, a grande maioria exigiria mudanças nas leis internas.

As reflexões de Van Raad reforçaram nossa convicção de que no mundo atual, integrado e globalizado, é imperativo que a produção de leis nacionais seja coordenada e condizente com os padrões internacionais.

Lamentavelmente, esse não tem sido o caso do Brasil. Falta humildade ao nosso "Fisco-legislador" para reconhecer os inúmeros desacertos da nossa legislação em matéria de tributação internacional e procurar corrigi-la para compatibilizá-la com as regras uniformemente adotadas pela comunidade internacional.

Mas se falta humildade, não falta criatividade. Nunca se produziram tantas instruções normativas e atos declaratórios unicamente com o propósito de tentar dar fundamento às peculiares regras e interpretações *made in Brazil*, as "jabuticabas" fiscais, que apenas existem no Brasil.

Em nossa coluna mensal temos sistematicamente criticado tal conduta: atos declaratórios que afirmam a existência de tributação na fonte em pagamentos de serviços sem transferência de tecnologia; decisões administrativas que insistem em não reconhecer a aplicação dos tratados à contribuição social sobre o lucro; regras de preços de transferência engessadas, muitas vezes de impossível aplicação; e, fundamentalmente, o não reconhecimento, com transparência, das inúmeras vicissitudes das normas que regem a tributação automática no Brasil dos lucros obtidos (e não distribuídos) por sociedades estrangeiras controladas ou coligadas de empresas brasileiras.

No que concerne especificamente à legislação brasileira, em matéria de tributação dos lucros de controladas e coligadas no exterior as vicissitudes manifestam-se em quatro principais vertentes:

> (i) *incompatibilidade com o art. 43 do CTN*, que repudia ficções e presunções, exigindo a efetiva aquisição da disponibilidade econômica ou jurídica da renda como condição *sine qua non* para a configuração do fato gerador do Imposto de Renda;
> (ii) total e absoluta *falta de suporte legal* para a tributação do "resultado positivo da equivalência patrimonial", pretensão inovadora, baseada em instrução normativa (a IN SRF nº 213/02);
> (iii) *irracionalidade econômica*, eis que cria um sistema de tributação punitivo, que desmotiva o investimento brasileiro no exterior, prin-

cipalmente nos países de menor desenvolvimento que conferem incentivos fiscais que são eliminados pelo sistemática de tributação automática brasileira; e

(iv) *incompatibilidade com os tratados contra a dupla tributação*, que exigem que cada um dos Estados não tributem lucros de empresas situados no outro Estado.

Infelizmente o "Fisco-legislador" tem preferido usar de sua criatividade não para corrigir os desacertos e, de forma concertada com a iniciativa privada, gestar uma legislação condizente com as práticas internacionais e equilibrada para alinhar os interesses em presença. Não, a criatividade, como se viu, serve para editar atos administrativos desprovidos de fundamentação e que acabam por ser uma das principais causas do "entupimento das artérias" do Poder Judiciário.

Exemplo paradigmático, insistimos, é o caso do artigo 25 da Lei 9.249/95 e do artigo 74 da MP 2.158-35/01 cuja constitucionalidade segue em discussão perante o Supremo Tribunal Federal.

E, como noticiou na segunda-feira a Conjur, nesta quarta-feira (20/2) está na pauta do Plenário do STF para julgamento o RE 611.586/PR, ao qual foi reconhecida repercussão geral (Caso Coamo).

Com o resultado indefinido da ADI 2.588 e a substituição de um relevante número de ministros que havia participado do seu julgamento, iniciado há mais de 10 anos, espera-se que a matéria volte a ser discutida pela nova composição plenária no RE 611.588/PR, desta feita inclusive sob o enfoque da competitividade das empresas brasileiras investidoras em terceiros países através de controladas e coligadas, como se depreende das palavras do ministro Joaquim Barbosa na decisão que reconheceu a repercussão geral no processo em questão:

> (...) Ademais, é imprescindível contextualizar a tributação quanto aos seus efeitos sobre a competitividade das empresas nacionais no cenário internacional, à luz do princípio do fomento às atividades econômicas lucrativas geradoras de empregos e de divisas (art. 3º, II, 4ª, IX e par. ún. e 170, I, III, IV, VII e VIII da Constituição).

Esse julgamento será um caso de "repercussão geral" em todos os sentidos. Para além da proteção do patrimônio das empresas brasileiras que investem no exterior e dos seus sócios ou acionistas contra uma tributação iníqua, exsurge o imperativo de corrigir os rumos e posicionar o Brasil modernamente no cenário mundial, induzindo a produção de uma legislação tributária à altura dos padrões e usos internacionais. O Brasil não pode ficar mais isolado, insistindo em manter uma legislação esdrúxula, que só existe aqui.

Espera-se que o STF — mais uma vez tendo que dar a palavra final ante a incapacidade de se produzir uma legislação em conformidade com a Constituição[45] — retire a fórceps todos os resquícios e entraves dessa legislação, assegurando a diretriz constitucional de uma tributação justa, digna, racional e equilibrada nesse domínio, como, aliás, sucede em todos os países do mundo: a tributação de investimentos no exterior incide apenas quando os lucros deles decorrentes forem distribuídos para os sócios ou acionistas[46].

Os profissionais do Direito Tributário que representam o Brasil em congressos e fóruns internacionais sobre a matéria agradecerão penhorados, pois não terão mais que, como tem sucedido há anos, tentar explicar as inexplicáveis idiossincrasias de nossa atual legislação tributária internacional.

---

[45] Nesse sentido, vejam-se as ponderações do ministro Joaquim Barbosa no voto que reconheceu repercussão geral do RE 611.586/PR: "(...) nessa controvérsia lida com dois valores constitucionais relevantíssimos. De um lado, há a adoção mundialmente difundida da tributação em bases universais, aliada à necessidade de se conferir meios efetivos de apuração e cobrança à administração tributária. Em contraponto, a Constituição impõe o respeito ao fato jurídico tributário do Imposto de Renda, em garantia que não pode ser simplesmente mitigada por presunções ou ficções legais inconsistentes".

[46] Excetuadas, obviamente, as normas do tipo CFC, aplicáveis aos chamados "paraísos fiscais".

TRIBUTAÇÃO DE LUCRO NO EXTERIOR SEGUE INDEFINIDA NO STF[47]

Na última quarta-feira, dia 10 de abril, o Plenário de Supremo Tribunal Federal concluiu o julgamento de três processos em que se discutia a constitucionalidade do artigo 74 e parágrafo único da Medida Provisória 2.158-35/01: (i) a ADI 2.588, movida pela CNI (Confederação Nacional da Indústria); (ii) o RE 611.586, com repercussão geral, em que era recorrente a Coamo Agroindustrial Cooperativa e recorrida a União Federal; e (iii) o RE 541.090, sem repercussão geral, em que era recorrente a União Federal e recorrida a Empresa Brasileira de Compressores S/A – Embraco.

A expectativa geral no meio jurídico – após o início do julgamento na sessão anterior (no dia 3 de abril) – era no sentido de que a questão, que já perdurava há mais de 10 anos em julgamento, finalmente seria resolvida pela Suprema Corte em termos não só definitivos, mas, principalmente, equilibrados, muito possivelmente acolhendo a linha de orientação proposta pelo ministro Joaquim Barbosa em seu voto conjunto, apresentado para os três processos.

Mas não foi isso que sucedeu no dia 10 de abril. Muito pelo contrário. Embora os julgamentos tenham sido finalizados, remanesceram mais dúvidas do que certezas e a solução da questão – que envolve saber se é constitucional ou não um regime de tributação esdrúxulo – permanece em aberto e, agora, com novos e complexos vieses para serem equacionados. Mais trabalho terão os ministros e mais incertezas os particulares. Por quê?

---
[47] Artigo publicado em 17 de abril de 2013.

Vejamos.

A ADI 2.588, proposta em dezembro de 2001, tinha como relatora a ministra Ellen Gracie, que proferiu seu voto no sentido de julgar parcialmente procedente a ação, por reconhecer uma *inconstitucionalidade parcial* na disposição legal impugnada.

Em seu entendimento, a violação do artigo 43 do Código Tributário Nacional, que exige a aquisição efetiva da disponibilidade econômica ou jurídica da renda como condição *sine qua non* para a tributação pelo Imposto de Renda, apenas ocorreria nos casos de *sociedades coligadas* no exterior, isto é, apenas nos casos de sociedades em que a sócia brasileira tem uma influência significativa (artigo 243, parágrafo 1º da Lei 6.404/76),[48] mas não detém o poder de controle.

No pensamento da ministra Ellen Gracie, nos casos de *sociedades controladas* o regime de tributação automática dos lucros seria constitucionalmente válido, porque vislumbrou no poder de controle da empresa brasileira o poder de comandar a política de distribuição dos resultados obtidos no exterior. Esse poder seria suficiente para caracterizar a "disponibilidade" sobre o lucro da controlada estrangeira.

O voto da ministra Ellen Gracie diferenciou, pois, a situação sob a ótica da *aquisição da disponibilidade sobre a renda* (o lucro da empresa estrangeira), *disponível* (e, por isso, constitucional) no caso das *controladas* e *indisponível* (e, por isso, inconstitucional) no caso das *coligadas*.

---

[48] "Art. 243. O relatório anual da Administração deve relacionar os investimentos da companhia em sociedades coligadas e controladas e mencionar as modificações ocorridas durante o exercício.

§ 1º São coligadas as sociedades nas quais a investidora tenha influência significativa.

§ 2º Considera-se controlada a sociedade na qual a controladora, diretamente ou através de outras controladas, é titular de direitos de sócio que lhe assegurem, de modo permanente, preponderância nas deliberações sociais e o poder de eleger a maioria dos administradores.

§ 3º A companhia aberta divulgará as informações adicionais, sobre coligadas e controladas, que forem exigidas pela Comissão de Valores Mobiliários.

§ 4º Considera-se que há influência significativa quando a investidora detém ou exerce o poder de participar nas decisões das políticas financeira ou operacional da investida, sem controlá-la.

§ 5º É presumida influência significativa quando a investidora for titular de 20% (vinte por cento) ou mais do capital votante da investida, sem controlá-la."

Na sequência do julgamento, ao longo dos últimos anos, foram sendo proferidos os votos dos demais ministros, que não seguiram a linha da ministra Ellen Gracie, posicionando-se ora pela constitucionalidade, ora pela inconstitucionalidade total da disposição, na seguinte ordem: Nelson Jobim (constitucionalidade – 9/12/2004), Marco Aurélio (inconstitucionalidade – 28/9/2006), Sepúlveda Pertence (inconstitucionalidade – 28/9/2006), Ricardo Lewandowski (inconstitucionalidade – 25/10/2007), Eros Grau (constitucionalidade – 25/10/2007), Ayres Britto (constitucionalidade – 17/8/2011) e Cezar Peluso (constitucionalidade – 17/8/2011). Após o voto do ministro Peluso, o julgamento foi suspenso para colher o voto faltante do ministro Joaquim Barbosa.

O placar apontava, assim, para um empate no que concerne à inconstitucionalidade total do dispositivo – 4 a 4 – e, quando somado o voto de procedência parcial da ministra Ellen Gracie, uma maioria de votos (5 a 4) a favor da constitucionalidade da disposição no que concerne às controladas e da inconstitucionalidade no que concerne às coligadas.

O voto do ministro Joaquim Barbosa proferido no último dia 3 de abril, no entanto, trouxe uma nova abordagem para a questão, certamente influenciada pelo Direito Comparado, de grande impacto para a conclusão do julgamento.

O ministro Joaquim Barbosa foi categórico em reconhecer que o regime de tributação do artigo 74 da MP 2.158-35/01 não é consentâneo com o fato jurídico tributário do Imposto de Renda, eis que consagra ficção de disponibilidade de renda.

Já está gravada na memória coletiva, a emblemática frase, que marcou o início do voto, em que se afirma que o dia 31 de dezembro de cada ano – eleito pela disposição impugnada como fato gerador da tributação – *nada significa* para o acionista brasileiro *em termos de aquisição da disponibilidade econômica ou jurídica sobre o lucro da sociedade controlada ou coligada*. Também não será mais esquecido pelos presentes, o momento (decerto captado pelas lentes e pelo áudio da TV Justiça) em que um estrondoso trovão reverberava no Plenário, exatamente quando o ministro presidente desmascarava o artifício do Fisco de considerar como revelador de aquisição de disponibilidade sobre a renda o resultado de um método de avaliação de investimentos previsto na lei societária – o método da equivalência patrimonial (artigo 248 da Lei 6.404/76)[49] —, histórica e tradicionalmente neutro do ponto de vista tributário.

Mas o ministro Joaquim Barbosa entendeu por buscar um equilíbrio de valores constitucionais na sua decisão[50] e, tendo como norte o princípio da proporcionalidade, resolveu dar uma solução intermédia, considerando constitucional o regime de tributação automática dos lucros de controladas e coligadas no exterior, no momento da sua apuração em balanço (antes, pois, da definição da sua destinação: distribuição, capitalização, reinvestimento etc.) apenas e tão somente nos casos de controladas e coligadas domiciliadas "em países de tributação favorecida, ou seja, países desprovidos de controles societários e fiscais adequados, normalmente conhecidos como 'paraísos fiscais'."

A distinção proposta assenta no critério do *local de domicílio da pessoa jurídica investida*. Seja ela controlada, seja ela coligada, tanto faz,

---

[49] "Art. 248. No balanço patrimonial da companhia, os investimentos em coligadas ou em controladas e em outras sociedades que façam parte de um mesmo grupo ou estejam sob controle comum serão avaliados pelo método da equivalência patrimonial, de acordo com as seguintes normas:

I — o valor do patrimônio líquido da coligada ou da controlada será determinado com base em balanço patrimonial ou balancete de verificação levantado, com observância das normas desta Lei, na mesma data, ou até 60 (sessenta) dias, no máximo, antes da data do balanço da companhia; no valor de patrimônio líquido não serão computados os resultados não realizados decorrentes de negócios com a companhia, ou com outras sociedades coligadas à companhia, ou por ela controladas;

II — o valor do investimento será determinado mediante a aplicação, sobre o valor de patrimônio líquido referido no número anterior, da porcentagem de participação no capital da coligada ou controlada;

III — a diferença entre o valor do investimento, de acordo com o número II, e o custo de aquisição corrigido monetariamente; somente será registrada como resultado do exercício:

a) se decorrer de lucro ou prejuízo apurado na coligada ou controlada;
b) se corresponder, comprovadamente, a ganhos ou perdas efetivos;
c) no caso de companhia aberta, com observância das normas expedidas pela Comissão de Valores Mobiliários."

[50] A decisão que fundamenta a repercussão geral já era um indicativo dessa iniciativa: "(...) nessa controvérsia lida com dois valores constitucionais relevantíssimos. De um lado, há a adoção mundialmente difundida da tributação em bases universais, aliada à necessidade de se conferir meios efetivos de apuração e cobrança à administração tributária. Em contraponto, a Constituição impõe o respeito ao fato jurídico tributário do Imposto de Renda, em garantia que não pode ser simplesmente mitigada por presunções ou ficções legais inconsistentes".

a norma será constitucional sempre que o local de domicílio da investida for um "paraíso fiscal" e será inconstitucional se o local de domicílio for um país que não seja assim considerado. O critério de discriminação eleito foi, pois, a localização ou não do investimento em paraíso fiscal, localização essa reveladora, por si só, de uma finalidade adequada (não paraíso fiscal) ou inadequada (paraíso fiscal) com os valores constitucionais em análise.

Não há dúvida de que esta posição poderá suscitar debates técnicos, posto que alguns a consideraram como uma atuação do Judiciário enquanto "legislador positivo".

A linha de orientação do voto do ministro Joaquim Barbosa, na verdade, adotou uma distinção que existe há muitos anos no Direito Comparado, nas ditas normas CFC, que consagram regimes excepcionais de tributação automática de lucros, aplicáveis exclusivamente a investimentos em "paraísos fiscais".[51]

Após a conclusão do último voto, o tribunal se viu obrigado a proclamar o resultado do julgamento da ADI nº 2.588 e, na tentativa de "salvar" aquele processo, atribuindo-lhe algum resultado prático, somaram-se aos votos dos demais ministros (recorde-se que havia um empate, de 4 a 4) os votos singulares, porque parciais, dos ministros Ellen Gracie e Joaquim Barbosa.

O resultado do julgamento da ADI 2.588 acabou sendo o seguinte:

> Decisão: Prosseguindo no julgamento, o tribunal, por maioria, julgou parcialmente procedente a ação para, com eficácia *erga omnes* e efeito vinculante, conferir interpretação conforme, no sentido de que o artigo 74 da MP nº 2.158-35/2001 não se aplica às empresas "coligadas" localizadas em países sem tributação favorecida (não "paraísos fiscais"), e que o referido dispositivo se aplica às empresas "controladas" localizadas em países de tributação favorecida ou desprovidos de controles societários e fiscais adequados ("paraísos fiscais", assim definidos em lei), vencidos os ministros Marco Aurélio, Sepúlveda Pertence, Ricardo Lewandowski e Celso de Mello. O tribunal deliberou pela não aplicabilidade retroativa do parágrafo único do artigo 74 da MP nº 2.158-35/2001. Votou o presidente, ministro Joaquim Barbosa, que lavrará

---

[51] Sobre o tema, cf. o excelente livro de MACIEL, Taísa Oliveira. *Tributação dos lucros das controladas e coligadas estrangeiras*, Rio de Janeiro, 2007, ed. Renovar.

o acórdão. Não participaram da votação os ministros Teori Zavascki, Rosa Weber, Luiz Fux, Dias Toffoli e Cármen Lúcia, por sucederem a ministros que votaram em assentadas anteriores".[52]

A solução adotada pode ser assim sintetizada:

(i) Coligadas em países normais (não paraísos fiscais) — inconstitucional;
(ii) Coligadas em paraísos fiscais — não há decisão;
(iii) Controladas em países normais (não paraísos fiscais) — não há decisão;
(iv) Controladas em paraísos fiscais — constitucional.

Temos dificuldade de concordar com a referida solução, posto que não se nos afigura possível somarem-se votos que se posicionaram por uma procedência parcial — voto da ministra Ellen Gracie e voto do ministro Joaquim Barbosa — baseados em *critérios de discriminação absolutamente distintos* e que, principalmente, são *divergentes na principal premissa* constitucional em que assenta o julgamento.

Com efeito, o voto da ministra Ellen Gracie enxerga uma aquisição da disponibilidade sobre a renda consistente no lucro da sociedade estrangeira no caso de sociedades controladas, mas não a considera existir no que concerne às coligadas.

Por seu turno, o voto do ministro Joaquim Barbosa considera que não há nunca, em qualquer hipótese, seja a empresa coligada, seja a empresa controlada, aquisição de disponibilidade sobre o lucro das investidas; a norma é inconstitucional, mas deve ser preservada — e daí a interpretação conforme à Constituição — para permitir que a Administração Tributária prossiga aplicando-a para as hipóteses de investimentos em paraísos fiscais que provocam indevida erosão nas bases tributárias nacionais.

---

[52] Também estava em julgamento a discussão a respeito da inconstitucionalidade do parágrafo único do art. 74 da MP nº 2.158-35/01, que previa a aplicação retroativa do novo regime de tributação aos lucros formados entre 1996 e 2002, sujeitos à tributação pelo regime da distribuição da Lei nº 9.532/97. A inconstitucionalidade dessa disposição foi decretada por seis votos (Celso de Mello, Marco Aurélio, Cesar Peluso, Ricardo Lewandowski, Sepulveda Pertence e Joaquim Barbosa) a quatro (Nelson Jobim, Ellen Gracie, Eros Grau e Ayres Britto).

A premissa principal reside em saber se é ou não uma ficção de aquisição de disponibilidade de renda o encerramento do balanço em 31 de dezembro de cada ano com o registro do resultado da avaliação do investimento pela equivalência patrimonial. Significa tal registro o reconhecimento de renda pelo princípio da competência ou de reconhecimento de renda não se pode falar, nem por competência, nem por caixa, antes que o direito ao lucro ou dividendo se constitua pelo ato da assembleia que delibera sua distribuição? Se se trata de uma ficção — como entendeu o ministro Joaquim Barbosa, na mesma linha adotada pelos ministros Celso de Mello, Sepúlveda Pertence, Marco Aurélio e Ricardo Lewandowski — a única solução seria a decretação do empate, posto que o critério de discrímen inovadoramente introduzido pelo ministro Joaquim Barbosa (paraíso fiscal ou não paraíso fiscal) nada tem a ver com o caráter fictício de aquisição de disponibilidade da renda que se pretendeu atribuir à equivalência patrimonial.

Por outro lado, para a ministra Ellen Gracie (na verdade nem se pode saber a opinião que ela teria porque o problema surgiu anos depois) seria indiferente o local de domicílio da empresa investida, não fazendo qualquer sentido a distinção entre coligada em "paraíso fiscal" ou em "país normal".

Ou seja, os elementos de discriminação trazidos pelos votos de procedência parcial — especialmente pelo voto do ministro Joaquim Barbosa — são tão relevantes e significativos que não poderiam, a nosso ver, ser pura e simplesmente "somados" nas suas aparentes interseções sem que os demais ministros que votaram na ação consentissem ou não com o acolhimento dos mesmos.

A impossibilidade de saber como se pronunciariam os ministros Sepúlveda Pertence, Eros Grau, Nelson Jobim, Cezar Peluso, Ayres Britto e Ellen Gracie sobre o relevante critério de discrímen trazido pelo ministro Joaquim Barbosa recomendaria que a ADI nº 2.588 se limitasse à questão do parágrafo único do artigo 74 (tributação retroativa), onde não houve quaisquer dúvidas a respeito de seu resultado.

A existência de um RE com repercussão geral permitiria a solução da questão em termos amplos e indiscutíveis, mas como antes se proclamou o resultado da ADI 2.588 com efeitos vinculantes, o julgamento do RE 611.586 acabou sendo uma mera transposição do resultado da ADI. Os ministros não tiveram qualquer margem de liberdade para manifestar seu entendimento, já que simplesmente aplicaram a solução da ADI 2.588, julgando improcedente o recurso por se tratar, no caso concreto, de uma sociedade controlada em paraíso fiscal.

No processo seguinte (RE 541.090), como não havia repercussão geral decretada, a solução adotada por apertada maioria (5 a 4)[53] — reconhecimento da constitucionalidade da norma com base no voto contábil do ministro Nelson Jobim — não teve eficácia expansiva, limitando-se ao caso concreto.

Melhor assim. Outros casos poderão ainda ser apreciados pela Suprema Corte e uma maioria mais representativa poderá formar-se para solucionar a questão em termos seguros, modernos e adequados aos valores constitucionais em presença.

No processo da Embraco ainda há que se solucionar outra questão relevantíssima, que é a de saber se o regime da lei interna (tido por constitucional naquele caso) é compatível ou não com os acordos contra a dupla tributação celebrados com a Itália e a China (países das controladas), matéria que não fora apreciada pelo TRF-4, tendo em vista ter reconhecido a inconstitucionalidade total da disposição, questão prejudicial ao exame do pedido sucessivo.

Também ainda resta a esperança de serem reconhecidos outros graves vícios do regime em questão no plano infraconstitucional, essencial e fundamentalmente a inexistência de lei prevendo a tributação do resultado de equivalência patrimonial (quem a estabelece é a Instrução Normativa 213/02), bem como o exame da norma da lei societária que (ao contrário do que sustentam alguns) limita a hipóteses marginais e excepcionalíssimas a consideração do resultado positivo de equivalência como lucros a realizar (artigo 197 da Lei 6.404/76).

No final das contas, o resultado da (in)decisão do Supremo acabou não afetando (ainda) o investimento produtivo brasileiro no exterior,

---

[53] Foram apenas nove votos porque o ministro Luiz Fux estava impedido e ainda não foi indicado o sucessor do ministro Ayres Britto.

que segue em sua batalha para ver reconhecida a inconstitucionalidade do regime no caso de países que não sejam paraísos fiscais e, principalmente, garantida a efetividade da proteção conferida pelos tratados contra a dupla tributação.

Que venham os próximos capítulos dessa interminável novela.

PARECER DA PGFN REPRESENTA RISCO DE "EXTORSÃO" TRIBUTÁRIA[54]

Indignação. Esse é o sentimento provocado pelo Parecer 202/2013, da Coordenadoria-Geral de Assuntos Tributários (CAT) da Procuradoria-Geral da Fazenda Nacional (PGFN), cujo conteúdo foi recentemente divulgado na imprensa especializada.[55] Indignação pela ousadia de se afirmar a existência de uma tributação sem lei que a estabeleça. E, o que é ainda muito pior, de se afirmar existir tributação quando a única lei que rege a matéria é categórica em prever uma isenção incondicional e irrestrita. Mas o estrago que tamanha ousadia provoca não se basta aí, caros leitores, pasmem: conseguiu-se rasgar um pacto institucional, firmado entre Executivo e Legislativo, de garantia de neutralidade fiscal. É a esse verdadeiro planejamento de "extorsão" tributária, urdido na sombra das repartições, que, indignados, dedicaremos a coluna de hoje.

* * *

O Parecer/PGFN/CAT 202/2013 respaldou a Nota 16, de 17 de maio de 2012, da Coordenação-Geral de Tributação (Cosit), da Receita Federal, que

> entende que para fins de distribuição de lucros e dividendos, previsto no artigo 10 da Lei nº 9.249, de 26 de dezembro de 1995, pelas pessoas jurídicas sujeitas ao Regime Tributário de Transição (RTT) de que trata o art. 15 da Lei 11.941, de 27 de maio de 2009, são considerados

---

[54] Artigo publicado em 15 de maio de 2013.
[55] Cf. *Valor Econômico* de sexta-feira e fim de semana 5,6 e 7 de abril de 2013, Caderno Legislação e Tributos e *Revista Capital Aberto,* maio/2013, p. 14 e ss.

isentos os lucros ou dividendos distribuídos até o montante do lucro fiscal apurado no período, ou seja, do lucro líquido apurado conforme os métodos e critérios contábeis vigentes em 31 de dezembro de 2007.

A ideia central que permeia a nota da Cosit e o raciocínio do parecer 202 a que ela aderiu, sem críticas ou ressalvas do ponto de vista jurídico (o que é espantoso), é a seguinte: a partir da introdução do RTT passaram existir dois "lucros" distribuíveis: (i) o "lucro societário", apurado de acordo com as regras contábeis da Lei 6.404/76 (Lei das S.A.), com as alterações introduzidas pelas Leis 11.638/07 e 11.941/09; e (ii) o "lucro fiscal", equivalente ao "lucro societário" submetido à aplicação do RTT, ou seja, expurgado dos efeitos dos novos critérios de reconhecimento de receitas, custos e despesas vigentes a partir de 2008, que seguem os International Financial Reporting Standards (IFRS).[56]

O "lucro fiscal", sujeito às adições, exclusões e compensações prescritas pela legislação tributária (consolidadas no Decreto 3.000/99 — Regulamento do Imposto de Renda), é o *lucro real*, base de cálculo do Imposto de Renda das Pessoas Jurídicas.[57]

No entendimento da Cosit, encampado pelo parecer da PGFN, a não incidência de Imposto de Renda sobre lucros ou dividendos assegurada pelo artigo 10 da Lei 9.249/95 estaria limitada ao montante do "lucro fiscal", não alcançando o chamado "lucro societário".

---

[56] O art. 16 da Lei nº 11.941/09 estabelece que "as alterações introduzidas pela Lei nº 11.638, de 28 de dezembro de 2007, e pelos arts. 37 e 38 desta Lei que modifiquem o critério de reconhecimento de receitas, custos e despesas computados na apuração do lucro líquido do exercício definido no art. 191 da Lei nº 6.404, de 15 de dezembro de 1976, não terão efeitos para fins de apuração do lucro real da pessoa jurídica sujeita ao RTT, devendo ser considerados, para fins tributários, os métodos e critérios contábeis vigentes em 31 de dezembro de 2007".

[57] Eis a síntese do pensamento da Cosit: "Resumidamente, tem-se que: a) inicialmente, a pessoa jurídica sujeita ao RTT deve utilizar a Lei nº 6.404, de 1976, já considerando os métodos e critérios introduzidos pela Lei nº 11.638, de 28 de dezembro de 2007, para assim atingir o que denominamos como 'lucro societário'; b) em um segundo momento, devem ser realizados ajustes específicos ao lucro líquido do período obtido conforme o item 'a', de modo a reverter o efeito da utilização dos novos métodos e critérios contábeis, encontrando, assim, a pessoa jurídica sujeita ao RTT o denominado 'lucro fiscal' (ou, de forma mais exata, o resultado contábil considerando os métodos e critérios preconizados pela Lei nº 6.404, de 1976, vigente em 31 de dezembro de 2007); c) finalmente, de modo a obter o lucro real, devem, em uma terceira etapa, ser realizados os demais ajustes de adição, exclusão e compensação previstos na legislação tributária."

Assim, por exemplo, se o "lucro fiscal" fosse 90 e o "lucro societário" 100, a isenção alcançaria apenas os 90. A diferença de 10 seria tributável, só não se sabe nas mãos de quem, a que título, sobre qual valor e a qual alíquota!

É isso que o Parecer propõe ao concluir

> que o entendimento exarado na Nota Técnica 16 — Cosit, segundo o qual para fins de distribuição de lucros e dividendos, pelas pessoas jurídicas sujeitas ao Regime Tributário de Transição (RTT), de que trata o artigo 15 da Lei 11.941, de 2009, são considerados isentos os lucros ou dividendos distribuídos até o montante o lucro fiscal apurado no período, ou seja, do lucro líquido, apurado conforme os métodos e critérios contábeis vigentes em 31 de dezembro de 2007, é o mais adequado ao caso de que trata.

Diz-se que a tributação da diferença é o "entendimento (...) mais adequado ao caso de que trata", mas não se elucidam quais os elementos essenciais do "novo" tributo incidente sobre tal diferença. Contribuinte, fato gerador, base de cálculo e alíquota — elementos nucleares dos tributos, submetidos por mandamento constitucional ao *princípio da legalidade*[58] —, permanecem ocultos, não são divulgados para os cidadãos pela "nova" fonte normativa: um parecer da PGFN que respalda nota técnica da Cosit!

Como já ensinava Alberto Xavier no clássico *Os princípios da legalidade e da tipicidade da tributação*:

> O princípio da legalidade tributária, nos quadros do Estado de Direito, é essencialmente um critério de realização de justiça; mas não é, do mesmo passo, um critério de sua realização em termos seguros e certos. A ideia de segurança jurídica é, decerto, bem mais vasta do que a legalidade; mas posta em contato com esta não pode deixar de a modelar, de lhe imprimir um conteúdo, que há de necessariamente revelar o grau de segurança ou certeza imposto, ou pelas concepções dominantes, ou pelas peculiaridades do setor a que respeita. Ora, o Direito Tributário é de todos os ramos do Direito aquele em que a segurança jurídica assume a sua maior intensidade possível e é por

---

[58] Cf. art. 146 da CF/88 e art. 97 do CTN.

isso que nele o princípio da legalidade se configura como uma reserva absoluta de lei formal.[59]

A exigência de um reserva de lei formal como expressão da segurança jurídica no seu duplo conteúdo é explicada com clareza e erudição pelo professor:

> Sem embargo de se denotarem neste campo algumas imprecisões terminológicas, pode dizer-se que a doutrina dominante — especialmente a alemã — tende a ver a essência da segurança jurídica na suscetibilidade de previsão objetiva, por parte dos particulares, das suas situações jurídicas (*Vorhersehbarkeit* e *Vorausberenchenbarkeit*), de tal modo que estes possam ter uma expectativa precisa dos seus direitos e deveres, dos benefícios que lhes são concedidos ou dos encargos que hajam de suportar. Daqui resulta que a ideia geral de segurança jurídica se analise — como observam Löhlein e Jaenke — num *conteúdo formal*, que é a estabilidade do Direito e num *conteúdo material*, que consiste na chamada "proteção da confiança" (*Vertrauensschutz*).
> Precisamente o conceito de "proteção da confiança" assume no Direito Tributário uma larga projeção. Na Alemanha, o Tribunal Constitucional proclamou mesmo ser um imperativo constitucional de qualquer Estado de Direito aquilo que chamou o "princípio da proteção da confiança na lei fiscal" (*Vertrauengrundstatz bei Steuergesetzen; Verlüssichkeit des Gesetzes*) e segundo o qual as leis tributárias devem ser elaboradas de tal modo que garantam ao cidadão a confiança de que lhe facultam um quadro completo de quais as suas ações ou condutas originadoras de encargos fiscais. Como bem observa Bachmayr, o *princípio da confiança na lei fiscal, como imposição do princípio constitucional da segurança jurídica, traduz-se praticamente na possibilidade dada ao contribuinte de conhecer e computar os seus encargos tributários com base direta e exclusivamente na lei*.[60]

Parafraseando Ítalo Calvino, é por isso que os clássicos devem ser lidos. Para aprender que o Estado de Direito alicerça-se na segurança jurídica e na previsibilidade da ação estatal e que, por isso e para isso, os tributos

---

[59] Cf. *Os princípios da legalidade e da tipicidade da tributação*. São Paulo, 1978, Editora Revista dos Tribunais, p. 43.
[60] Cf. op. cit, 44 ss.

estão submetidos a uma *reserva absoluta de lei formal*. É absolutamente intolerável e inadmissível a pretensão de tributar sem lei, com base em entendimento de parecer da PGFN e/ou de nota técnica da Cosit. Nunca é demais repetir o velho brocardo: *Nullum tributum sine praevia lege*.

Ora, o artigo 10 da Lei 9.249/95 não contém qualquer ressalva ou condição para a isenção:

> os lucros ou dividendos calculados com base em resultados apurados a partir do mês de janeiro de 1996, pagos ou creditados pelas pessoas jurídicas tributadas com base no lucro real, presumido ou arbitrado, não ficarão sujeitos à incidência do Imposto de Renda na fonte, nem integrarão a base de cálculo do Imposto de Renda do beneficiário, pessoa física ou jurídica, domiciliado no país ou no exterior.

De nossa parte, bastaria a constatação da (i) inexistência de uma lei prevendo a tributação de uma eventual diferença entre "lucro societário" e "lucro fiscal" e (ii) existência de uma lei expressamente prevendo a isenção, sem ressalvas ou condições, para dar por encerrada a discussão. Não deixaremos, porém, de tecer considerações sobre a questão em face de argumentos que se amparam numa suposta "vontade do legislador".

Com efeito, para defender a tributação sem lei que a estabeleça, o Parecer 202 recorre à sua interpretação daquilo que viria a ser a "vontade do legislador". Como o motivo da isenção do artigo 10 da Lei 9.249/95 está em evitar-se uma dupla ou plúrima tributação econômica do mesmo lucro nas mãos da pessoa jurídica que os gerou e de seus sócios na cadeia ascendente de participações,[61] não poderia haver distribuição isenta de parcelas do lucro que não tenham sido ainda tributadas, em virtude do RTT, ao nível das pessoas jurídicas que originariamente os geraram.

Ocorre que mesmo nas regras anteriores ao RTT, o lucro tributável (lucro real) nunca coincidiu com o lucro contábil-societário, apurado de acordo com a Lei 6.404/76. Como bem observa Jimir Doniak Jr.,

---

[61] Na Exposição de Motivos da Lei nº 9.249/95, afirma-se que "com relação à tributação dos lucros e dividendos, estabelece-se a completa integração entre a pessoa física e a pessoa jurídica, tributando-se esses rendimentos exclusivamente na empresa e isentando-os quando do recebimento pelos beneficiários".

> (...) não foram as novas normas contábeis, derivadas do IFRS, as responsáveis por originar uma diferença entre o lucro societário e contábil de um lado, e o lucro tributável de outro. Essa diferença sempre existiu, o que não impediu o legislador de aprovar a isenção na distribuição do lucro societário/contábil. As novas normas contábeis apenas aprofundaram a distância entre os dois tipos de lucro.[62]

Também não cabe perquirir agora, 18 anos depois, qual teria sido o tratamento dado pelo legislador que criou a isenção diante dos efeitos do RTT. Como ensina o mesmo autor,

> (...) ao ser aprovada, a norma desprende-se do legislador e passa a ser aplicada inclusive em situações não previstas por ele. Improcede, assim, argumentar que o legislador talvez não concedesse a isenção para lucros e dividendos quando eles passam a distanciar-se sobremaneira do lucro tributável.[63]

Acresce, por fim, que o entendimento acolhido pelo Parecer 202 tem o significado de uma ruptura de pacto institucional firmado entre dois Poderes da República em benefício dos contribuintes.

Como se sabe, a adoção dos IFRS conduziu à mudança de certos critérios de reconhecimento de receitas, custos e despesas e da avaliação de ativos e passivos, cuja complexidade técnica escapa aos limites desta coluna. Em síntese, pode-se dizer, entretanto, que são medidas de proteção dirigidas aos acionistas-investidores visando proporcionar-lhes um "retrato" mais fidedigno da realidade econômica das empresas investidas.

A aprovação das novas regras legais foi condicionada pelo Congresso Nacional à sua *neutralidade fiscal*, já que muitas delas significavam a antecipação do reconhecimento de receitas e a contabilização de ativos a valores de mercado.

O Congresso exigiu, em nome da segurança jurídica (vejam só!), que não houvesse aumento da carga tributária, daí a criação do RTT e o compromisso de que a nova lei que vier a ser editada regulan-

---

[62] Cf. "Dividendos, Alteração da Lei das S/A e Regime Tributário de Transição – RTT", in *Revista Dialética de Direito Tributário,* nº 200, p. 31 ss.
[63] Cf. *op. cit.*, p. 35.

do os efeitos fiscais pós-RTT consagrará igualmente a neutralidade fiscal.[64]

A aplicação do RTT veio, assim, evitar uma tributação antecipada, mas, jamais, se propôs sua eliminação total e absoluta, já que a mesma seguirá existindo, apenas diferida, quando realizada de acordo com os critérios pretéritos.

Assim, exigir que a parcela do "lucro societário", não tributada por força do RTT, eventualmente distribuída, seja desde já tributada significa romper com a neutralidade fiscal e provocar uma dupla tributação do mesmo lucro: agora, por ocasião da distribuição do dito "excesso", e no futuro, por ocasião da efetiva realização dessa parcela segundo as normas anteriormente vigentes.

* * *

Não se pode conceber uma tributação instituída por atos internos interpretativos da Administração Fiscal. Não há segurança jurídica que resista a planejamentos de "extorsão" tributária urdidos na sombra das repartições. Em que mais poderá o cidadão confiar?

A neutralidade fiscal foi uma condição *sine qua non* imposta pelo Congresso Nacional para a aprovação das novas regras contábeis. A pretensão do Parecer 202 equivale a um "golpe de Estado": anula o compromisso assumido pelo Executivo com o Legislativo, ao tributar aquilo que deveria ser fiscalmente neutro e que não deixará (nem deixaria) de ser tributado no futuro, à medida de sua efetiva realização. Só nos resta indignação ante tamanha brutalidade contra o Estado de Direito.

---

[64] A Exposição de Motivos da MP 449, convertida na Lei nº 11.941/09, é explícita nesse sentido: "7. No que concerne ao Regime Tributário de Transição – RTT, objetiva-se neutralizar os impactos dos novos métodos e critérios contábeis introduzidos pela Lei nº 11.638, de 2007, na apuração das bases de cálculo de tributos federais nos anos de 2008 e 2009, bem como alterar a Lei nº 6.404, de 1976, no esforço de harmonização das normas contábeis adotadas no Brasil às normas contábeis internacionais. 8. (...). Assim, faz-se mister a adoção do RTT, conforme definido nos arts. 15 a 22 desta Medida Provisória, para neutralizar os efeitos tributários e remover a insegurança jurídica. 9. (...) Nesse contexto, o § 1º do art. 15 da proposição em tela prevê a aplicação do RTT até que seja editada lei regulando definitivamente os efeitos tributários das mudanças de critérios contábeis, a qual pretende-se que seja neutra, ou seja, que não afete a carga tributária."

MULTIPLICAÇÃO DAS CIDES TEM CONSEQUÊNCIAS NEFASTAS[65]

A famosa e celebrada criatividade brasileira também se manifesta no domínio tributário. A intensidade com que se instituíram novos tributos no país nos últimos anos é algo surpreendente e, sem dúvida, as contribuições de intervenção no domínio econômico (Cides) são as "estrelas" do espetáculo do crescimento da carga tributária.

A começar por um étimo mais light (melhor contribuir com algo do que ser imposto), passando por um regime constitucional menos rigoroso para sua instituição, pela aparente "nobreza" dos propósitos interventivos, e, finalmente, pela garantia de a União concentrar sua arrecadação, que não é repartida com os outros entes da federação, tudo isso explica a estonteante multiplicação de tributos federais dessa natureza.[66] Interessante constatar que o seu fracionamento em inúmeras siglas (Cide-royalties, Cide-combustíveis, Condecine, Fust, Funtel, Sebrae etc.), as torna isoladamente consideradas mais palatáveis para o público em geral. Fossem reunidas e somadas as suas diversas alíquotas, haveria decerto uma vigorosa rejeição.

---

[65] Artigo publicado em 7 de agosto de 2013.

[66] "Como reação à descentralização da reforma de 1988, a União passou a cobrar cada vez mais contribuições e mesmo taxas e, em consequência, reduziu a importância relativa dos impostos cuja receita era compartilhada com estados e municípios. Foi no bojo dessas mudanças que foram criadas a Cofins, a CSLL, a CPMF e as Cides. Além de afetar o equilíbrio federativo, a justiça social e a eficiência econômica também foram prejudicadas, porque muitas dessas contribuições têm natureza regressiva e cumulativa. São cobradas de forma invisível, embutidas nos preços dos bens e serviços, e hoje já propiciam uma arrecadação maior que aquela derivada dos impostos clássicos". (Proposta de Sistema Tributário do Senado Federal, Subcomissão Temporária de Reforma Tributário, senador Francisco Dornelles, Brasília-DF, 2008, p. 25).

Após a promulgação da Constituição Federal de 1988, as grandes discussões judiciais em matéria tributária respeitavam à transição entre os regimes constitucionais. Como acomodar os tributos preexistentes, como instituir novos tributos, quais os mecanismos jurídicos adequados ao rol de garantias conferido aos contribuintes pela nova ordem constitucional? O equacionamento dessas questões foi sendo feito paulatinamente pelo Supremo Tribunal Federal: julgaram-se o PIS, o Finsocial das pessoas jurídicas em geral e das prestadoras de serviços, a Contribuição Social sobre o Lucro Líquido, a Cofins, entre outros.

Chamado a pronunciar-se sobre o regramento aplicável às Cides, o STF prosseguiu na interpretação mais branda da exigência constitucional de uma lei complementar prévia à sua instituição, sem perceber que, com isso, se abririam as portas para a assombrosa multiplicação dessa espécie tributária.

Com efeito, no julgamento do Recurso Extraordinário 396.266/SC, em 26 de novembro de 2003, versando sobre a contribuição ao Serviço Brasileiro de Apoio às Micro e Pequenas Empresas (Sebrae), o STF adotou orientação segundo a qual

> as contribuições do artigo 149, CF — contribuições sociais, de intervenção no domínio econômico e de interesse de categorias profissionais ou econômicas – posto estarem sujeitas à lei complementar do artigo 146, inciso III, CF, isto não quer dizer que deverão ser instituídas por lei complementar. A contribuição social do artigo 195, parágrafo 4º, CF, decorrente de 'outras fontes', é que, para a sua instituição, será observada a técnica da competência residual da União: CF, artigo 154, inciso I, *ex vi* do disposto no artigo 195, parágrafo 4º. A contribuição não é imposto. Por isso, não se exige que a lei complementar defina a sua hipótese de incidência, a base imponível e contribuintes: CF, artigo 146, inciso III, alínea 'a'.

Prevaleceu, assim, o entendimento de que a remissão feita pelo artigo 149 ao artigo 146, III não teria o significado de uma exigência de lei complementar prévia à instituição das CIDEs, mas tão somente o de sua sujeição às "(...) normas gerais atualmente existentes, veiculadas pelo CTN, bem como as que vierem a ser futuramente introduzidas no ordenamento por outras leis complementares, desde que compatíveis com as características essenciais das contribuições".⁶⁷

Em sentido contrário a essa interpretação mais branda, reconhecendo que a referência ao artigo 146, inciso III tinha, sim, o significado de uma exigência de lei complementar prévia e específica, justamente para coibir o fenômeno — já vivenciado no passado — da multiplicação das Cides, está o testemunho do então ministro Nelson Jobim, um dos mais ativos parlamentares na Assembleia Constituinte, no julgamento do RE 214.206-9/AL, versando sobre a contribuição ao Instituto do Açúcar e do Álcool (IAA):

> Na Constituição de 1988 — recordo-me perfeitamente das razões da discussão a esse respeito —, como, no sistema constitucional de 1967 e 1969, as contribuições sociais de intervenção no domínio econômico tinham-se expandido e, *para evitar que o Poder Executivo pudesse expandir a área tributária pela via das contribuições, condicionou-se a criação de contribuição no domínio econômico à lei complementar*. (Grifo Nosso)

A exigência de lei complementar para as Cides criadas após a Constituição de 1988 foi assim examinada no voto do ministro Marco Aurélio no RE 218.061-5/SP em matéria de Adicional de Tarifa Portuária (ATP):

> A Lei nº 7.700/88 foi editada quando já em vigor a Carta de 1988, ou seja, em 21 de dezembro de 1988. A regência, sob aspecto formal e considerada a óptica de consubstanciar o Adicional de Tarifa Portuária uma contribuição social de intervenção no domínio econômico, faz-se pelo artigo 149, nela inserido. Surge, então, o defeito de forma, porquanto a instituição de qualquer contribuição, além das previstas no artigo 195, inciso I, pressupõe lei complementar que defina os respectivos parâmetros e o Código Tributário Nacional é silente sobre essa espécie de contribuição, não havendo sido editada, até aqui, a lei complementar exigida e a partir da qual poderia atuar o legislador ordinário. Aliás, o próprio artigo 149 referido remete ao artigo 146, inciso III, que levou Ives Gandra a ressaltar, em "Comentários à Constituição do Brasil", que:

---

⁶⁷ Cf. para maiores desenvolvimentos sobre o tema PIMENTA, Paulo Roberto Lyrio. *Contribuições de intervenção no domínio econômico*, Dialética, São Paulo, 2002, p. 24 ss.

"À evidência, uma nova contribuição terá que ser definida primeiramente por lei complementar, por força do artigo 146, III, visto que é uma espécie tributária e não poderá, em face do artigo 154, I, ter fato gerador e base de cálculo idênticos aos de outros impostos, sobre não poder ser cumulativa."

Portanto, o enquadramento do adicional como contribuição e a declaração de plena harmonia com o Texto Constitucional discrepam do meio normativo utilizado — a lei ordinária e não a lei complementar. Este caso é residual. A importância do tema projeta-se no tempo. O Supremo Tribunal Federal é o guarda maior da Constituição, *não podendo ter como simplesmente retórica a referência no artigo 149 da Carta ao disposto no artigo 146, III, nela inserido*. Fico a imaginar, até mesmo, a atuação monocrática via medida provisória, meio normativo tão deturpado, sob o ângulo constitucional, nos dias de hoje. A atuação seria livre, sem as peias decorrentes de normas gerais previstas, de forma menos flexível, em lei complementar.

Lembre-se, mais uma vez, a razão de ser da remissão ao referido artigo 146, inciso III: *outra não é senão colar segurança à atuação do legislador, ante a excepcionalidade da previsão constitucional de criação do tributo, ou seja, de intervenção nos domínio mencionado exaustivamente.* (grifo nosso)

Foram proféticas as sábias palavras do ministro Marco Aurélio. Experimentam-se hoje no país as nefastas consequências do abrandamento da garantia constitucional de exigência de lei complementar. Inúmeras contribuições de intervenção no domínio econômico foram criadas, muitas por medida provisória, e suas hipóteses de incidência amplamente alargadas, sendo invariavelmente coincidentes com as de outros tributos federais.

Um exemplo paradigmático é a Contribuição para o Desenvolvimento da Indústria Cinematográfica Nacional (Condecine), instituída pela Medida Provisória 2.228, de 6 de setembro de 2001. Vejam como o risco para o qual alertava o ministro Marco Aurélio se concretizava:

Art. 32. A Contribuição para o Desenvolvimento da Indústria Cinematográfica Nacional — Condecine terá por fato gerador:[68]
I — a veiculação, a produção, o licenciamento e a distribuição de obras cinematográficas e videofonográficas com fins comerciais, por segmento de mercado a que forem destinadas;

---

[68] Redação dada pela Lei 12.485, de 2011.

II — a prestação de serviços que se utilizem de meios que possam, efetiva ou potencialmente, distribuir conteúdos audiovisuais nos termos da lei que dispõe sobre a comunicação audiovisual de acesso condicionado, listados no Anexo I desta Medida Provisória;
III — a veiculação ou distribuição de obra audiovisual publicitária incluída em programação internacional, nos termos do inciso XIV do art. 1o desta Medida Provisória, nos casos em que existir participação direta de agência de publicidade nacional, sendo tributada nos mesmos valores atribuídos quando da veiculação incluída em programação nacional.

De acordo com o parágrafo único do artigo 32, "a Condecine também incidirá sobre o pagamento, o crédito, o emprego, a remessa ou a entrega aos produtores, distribuidores ou intermediários no exterior, de importâncias relativas a rendimento decorrente da exploração de obras cinematográficas e videofonográficas ou por sua aquisição ou importação, a preço fixo", acrescentando o parágrafo 2º do artigo 33 que "na hipótese do parágrafo único do artigo 32, a Condecine será determinada mediante a aplicação de alíquota de 11% sobre as importâncias ali referidas".

Sucede que, paralelamente à Condecine, o poder Executivo havia instituído pela Lei 10.168/2000 uma Cide para financiar o Programa de Estímulo à Interação Universidade-Empresa para o Apoio à Inovação que, na sua versão originária, incidia na alíquota de 10% sobre os pagamentos devidos por pessoa jurídica detentora de licença de uso ou adquirente de conhecimentos tecnológicos, bem como aquela signatária de contratos que impliquem transferência de tecnologia, firmados com residentes ou domiciliados no exterior (artigo 2º, *caput*). Esclarecia o parágrafo 1º do referido artigo que "consideram-se, para fins desta Lei, contratos de transferência de tecnologia os relativos à exploração de patentes ou de uso de marcas e os de fornecimento de tecnologia e prestação de assistência técnica".

Posteriormente, a Lei 10.332/2001 introduziu um novo parágrafo 2º ao artigo 2º da Lei 10.168/2000, criando novas hipóteses de incidência da contribuição que passou

> (...) a ser devida também pelas pessoas jurídicas signatárias de contratos que tenham por objeto serviços técnicos e de assistência administrativa e semelhantes a serem prestados por residentes ou domi-

ciliados no exterior, bem assim pelas pessoas jurídicas que pagarem, creditarem, entregarem, empregarem ou remeterem *royalties*, a qualquer título, a beneficiários residentes ou domiciliados no exterior.

Ocorre que, tradicionalmente, nossa legislação tributária qualificava as remunerações de licença de uso de direitos autorais como *royalties*. Segundo o artigo 22 da Lei 4.506/1964

> serão classificados como *royalties* os rendimentos de qualquer espécie decorrentes do uso, fruição, exploração de direitos, tais como: (....) d) exploração de direitos autorais, salvo quando percebidos pelo autor ou criador da obra.

Assim sendo, lançou-se a dúvida. Pode a Cide-royalties incidir também sobre as remunerações pela licença de exploração de obras cinematográficas e videofonográficas, já sujeitas à Condecine?

A resposta que vinha sendo dada pelo Conselho Administrativo de Recursos Fiscais (Carf) era categoricamente negativa.[69]

Em primeiro lugar, porque em referidos pagamentos "não há qualquer transferência de tecnologia, que constitui o âmago da exação prevista no artigo 2º da Lei 10.168, de 29 de dezembro de 2000, que justifique a incidência da Cide (...)" (Acórdão 302-38.763).

Todo bom aluno de Direito sabe ser regra basilar de hermenêutica que as disposições legais devem ser interpretadas de forma coordenada. Há uma relação interna de subordinação entre o *caput* e os parágrafos. Por isso não é razoável admitir que todo e qualquer royalty, mesmo que não tenha conteúdo tecnológico, subsuma-se à tributação de uma Cide criada para financiar um programa cujo

> "(...) objetivo principal é *estimular o desenvolvimento tecnológico brasileiro*, mediante programas de pesquisa científica e tecnológica cooperativa entre universidades, centros de pesquisa e o setor produtivo. (artigo 1º da Lei 10.168/2000).

Em segundo, lugar porque o artigo 10 do Decreto 4.195, de 11 de abril de 2002, que regulamenta a Lei 10.168/2000, ao interpretar a ex-

---

[69] Cf. Acórdãos 301-34.753, 302-38.763 e 303-35.834.

tensão da incidência da Cide em matéria de royalties, listando taxativamente o rol dos contratos sujeitos à tributação, em momento algum fez incluir as remunerações relacionadas com a exploração de direitos sobre obras audiovisuais e videofonográficas, *in verbis*:

> A contribuição de que trata o artigo 2º da Lei 10.168, de 2000, incidirá sobre as importâncias pagas, creditadas, entregues, empregadas ou remetidas, a cada mês, a residentes ou domiciliados no exterior, a título de royalties ou remuneração, previstos nos respectivos contratos, que tenham por objeto:
>
> I — fornecimento de tecnologia;
> II — prestação de assistência técnica:
> a) serviços de assistência técnica;
> b) serviços técnicos especializados;
> III — serviços técnicos e de assistência administrativa e semelhantes;
> IV — cessão e licença de uso de marcas; e
> V — cessão e licença de exploração de patentes.

E, finalmente, em terceiro lugar, porque a tributação incide

> (...) sobre os mesmos fatos, isto é, pela remessa ou entrega no exterior de rendimento decorrente da exploração de obras cinematográficas, se considerarmos que no presente caso haveria a incidência da CIDE sobre royalties, teríamos um exemplo de *bis in idem*, o que não pode ser aceito. (Acórdão nº 302-38.763)

Lamentavelmente, a 3ª Turma da Câmara Superior de Recursos Fiscais (CSRF), no Acórdão 9303-01.864, de 6 de março de 2012, *por voto de qualidade*, reformou o Acórdão 302-38.763, para proclamar que

> o pagamento de royalties a residentes ou domiciliados no exterior, a título de contraprestação exigida em decorrência de obrigação contratual, *seja qual for o objeto do contrato*, faz surgir a obrigação tributária referente a essa Cide. (grifo nosso).

A orientação em questão é frontalmente contra a interpretação — que nos parece ser a mais correta — dada pelo artigo 10 do Decreto nº 4.195/2002, nos termos da qual apenas se sujeitam à CIDE-royalties as remunerações de conteúdo tecnológico por natureza (incisos I, II e III) ou por equiparação[70] (inciso IV), não alcançando, assim, todos e quaisquer royalties, "seja qual for o objeto do contrato".

Mas nesta decisão a CSRF não apreciou em profundidade uma questão fundamental que é a da eficácia vinculante do artigo 10 do Decreto 4.195/2002 para os órgãos de lançamento. Ora, os decretos do presidente da República são expedidos para a fiel execução das leis. A interpretação oficial e autêntica do chefe do poder Executivo é vinculante para os órgãos da administração e deve, por isso, ser obedecida pelos agentes fiscais da Receita Federal do Brasil. Não é juridicamente admissível o descumprimento de uma ordem do chefe do Executivo, dada ao conhecimento dos particulares como sua interpretação oficial para a *fiel execução da lei*. O que dizer aos particulares contribuintes da Condecine, que pautaram suas condutas acreditando naquela ordem interpretativa e, sem maiores explicações, são surpreendidos por uma cobrança adicional? Que simplesmente paguem também a Cide-royalties com multa de lançamento de ofício à módica razão de 75% mais os juros Selic.

Esperamos que a CSRF reveja seu posicionamento e prestigie o primado da segurança jurídica e da previsibilidade da ação estatal. Somente reconhecendo a eficácia vinculante da interpretação dada pelo artigo 10 do Decreto 4.195/2002, se poderão conferir aos particulares a devida segurança jurídica, a confiança na palavra do chefe do poder Executivo e uma justa medida de tributação, assegurando a tributação da mesma hipótese de incidência por apenas uma das Cides em questão.

---

[70] Equiparação essa feita pelo parágrafo 1o do artigo 2º da Lei 10.168/2000.

SOLUÇÃO COSIT PREJUDICA EMPRESAS BRASILEIRAS[71]

Na semana passada, foi realizado em Copenhague o 67º Congresso da International Fiscal Association (IFA), do qual tive a honra de participar como conferencista em painel dedicado às questões relacionadas com a tributação de operações envolvendo os chamados *créditos de carbono*. Restou claro no debate que, muito embora a crise econômica europeia tenha contribuído para o arrefecimento do mercado, o certo é que ainda não se conseguiram criar melhores alternativas ao mecanismo do Protocolo de Kyoto que, ao menos em números, tem se mostrado eficaz.[72] O desafio daqui em diante será conseguir interligar os mercados que se têm estabelecido em diversas jurisdições[73] e a harmonização do tratamento tributário será fundamental para tanto.

A delegação brasileira presente no congresso uma vez mais foi significativa. Participaram quase 70 delegados, entre advogados autônomos, advogados de empresas, profissionais de empresas de auditoria, procuradores e juízes. Para isso, foi fundamental o trabalho da Associação Brasileira de Direito Financeiro (ABDF), a representação da IFA no Brasil (IFA Branch), capitaneada pelo seu secretário-geral e nosso colega colunista Gustavo Brigagão e pelos diretores lá presentes André

---

[71] Artigo publicado em 4 de setembro de 2013.
[72] O chamado mercado de carbono ajudou a reduzir as emissões de carbono em um bilhão de toneladas em sete anos, atraiu USD 215 bilhões em investimentos em energia renovável nos países em desenvolvimento (mais do que qualquer fundo ambiental privado) e reduziu os gastos de contenção das mudanças climáticas em USD 3,6 bilhões. (*The Economist* – www.economist.com/node/21562961).
[73] Europa, Austrália, Nova Zelândia, Califórnia.

Gomes de Oliveira,[74] Marcos Vinhas Catão, André de Souza Carvalho e o professor Heleno Torres, também colunista desta Conjur, na condição de vice-presidente do Comitê Executivo da IFA.

Já estamos na contagem regressiva para 2017, quando será a vez do Brasil. O Rio de Janeiro sediará esse encontro de altíssimo nível científico pelo que, doravante, a presença brasileira se faz cada vez mais importante.

Não poderia deixar de fazer um agradecimento muito especial a Ana Cláudia Utumi, que muito contribuiu para me proporcionar essa experiência única, submetendo meu nome à organização para representar a América Latina. Diretora da ABDF em São Paulo e membro do Comitê Científico Permanente da IFA, órgão que define o conteúdo científico dos congressos, Ana Cláudia participou da concorrida mesa de debates dedicada às questões atuais da tributação internacional, ao lado de expoentes como Phillip Baker, Jeffrey Owens, Jacques Sasseville, Porus Kaka (presidente da IFA), entre outros.

Coube a ela a árdua tarefa de expor ao público as "novidades" do Brasil, especialmente explicar a decisão tomada em abril desse ano pelo Supremo Tribunal Federal na ADI 2.588 sobre a inconstitucionalidade do artigo 74 da MP 2.158-35/2001 que, combinado com o artigo 25 da Lei 9.249/95, instituiu no Brasil um sistema de tributação único, que taxa automaticamente os lucros não distribuídos de sociedades controladas e coligadas no exterior.

Como os leitores devem se recordar, em nossa coluna de 17 de abril de 2013, intitulada "Tributação de lucro no exterior segue indefinida no STF", debruçamo-nos sobre diversos aspectos da decisão e concluímos que o STF — especialmente após o voto-vista do ministro Joaquim Barbosa — tentou corrigir os rumos, dando uma interpretação conforme a Constituição para compatibilizar a legislação extraterritorial do Brasil com as práticas internacionais. De acordo com essa orientação, as normas de tributação automática somente seriam constitucionais quando aplicadas a lucros oriundos de sociedades controladas domiciliadas nos chamados "paraísos fiscais". No que concerne aos países

---

[74] Responsável pelo *National report* do *Subject 1 – The taxation of foreign passive income for groups of companies* (A tributação de rendas passivas nos grupos de empresas).

"normais", isto é, que tributam efetivamente a renda, a lei seria inconstitucional.

Sucede que a questão acabou sendo resolvida em termos *erga omnes* apenas para afirmar a constitucionalidade da aplicação da lei para controladas em paraísos fiscais, remanescendo por decidir o que fazer em relação aos lucros de controladas nos países "normais", dentre os quais estão, naturalmente, os países que celebraram tratados contra a dupla tributação com o Brasil.

Sem aguardar um pronunciamento final do Poder Judiciário a respeito da matéria, o Fisco brasileiro, em (mais) uma demonstração de total e absoluto desrespeito às regras de tributação internacional, emitiu a Solução de Consulta Interna 18 – Cosit, de 8 de agosto de 2013, em que concluiu: "A aplicação do disposto no artigo 74 da Medida Provisória 2.158-35, de 2001, não viola os tratados internacionais para evitar a dupla tributação."

O silogismo do pensamento do Fisco lê-se nas conclusões:

> 34.1. A norma interna incide sobre o contribuinte brasileiro, inexistindo qualquer conflito com os dispositivos do tratado que versam sobre a tributação de lucros; 34.2. O Brasil não está tributando os lucros da sociedade domiciliada no exterior, mas sim os lucros auferidos pelos próprios sócios brasileiros; e 34.3. A legislação brasileira permite à empresa investidora no Brasil o direito de compensar o imposto pago no exterior, ficando, assim, eliminada a dupla tributação, independentemente da existência de tratado.

Com o devido respeito à Cosit, o silogismo de seu pensamento assenta em premissas absolutamente falsas. Muitas delas já foram por nós refutadas em outras colunas, mas não podemos deixar de recordá-las, ainda que brevemente.

Obviamente a norma interna só poderia incidir sobre contribuinte brasileiro. Embora tudo se possa esperar do Fisco brasileiro, ele ainda não teve a ousadia de considerar contribuinte no Brasil empresas estrangeiras. Mas a verdade é que o *objeto* da tributação previsto em *lei* é o lucro de empresa estrangeira. O artigo 25, inciso II, da Lei 9.249/95 é imperativo: "os lucros a que se refere o inciso I serão *adicionados ao lucro líquido* da matriz ou *controladora na proporção de sua participação acionária, para apuração do lucro real*".

A adição dos lucros das sociedades estrangeiras ao lucro líquido da controladora não tem o condão de conferir nacionalidade brasileira aos mesmos. São e continuarão sendo lucros de sociedades controladas, com personalidade jurídica própria, domiciliadas no exterior e aí submetidas à tributação local.

E nem se diga que a obrigação de avaliar investimentos pelo Método da Equivalência Patrimonial (MEP) teria o condão de promover referida "nacionalização". Ora, o MEP é adotado no Brasil desde a Lei 6.404/1976 como uma técnica de avaliação contábil dos investimentos em sociedades coligadas e controladas. Com ele pretendeu-se conferir aos acionistas uma ferramenta para ver refletidas na "sociedade-mãe" as variações patrimoniais das empresas situadas nos diversos degraus de uma cadeia de participações. Mas o Decreto-Lei 1.598/77, consentâneo com o artigo 43 do Código Tributário Nacional (CTN), consagrou a neutralidade fiscal dos elementos (positivos e negativos) que compõem o chamado resultado de equivalência patrimonial em seu art. 23 e parágrafo único, *verbis*:

> A contrapartida do ajuste de que trata o artigo 22, *por aumento ou redução no valor de patrimônio líquido do investimento, não será computada na determinação do lucro real.*
> Parágrafo único. *Não serão computadas na determinação do lucro real as contrapartidas de ajuste do valor do investimento* ou da amortização do ágio ou deságio na aquisição, nem os ganhos ou perdas de capital *derivados de investimentos em sociedades estrangeiras coligadas ou controladas que não funcionem no país.*
> Que a lei não tributa o resultado de equivalência patrimonial também proveniente de participadas estrangeiras foi categoricamente afirmado no parágrafo 6º do artigo 25 da Lei 9.249/1995: *os resultados da avaliação dos investimentos no exterior, pelo método da equivalência patrimonial, continuarão a ter o tratamento previsto na legislação vigente,* sem prejuízo do disposto nos parágrafos 1º, 2º e 3º.

Afirmar-se que o objeto da tributação é o resultado de equivalência trata-se de um expediente engenhoso do Fisco para burlar a lei. Uma inovação criada por mero ato administrativo — a Instrução Normativa 213, de 7 de outubro de 2002 — que deve ser tida como ilegal, conforme, aliás, já decidiu o Superior Tribunal de Justiça no REsp 1.211.882/RJ.

Sendo o *objeto* da tributação previsto em LEI o lucro da sociedade estrangeira *adicionado* ao lucro líquido da sócia empresa brasileira é sim plenamente aplicável o artigo VII dos tratados contra a dupla tributação que seguem o Modelo OCDE, segundo o qual: "Os lucros de uma empresa de um Estado Contratante *só podem ser* tributados nesse Estado".

O direito de compensar o imposto pago no exterior como justificativa para a suposta inexistência de dupla tributação é outra falácia. Ora, não há uniformidade nas alíquotas, nem nos critérios de tributação nos diversos países. A empresa brasileira pode investir em um país mais desenvolvido, que tributa a renda à alíquota de 25%; pode investir em um país menos desenvolvido que quer atrair investimentos e tributa a renda a 15%, por exemplo. A adição desse lucro no Brasil importará em uma carga tributária de 34% (25% de IRPJ e 9% de CSLL). É correto o Brasil apropriar-se dessas diferenças? Será mesmo fiscalmente neutro o regime nacional a ponto de evitar a dupla tributação? Evidentemente que não.

E se o país de domicílio da controlada aplicar uma retenção na fonte sobre dividendos, como fica a posição do contribuinte brasileiro? Pagará o imposto duas vezes. A primeira por ocasião da adição do lucro não distribuído em 31 de dezembro e a segunda por ocasião do recebimento dos dividendos, quando o país da fonte legitimamente poderá fazer incidir uma retenção. Dará o Brasil magnanimamente um "duplo" crédito? Duvidamos.

Não ignoramos que a OCDE tem interpretado que as normas do tipo CFC (Controlled Foreign Corporations) não são incompatíveis com o artigo VII da Convenção Modelo e que é uma diretriz do G 20 aprimorar as regras de tributação internacional com vistas a inibir práticas que promovam a erosão da base fiscal e o desvio de lucros (Base Erosion and Profit Shifting – BEPS).

Mas também não há dúvidas de que também é muito grande a preocupação dos países membros da OCDE na defesa das suas empresas multinacionais. As CFCs são normas especiais, que têm por objetivo combater a evasão fiscal e o abuso, aplicáveis a controladas em paraísos fiscais e a rendas de natureza passiva. Jamais se viu uma CFC aplicar-se a rendimentos de operações industriais e comerciais ativas. Só no Brasil. Por isso podemos afirmar, sem qualquer sombra de dúvida, que a norma brasileira *não* é do tipo CFC e por isso é sim incompatível com o artigo VII, não sendo invocável o item 10.1 do Comentário da OCDE ao parágrafo 1º do artigo VII.

A decisão do STF na ADI 2.588 acabou por imprimir à lei interna uma das características de uma norma típica CFC, ao considerá-la constitucional quando aplicada aos chamados paraísos fiscais. O trabalho do STF deve ser finalizado pelos tribunais e urge que se reconheça a inconstitucionalidade de sua aplicação aos países "normais" ou, ao menos, sua incompatibilidade manifesta com o artigo VII dos tratados contra a dupla tributação celebrados pelo Brasil.

Os países desenvolvidos preocupam-se com a saúde financeira das suas empresas, com a capacidade de geração de empregos e de riqueza para a nação. Estão em busca permanente de medidas legislativas equilibradas para assegurar arrecadação e competitividade. O Brasil, infelizmente, tem mostrado total e absoluto descaso com as suas multinacionais, insistindo em medidas tributárias que só desestimulam e prejudicam sua atuação no plano internacional.

Aprendi em visita ao Museu Nacional na Dinamarca que o termo *viking* designa uma ação. Dizia-se que os antigos nórdicos iam *viking* quando saíam com seus barcos a saquear e pilhar aldeias e cidades para trazer de volta o butim. Vamos *viking* parece ser a diretriz da Cosit aos seus fiscais. Pobres dos empresários contribuintes brasileiros que não têm o Estado ao seu lado.

INSTRUÇÃO NORMATIVA DA RECEITA ABALA SEGURANÇA JURÍDICA[75]

"O primeiro compromisso de Minas é com a liberdade."
TANCREDO NEVES

De 25 a 27 de setembro realizou-se em Belo Horizonte o XVII Congresso Internacional de Direito Tributário da Associação Brasileira de Direito Tributário (ABRADT). Neste ano o tema do Congresso foi "Tributação e Federalismo", sendo homenageado o ministro Teori Zavascki do Supremo Tribunal Federal.

Foram dias inesquecíveis, profundamente marcantes e verdadeiramente históricos. Aqueles que lá estiveram saberão do que estamos falando. Aqueles que não estiveram, poderão buscar no Youtube as filmagens das mesas de debate e compreenderão o que estamos falando.

* * *

"O primeiro compromisso de Minas é com a liberdade." Não poderia ser mais apropriada a citação dessa frase de Tancredo Neves, dita ao povo da sacada do Palácio da Liberdade, e repetida por Eduardo Maneira, presidente da ABRADT, no salão de jantar daquele mesmo histórico prédio, em suas palavras de agradecimento ao governador Antônio Anastasia pela recepção oferecida por ocasião do Congresso.

Em Minas Gerais, ouviu-se um grito de liberdade, o clamor da comunidade jurídica, representada por 600 congressistas de 20 estados, por uma urgente revisão do pacto federativo que se impõe ante uma União Federal cada vez mais centralizadora, arrecadadora voraz de tri-

---

[75] Artigo publicado em 2 de outubro de 2013.

butos de todas as espécies, que para fazer valer seus desígnios, tem sistematicamente desrespeitado direitos e garantias fundamentais, notadamente o direito fundamental à *segurança jurídica*.

Sem segurança jurídica não há liberdade. Liberdade é autonomia de escolha com previsibilidade. É o poder decidir sabendo quais serão as consequências dessa decisão. Só é livre aquele que pode escolher com previsibilidade. A escolha sem previsibilidade é o domínio do arbítrio. Um verdadeiro Estado Democrático de Direito não tolera arbitrariedades.

Essa foi a tônica da aula magna do professor Humberto Ávila. Sim, a palestra sobre o tema "Irretroatividade e Direitos Fundamentais" foi uma verdadeira aula magna. A audiência assistiu embevecida a uma fala escorreita, articulada, precisa, profundamente erudita, perfeitamente assimilável em todos os seus aspectos. Ávila debruçou-se sobre as relações entre Direito e tempo, recordou-nos do mito de Cronos devorando os filhos para assegurar sua própria existência, passou pelos percalços da introdução do calendário gregoriano que exigiu a supressão de alguns dias do ano do calendário anterior, tudo isso para demonstrar que, por apenas conhecermos o passado, o Direito há de conceber soluções seguras para o desconhecido futuro. O princípio da legalidade é a primeira delas. As leis gerais e impessoais aplicam-se a todos e não se podem manipular suas consequências jurídicas.

O princípio da irretroatividade é a garantia de que a lei nova não se aplicará ao passado, que permanecerá regido por aquilo que se conhecia. Nesse sentido, Humberto Ávila propõe uma interpretação mais garantística da cláusula da irretroatividade da lei tributária (artigo 150, inciso III, alínea "a" da CF/88), estendendo-a aos fatos geradores em curso de formação, mas ainda não concluídos no exercício de edição da lei mais gravosa. Com efeito, a cláusula da irretroatividade da lei tributária é uma garantia constitucional assegurada aos contribuintes, na dicção do *caput* do artigo 150, *sem prejuízo de outras* (garantias asseguradas ao contribuinte), dentre elas as da segurança jurídica e da previsibilidade da ação estatal.

É muito bem-vinda essa lufada de ar fresco, de pensamento moderno e libertário, para arejar o pensamento dos tribunais nesse domínio.

Com efeito, no passado recente vivenciamos inúmeras situações em que tribunais admitiram que fatos geradores em curso de aperfeiçoamento fossem colhidos por novas leis de tributação. Exemplo paradigmático é o caso do Imposto de Renda na fonte sobre operações de *hedge* instituído pelo artigo 5º da Lei 9.779/1999, que os tribunais consideraram aplicável mesmo a operações contratadas antes da entrada em vigor da nova lei, apenas porque o fato gerador — pagamento dos rendimentos — estaria ocorrendo já sob a sua égide,[76] esquecendo que os parâmetros de sofisticadas operações financeiras contratadas entre as partes foram estipulados levando em conta a não incidência de tributação na fonte, mas apenas do IRPJ sobre o lucro real.

Não nos parece compatível com as garantias da segurança jurídica e da previsibilidade da ação estatal se permitir a aplicação da nova lei a pagamentos oriundos de contratos firmados sob a égide da lei anterior.

* * *

No Congresso da ABRADT tive a honra de participar de uma mesa dedicada ao tema "Impostos federais", cabendo a mim uma exposição crítica do Parecer CAT/PGFN 202/2013, tema tratado na coluna Parecer da PGFN representa risco de extorsão tributária.

Infelizmente, dias antes do Congresso, o que ainda era risco se materializou. No dia 16 de setembro de 2013, foi editada a Instrução Normativa RFB 1.397 que teve a ousadia de afirmar ser tributável a parcela de dividendos recebidos por pessoas físicas, jurídicas, residentes no Brasil ou no exterior, distribuída com base em resultados apurados de acordo com os padrões contábeis da Lei 11.638/2007, mas ajustados pelo Regime Tributário de Transição (RTT) de que trata o artigo 15 da Lei nº 11.941/2009.

Muito embora não esclareça expressamente em seu texto, já houve manifestações de autoridades da Receita Federal na imprensa especializada no sentido de que pretende aplicar as regras de tributação de

---

[76] Cf. REsp 671.278/RJ e REsp 591.357/RJ.

forma retroativa.⁷⁷ Ou seja, as novas normas seriam aplicadas a fatos geradores ocorridos (e concluídos!) desde 2008 até 2013.

Trata-se de algo da maior gravidade. Uma nódoa indelével sobre a Administração Fiscal brasileira, que jamais havia ousado perpetrar tamanha violação de direitos e garantias individuais.

A Receita Federal quer tributar sem base legal — não há lei que disponha no sentido da tributação de qualquer parcela de lucros ou dividendos — e retroativamente, isto é, atingindo remunerações recebidas pelos contribuintes a tal título desde 2008 até os dias de hoje, com a incidência, pasmem, de juros e multa. Isso porque, pasmem duplamente, os contribuintes teriam descumprido não uma norma legal previamente conhecida (porque inexistente), mas a interpretação proclamada em um parecer interno da PGFN, urdido na sombra das repartições.

A extensão do estrago provocado pela IN 1.397/2013 é incalculável, porque além dos dividendos que passaram a ser parcialmente tributados sem que ninguém antes soubesse (art. 28), os parâmetros para a dedução dos juros sobre capital próprio (JCP) também foram inovadoramente alterados (artigo 14), bem como o foram os de contabilização do custo contábil das participações avaliadas segundo o método da equivalência patrimonial (artigo 16).

Uma arbitrariedade impensável. Nunca, jamais, os particulares foram tão achincalhados. A manutenção dessa abjeta IN 1.397/2013 significa a morte da segurança jurídica, do próprio Estado Democrático de Direito. Esperamos, sinceramente, que à data da publicação desta coluna alguma medida tenha sido tomada para corrigir tão incomensurável dano à cidadania.

* * *

No Congresso da ABRADT foi senso comum que vivemos uma crise do federalismo. É urgente que questões fundamentais como a repartição dos poderes de tributar e a simplificação e racionalização dos tributos sejam revisitadas, pois são os alicerces de uma federação cada dia mais claudicante.

---

⁷⁷ *Valor Econômico*, 19/9/2013, "Instrução sobre RTT retroage a 2008".

Não há dúvida de que a Constituição impôs um dever de harmonia fiscal entre os estados, repudiando a concessão unilateral de benefícios em matéria de ICMS. Leis que desrespeitaram esse dever, porque não se submeteram ao crivo da unanimidade do Confaz, são inconstitucionais. Assim já decidiu reiteradamente o STF.[78] Mas será que esse regramento constitucional é adequado à realidade? É inegável a desigualdade econômica entre estados da federação, é inegável que certos estados necessitam de oferecer condições mais vantajosas para atrair investimentos. É razoável tolher esse direito de atração de investimentos pela imposição de uma regra de unanimidade?[79]

Fenômeno análogo vivencia se no plano municipal. São inúmeros os conflitos de competência entre municípios e entre estados e municípios[80]. Tramita açodadamente no Congresso Nacional um projeto de lei complementar em matéria de ISS[81] que pretende engessar, ainda mais, a liberdade dos municípios de concederem vantagens tributárias para atrair empresas. Será razoável tal regramento? Parece-nos que também não.

E o excesso de contribuições sociais e de intervenção no domínio econômico? Temos sido ferrenhos críticos da proliferação dessas espécies tributárias que apenas concentram mais e mais recursos nas mãos da União Federal.[82] Não deveria o Congresso Nacional centrar sua atenção em limitar o poder de tributar federal, antes de limitar o poder-dever de sobrevivência dos demais entes da federação de desonerar para atrair investimentos?

* * *

---

[78] Cf., entre muitas, ADI 2.435/SC, ADI 3.674/RJ, ADI 3.794/PR, ADI 2.548/PR, ADI 1.247/PA e ADI 3.664/RJ.
[79] Cf. As reflexões do ministro Teori Zavascki sobre o tema em sua palestra "Sistema constitucional tributário e pacto federativo".
[80] Matérias debatidas em diversos painéis no Congresso da ABRADT, cabendo destacar os painéis "Disputas federativas por competências e por receitas", "Reflexões sobre federalismo fiscal", "Impostos municipais, Impostos estaduais e Processo tributário".
[81] PLC 386/2012.
[82] Matéria amplamente debatida no painel "Contribuições". Cf. entre outras, a coluna de 7/8/2013: "Multiplicação das Cides tem consequências nefastas"; e a coluna de 20/3/2013: "Só uma reforma tributária salvaria o pacto federativo".

A Constituição Federal de 1988 comemora 25 anos no próximo dia 5 de outubro. É mais do que chegada a hora de promover os ajustes de racionalização tributária e de reforço do pacto federativo. Há muitos profissionais qualificados, tanto do setor privado, quanto do setor público capazes de contribuir com suas experiências. Muitos estavam em Minas Gerais nos dias 25 a 27 de setembro. Essa, aliás, foi a maior alegria que trouxemos de Belo Horizonte: o sentimento de que há esperança em dias melhores nesse país, porque ainda há profissionais competentes que, de boa-fé, honestamente, têm contribuído em alto nível para a construção de um Estado Democrático de Direito.

Este livro foi impresso na Edigráfica.